新太祖

王莽传

曹金洪 ◎ 编著

团结出版社

图书在版编目（CIP）数据

新太祖王莽传 / 曹金洪编著. -- 北京：团结出版社，2015.8（2023.1重印）

ISBN 978-7-5126-3752-8

Ⅰ.①新… Ⅱ.①曹… Ⅲ.①王莽（约前45～23）—传记 Ⅳ.①K827=341

中国版本图书馆CIP数据核字(2015)第176325号

出　版：	团结出版社
	（北京市东城区东皇城根南街84号　邮编：100006）
电　话：	（010）65228880　65244790（出版社）
	（010）65238766　85113874　65133603（发行部）
	（010）65133603（邮购）
网　址：	http://www.tjpress.com
E-mail：	zb65244790@163.com（出版社）
	fx65133603@163.com（发行部邮购）
经　销：	全国新华书店
印　刷：	唐山楠萍印务有限公司

开　本：	650毫米×920毫米　16开
印　张：	22
字　数：	280千字
版　次：	2016年1月　第1版
印　次：	2023年1月　第2次印刷

书　号：	978-7-5126-3752-8
定　价：	68.00元

前　言

　　悠悠几千年，纵横五万里，站在中国文明辽阔而又源远流长的历史天幕下，仰望着令无数人叹为观止的帝王将相的流光溢彩的天空，尽阅朝代更迭的波澜起伏，无处不闪耀着先人用心、用生命谱写的辉煌。

　　封建帝王将相是历史的缩影，自嬴政以来，秦皇汉武，唐宗宋祖……他们或以盖世雄才称霸天下，或以绝妙文采震烁古今，或以宏韬伟略彪炳史册，或以残暴不仁毁灭帝业，铸就了一部洋洋洒洒长达两千余年的封建帝王史……

　　恍然间，我们看到了"千古一帝"秦始皇"横扫六合"的雄伟身姿；大汉朝开国皇帝刘邦从"市井无赖"到"真龙天子"的大变身；汉武帝刘彻雄赳赳地将中华带上顶峰的威风场景；光武帝刘秀吞血碎齿战八方，于乱世中成就霸业的冲天豪情；乱世枭雄曹操要尽"奸计"，玩转三国的高超智慧；亡国之君隋炀帝的骄纵狂妄；唐高祖李渊率众起义、揭竿而起，建立唐王朝的惊天伟业；唐太宗李世民玄武门兵变的狠辣果断；一代女皇武则天勇于创造命运的步步惊心；宋太祖赵匡胤"杯酒释兵权"的聪明睿智；元世祖忽必烈以蒙古铁骑横扫欧亚大陆的英雄豪迈；一代天骄成吉思汗开创铁血王朝的钢铁毅力；"草根帝"朱元璋从"乞丐"到"皇帝"的辛酸血泪；清太祖努尔哈赤以十三副铠甲起兵，开辟锦绣前程的创业史；大清王朝第一帝皇太极夺取江山的谋略手段；少年天子顺治为爱妃做到极致的痴心情意；清军入关的第二位皇帝康熙除权臣，平叛逆，锐意改革的天才谋略；最富争议的皇帝雍正的精彩人生；乾隆皇帝钟情于香妃的风流韵事；慈禧太后将皇帝与权臣操纵于股掌之间的惊天手段；历代名相为当朝政务呕心沥血，助帝王打造繁荣盛世……

在浩瀚无边的中国历史长河之中，帝王将相始终是核心人物，或直接或间接地掌控着历史的舰舵，影响着历史的进程。虽然他们已是昨日黄花、过眼云烟，但查看他们的传奇人生，研究他们的功过是非，仍然可以让读者借鉴与警醒！

即便如此，很多人依然会"坚定"地摇着头回答："NO！"因为在他们看来，"历史、帝王将相"等于"正统、严肃"，这些东西早被当年的历史考试浇到了冰点！尽管明知"读史可以使人明智"，也再没有耐心去研读、探索那些"枯燥"的历史了。其实，历史并不是课本上那些无聊的年份表，帝王将相也不是人物事件的简单罗列。真实的帝王将相的生活要丰富得多，有趣得多。

为了解决这个问题，让读者心甘情愿地"抢读"历史，本套图书精心挑选了在历史上影响力颇大的帝王或名相，突破了枯燥无味、干巴巴的"讲授"形式，以一种幽默诙谐的语言，用一种立体的方式将一个帝王或名相的多样性与丰富性展现在广大的读者面前。

全书妙语如珠，犀利峥嵘，细述每个帝王或名相的政治生活、历史功绩、家庭生活、情感轶事等，充满了故事性、知识性与趣味性，让读者在轻松愉悦的享受中体味人生的变化莫测；在"观看历史大片"的过程中收取成功的法门秘诀。

为了保证书稿的质量，编辑工作者查阅了大量的相关资料与文献，并且专门请教了很多长期从事历史教学与研究的专家学者。不过，由于时间与精力有限，如果本套图书存在些许错误，敬请广大的读者朋友们批评指正。

"古人不见今时月，今月曾经照古人"，与浩瀚的宇宙相比，人类的生命短暂得微不足道。因此，在这有限的时光中，我们要尽一切可能多学知识，少走弯路，让我们的人生变得更加绚丽多彩！

目 录

新太祖王莽传

XINTAIZUWANGMANGZHUAN

第一章

王家有女初长成　皇室太子选良娣

追溯历史，王莽的人生轨迹，可能并不是人人都很了解，但如果提到王莽的姑姑王政君，很多人或许会有些印象。王政君是王莽走上皇位的一位重要的见证人，也是一个推动者。所以要了解王莽，首先从王莽的姑姑王政君说起。

王政君是汉元帝刘奭的皇后。刘奭驾崩之后，她以太后的身份主持朝政，而且她寿命还特别长，先后熬死了四个皇帝，主持国政六十多年，她执政期间也是外戚宦官专权的鼎盛时期。

其实，王政君的出身并不高贵，能当上皇后可以说是出于一种偶然或运气。王政君的长辈中出的最高官员，也就是她的爷爷王翁孺，曾经当过汉武帝的绣衣御史。绣衣御史又称绣衣直指，在履行职责时身穿绣衣、手执斧钺，因此又简称为绣衣。

不过老先生当了半辈子的小官，到头来还是被撤了职，手中无权，阿猫阿狗的也敢来欺负他。为此，跟老家东平陵终氏家族闹起了意见，又惹不起，只好三十六计走为上，一家子带着财物抱着水缸、端着尿盆，浩浩荡荡开奔魏都元城委粟里，到那儿安家落户去了。王翁孺好歹也算是官场里滚过来的人，以他的才干怎么可能安心以尽终身呢？何况当地又正缺基层官员，就请他出任了三老的职务。王翁孺有个儿子，叫王禁，也就是王政君的父亲、王莽的爷爷。这家伙年轻时候在长安读过书，也当过一阵子廷尉史的小官。廷尉史是廷尉的属吏，主要职责也就是抄抄写写，偶尔也参加一些案件的审理工作。

王禁虽然官不大，但因为和自己学过的挺对口，干起来还满有兴

趣，而且雄心勃勃，王禁虽胸怀大志，倒也信奉一条古训："成大事者不必拘小节"。因此，在酒色二字上也就十分用功，光姨太太就娶了好几个，弄璋弄瓦地给他生了不少下一代，四女八男。古时候兄弟姐妹的排行是按性别算的，王政君在女孩中是老二，上头有个姐姐叫王君侠，下头两个妹妹叫王君力和王君弟。八个兄弟，老大王凤，字孝卿；老二王曼，字元卿；老三王谭，字子元；老四王崇，字少子；老五王商，字子夏；老六王立，字子叔；老七王根，字稚卿；老八王逢时，字季卿。这一堆的人，有大老婆生的，也有小老婆养的。王政君，还有王凤、王崇，都是正夫人李氏所生。据说李氏当初怀着王政君的时候，梦见一轮明月钻进了自己身体的某一个部位，这可是个产生贵女的好兆头。而后果然生了王政君。王政君不愧是明月入怀生下的贵人，少女时期就非同凡响，光丈夫就"克"死了两位。头一位是平民百姓，青史无名，当然无福消受这位贵人，刚跟王政君订了婚，就呜乎哀哉、伏惟尚飨了。第二位来头可大，是汉室宗亲，封到了东平王。年轻的东平王偏不信邪，下了聘礼，要收王政君为姬，可是也等不到花烛之夜，就驾鹤西游，到阴曹地府做他的新郎官儿去了，倒平白无故让王家得了不少聘礼，发了一笔小财。可是王禁却吓得浑身直起鸡皮疙瘩，心想：我这个闺女命硬，克夫呀！这是什么怪物投的胎，可别克完夫再克父，那我就惨到家了！

不敢耽搁，赶紧请了一位算命先生给王政君掐算掐算。算命先生装模作样了一阵，故作神秘状，说了五个字：

"大贵不可言！"

就这五个字，顿时让王禁想入非非："大贵不可言？还要怎么贵？连王爷都镇不住她，莫非还真要给皇上当媳妇不行？"

抱着有枣没枣三竿子的宗旨，豁出去了，花银子，请家教，望女成凤，学习琴棋书画，为未来进行智力投资。

到了王政君十八岁那年，机会来了。汉宣帝刘询的皇后身边缺少知书达理、精通诸般技艺的宫女，王禁就把王政君献了上去，在皇后的掖庭充当一名"家人子"。这家人子，在西汉有两种情况，一种是皇孙妾的别称，另一种是宫女的雅号。王政君要当的，显然是后者，是专门伺候皇后的宫女。王禁想，能问候皇后，必然有机会接近皇上，哪天皇上一不留神，说不定就布施雨露一回，万一龙种惠播、珠胎暗结，生下一个半个龙子，母因子贵，保不齐就此一步登天呢！

王政君在掖庭当了多年的家人子，龙子没怀上，倒差点儿成了聋子！成天深宫寂寞，两耳不闻宫外事，有道是用进废退，那还不聋？——这是笑谈，反正她这一年多算是白干，连皇上是老是少是俊是丑都不知道。很快，太子刘奭那边就传来了消息：刘奭的爱妾司马慧死了。

这年是公元前五十二年，也就是西汉宣帝甘露二年。

自从司马慧死了以后，太子是备受打击，没有心思做其他的事情，眼看着太子刘奭成天没精打采，而且是人比黄花一天天瘦了下去，眼看着就要见阎王爷去了。

刘询看自己的儿子为了一个女人如此没有出息。很生气并且把刘奭叫来训斥道："这算是什么事情嘛！为了一个女人，萎靡不振，还弄出一场病来，他这个太子还怎么做到底还想不想干了？"

刘询真有点生气了，本来，他就看不惯刘奭那副优柔寡断的样子，比较起来，他更喜欢他和张婕好生的儿子淮阳王刘钦。刘钦虽然比刘奭小几岁，但生得却是威仪赫赫，颇有帝王之相。刘钦的理政观点也和刘询高度一致，都是讲究以严峻的法律来治理国家，和刘奭的尊崇仁道、以德治天下形成了鲜明的对比。刘钦人也精明能干，办事作风果断泼辣，很得刘询的赏识。刘询曾经当着刘奭和群臣的面，感慨万分地称赞刘钦，说他"真是我的儿子呀！"言下之意，刘奭倒有点变种的疑问呢！曾有一度，刘询还真的动过念头，想把淮阳王刘钦立为太子，同时把张婕好立为皇后。只不过由于刘奭虽然柔仁好儒，却没犯过什么方向性、原则性的错误，废了他，恐怕遭到群臣的非议，这才作罢。

其实，刘询之所以没有废刘奭而立刘钦，还有更深一层的原因：刘询一直怀念着刘奭的生母许皇后。

刘询并不是顺理成章、平平安安地登上皇帝宝座的。汉武帝时曾经

闹过一场莫名其妙的"巫蛊之祸"，这场实质上的权力斗争，造成了武帝的戾太子刘据那一支脉几乎绝根。刘据的生母卫皇后、妻子史良娣、儿子史皇孙等三男一女，史皇孙的妻妾等，都和刘据一起问斩了。唯独留下了一个人，那就是汉武帝刘彻的皇曾孙、刘据的孙子、史皇孙的儿子——刘询。

刘询当时才是个襁褓中的小娃娃，虽然幸得活命，却仍然被收系在了专门审理诸侯国案件的郡邸狱中，听候发落。

当时郡邸狱的长官叫作丙吉。这是个心地仁厚的长者，他见刘询不过是个还在吃奶的孩子，却因为戾太子的案件受了牵连，心中很是不忍，就挑了几个谨慎厚道的女犯人，好好照料这个可怜的皇曾孙，还给他换了一个幽静宽敞的地方。丙吉虽然奉武帝圣旨审理巫蛊一案，对这桩"冤假错案"却采取了敷衍了事、能拖就拖的消极态度，好几年都没审出个子午卯酉来。相反，刘询倒在他的关照下，一天天长大了。

有一次，武帝刘彻又病了，按照他晚年的习惯，只要一有病，准得往政治方面去找原因，看看又是什么人在暗中做手脚。于是，那一帮惯于看皇帝眼色行事，善于拍天下第一马屁的东西又有机会展示才华了，他们调查来调查去，没有发现什么骇人听闻的新动向，就又打起了在押犯的主意，向武帝报告说，长安监狱里面有天子气，而这就是你老人家的病根儿所在。武帝也是老糊涂了，下令杀掉所有的押犯。奉命到郡邸狱行动的是内谒者令郭穰，这家伙怀揣圣旨、腰挂宝剑，一心一意想出色完成任务，日夜兼程。丙吉硬是不让他进去。隔着监狱的大铁门，丙吉还振振有词：

"你不就是冲着皇曾孙来的么？皇曾孙，没错，倒是在我这儿关着呢。可你要想杀他，那就没门儿了。我告诉你，就是普通的平头百姓，没有罪名也别想杀他，更何况是皇帝的嫡亲骨肉重孙子！"

整整相持了一个晚上，郭穰到了那儿也没能进得去郡邸狱的门。这个被人割去了男人根本，因而心理变态的内谒者令，气得浑身发抖，用他那女人般尖细的嗓子，撂下几句硬话：

"好你个老不死的丙吉，你敢抗旨不遵，当心你的脑袋！"

这可不是几句找面子的场面话，郭攘当真到武帝面前，恶狠狠地告了丙吉一个刁状。

他原本以为武帝一定会大发雷霆，给丙吉一个严厉的处分，说不定真会要了丙吉的脑袋，给他这条忠实走狗出一口恶气。

没想到武帝沉吟片刻，点了点那颗毕竟充满着一代英主的睿智的龙头：

"丙吉的话有道理，朕险些又犯下不可弥补的错误！这是老天爷的意思呀！"

这位英主，终于做出了一个英明的决定：大赦天下。

刘询的性命，就这样又一次被丙吉保住了。正是在掖庭期间，刘询娶了他的第一个妻子。

张贺本来打算把自己的孙女嫁给刘询的，跟兄弟将军张安世一商量，正在辅佐年轻的新皇帝昭帝刘弗陵的张安世大不赞成："大哥你傻不傻？都说人往高处走，水才往低处流呢！那人是戾太子的后人，这辈子能以一个老百姓的身份穿衣吃饭，就算不错了，你干吗要把孙女许配给他？真不知道你是怎么想的！"

张贺想想也对，这事儿就此作罢。可是看着刘询一天天长大，就冲着故主戾太子的面子，也该给他张罗一门婚事才是呀？自己的孙女不行，干脆寻觅别人家的女孩子吧！找来找去，找到自己的下属许广汉，把这门亲事给他吧。

许广汉和张贺一样，也是个宦者，也就是后来人们说的"太监"。

西汉时候宦者的地位很低，大部分是由犯了死罪的人充当。根据当时的刑律，那些犯了死罪的犯人，如果自愿，可以用宫刑来代替死刑。所谓宫刑，就是阉割男子的生殖器，这是一种极不人道的残酷刑罚，受刑者在被处宫刑之后，因创口极易感染中风，为苟全性命，必须呆在像养蚕用的那种保温条件较好的小黑屋里蹲上百日，不见风光创口，才能愈合。

许广汉和张贺，都是因为犯了死罪而用宫刑代死的，在受宫刑之前，曾娶过妻生过子。许广汉年轻时在昌邑王刘贺的手下当过负责侍从

职务的郎官。这个"郎"，是当时年轻人跻身上流社会的一个重要阶梯，一般的大官，都是从郎这一级慢慢提拔起来的。可惜许广汉刚踏上这个阶梯，就犯了一个致命的错误，从此失去了青云直上的机会。事情的起因可以说是微不足道：一个马鞍子。有一次，他跟随汉武帝去往甘泉宫，恰好他的坐骑没有鞍子，急中生智，就顺手拿了别的郎官的马鞍子来用。结果自然是被告发，而且被议定为"随皇帝出行而犯盗窃罪"，按律当斩。壮志凌云的许广汉当然不愿就此结束性命，好在还有一条以宫代死的路好走，在"性"与"命"之间，他很理智地选择了后者。咋呼一刀下去，斩断尘缘、割去孽根，许广汉成了"了"无牵挂的人。在蚕室熬过一百天，出来当了个掌管宦官事务的小官"宦者丞"。谁知好运不长，这位老兄再一次犯了错误：有一次左将军上官桀谋反，许广汉奉命搜查他的罪证，在上官桀府邸中一间不起眼的偏房里，他看见了同样不起眼的东西——几千根绳索。这明明是一次绝好的将功折罪的机会，可惜又被他错过了，他根本没细想，上官桀又不是开绳麻商店的，要这么多绳子干什么？就是上吊，有一根也就够了。等到第二批搜查人员向上司汇报，说那些绳子就是上官桀谋反的铁证，是用来捆绑忠于皇帝的大臣的，这时候，许广汉才跳着脚地骂自己笨蛋，那活儿没了，难道连眼珠子也没了么？下过蚕室，难道联想能力也随着性能力一起被阉掉了么？

于是又被论罪，被贬为在掖庭看管罪犯的小吏——"暴室啬夫"。许广汉也够窝囊的了，错误是越来越多，官却是越当越小，连身上的零碎也是越混越少了。

正在为自己的前途悲观失望的时候，张贺找上门来了。

"许老弟，有一件事情想和你商量商量。"

张贺是许广汉的顶头上司，如今亲自登门造访，说话又这么客气，弄得许广汉受宠若惊，忙不迭地让座，敬茶，还把女儿许平君叫出来：

"快，叫大爷。"

"不用不用。"

张贺笑眯眯地看着丰韵初具的许平君，点头称赞："这丫头就是平君？今年有十六了吧？真是女大十八变，越变越好看呀！”

许广汉叹口气：

“你还夸她呢！这丫头命太硬，这不，前些日子刚跟内者令欧侯家订了亲，正说要送过门去，我那贤婿就驾鹤西游了。”

“我正要跟你说这件事呢！”张贺正好接过话头，“走，上我那儿去，咱哥儿俩边喝边聊。”

到了张家，推杯换盏先喝了一气，张贺是欲擒故纵，闭口不谈正事，山南海北地胡侃，倒是许广汉沉不住气了：

“张大人，你唤卑职前来，不是要商量事情吗？怎么……”

“许老弟，少安勿躁，这就说到正题了。刚才在你家，听你说起令爱平君许嫁欧侯家，欧侯的儿子未及迎娶就一命呜呼，这件事不知老弟你怎么看？”

“这………实不相瞒，卑职和拙荆都认为此女命硬，天生克夫，正商量着找一座尼姑庵，送小女出家呢。”

“不可不可！千万不可！”张贺连忙打断了许广汉的话，“老弟啊！你太糊涂了！令爱之所以未过门而丧夫，不是她的命硬，而是欧侯之子命薄，无福消受令爱这大贵之人！”

“当时曾有一位卜者，也是这样说的，”许广汉回忆起当时的情景，“他说小女的相貌奇特，是大贵之相。”

“卜者之言不虚！刚才我也试为令爱相过一面，令爱面如满月，气清色秀，神采射人，此乃朝霞之面，相书有云：‘面有神光射人目，男贵公侯女贵后。’令爱果然是大贵之相，大贵之相！”

“大人不要取笑卑职了，说什么男贵公侯女贵后，你看我们许家，从我这儿起，就屡遭华盖遮顶的霉运，沦落为刑余之人，一辈子也别想出头了！一败涂地的许家，又有哪位贵胄豪门肯来下顾呢？”

“有！有！”张贺一拍大腿，身子也向许广汉凑了凑：“在这掖庭之中，就有这样一位贵胄公子！”

“谁？”许广汉的两眼也放出光来。

“皇曾孙，刘病己！”

刘病己就是刘询当皇帝之前的名字，后来他继承昭帝刘弗陵，登上大宝，认为病己这个名字不雅，才改名为刘询。

"他?"一听说是刘病己，许广汉的满心希望顿时破灭："他不过是废太子的遗孙，一个被人遗忘了的旁枝，能有多大出息?"

"话不能这么说，老弟。刘病己虽说只是废太子的遗孙，可他毕竟是已故孝武皇帝的嫡亲曾孙，和当今天子（昭帝刘弗陵）也算是堂祖孙，血缘关系很近呢！当初，如果不是那场"巫蛊之祸"，说不定他会因为是废太子的皇孙而成为皇位的继承人呢！"

此时，张贺觉得自己有些失言，似乎对当今天子刘弗陵大为不敬，连忙往自己嘴上抽了两巴掌：

"打嘴！胡说八道些什么！打，该打！"

打完了，又觉得受了委屈，补偿似地塞了一块肉进去，一边嚼，一边含混不清地继续开导许广汉：

"可是话又说回来，不管谁当皇帝，病己总是刘家的王侯之根，别看他现在倒霉，将来准有出头之日，封王也许谈不上，可至少得给个关内侯干干吧?"

许广汉似乎明白了张贺的用意：

"张大人的意思，小女的所谓'大贵'，可能就着落在病己皇曾孙的身上?"

"没错！怎么样，我出面给你们两家说合说合?"

"这………还是回去先跟拙荆商议商议，再给大人回话如何?"

"嘻！跟她商量什么? 许家还不是你说了算！"

"……"

"不过，回去商量商量也好，走个形式就行，她要敢不同意，你把她休了！"

"是是，就依大人………"

"别再叫我什么大人了，老弟，我还不是捧你，你要真听老哥的，做成了这头亲事，将来指不定谁管谁叫大人呢！"

再干了杯中酒，许广汉悠悠忽忽地回了家。果然，老婆对这头亲事根本否决。许广汉也是酒壮惊人胆，装腔作势用休书相威胁，好歹镇住了老婆，第二天就把胜利消息报告给了张贺。没过几天，刘病已就喜从天降地搂着娇滴滴粉团团白嫩嫩香喷喷的许平君，当上了新郎官。

许平君嫁给刘病已之后，小两口恩恩爱爱，很是鱼水和谐，时间也抓得很紧，刚一年就制造出了爱情的结晶，也就是现在的太子刘奭。可能真是由于许平君有大贵之相，小两口还沉浸在新婚得子的幸福之中，就又传来喜讯：皇帝刘弗陵驾崩了，谥为昭帝。

对于刘病已来说，昭帝的驾崩，千真万确是天大的喜讯，因为昭帝死时较为年轻，后宫那些皇后嫔妃，虽说人才济济，可都是中看不中用的花瓶，没有一个为昭帝生产出可以继承大统的皇子来。国不可一日无君，朝臣们只好退而求其次，准备从已故皇帝的支子孙中择优录取，选一位品学兼优的来坐龙台。

第一人选是昌邑王刘贺，刘贺是武帝刘彻的孙子，论辈分是昭帝的侄儿，正宜继承昭帝的未尽事业。不过太后和朝臣们对他的品行不太放心，决定先考验考验，再行定夺。经过考核，刘贺既知皇帝宝座非他莫属，就提前行使起皇帝的权威来。作威作祸，在济阳向当地行政长官索要"长鸣鸡"，离开济阳后又购买"积竹杖"，到了湖县，更命王府的家奴征寻民间美女，用衣车载了带往京师以备享用。好不容易到了长安广明东都门，郎中令龚遂提醒刘贺：

"王爷，这儿是长安的外城东门，按照规矩，奔丧应该'望见国都哭'，你应该痛哭。"

刘贺本来就没什么悲伤的，马上就要当皇帝了，高兴还高兴不过来呢：

"我嗓子疼，不能哭。"

车驾又到了长安的内城门，龚遂再次提醒：

"这回是真正的国都了，你好歹哭两声。"

"内城外城还不是一样？我的嗓子也还是一样疼，哭不了。"

其实刘贺想的是，太后远在宫里，我这么早就哭，岂不是浪费感情？

到了未央宫东阙门外，龚遂第三次提醒。

这次刘贺不敢再说嗓子疼了，因为太后就在未央宫里，哭得不好，皇帝的宝座就飞了，于是点点头，下了车。

一场痛哭，果然中规中矩，天地为之变色，阴云中，竟也洒下几丝雨来。

太后在未央宫里听到刘贺那呼天吁地的哭，惨然点头："这孩子果然尽孝，就把皇帝玺交给他吧！"

刘贺平空得了皇帝宝座，未免有点得意忘形，皇帝玺绶还没焐热，就大张旗鼓搞起腐化来了。他把后宫里昭帝留下的那些嫔妃，挑年轻貌美的进行接收，全不顾自己"热丧在身"，也不念她们和自己是婶婶与侄儿的关系，二十七天的时间里，夕夕温柔、夜夜风流，很有点要替昭帝补施雨露、代偿欠债的雄心大志呢！

但他忽视了一点，他以支子孙的身份继承皇位，本该遵循"新官上任三把火"的古训，是真是假先干点什么正经事，把基础打牢再说，可他偏偏急不可耐，过早地贪恋花天酒地，忘掉了自己这时正如众矢之的，有多少双眼睛在盯着他的一举一动呢！

于是，二十七天的荒淫，就成了刘贺一生中唯一的"皇帝"经历，也成了他被废之后的永久回忆。

刘贺被废，朝廷开始了第二轮新皇遴选。这次从武帝的孙子辈向下找，一直找到了曾孙辈。而武帝曾孙中，最有帝王气象的就是病己了。所谓"矮子里面拨将军"，刘病己正是这样的"将军"；又所谓"山中无虎猴称王"，刘病己就是称王的猴子了。

刘病己自从和许平君成亲之后，仍然不改他的一贯作风，每天斗鸡走马，史书上为尊者讳，说他"高材好学，然亦喜游侠"。这"亦喜游侠"四个字，是班固老先生绞尽脑汁想出来的，其实就是喜欢和一帮市井无赖搅和在一起，打打群架什么的。他曾经因为跟无赖打架闹事，被人家扔到了做盐用的卤池里，搞得狼狈不堪。他也曾经闲极无聊，每天在本朝几位先帝的陵寝所在县治游逛，足迹遍及长安附近的三辅即京兆尹、左冯诩、有扶风管辖的地区，并因此而充分了解了"闾里奸邪、吏治得失"，对于他后来的治理天下具有一定的帮助作用。

刘病已本来并未奢望能够登上宝座，否则他就会很注意自己的形象，"亲君子而远小人"了，也不会委曲求全地和一个阉人的女儿成亲了。不过这一点他倒真应该庆幸，因为这个阉人的女儿对他的落魄潦倒毫不在意，真正和他共患难、同卑贱。

也正是由于许平君的种种好处，使得她在刘病已变成刘询、那个曾经被困卤池的无赖人变成大汉天子之后，仍然能紧紧抓住这个贫儿乍富的男人的心，让他为她颠倒为她狂。刘询当上皇帝之后，许平君被封为仅次于皇后的婕妤，而皇后的位子仍然虚席以待。

当时把持朝政的一位重臣，大将军霍光，很有意思把自己的小女儿立为皇后，群臣考虑到霍女与皇太后上官氏有亲戚关系，也就不表示什么异议。

轮到刘询表态，他却声东击西，不册立霍氏为后，反而下诏让群臣为他去访求"微时故剑"，也就是他贫贱时曾经用过的一柄剑。

许平君这具有大贵之相的阉人之女，就这样被拥立为皇后，许广汉也父因女贵，被封为昌成君，张贺见了他，果然要改口了呢！

不过开始的时候，许广汉并未依照惯例被封以侯位，问题就出在大将军霍光那里。霍光对于许平着取代自己的女儿成为皇后，当然是心怀不满，但却说不出什么反对的理由，可是绝不能再看着许广汉爬到侯爷的地位上："皇后之父是刑余之人，不宜封侯，这样会被外邦耻笑，造成不良的影响！"

霍光阻止许广汉封侯的计划暂时成功，接下来，就该对许皇后本人的地位进行颠覆了。正巧许皇后怀了第二胎，孕期中自然免不了有些妇科的疾病，霍光的老婆一看天赐良机，就和女医淳于衍商议，趁着淳于衍入宫为许皇后看病的机会，弄了一剂虎狼毒药，害许皇后撒手人寰。可怜许皇后空有大贵之相，辛辛苦苦熬到皇后的地步，只有三年，就死在了女医之手。

许皇后一死，霍光的女儿乘隙而入，成了刘询的第二位皇后。她继承了其母的衣钵，在阴谋诡计的造诣上可说还是青出于蓝而胜于蓝，很快就利用权术、媚术赢得了刘询的宠爱，达到了专宠房宴的地步。

虽然这样，刘询毕竟难以忘怀温柔贤顺的许平君，这在封建社会也算是难能可贵的了。爱屋及乌，刘询在许皇后死后不久，把他和许皇后生的儿子刘奭立为太子，刘奭的姥爷许广汉也被封为平恩侯。这时霍光已死，也就没有人去追究什么刑余之人不宜君国的问题了。只有霍光的老婆对册立刘奭为太子很是愤懑了一阵，还弄到气得吐血的地步，可毕竟无力回天，只好故伎重演，让女儿霍皇后设法把太子也毒死。

刘询本来就对许皇后的暴死怀有疑问，对当时还在幼年的太子刘奭，也就格外关照，采取了严格的保护措施。霍皇后空有万般毒计，刘奭却死里逃生安如泰山。后来霍光的老婆计谋败露，遭到了满门皆杀的地步，霍皇后也被打入了冷宫。霍皇后战战兢兢，在昭台宫遭了十二年的冷遇，又被降了一次待遇，贬到了云林馆，这下她再也没有脸面苟活人世了，就在凋敝破败的云林馆里自杀身亡。

刘奭从霍后的虎视眈眈下幸免于死，更加惹起了刘询的怜爱之心，为了有利于下一代的健康成长，刘询又立了第三任皇后，这就是太子刘奭的养母，后来被谥为邓城太后的孝宣王皇后。

此刻，刘询眼看着刘奭为了司马良娣之死而忧郁成疾，在痛恨儿子不成器的同时，也不免生了舐犊之情，他把王皇后叫来，想和她商议一个彻底的解决办法。

"太子的近况你知道不知道？"刘询倒是开门见山，直接用养母的职责来考核王皇后。

王皇后之所以能以中人之姿成为刘询的第三任皇后，她心里当然很清楚，这完全是因为抚养太子的历史重任需要她这个既没有亲生儿子、平时又行事谨慎的人来承担，说白了，这不过是一个机遇而已。

如今见皇帝问起太子的近况，王皇后立刻如数家珍地进行了详细的汇报，从司马慧的病故，到太子刘奭的郁郁寡欢、萎靡不振，无一遗漏。

甚至连刘奭因为听信了司马慧临终遗言而迁怒于董良娣等一帮姬妾，从此很长一段时间不近女色的事情，王皇后也说了出来，以此证明她这个养母的恪守职责。

"怎么，太子他当真为了一个良娣而坚守空房，不近女色了？"

"已经有一段时间了，东宫那些女孩子们个个怨声载道呢！"

刘询摇摇头，对儿子的愚昧大大地不以为然："皇族不比百姓，哪来那么多小儿女的痴情！"

王皇后联想起自己的境遇，自己被立为皇后以来，又几曾蒙受过皇帝的雨露滋润？她的心田已经干涸了，但这种春怨，无论如何是不能直截了当地向皇帝诉说的。只能迂回作战，旁敲侧击：

"妾倒并不以为如此，皇上你对许皇后不也是这样一往情深么？妾这么多年了，也不是感觉不出你对许皇后的这种儿女痴情………"

刘询听出王皇后的哀怨之音，他龙睛微眯，看了看面前这个已届中年的女人：

"这倒是朕的粗心了，朕忘了你也一样需要朕恩泽……"

王皇后的粉靥一下子红到了脖颈，她喃喃而语："妾不敢，妾自知形秽，不敢奢望陛下圣宠，只是想说，太子在不忘故情这一点上，倒实在与陛下如出一辙呢！"

女人羞红了脸，是最美丽的时刻，即使她的形容多么丑陋，在这一刻也足以打动任何男人的心。何况，能够被列为后宫之首的女人，原本就有着八九分姿色呢？

刘询感到一股冲动油然而生，他意识到自己原先对这个女人的冷落是怎样的一个失误，他决定要弥补这个损失，条件当然是王皇后在太子这件事上为他出上一个好点子。

"身为皇后，首当母仪天下，在这一点上，朕以为卿是十分称职的，卿端庄谨慎，倒的确是天下人妻人母的典范呢！"

王皇后大概这辈子是第一次受到皇帝这样的表彰，她的粉面更加红润了，一种受宠若惊的感觉充塞了她幸福的心房。

为了不辜负"母仪天下"这四个字的褒奖，她决定把这些天来脑力劳动的成果无私奉献给刘询："妾以为，太子之所不忘司马良娣，儿女痴情只是一个微不足道的原因，更主要的还是司马良娣死后东宫没有一个能够领袖群芳的出色人物。"

"你的意思是说，为太子选一个胜过司马慧的女孩子，转移他的感情？"

"皇上圣明，喜新厌旧，可说是天下男人的通病，更何况太子所念念不忘的旧情，早已香魂缥缈，只要有合适的人选，妾敢担保，太子很快就会移情别恋………"

"唔，卿言之有理，好，就责成卿落实此事，事成之后，朕会重谢你的！"

这"重谢"两个字，刘询说得极富暗示色彩，一下子勾起了王皇后的幸福憧憬，她几乎要马不停蹄地回到后宫，开始实施为太子物色佳偶的计划去了。

可是刘询还是不太放心，他叫住了正欲离去的王皇后：

"这件事不要惊动民间，以免引起百官的非议，毕竟他还只是个太子，没有必要像皇帝选妃那样兴师动众，我看，就从你身边挑几个好人家出身的宫女，模样俊秀固然是第一条件，但品行端正、知书达礼也是必不可少的品质，这一点非常重要！要知道，太子是一国的储君，太子的姬妾，很有可能将来成为皇后，光有倾国倾城的容貌是不够的！"

王皇后其实也正想从自己的掖庭中选择几个宫女，刘询倒和她想到一起去了。于是她脆脆地答应了一声，欢欢喜喜地履行使命去了。皇帝的后宫果然不同凡响，几乎没怎么费劲，就选了五位佳丽，这其中就包括王莽的姑姑王政君。王政君这年芳龄十九，正是少女怀春的豆蔻年华。

不久，刘奭进宫向母后请安，可他并不知道这次例行的进宫竟然变成了相亲，所以他尽管对请安时有五位俏丽的姑娘在场表示了一定程度的惊奇，却并没有过分注意她们。长御既然衔了皇后的钧命，自然要负责到底，于是，她露出一副对青年人的羞涩十分理解的样子，神秘兮兮地压低了声音：

"太子殿下不要不好意思嘛，男大当婚，女大当嫁，在这个问题上老百姓和皇亲贵胄没有什么区别。"

"你说什么？婚？嫁？谁婚？谁嫁？"

长御嫣然一笑："谁婚，当然是殿下你婚！至于说谁嫁嘛，那就看殿下相中那五位姑娘中的哪一位了！"

刘奭这才明白这次请安为什么要安排五位佳丽侍坐在母后身后了，他险些把心里的抱怨吐露在长御面前："搞什么搞！简直是乱弹琴嘛！"

当然，刘奭并没有愚蠢到会当着长御的面表露自己心中的这种不满。

可那长御却还眼巴巴等着太子爷的回话，看她那着急的样儿，倒像是在给她自己找对象！

"你是问我看中了哪一位对吗？"

"是，这也是皇后让我问的。"

刘奭想了想，似乎并没有哪一个姑娘能比得上他的慧儿，不客气地说，甚至没有一个姑娘给他留下什么深刻的印象。

但他总不能说一个也不行，那样也太伤老太太的心了。

于是他信口说了一句："此中一人可。"

我们不得不慨叹古人造出的方块字的伟大，这短短的五个字竟让聪明如斯的长御费尽了心血！

"此'中'一人可？是说这五个人'当中'有一个人还可以呢，还是说坐在'中间'的那个人可以？"

长御正想刨根问底弄个水落石出，刘奭却丢下这个谜团扬长而去了。

这下可真让聪明伶俐、善体人意的长御坐了蜡了！

她不敢把这五个字的答复就这么回禀皇后，无论如何，她也得猜出这个谜底来。

也别说，我们这位长御毕竟聪明透顶，她回想起今天在座的五位候选人中，似乎有一位较为出众，那姑娘穿的是一条镶了绛红色边的长裙，显得十分扎眼，座位也离太子最近，莫非，太子的"此中一人"指的就是她？

没错！那姑娘平时文静端庄，正好和皇后的性格相仿，而且，也姓

王，说不定，还是王皇后的什么远亲呢！

长御越想越有道理，把自己连猜带蒙的揣测当成是刘奭的意思，兴冲冲报告给了王皇后。

王皇后点点头，望着正扭捏不安地玩弄着红边裙角的王政君："我说什么来着？知子莫如母，我虽说不是太子的亲娘，可毕竟是一手把他带大的，他的心思，还能瞒过我去？"

刘奭做梦也没想到母后的行动这么快，刚刚说了一句"此中一人可"，话还没落地，那位"可人儿"就送上门来了。

第二章

诞龙子稳坐后宫 寻伴读王莽入宫

太子刘奭并没有看轻这位母后为他选的太子妃，而是按照汉室婚礼规规矩矩地迎娶了王政君。当了几年家人子的王政君也算熬出了头，成了大汉未来君王的正室夫人。两人新婚燕尔，成婚当夜也是你侬我侬。可是新婚没有多久，也许是新鲜劲儿过了，也许是仍对司马良娣念念不忘，刘奭对王政君的宠幸渐渐打了折扣，并不像新婚对她依依不舍了。这样一来，刚成王妃便失宠的王政君似乎很值得同情，可是幸运之神却对她颇为眷顾。不过才春风一度的王政君就孕育了龙胎。而且，刘奭对王政君的冷淡也从另一个角度保护了她，免得宫里的其他女人醋海兴波，打她的坏主意。

怀胎十月，甘露三年，也就是公元前五十一年，王政君临盆了，诞下一位皇世子。

皇孙问世的消息，由快马直接报到宣帝那儿，老爷子果然欣喜若狂，赶来慰问王政君这有功之臣：

"儿啊！你可算去了朕的一块心病了！多少年了，朕一直担心大汉基业的继承人问题，如今朕算是放了心了！"

想了想，又问王政君：

"太子呢？怎么没看见他？自己的媳妇生儿子，怎么也不过来帮帮忙！"

老爷子也是乐糊涂了，这种事儿，刘奭能帮什么忙？

王政君赶紧解释，她不愿意让父皇知道小两口儿不太和谐的事情：

"太子殿下刚才还在这儿来着，这会儿回书房去了。"

"回书房？他还有心思学习？来人，把他给朕叫来！"

刘奭毕竟惧怕父亲，赶紧过来，叩头问安之后，垂手肃立，不敢多说一个字。

"你在书房干什么？不知道你媳妇生儿子啊？"刘询的语气挺严厉。

"儿臣，儿臣是在引经据典，想给皇孙起个好名字。"

"这倒是个理由。"刘询的口气缓和了一些，但他认为，小孙子的诞生，不仅是刘家、也是全国人民生活中的一件大事，既然兹事体大，就必须圣躬亲问，于是，他沉吟片刻，金口玉言发下圣谕：世子就叫刘骜。

不管怎么说，刘询是希望这个孩子长大了之后，能够像脱缰的骏马一样，纵横驰骋，成为兴旺汉室的一代明君。

刘奭当然对父亲的用意十分清楚，而且，他还明显地感觉到这个"骜"字里包含着父亲对他懦弱谦顺的不满，但是，他还是代表儿子感谢皇帝陛下的赐名之恩：

"多谢父皇为皇孙赐名。"

"慢！"刘询想了想，又补充了几句：

"名字名字，不能有名无字，朕也懒得动脑筋了，干脆，这孩子就姓刘名骜字太孙吧！"

说是懒得动脑筋，其实这个"字"里面脑筋可动了不少！因为，"太孙"，严格说起来并不宜于用来作"字"，这太容易和一种地位相混淆了。皇帝的儿子中，预定的帝位继承人叫"太子"，而"太子"之后的继承人才叫作"太孙"，如今刘询为孙子起字叫"太孙"，这不是明摆着说，刘骜肯定要接刘奭的班，成为刘询之后的第三代皇帝么！

这御赐的一名一字，不仅不可动摇地肯定了刚出生的这个小娃娃的继承人地位，同时，也明确了王政君成为太子正妃，将来顺理成章成为皇后的灿烂前途。

刘骜刚过满月，老爷子就着急要体会"抱"孙子的天伦之乐，尽管政务繁忙，每天还都要抽个空儿跑到太子宫来，"亲自"抱上一抱，一边抱，一边逗弄着刘骜：

"我的宝贝孙子！可把爷爷想死了！"

刘骜可不懂这个白胡子老头儿在说什么，他只觉得这个老头儿挺好玩儿的，特别是那稀稀拉拉的白胡子，在他眼前晃来晃去的，挺扎眼，就伸出胖乎乎的小手，去揪它们。

"别揪别揪，爷爷就那么几根胡子，揪光了，可就不是老皇上，成了小皇上！"

王政君见儿子闹得不像样子，赶紧过来，要把刘骜抱走。

刘询却不答应了，连声颁旨：

"别介别介！朕还没抱够呢！君儿，朕这一整天，尽想着赶紧办完公事，好来抱抱朕这宝贝孙子，结果，有好几件奏章朕都给批错了！其中有一件是位姓孙的大臣上的，你猜朕批了什么？朕给批了三个字：'好孙子'！"

说罢，刘询忘了自己的帝王身份，一向在臣子面前不苟言笑的他，竟放怀狂笑起来。

王政君虽然顾忌到君臣尊卑的规矩，却也被刘询的欢愉情绪感染了，不觉笑出声来。

刘询怀中的汉家"千里驹"，见两个大人笑得高兴，有心泼他们一瓢冷水，悄没声地打开闸门，老实不客气地往大汉天子的龙袍上撒了一泡尿！

"什么东西，这么烫？好孙子！你这不是要爷爷的好看吗？朕，朕，朕也'镇'不住你了！"

等到刘骜能走路了，刘询索性省去两头跑的麻烦，把小家伙接到了自己宫里，每天跟自己"同吃同住同劳动"，连上朝这样的大事，有时也带着孙子一起去，还美其名曰：

"让他去看看，将来当皇帝的时候省得临时抱佛脚地现学！"

有一天，老皇帝心血来潮，居然让太孙刘骜过一把皇帝瘾，把他抱在盘龙金椅上，弄几个太监宫女装成朝臣模样，侍立在刘骜的周围。

老皇帝刘询慢慢开导这个刚会说话的"小皇上"：

"好孙子，现在你就是皇上了，皇上就是天下第一大的人物，要什

么有什么，想干什么就干什么。你想想，你要是当了皇上，想干些什么大事呢？"

听着刘询一本正经向那孩子传授"帝王之道"，再看看那位坐在金椅上不住地要往下出溜的"小皇上"，阶下那些临时大臣们都咬住嘴唇止不住想笑。

其中一位体态丰腴的宫女竟憋不住了，卟嗤一声笑了出来。

这一笑却吸引了"小皇上"的注意，他终于发出了模拟皇帝的第一道旨意，冲着那正笑得花枝乱颤的宫女喊起来：

"我要吃奶！"

自从开玩笑似地让刘骜坐了一回盘龙金椅之后，刘询就开始龙体欠安，到了这年也就是公元前四十九年，即黄龙元年的冬天，刘询终于熬不过病魔的困扰，驾崩归天了。

太子刘奭高高兴兴地摔完了丧盆子，离开太子宫，登上了九五之尊的皇帝宝座。

从此他再也不用担心听到严厉的父皇那随时可能传来的批评，再也不用提心吊胆他那个颇得父皇欣赏的异母兄弟刘钦威胁到他的太子地位了，从此可以稳坐泰山了。

但是太孙和王政君让他很头疼。这两个人物，又都是惹不起，扳不动的，在标榜孝道治国的西汉，总不能老爷子刚蹬腿，就把他所喜爱的人都打入"冷宫""另册"吧？

何况这两个人，一个是自己的亲生儿子，长得又是虎头虎脑，十分招人喜欢。另一个是自己当太子时的正妃，跟了自己这么几年，一直恪守妇道，尽管自己对她一向冷漠，可她却从不抱怨，这在几十个姬妾中是难能可贵的，更何况她又是太孙的亲生母亲，没有功劳也有苦劳，没有苦劳也还有疲劳呢！

想来想去，反正老爷子已经不在了，这两个幼子弱母的，也不能对自己产生什么危险，乐得做个顺水人情，先把他们的名位给明确了吧！

于是，在登上帝位后没几天，刘奭就册立三岁的皇太孙刘骜为皇太子，同时把太子的生母王政君立为婕妤。

这婕妤是皇帝妻妾中仅次于"皇后"的封号，之所以没有一下子直接立王政君为皇后，可能是考虑到不能破格提拔太快了，总要抻一抻她，免得她将来骄傲自满。

抻了三天，抻不动了，这才正式宣布王政君由婕妤转正为皇后。

如果没有王皇后——这是王政君现在的正式头衔，刘骜的养母王皇后这时已经成为王太后了——如果没有王皇后，也就不可能有一个新贵的王氏外戚集团的诞生，更不可能有一个权倾朝野、把持朝纲的王莽的横空出世！

二丫头成了皇后，这可乐坏了他那个当过刀笔小吏的父亲——王禁。

王禁自打把王政君送到掖庭当家人子之后，就成天盼着宫中传来捷报。可是王政君一入掖庭一年多，连个信儿都没有，更别说什么"捷报"了，王禁急得不得了。可没想到，不过几年自己的二女儿就从家人子做到了太子妃，又从太子妃升为了皇后娘娘，自己还有个太子外孙。

不久，宫里来了八抬大轿，把老先生抬进宫去了。

等他再回来，呵！今非昔比，抖起来了！一进门，就把几个小老婆，一大堆子女全都集合起来：

"我封了侯了！"

"疯了？你瞅这老不死的，是快疯了！"

小老婆们互相交头接耳。

"猴了？你看咱爹，瘦得是快赶上猴儿了！"

儿子女儿们互相接耳交头。

"什么疯了？什么猴了？本爵爷，不，本国丈正式宣布，政君，也就是我那可亲可敬可爱的二姑娘，已经当上皇后了！从今天起，我就是御封的阳平侯，也是新皇陛下的老丈人，今后你们对本爵爷，本国丈必须万分尊敬！"

王禁说着，摆起谱儿来，检视着这一大家子。

满室哗然。

从此以后王家上下都成了皇亲国戚，个个是平步青云、得意非凡啊！

再看看当上皇后的王政君。

王政君现在的名位倒是非常尊贵了，可宫里谁都知道，皇上，也就是汉元帝刘奭根本不喜欢她，所谓的皇后，不过是个有名无实的金字招牌罢了。生了孩子的王政君基本上见不到元帝的面，夜夜独守空房。而元帝也找到他新的宠爱目标，昭仪傅仙音。而且，昭仪这个职衔，是元帝专为傅仙音设置的。因为元帝盛宠傅仙音，老想着给她一个能体现圣爱的名号，但是在后宫官衔中，婕妤之上就是皇后，而在同一时间里皇后只能有一位，总不能把生了太子的王政君废了，让傅仙音来当吧？再说傅仙音有了儿子，又被封为定陶王，有子为王，仍然当婕妤就又有点不够显张她对大汉皇室的突出贡献和皇上对他的厚爱了。

皇上的移情别恋对王政君似乎没什么打击，原来有了先帝亲封的太孙做依傍的她对于专宠椒房也已经看淡了，知道无法不让元帝宠爱别的女人，她便把所有的身心都倾注在自己的儿子身上。而眼下，傅仙音也有了儿子刘康，成为了自己最大的威胁。元帝最近对傅仙音越发的宠爱，一有空闲就埋头钻进她寝殿中，或饮酒赏歌舞，或搂抱着肆意作乐。作为皇后的王政君对此能做的就是视而不见。甚至面色平静低眉顺眼在元帝面前没有丝毫的不平表现，她之所以如此容忍，是为了她的儿子刘骜，儿子现在虽是太子，但保不定哪天傅仙音在元帝耳边进了谗言，太子位便岌岌可危了。自己现在唯一能做的就是减少犯错的机会，不让傅仙音抓住把柄。

她一心只求老天爷保佑，让她的宝贝儿子太子刘骜健康成长，熬到继承大统那一天。她明白，只要刘骜争气，不犯方向性原则性的错误，元帝也不好因为宠爱傅仙音就破坏祖制废长立幼、废嫡立庶地把太子的位置许给傅仙音的儿子刘康，顶多也只能封他个王，不管是先封的济阳王，还是后徙的山阳王，终归比不上太子这一国储君的地位。

然而，儿子刘骜却并不如自己所期盼的那样省心，表现实在差强人意。这孩子虽然年岁不大但格外顽皮，对书本提不起半点兴趣，玩花斗鸟却能无师自通。小时这些玩闹也没什么了，就怕长大了和宫女们拉扯不清，有他爹甚至他祖宗多少代在那儿摆着，前边的车，后边的辙，那是肯定的。读书上不感兴趣，没有书本的约束，怕更是百无聊赖，惹是生非，万一捅个大娄子，授傅仙音以柄……王政君不敢再想下去。在事情还没到那一步之前，必须得先找到对策。她思来想去，最后认定症结在于刘骜缺少一个读书的同伴，书房里就刘骜一个毛孩子，面对着那个古板老先生，缺乏读书氛围，提不起兴趣也是情理之中。想到这一层后，王政君开始火急火燎地要物色一个侄子来宫里陪刘骜读书。

前面介绍过，王政君有八个兄弟，三个姐妹，侄子辈大大小小已经排成长队。不过，侄儿们大都横着膀子在街上游逛，吃喝赌博甚至狎妓嫖娼，都是他们的拿手好戏，若让他们进宫陪刘骜，只怕这孩子见世面越多，闹乱子就越快些。外人信不过，自家孩子们没一个成器的，如何是好呢？眉头紧锁半晌，王政君忽然眼睛一亮，想起早逝的兄弟王曼，还有他撇下的儿子王莽。说起来，王曼也够倒霉的，没等到姐姐当上皇后，就一命呜呼，撇下孤儿寡母，往西方极乐世界去了。他的兄弟姐妹、侄儿侄女，都沾了王皇后的光，享受着荣华富贵，而没了爹的王莽，虽说也算是个贵族子弟，却孤苦伶仃，小心翼翼地在王氏家族中扮演着丑小鸭的角色。

王政君进宫之前，和王曼还有他妻子就挺合得来，后来王曼早逝，王莽母子没了顶梁柱，住在市井杂院间，日子很清苦，说来倒没沾上她这个皇后什么光。不过，王政君倒不止一次听兄弟侄儿们提到王莽，说这孩子年龄小却很乖巧，懂得体贴孝敬母亲，经学典籍更是爱不释手，说话办事简直就是个小大人。王政君一想到王莽，立刻就坚定了信心，忙禀奏元帝，令他们母子进宫，聊解皇后思亲之苦。刘骜有个勤奋上进的学伴，同时也算对这对孤儿寡母有所体恤，王政君觉得这件事既周全又漂亮，元帝本来就对王政君怀着一种过意不去的感情，同时也有一点私心杂念作怪，心想王政君遭到自己的冷落，空房难以独守，万一闹出什么丑闻来，岂不有损皇家的光辉形象？有个女人来给她作伴，无形中是增加了闺房侍卫，何乐而不为之？至于王莽，毕竟才只七岁，一个小西瓜孩子，还怕他秽乱宫闱不行？于是破例同意了王政君的请求。

就在母子俩进宫前一天的晚上。

"娘，皇宫有多大，有咱们县里老爷家的园子大吗？里面是不是有好多好吃的，吃都吃不完呀？"深夜之中，只见几家灯火点点。一声清脆的童声打破夜的静寂。透过这家半开的窗户，可以看见一个小孩蹲坐在母亲的脚下，仰起稚嫩的笑脸这样问着他的母亲。母亲正在缝衣，一阵风吹来，灯光摇曳，母亲停下手来，对着孩子微微叹了口气，温和地说道："莽儿，你才七岁，大街上都没去过几次，就别瞎费心思琢磨皇宫里的事了。再说，娘也没去过皇宫，真让娘说，娘也说不上来……不过，小户穷苦人家，能吃饱就是了不起的事了。但进了皇宫，能活下去才是最最重要的。这话是你姑姑说的，什么意思娘也不懂。她说，在皇宫呆的久了，慢慢就咂出味儿来了。"

夜已很深了。春夜的风轻盈柔和，缓缓吹入屋内，带着灯火舞动不止，墙上倒映着一大一小的身影，无声无息，有些温暖，又不免让人心里发虚。

王莽和母亲在灯下坐了好久，他们各自陷入了对明天进宫的想象之中，谁都没有再吭声。

王莽双肘撑在膝盖上，两手托住小脸，一副有些故作深沉的神情在七岁的孩子脸上表现出来，不禁让人觉得好笑。

母亲看着自己的孩儿忍不住淡淡一笑，她抚摸着王莽头顶，放缓了语气说："莽儿呀，你爹去得早，留下咱娘儿俩没依没靠的，你姑姑可怜咱们，才接咱们进宫。但是你要记住，进了宫可不能真的把自己当成宫里人，要事事小心，不能给你姑姑添麻烦。吃穿用度也千万别和你表哥比，人家是太子，将来就是皇上，是一个天上一个地下，咱们比不了。就是他给了你气受，你也要忍着不能犟嘴。你要好好用功读书，珍惜这个机会，学得一肚子学问，将来你姑姑、你表哥给你个饭碗，你也能捧得住，不叫人笑话。莽儿，娘就指望你了，你哥身子骨不好，整天病快快的，他是指望不上了，你可一定要争气啊……"说到心底处，声音有几分哽咽。

王莽看见娘又哭了，慌忙地站起来，拍拍小胸脯："娘，你放心，孩儿知道。自打识字起，孩儿就对学问感兴趣，进了宫，跟着表哥的老师学习，我一定会用功的，不叫娘操心。表哥是太子，我会事事都听他的，不跟他吵，只专心向师傅讨教学问。你就不要伤心了！"

王莽双眸灼灼发亮，小脸在灯下映得通红，一脸认真的表情虽然还带着些孩童的稚气，但是仍然让人不由自主地相信他。母亲安慰地含笑点点头，将王莽拉到怀里："莽儿从小就有志气，娘放心了。天不早了，歇着吧，明天还要早起呢。"

屋子的流淌着柔和的春风，温暖舒适，王莽很快进入了梦乡。梦里他看见了一片雄伟的宫殿，通往宫殿的路是一层层的台阶，他踏着台阶一步步地走着，看见了母亲、哥哥都在微笑的迎接他。王莽在梦中笑出声来。

第二天的真实情形才让王莽明白，他们昨夜的辗转难眠纯属多余。没有敲锣打鼓万人围观的热闹场面，也没有宣读圣旨大摆香案的肃穆庄严，一辆蓝布篷车载着他们母子，转弯抹角，摇摇晃晃，大半晌的工夫才停下来。当王莽扶着母亲小心翼翼走下黑咕隆咚的车子，亮白的阳光刺得王莽睁不开眼，一座宫殿金灿灿地熠熠闪光，四下仰视，忽而感觉来到仙界，忽而又觉得蜷缩在群山叠嶂中，自己实在太过渺小。

不过王莽知道，这些都是错觉，自己已经置身于皇宫了。

跟在母亲身后，由太监引领着，在迷宫般的回廊中，七拐八拐。座座亭台楼阁扑面而来，一座比一座精致，一座比一座雄伟。王莽忍不住暗自诧异，在小伙伴跟前，自己也自诩为皇亲国戚，加之读书渐多，总以为见识高人一等，来到这里才知道，不过井底一只癫蛤蟆！接下来要应付的场面，自己那点礼仪诗书，够用吗？心头不由咚咚地直打鼓。

再走过两道拱门，来到一座大殿门前。太阳正从东方冉冉升起，殿脊上琉璃瓦射来耀眼的光芒，令人不敢仰视。王莽眯起眼睛打量周围，脚下软绵绵地飘忽不定，似乎站立在五彩云端之上。雕刻着云朵仙鹤的花梨门扇，蒙着绿莹莹亮纱的精致窗格，垂手拱立两侧的太监宫女，沿墙角匆匆来去的各色人物，偌大的地方没有半点声息，无不渗透着威严、凛然不可触动的皇家威严。礼仪方面的书王莽读过不少，对君君臣臣这一套说辞早已烂熟于心，但真的踏上这片皇家禁地，王莽还是不由得感觉头皮阵阵发麻，仿佛被一种不可抵御的神秘力量笼罩住，唯有拘谨恭敬，不敢有丝毫非分杂念。

跟在母亲身后，机械地走进大殿。绕过两道云母屏风，光线顿时昏暗许多。这大房子里边到底套了多少间小房子，照这样绕来绕去，时间久了，不会走错房间吗？王莽忽然生出几分疑虑，正要用心分辨各过道门窗的区别，忽听"扑通"一声轻微响动，引路太监趴在地上朗声禀奏："启禀娘娘，娘家人到了。"说着扭过头，"快叩见皇后娘娘。"

王莽忙收回心思，一丝不苟地随着母亲完成叩拜大礼。

"罢了，罢了。这是偏殿，又是一家人，不用过于讲究规矩。这是莽儿吧，长这么高了，比划起来真像个小大人呢！"

母亲哆嗦着手扯一把王莽。此刻王莽倒比母亲更加镇定，整理一下衣袍，整理一下衣袖袍摆，面含恭敬地走到高高的宝座前。座位上的那个女人弯下腰，抚摸一下王莽的脸庞，温润与芬芳扑面而来。王莽这才看清楚，这个让人感觉无比威严的皇后娘娘，其实相当年轻，瘦盈盈的瓜子脸，如烟的黛眉下眼睛特别大，特别亮，如清澈的河水却又似乎透出逼人的寒气。她穿一件藕色的纱衫，和乌黑高耸的发髻搭配起来，雍容富贵中又不乏素净优雅。这就是自己从未谋面的姑姑啊。

王政君格外和气地问询了王莽读过什么书，师从哪位先生。对此王莽早在心里打过多遍腹稿，应对十分自如，回话稳妥合礼，颇有小大人风致。王政君微笑着点点头："好，公卿生于白屋，将相出于寒门。莽儿自小没得到姑姑多少照顾，却难得这般知书达理，不似你那班兄弟……看来人不历练不成器呀！有莽儿陪在他表兄身边，我就放心多了。莽儿呀，你表兄虽贵为太子，人情上和你却是兄弟，你在这里，不必过于拘泥，该规劝的要规劝，该提醒的要提醒。你们兄弟若能共同上进，也是我王家的福气呀！"

王莽认真地点点头。但他那时还没意识到，自己的人生宏图，就要从这里铺展开去。

随着对环境的渐渐熟悉，好奇心略有消退后，王莽开始把惊喜的眼光放在太子书房。排排宽大的书架，各类典籍琳琅满目，大部分都是自己早就想读却求之不得的。如今徜徉在其中，可以随意翻阅，这比每日的山珍海味更叫他欢喜。不过，王莽还是时刻告诫自己，这里不是寻常地方，虽然皇后是亲姑姑，但皇家规矩远比亲戚关系来得严厉。因此，他处处循规蹈矩，按时给姑姑和母亲请安，言辞亲热而不失谦恭。王政君乐得合不拢嘴，时常拿王莽当成榜样，教训刘骜太过松懈。

刘骜比王莽大六岁，高过王莽整整一头，每逢和王莽站在一起，他总不大自在。好在这位表弟除了好学之外，还特别善解人意，拿各种借口来替自己开脱，还时不时禀告皇后，说表兄近来读书方面大有收获，在读哪本书时给自己答疑解惑等等，这都令刘骜很是满意。两人虽然性格大相径庭，相处得倒还融洽。

隔三差五地听王莽夸赞表兄，王政君当然高兴，不过她总有点怀疑，一向吊儿郎当的刘骜，真的这几天就大变样了？有心当面考一考，又怕让王莽知道了不好，好像不相信他似的。思量一番后，王政君觉得还是到书房里看看为好，若真能像莽儿说的，兄弟俩正埋头读书或研讨学问，那自己也就一百个放心了。至于傅仙音之流的争风夺宠，也就可以宽慰许多。

书房离寝宫不是很远，王政君让两个太监不要跟得太紧，悄无声息地来到书房门口。果然有读书声传来。王政君满意地点点头，轻轻推开房门，却发现，宽大的书案旁，只有王莽一个人埋在书堆里。王政君顿时有些失落，仍心存希望地款步走过去，拍拍王莽肩头。

王莽抬起头，片刻工夫才反应过来，慌忙丢下书本，后退几步，跪在地上三拜六叩："不知皇后娘娘驾到，草民罪该万死。请皇后娘娘恕罪！恭祝姑姑圣安！"

"看来莽儿的书没有白读，越发像模像样了！"王政君含笑拉他一把，"就你这套礼仪，多少孝廉都做不来呢！好了，快起来吧！"

尽管姑姑言辞随和，王莽还是中规中矩地把请安礼数做完，道过谢后起身站在一旁，垂下双臂，一副聆听教训的样子。

"莽儿，近来你们哥俩都读些什么书啊？"王政君心神不定地四下看看，还是不见刘骜的身影。

"禀娘娘，太子与小民前几天温习过《礼记》，这几日正习读《论语》，内里有些不大明白的地方，小民请教过太子，感觉受益匪浅，加之典籍齐备，可以时时翻查，进步可谓不小。"王莽拿出臣子禀奏君王的姿态，一本正经地回答。

王政君当然不相信刘骜会进步这么快，不动声色地点点头，实在忍不住地问："那……太子何在？"

王莽愣一愣神。自从来到太子书房，王莽就发现，自己这位表兄，外表文弱，其实骨子里野得很，拈花惹草乐此不疲，只是看见书本就头疼。别看比自己大不了几岁，却是什么都懂，偶尔坐在书桌前，也是摊开了书本，向自己讲解哪个宫女有风情，哪个宫女身段好，听得王莽直心跳脸红。他发现，自己名义上陪表兄读书，其实还不如说让这位太子多了个望风的。刘骜每日从书房后门出去，或者东游西逛，要么找宫女鬼混，叮嘱自己留意点风声，要是父皇或皇后来了，赶紧拍打后窗告诉一声。可今天，一来皇后来得悄无声息，再者自己读书太过专心，给堵在了屋里。这可如何是好？王莽转动眼珠，细汗开始渗出额头。

后门外忽然响起脚步声，刘骜回来了。要是他冒失地撞进来，见到皇后，一脸慌张地露了马脚，可就麻烦了。挨皇后的责骂不说，自己也不大好看，要是刘骜事后埋怨起来，说自己不把他的话放在心上，甚至怀疑自己有意让他出丑，那就更不得了！王莽情急之下，冲后边高声喊一嗓子："太子殿下，肚子舒服些了吧？今早上可是第二回啦，皇后娘娘来看咱们啦！"

刘骜读书不用功，脑子却很好使，立刻听出来，这是王莽给自己暗示。忙收缩起身子，攒起眉头，苦着脸冲进书房，看也不看地冲王政君叩拜："孩儿见过母亲，恭祝母亲圣安！"

王政君点点头，果然比以前懂礼节多了。"骜儿，怎么，肚子不舒服？"

"没，没什么……昨天和表弟在门口诵读，可能吃了点凉气……如厕两次……好多了。"刘骜看着王莽眼神，期期艾艾地编着措辞，生怕和王莽说到两岔里去。

看刘骜脸色通红，浑身哆嗦着几乎直不起腰身，王政君心疼地拉他坐下："你以前不认真读书，娘甚是替你担心。娘是怕你从小养尊处优，以为不用像民间读书人那样指望读书进身，把学问之道给荒废了。其实，你不知道，你的进身比起人家来，更……"看一眼旁边侍立的王莽，口气一转，"你能如此上进，说来还是受莽儿影响……但也要注意照顾身子……明天的斗兽之戏，你俩都去看看吧，借机放松一下。"

"斗兽之戏？什么斗兽之戏？"王莽到底年龄小些，一碰到感兴趣的事，就忘了君臣规矩，上前一步，好奇地问。

"嗨，连这个都不懂！"听说要看斗兽，刘骜顿时兴奋起来，顾不上装病，抢着嚷嚷，"上苑，你知道吧，那边有个兽场，可大啦！里边养了好多猛兽，狮子、老虎，还有狗熊，还有许多叫不上名的家伙，哎呀，你是没见过，可有看头啦！要是叫它们争斗起来，真比上山狩猎还过瘾……哎呀，跟你说不清，明天亲眼一看，你就知道有多好啦！还有那些来观看斗兽的各色官……"

见刘骜惊慌地捂住嘴，王政君不由得一阵失落，她立刻意识到自己这个儿子，还得让自己时时提心吊胆。唉，生就的骨头长就的肉，哪能轻易改过来的？！不过刚才已经夸赞一番，也不好再说什么，闷闷地转身走出门去。

由于对斗兽之戏的强烈好奇，王莽头一次没有把皇后娘娘的不满放在心上。他听刘骜把斗兽讲得既充满情趣又惊心动魄，满心神往地想，没想到看似庄严肃穆的皇宫，还有这等有趣之处。圣人也讲过，行知合一是研究学问的最好出路，这样说来，明天观看斗兽，也不算荒废学业了。

到底年龄小些，王莽本来抱着长见识的态度来观看斗兽，可是当他跟着皇后、表兄来到上苑时，顿时被那里的气氛给笼罩住，除了兴奋和激动，早把圣人的道理忘在了脑后。

第三章

观斗兽险惊御驾　护龙体冯媛挺身

此时已是暮春时节，上苑在浓荫遮掩下，万花葱茏，楼台和道路两侧，桃柳袅娜，放眼望去，到处芳草如茵。在园林正中位置，有潭清澈大湖，湖旁假山环绕，湖山叠翠，亭台掩映，格外雅致。王莽还没来得及细细欣赏，就被人流簇拥着，转过一道白色山墙。虽然只有一墙之隔，这里的景象却大不相同。繁茂树林间，坐落着一个个宫殿形状的小建筑，也是金碧辉煌，飞檐斗拱，但大多只有一人高，看样子并不用来住人。

王莽正奇怪，这是干什么的呢？刘骜在旁边捅他一下："看，这些家伙比人还懂得享受，斗一斗吃点苦头也是应该的。"

王莽这才注意到，那些看似宫殿的建筑下边，其实放置的是兽笼，里边有老虎、狮子，还有黑塔般的狗熊。在另一侧，则是体形较小点的野猪、矫豹、恶狼，它们在笼子里焦躁不安，来回徘徊，磨牙吮爪，时不时发出沉闷的怒吼，吼叫声中满是兽性，恶狠狠的声调，让人听了毛骨悚然，头皮发冷。幸亏人多，或许宫女太监们见得多了，谁也没在意，人人满脸的兴奋。

刘骜更是拿出主家的姿态，津津有味地观赏着这帮困兽，指指点点地告诉王莽，哪只猛虎厉害，哪只狮子咬死过狗熊。听得王莽胆子也大起来，想凑近了看清楚。正在这时，忽然听到一声长长的鞭梢甩动声，干燥而尖厉，仿佛抽打在每个人的头上，喧闹的场面顿时静如死水。没等王莽回过神来，有太监扯嗓门高喊："皇上驾到！"声音粗糙沙哑，却很有穿透力。人群像中了闪电，齐齐从中间劈开，唰地分成两列，扑通跪倒，将头埋在膝盖上。

　　这是接驾的礼数，王莽不止一次看书本上提到过。可是真正置身其中，他惊慌得手足无措，匆忙中把书上说的做法忘个一干二净。慌乱中见表兄跟在姑姑身后，朝人堆最前头走，他来不及细想，也急忙跟上。

　　连天鼓角，歌吹喧阗，声音由远而近。接着，旗幡招展，数十旗手高举猎猎彩旗，分立拱门两侧。一队锦衣校尉，铠甲在阳光下晃得人睁不开眼，更显得威若天神。校尉后边，步履整齐地走过来一对铁甲护卫，有四五百人，他们个个身形彪悍，腰佩刀剑，头戴红缨铁盔，浑身上下有股说不出的威严。这群人径直来到兽笼旁，守卫在槛外。

　　王莽紧跟在表兄身旁，跪在众人前头。忽然他发现姑姑不知什么时候不见了。正要问刘骜，就听鼓乐更加热烈，一大群宫娥花枝招展，簇拥着一个人从拱门外走进来。王莽看见，被簇拥的这人身穿黄色缎袍，心窝处绣着一条巨龙，张牙舞爪地分外醒目。不用说，这就是当今皇上了。姑姑夹杂在宫娥中，紧贴在汉元帝身边，眼神漠然而威严，似乎在张望什么，但似乎又什么都没看。在大红吉服映衬下，她格外雍容华贵，比起在后宫和书房里见到的感觉，大不相同。

　　汉元帝先是低头看看太子刘骜，表情有点夸张地撇一下嘴角，又冲黑压压跪倒一片的人群张望两眼，迈步走向兽笼正前方的座位。

　　王莽这才发现，那边早已布置好了看台。看台布置在飞檐斗拱的观礼殿台阶上，高低错落好多排座椅，其中最前边的三把椅子靠背特别高，尤其是中间那把，铺着回龙绣垫，分明是皇上的宝座。两边的两把，铺着飞凤绣垫，应当是娘娘的座位了。王莽知道，右首的是皇后专席，而左首那一把，就不清楚是留给谁的了。莫非当今皇上同时有两位皇后？

　　顾不上猜测，拱门外又是一阵鼓乐喧闹，众多大臣，有老得走路直打晃的，也有年轻的趾高气扬的，他们表情各异，但都弓腰哈背，透着谦卑。这帮人放轻脚步，鱼贯而入，一直来到刘骜和王莽身后，走在最前头的一个老头子带头，众人应声跪倒，吆喝声响成一片："臣等恭祝皇上万岁，万岁，万万岁！恭祝皇后、昭仪娘娘、太子殿下千岁，千千岁!"

汉元帝满意地点点头,轻轻挥动袍袖,示意众人平身,退到后边去。见皇上并没特别留意太子,王政君轻声招呼一声:"骜儿,到这边来。"

刘骜正跪在地上,撅着嘴嘀咕,应声爬起来,如蒙大赦地伸伸胳膊,向宝座方向走去。王莽虽然低头跪着,但也能觉察到表兄离开,他发现,如今跪倒的人群中,只剩自己一个孤零零地排在最前边,格外扎眼。王莽不由得心里发慌,本以为凑在人堆中看看热闹,不料碰到如此繁缛的礼节,待会儿皇上要是问起来自己是谁,该如何回答?这个礼数,可从来没在书本中读过。

好在刘骜总算够义气,关键时刻并没忘记这位表弟,走出两步又折回来,拉一把王莽。王莽手足无措,懵懵懂懂地跟在他身后,穿过人群,走上观礼台。眼角余光发现,铺着红地毯的甬道两旁,红男绿女花团锦簇,纷纷冲这边作揖行礼,护卫将士一脸肃穆,像庙里的神像一般。生平头一次遇到这样隆重的场合,王莽感觉腿脚胳膊都不属于自己的了,好像腾云驾雾,轻飘飘地似乎没迈动脚步,却分明离皇上、皇后他们越来越近了。这时王莽才发现,皇上左侧端坐着一位妖冶艳丽的女子,满身满脸的妖媚气息,相比之下,皇后就黯淡许多。王莽忽然想起,刘骜跟自己说过,皇上如今正宠着什么傅昭仪,恨不得时时刻刻跟她厮守在一起。看来,这位就是了。

胡思乱想着,踉踉跄跄登上几级台阶,终于站在皇上正前方的不远处。汉元帝似乎无意地扭脸看一眼傅昭仪,沉吟片刻说:"骜儿,过来,侍立在朕的后边。"

等刘骜答应着走过来,汉元帝才缓缓问一句:"这个孩子,想必就是皇后那个侄儿了?"

不等皇后回答,王莽赶紧趋步上前,伏身拜倒,口里学那帮大臣念诵着:"草民王莽,叩见皇上,吾皇万岁,万岁,万万岁!恭祝皇后千岁,千千岁!"

"唔,"汉元帝满意地微微颔首,"小小年纪,倒还懂礼。"

王政君轻松地一笑。傅仙音却不动声色地一哂。汉元帝立刻觉察出来，忙改口说：“小孩子家，果然照顾不周。这里还有朕的仙人傅昭仪呢，怎么给忘了？”

王莽虽然不大清楚他们之间的关系，凭直觉却知道那些说不清道不明的关系，忙以头碰地：“草民该死，望昭仪恕罪。草民王莽恭祝昭仪千岁，千千岁！”嘴里喊着，心中涌上来一阵被捉弄的屈辱，眼泪都快要出来了。

“好了，好了，平身吧，随太子后边侍立。”见汉元帝没有立刻表态，王政君忍不住吩咐道。

王莽刚要谢恩，就听傅昭仪冷笑一声：“娘娘啊，他是娘娘的侄儿不假，可说到底也就是一介草民百姓呀，怎么配侍立在皇上身边呢？让他躲在人堆里看看热闹，就是恩德了呀！”

“狐媚精！”王莽忍不住地在心里咒骂，小脸涨得通红。此刻的孤独无助，惶惑不安，都让他铭心刻骨。

沉默片刻，还是汉元帝打破僵局：“一个小孩子嘛，哪犯得上动用大礼。站在后边也并非给朕侍立，不过陪陪太子而已。好啦，好啦，快站过去，斗兽就要开始了！”

王莽规规矩矩地再磕一个头：“谢主隆恩！”他故意把“主”字咬得特别重，在心里向傅仙音示威。狐媚惑主，果然是狐媚惑主！哼，等着吧，将来我长大得了志，非得先把你这礼不合的狐媚女人收拾掉！他红着脸，脚步重重地闪到刘骜身旁。

傅昭仪鼻孔里哼一声，倒也没有再说什么。

看皇上、皇后和后宫妃嫔及文武百官们或坐或站地安静下来，司礼官高声叫喊：“斗兽之戏聊娱吾皇，恭祝吾皇万寿无疆！”

嗓音未落，鼓角声震天响起，上苑弥漫过一阵肃杀之气。笼中的野兽似乎也觉察出了什么，开始在笼中更加狂躁，虎啸、熊吼、狮子咆哮，各种令人战栗的声音纠缠在一起，不用说，王莽也知道，斗兽就要开始了！刚才的不快立刻消散，他踮起脚尖向前张望，惊动了这么多人，斗兽之戏到底有多精彩呢？

　　震人心肺的鼓声终于停了下来。站立在兽笼两侧的护卫闪到一旁，手中刀枪并举，神情紧张。另有一批驯兽师走上来，个个紧身衣裤，还有几个打着赤膊。他们先向皇上这边叩拜施礼，然后开始在挖好的坑里栽木桩扯网。这些人身手利落，一盏茶的工夫，一亩多地大小的网帐就扯了起来，大网用拇指粗细的绳子交错而成，网格相当大，既能防止猛兽蹿出来，又不影响观看。

　　驯兽师首先打开边上一个笼子栅栏，一头毛皮乌黑锃亮的野猪蹦出来，它体形硕大，猪鬃像钢针一样耸立，一双小眼睛发出凶狠的光，在栅栏中呲着獠牙，不安地来回走动，发出低沉的吭哧声。王莽本能地想向后缩，心想，谁有胆量敢和这家伙斗？

　　另一侧的驯兽师也打开了栅栏，伴随着铁链响动，众人眼前亮光闪过，一只金钱豹悄无声息地跃入场中。这只豹子身形修长，浑身斑斓绚丽，给人感觉雄劲而不失优雅。汉元帝忍不住啧啧赞叹："好，粗丑对雅致，野猪对斑豹，倒真是一场好戏！"不等王政君搭话，傅昭仪赶紧跟着附和："皇上英明，表壮不如里壮，别看那野猪气势汹汹的，其实胜家说不准是谁呢！"大家感觉她话里有话，也不便说什么，只是跟着拍手叫好。王莽这才知道，原来是兽与兽斗，不用担心看到人被撕裂的惨相，他略微踏实些。但想想这样鲜活壮实的家伙，一会儿就要有个血沃尘埃，还是有几分不忍。片刻工夫，两只猛兽已经狭路相逢。豹子奔腾跳跃着，几步来到场子中央，堵住野猪前路，身体拉得更长，形成一道优美的曲线。野猪虽然粗笨，却也不甘示弱，它急促地哼哧着，低头弓身，后腿蹬住地面，像拉开了弓弦的利箭，随时就要用惨白的獠牙撕开对方肚皮。豹子似乎被那双愤怒而凶恶的小眼睛所震慑，动作立刻慢了下来，轻轻转动身体，围着野猪绕圈。野猪则以静制动，笨拙的身躯跟着缓缓移动，丝毫不给对手偷袭的机会。

　　现场的气氛顿时紧张，数百人鸦雀无声，每个人的呼吸都凝固住。王莽小拳头捏出汗来。

　　豹子懂得怎样寻找时机，它绕着野猪转圈的速度逐渐加快。这时，野猪身体笨拙的劣势开始显现。有一瞬间，没能跟上豹子的速度，半身暴露在对方的尖牙利爪之下。这个暴露也就眨眼即逝，但豹子还是敏锐地捕捉到了，它毫不犹豫地飞扑上去，一口咬住野猪臀部，同时利爪搭在野猪腰上。似乎能听到皮肉扯裂的吱啦声，鲜血喷涌而出。野猪狠命地向前蹿跳，随着一声负痛哀嚎，豹子嘴里衔下一块肉来。

"好！"许是受到鲜血的刺激，汉元帝忘记自己身份地站起来，振臂高声呼喊。太子刘骜也兴奋异常，跳着脚在他身后双手挥舞。野猪臀部少了一大块，血流如注，腰部也被利爪划出几道血痕，浑身湿淋淋的被染成红色，地上更是血迹斑斑。这场面不但使大臣亢奋，就是平素娇滴滴的妃嫔宫娥，也一反柔弱怯懦，尖着嗓子叫好。看台上下顿时一片沸腾。

王莽被汹涌的亢奋疯狂地裹挟着，喘不过气来。

鼎沸人声显然也激怒着网帐中的猛兽。野猪从狂乱中镇静下来，怒吼着开始摇头冲向豹子。敏捷的豹子很轻易地躲闪开，又顺便在野猪身上留下一道爪痕。鲜血流淌着，野猪很多地方开始露出森森白骨，情景开始有些恐怖。人们逐渐恢复平静，大家知道，倒霉的野猪支撑不了多少时候了。

然而出乎大家意料。野猪非但没有退却或被动挨打的意思，反而嚎叫声更加猛烈，抖动起身上的血珠，飞溅出老远。豹子似乎也被这场面震惊了，它犹豫着是不是要继续进攻。生死往往就在一念之间。就在豹子迟疑的片刻，野猪后腿猛蹬地面，粗大的身子嗖地弹出，如同一支黑色的夺命利箭。豹子根本来不及反应，两根獠牙已经插进它的喉咙，巨大的冲劲将它推搡着撞到网绳上，热血从它嘴中喷涌而出。

求生的本能让豹子舞动前爪，拼命乱抓。野猪粗厚的皮肉相继开裂，哧哧声在很远的地方都清晰可闻。可野猪没有丝毫退却的意思，沉闷地怒吼着，死死顶住豹子，让獠牙牢牢深陷在对手喉管中，不留一点喘息的机会。豹子的利爪挥动下，野猪在人们的眼中渐渐支离破碎，几乎就要成了一具站立的骨架。两股血流在地上汇合，流成一条潺潺小溪。

豹子的速度越来越慢，也越来越软弱。终于，它们都安静下来，豹

子高举着那斑纹美丽的前爪，停滞在空中。而野猪也突兀而立，僵硬倔强地保持着胜利的姿势。虽然只是两只野兽，但场面依然悲壮，整个上苑一片沉寂。汉元帝极不自然地挥一挥衣袖："壮烈，果然壮烈……将它们以侯礼安葬……抬下去吧！"

众人这才回过神来，对汉元帝的旨意纷纷点头称赞。王莽却觉得不大对劲，两只猛兽，死得固然惨烈，但毕竟是供人玩乐的，怎么能用王侯的礼节安葬呢？这似乎太不合乎礼节了吧？但看到连号称宿儒的大臣也微微颔首，把疑虑窝在胸中，也不能随意说什么。

不过，王莽忽然想起，秦始皇当年封过泰山上的一棵松树为五大夫，或许皇上也有此意，想借机激励大臣？

"快看，好戏开场了！"刘骜扯住王莽衣袖，兴奋得满脸通红。王莽一愣，方才的还不算好戏？忙跟着踮起脚尖，这才发现，周围的男男女女都洋溢着不可遏制的激动。

正中间的两个栅栏已经打开。左侧兽笼内一声长啸，花木枝叶似乎也随震颤抖动。一只吊睛花斑猛虎慢条斯理走出来。它身材长大，四腿粗壮，肥厚的爪子看上去有簸箕大小，真正是满身杀气，不怒自威。全场沉寂片刻，右侧门洞探出一个黑糊糊的硕大脑袋，小眼睛闪着贼光，憨厚而凶险。"啊！狗熊！"王莽张大嘴巴失声叫嚷。他在书上看到过，虎为百兽之王，熊乃兽中悍将，一个矫捷凶猛，一个力大无穷，其威力是野猪和金钱豹所不可比的。熊虎向来一山不可并处，现在将它们弄到一处，真的要有一番不可预测的恶斗了！

凝神再看时，狗熊与猛虎已经渐渐走到一起。它们显然也意识到了对手非同一般，都显得小心翼翼。猛虎低伏身子，满眼肃杀之气，灼灼目光令人不敢正视。狗熊半直起腰身，一副欲进欲退的样子。"狗熊其实一点都不笨，聪明着呢！"刘骜趁它们对峙蓄势的当儿，在王莽耳边嘀咕，"它这一招可攻可退可守，半哈着腰，身形不高不低，让老虎有劲没处使。你瞧着，老虎准扑它，而且准扑空！我见过好几回了。"

然而刘骜这次并没说对。话音未落，平地惊起炸雷，猛虎毫无征兆地突然发威，怒吼声中，腾身跃起，如一阵狂飙横空扫去，狗熊猝不及防，刚直起身往一旁躲闪，虎爪已经重重拍打在前胸。然而狗熊的确也不同凡响，在躲无可躲的绝境下，后腿使劲蹬地，借助虎拍前胸的力量，笨拙的身体竟然飞出十余步。虎爪顿时抓空，没有伤到对方皮肉。

"好呀！"这几乎完美无懈的一攻一守，再次激发起众人的狂热，男女老少喝醉了酒般拍手呼叫。汉元帝也不再矜持，从宝座上跳下来，拉起傅昭仪的手，高高举起。王政君显得最为沉静，眼角撇着汉元帝和傅昭仪，端坐着面无表情，一片呼喊叫嚷中，倒是侍立在王政君身旁的冯婕好心细，体贴地伏在王政君耳畔，低声说了句什么。王政君点点头，淡淡地笑了。

喝彩声还没有停止，猛虎已经开始再次出击。它不等黑熊站稳脚跟，舒展身躯，两爪前探，在空中划过一条优美的弧线，又如高明武士刺出的潇洒一剑，直指对手心窝。黑熊受到刚才一击，立刻进入状态，四肢着地伏身而卧，让致命的剑锋从身体上方飞过。然而不等它有所反应，猛虎钢鞭一样的尾巴随即呼啸扫过，"啪"地抽在黑熊后脑勺上。细心的人发现，黑熊脑袋上的鬃毛立刻湿了一大片，分明伤口不小。可是黑熊顾不上理会伤痛，它要趁猛虎连续两次进攻的空当，给对方以出其不意的反击。它不等猛虎转过身来，陡然挺直身体，疹人心魄地怒吼一声，挥掌拍向对方后半身。熊掌如同一双铁锤，夹杂着风声力贯而来，重重砸在猛虎臀部。

猛虎趔趄一下，屁股上一片皮毛被撕扯下来，血淋淋地挂着，像块破补丁。猛虎和黑熊同时长啸，上苑的花草树木无不为震颤。黑熊自以为能得手，拍打着胸脯表示得意。猛虎的兽威被这意外吃了亏燃得更旺，它铿锵着斜转身，几乎贴着地，噌地猛扑黑熊下半身。黑熊身体直立时反应不够迅速，被猛虎轻易抓住双腿，旋即拧下两块肉来，黑塔般的身子也失去重心，轰然撞在网绳上。巨大的网帐剧烈摇晃，有几根木桩吱吱作响。众人的惊叫还没出口，就见猛虎紧跟着扑上来。黑熊借着网绳的弹力，连蹿带跳闪到一边。猛虎两爪搭在网格上，想往回抽时，却不知怎的被网绳缠住，抽不出来。黑熊发疯般地纵身而上，熊掌朝猛虎使劲拍打，猛虎越挣扎，两只前爪被缠得更紧，它无奈地发出阵阵长

啸，撕心裂肺，令人耳不忍闻，黑熊却不依不饶，越拍打越疯狂，沉闷的扑哧声传出老远。猛虎的吼叫渐渐变成呜咽，渐渐变作呻吟，终于没了声息，被黑熊拍成一堆烂肉，然而黑熊却更加来劲，它见猛虎没有了反应，便扯住皮毛往一旁拉，不料用力过猛，指头粗的网绳被接连扯断。黑熊不失时机地从破口处钻出，浑身是血地直奔看台！

事发突然，护卫和驯兽师目瞪口呆的片刻时间里，黑熊已经爬上汉白玉台阶，距汉元帝的宝座只有数步之遥！刚才还拍手叫好，唯恐场面不够激烈的后宫佳丽，此刻个个呆若木鸡。不知是谁最先反应过来，带头"哎呀"尖叫一声，转身就逃。其余妃嫔立刻娇唤连声，衣带散乱着朝后边挤，场面顿时大乱。汉元帝观看斗兽之戏也不止一次两次，这种情况却从未发生过，甚至从未想过会有这种情况。然而，黑熊已经迈着沉重步履来到跟前，甚至能闻到它嘴里温热的腥臭味。那分明是死亡的气息。

王莽和刘骜就站在宝座后边。毕竟年龄尚小，对黑熊的危险性并不特别敏感。他俩只是后退几步，想看看这个半截黑塔的家伙要做什么。王莽看见，姑姑王政君站了起来，只是身子后倾着，却没有挪动脚步。而另一侧的傅昭仪，不知什么时候蜷缩在龙椅下，宽大的椅子不停抖动。

看上去比脸盆还大的熊掌已经晃动在眼前，汉元帝一阵头晕目眩，想喊，却喊不出声来，想绕过龙椅逃走，浑身僵硬得却不听使唤。他只是在心里绝望地挣扎一下，完了！可叹世间万般荣乐享受，就这样完结了！

然而，恍惚就要踏进鬼门关的时候，汉元帝忽然听到一声凄厉的尖叫："陛下，快走！"接着有个散发着香气的身躯扑倒在自己身上。龙椅一个趔趄，汉元帝翻身倒在一旁，他趁势滚进人群中。

黑熊高举着肥厚的熊掌，正要拍打下去，却被格外刺耳的喊叫吓一跳，犹豫着没有落下去。就在这电光石火的瞬间迟疑中，护驾武士们已经从惊愕中清醒过来，脚步杂沓冲上台阶，刀剑斧钺密密麻麻地朝黑熊一阵乱砍。黑熊在和猛虎搏斗时力气消耗得差不多了，此刻根本没有发作机会，只能号叫着满地打滚，顷刻间被剁成一堆肉泥。

　　良久，人们才从噩梦中清醒过来。汉元帝大汗淋漓，皇袍像破抹布般揉作一团。他拨开人群，顾不上理会搀扶和问安的护卫、大臣及妃嫔，瞪大眼睛盯着斜倚在龙椅旁的冯婕妤，立刻明白，挺身遮蔽在他与熊之间的，正是冯媛冯婕妤。由于恐惧，或许还有激动，在汉元帝眼中，她更加面如桃花，鲜艳灼灼，因美丽而显得刚才的勇敢是如此可贵。

　　冯婕妤很快平静下来，对她刚刚的举动似乎很平淡，神情平静地上前轻施一礼："皇上受惊了，妾该死，请皇上恕罪。"

　　惊魂稍定的众人知道，冯婕妤这下有好日子过了。功莫大于救驾嘛！眼光中立刻就流露出羡慕或嫉妒来。不料她轻描淡写地说出这样一句，汉元帝和众人都有些惊愕："婕妤舍生救驾，乃是千古奇功，何罪之有啊？"

　　在一片复杂的目光注视下，冯婕妤轻启朱唇，语气中满是自责："皇上乃天下至尊，皇上龙体乃万金之躯，妾方才在众臣子面前……实在有违礼节。只是情在危急，急切中不暇多思……还望皇上恕罪。"

　　王莽似乎恍然大悟地暗暗点头，冯婕妤说的倒还真有点道理。普天下的人，无不是皇上臣子，从表面上看，冯婕妤刚才的举动，真算上"僭越"了。从礼仪上讲，那也是大不敬啊。不过王莽虽然年龄小，也知道，这些所谓"僭越""大不敬"，与冯婕妤舍命救驾相比，根本算不上什么，她只不过有意做个样子罢了。

　　在场众臣子妃嫔自然比王莽更能理会这一层，许多妃子在心头暗骂一句："得了好处还要卖乖的小妖精，该着你走运就是了，卖什么膄！"

　　对众人的心思，冯婕妤其实也清楚，她知道自己这样做，很应该，免得那些人将来在背后捅刀子。别看皇上现在对自己千恩万谢，等时候一过，自己这个举动反倒成了罪名，这事情不是没有过，也算自己耍个小聪明，未求有功先求无过，未求进先思退，总没有坏处。

　　汉元帝却没想这么多，也不顾及什么礼仪，上前一步，拉出冯婕妤的手："爱妃，野兽凶悍无情，人人皆有惊畏之心，即便御前武士，也

第三章　观斗兽险惊御驾　护龙体冯媛挺身

愣怔片刻。爱妃何来胆量，能以娇弱之躯，替朕抵挡悍熊？"

冯婕妤的回答依旧平淡："皇上，妾见识浅薄，猜测猛兽固然凶残，不过只要得到猎物，自然就会停止伤害别人。因此，妾以身挡熊，让它撕咬妾，就会舍弃伤害陛下……至于其他，也没顾上多想……"见众人表情各异地盯着自己，忙红了脸低下头去。

汉元帝听冯婕妤说得如此简单，质朴之中愈发显得爱主心切，不禁大为感叹，拉着她的手冲众人大声说："诸位爱卿，你们听听，言欲拙而行欲巧，正所谓大音稀声，有心为上善啊！尔等俱饱读诗书受礼仪教化，当见贤思齐。果如是，则我大汉有望，万民幸甚啊！"话语里透着劫后余生的兴奋。大家知道，皇上现在心情好，虽然众人方才在黑熊面前乱了方寸，但还不至于被治罪，也就释然地随声附和，啧啧赞叹响作一片。

汉元帝环视四周，很是满意，点点头接着正要说话，忽然有人指着龙椅尖叫："哎呀，陛下，那里……"

随着尖叫声，汉元帝扭头发现，身边的龙椅微微颤动，绣帔缝隙中，隐约可见一团黑东西在蠕动。有人忍不住惊呼着，想往后退。护卫将士们赶忙挺起刀枪，先把汉元帝团团围住。有人大声说："猛兽凶狠，先不要近前，用箭射！"

话音未落，椅子下面传出嘶哑喊声："别，我……妾……"接着，傅昭仪哆哆嗦嗦地钻出来，刚才还风情万种的傅昭仪，此刻脸色煞白，嘴唇发紫，衣裙朝上翻卷，蒙住了半个脑袋，钗环凌乱，秀发耷拉在胸前，如同落难的老太婆。

面对皇上宠爱的妃子，大家自然不敢表示什么，人人紧绷着脸，面无表情。汉元帝正在兴头上，想也不想地一阵冷嘲热讽："昭仪身手好敏捷，比冯婕妤反应更快！难怪百姓有句老话，夫妻本是同林鸟，大难临头各自飞嘛！这倒好，立刻就应验了。至于平日里所说，什么比翼双飞、同生共死，想来竟然是戏言喽？"

傅昭仪哑口无言，脸色由惨白变为通红，羞愧难当地扑通跪倒在地，嘴里喃喃地说些什么，却没人听清。汉元帝也不理会，挽起冯媛的柔臂，细心地替她整理一下衣裙："好啦，今日斗兽之戏幸得上天佑护，有惊无险。又让朕得了真正忠心于朕的可人，反倒成好事了。尔等散了吧。"

所有人都知道，冯婕妤从此就要时来运转，受到皇上宠幸了。大家也知道，傅仙音要彻底失势，只怕再没出头之日了。

果然，也是自然而然，从那天起，冯媛的地位就起了重大变化。汉元帝时时临幸，几乎形影不离，宛如恩爱夫妻。接着，司仪太监奉命传旨，要冯婕妤抓紧时间对儿子刘兴严加礼仪教导，以便在适当的时候接受封王诏命。

不久之后，刘兴被封为信都王，也是汉元帝子息中的第二位王爷。按照朝廷规矩，冯婕妤是信都王的生母，本人的位置也要上升一级，成为大汉历史上的第二位昭仪。

冯婕妤几乎在一夜间成了冯昭仪，对于傅仙音来说，自然是一个沉重打击。不过，对她而言，最大的打击，还是皇上骤然的疏远。自从斗兽之戏后，傅仙音就再没机会为皇上演奏乐曲，更谈不上临幸这样的事情。她自己也绝望地知道，自己的路走到尽头了。

第三章　观斗兽险惊御驾　护龙体冯媛挺身

第四章

无才能储位欲堕　史进言终登大宝

不过，对于皇后王政君而言，这次意外事件导致的冯昭仪受宠，却是一件求之不得的大好事。一方面，傅昭仪不再仇视自己；再者，傅昭仪的小心眼鬼把戏，往后全都会用在冯昭仪身上，自己乐得清静。就这样，三个女人之间，开始形成一种互相排斥而又互相牵制的微妙关系，而王政君是最省心的，她只是冷眼旁观。

趁着两位昭仪钩心斗角，不再把自己这个皇后看成眼中钉的机会，王政君定下心来，着力培养儿子刘骜，好让他的太子地位更加稳固，这是她最有把握的事情，也是最后胜利的希望所在。

不过，刘骜的表现令王政君很是失望。她甚至有些绝望地想，难道这个半大小子，真是块上不得台面的狗肉？皇上对他这个长子总带有偏见，这其中当然有傅仙音的挑唆，但刘骜不学无术吊儿郎当的事实，她也不得不承认。在王政君印象中，皇上似乎只因为刘骜不敢绝驰道，赞扬过他一次。

驰道，是贯通长安城南北的中心大街。驰道中央三丈宽的路面，是专供皇帝通行的御道，任何人不得任意跨越，更不得在驰道中央行走。刘骜有次听说皇上身体不适，要召自己前去侍奉，忙从太子居住的桂宫出了龙楼门，不敢横越驰道直接去未央宫见驾，而是一路奔西，绕到直城门，又返过头直奔作室门，进到未央宫。汉元帝责怪他来得太慢，他就一五一十把驰道隔阻的事情禀奏，说自己不敢僭越，是绕了远路才过来的。汉元帝这才转怒为喜，连说太子长大了，懂得礼仪，并传下口谕，准许太子横穿驰道。刘骜歪打正着，得了皇上的嘉奖，王政君为此高兴了很长时间。随后才知道，当时刘骜并没在乎这个什么规矩，不过是太子师傅临时提醒。这让王政君感觉有些失落。

或许经历一场生死大劫后，汉元帝更感觉到人生的易逝，应当抓紧时机尽情享乐。宴饮和临幸妃嫔的次数明显增加。本来身子骨就不硬朗的汉元帝，没有亢奋多长时间，就明显地衰弱下去，不但无法上朝问政，有时连走路都觉得吃力，不得不斜倚在软榻上，眼巴巴地望着往来侍奉的宫女。更多的玩乐力不从心时，汉元帝便琢磨出比较省力的消遣方式。他蜷缩在龙榻上，让众妃嫔宫女轮流施展才艺，或歌或舞，或鼓瑟吹笙或抚琴弄笛。大殿中顿时如春光再降，到处花枝招展，香气扑鼻，柔音袅袅的娇声吟唱，比林间的百鸟鸣叫更要婉转动听。汉元帝乱花迷眼，身心蠢蠢欲动，却无奈精力不济，只能拍手不停地叫好。

在诸多妃嫔中，论色相才艺，施展来施展去，汉元帝发现，还是当数他曾经最为宠爱的傅昭仪傅仙音。她挥舞长袖，翩然起舞，高挑袅娜的身材，撩起雪白的官纱，宛如月中仙子踏着白云。她轻启朱唇，一首首哀怨的曲子回荡在大殿每个角落，直钻进汉元帝心窝，让他倍感酸楚，以致两眼泛湿。汉元帝知道，傅仙音是在借机表达她先荣后衰被冷落的悲苦心情。几场歌舞下来，汉元帝对傅仙音的不满渐渐松动、消融。他想，朕当初是不是有些太过分了？冯昭仪舍身救主固然忠勇可嘉，但傅昭仪胆小慌乱，也不是错。毕竟，她也就是个娇弱的小女子而已。一念之间的事情，又何必苛求呢？

这样一想，汉元帝反倒觉得有些对不住傅仙音。一次歌舞结束后，汉元帝特意把傅仙音叫到榻前，拉住她的绵软细手："爱妃之曲，来如春风，去似微尘，楚楚依旧，朕身心摇旌。明日可换些欢快曲调，与朕尽兴。"

傅仙音当然理解汉元帝的心思，更显得哀婉："陛下，妾自知德浅艺疏，却深蒙陛下错爱，无以为报，只能以痴情化作词曲，只愿长侍驾前起居，慢慢地化作灰尘也心甘，并不敢有其他念想。望陛下明察。"说着两串晶莹泪珠滚落腮边。

盯着傅仙音如雨后梨花的脸，那开启闭合的樱桃小口吐气如兰，汉

元帝再把持不住，拉住她，用衣袖替她擦干眼泪，轻声说："爱妃何必如此……朕今夜过去，与爱妃把酒抚琴……"

都以为这辈子再难翻身的傅仙音，凭着天仙般的身姿和嗓音，又成功扳回颓局，重新博取皇上宠爱。而通过这次沉浮波折，傅仙音也认识到，皇上的宠爱正如自己的容颜，是不会永驻的。为此，她觉得还需要更深一层的东西来拴住皇上。这更深一层的关系，自然就是世子济阳王刘康。如果能挤掉王政君母子，让刘康成了太子，那自己心里就会踏实许多。况且，太子刘骜身上，也有很多空子可钻。

就在傅仙音重回汉元帝身边不久，有次大殿内歌舞奏乐，曲调悠扬，群妃翩翩，汉元帝观赏到得意处，抑制不住兴致，走下丹墀，在正中央那十余面鼓前，抄起鼓槌，错落有致地敲击起来。两旁乐师赶忙吹起胡笳，合奏出一曲激昂肃杀的破阵子。曲声慷慨激荡，势如万马奔腾，仿佛有千军万马奔突掉阖，动人心魄。银瓶乍破弦如裂帛的一声轰鸣，曲子戛然而止，大殿上下叫好声轰然雷动。

汉元帝擦一把额头上的细汗，兴致勃勃地冲众人说："过瘾，真过瘾！不睹帝都壮，哪知天子尊；不识杀伐乐，怎能保河山？朕虽积劳成疾，身子多有不适，在礼乐教化方面，却从来不敢马虎！"说着眼光扫过侍立在御座旁的太子刘骜，见他正呆愣着似有所思，便招他过来，"你每日在书房读圣人之书，须知圣人礼乐治邦的一番苦心。来，你试着效仿朕演奏击鼙鼓！"

对于方才的击鼓奏乐，刘骜根本没在意，他的眼光一直盯在几个妃嫔脸蛋和酥胸上，现在还没有完全回过神来，稀里糊涂地赶紧应答一句："儿臣不敢，儿臣只不过盯着她们的脸面前胸看了几眼。儿臣知错了。"

听他驴唇不对马嘴的回答，众妃嫔太监忍不住捂起嘴偷笑，汉元帝腾地火冒三丈，将鼓槌使劲摔在地上，叮叮当当一阵乱响。"还亏你每天读什么贤书，到头来非但武不精文不就，连非礼勿视的起码素养也不知道！你……你，唉，只可惜朕，治国安邦后继无人了呀！"因为长期疏远王政君，本来对刘骜横竖都看不惯，只不过依了祖宗规矩才不好废他的太子之位，现在当众出这种丑，汉元帝涨红了脸，不分轻重地信口乱嚷。

忽然有个细微的声音在身边响起："父皇息怒，儿臣愿意现丑，以娱父皇！"汉元帝扭头一看，原来是刘康。刘康拾起鼓槌，先是轻敲几下正当中的大鼓，找找调子，然后右手冲乐师一挥，笙管胡笳齐鸣。伴奏声中，刘康正身挪步，一板一眼地击鼓成曲，仍是刚才的破阵子。虽然力道小些，气势却磅礴澎湃，斗志不减。四周顿时叫好称赞声响作一片，刘骜站在旁边，孤零零地更显尴尬。

好容易一曲结束，刘康红扑扑的小脸上满是汗珠，跪拜在阶前禀奏："儿臣班门弄斧，不敬之处，望父皇恕罪！"

汉元帝刚在御座上坐稳，立刻又站起来，招手示意刘康近前，用袖子替他擦擦汗，满脸惊喜，格外和气地说："好，好！康儿聪慧过人，又勤奋上进，朕甚是欣慰。看来，我大汉江山并非后继乏人，这下朕放心了，从此往后就侍立在朕的旁侧，多长些治国安邦的见识。"众人见皇上转怒为喜，纷纷附和着，交口夸赞刘康。

刘骜即使再糊涂，也知道这下闯了大祸，慌忙面如土色地跪在阶前。不料，汉元帝只是鼻孔哼了一声，并没有理会。站在众妃嫔最前面的傅仙音，虽然面色竭力保持平静，内心却翻江倒海地狂喜不已。没想到天赐机缘，还没怎么费周折，儿已经胜出关键一筹。皇上刚才的话里，已明显透露出更易太子之意。她怦怦心跳地想，若是此刻有几个重臣趁热打铁，撺掇几句，说不定皇上就会颁下旨意。王政君不在跟前，单一个刘骜跟傻子差不多，还不听人摆布？这样想着，她忍不住扭头冲那边几个老臣望去。

汉元帝每次在大殿观赏歌舞，总会邀请一些老臣前来凑热闹，偶尔也会和他们谈论几句治理国家方面的事情，以表示自己并非贪图享乐，不过借此推行礼乐治国。傅仙音发现，那边果然有人挪动脚步，走向御座下的台阶。是驸马都尉侍中史丹。傅仙音一阵头晕，预感到巨大的幸福就要来临。因为史丹非同一般大臣，只要他力推刘康当太子，事情就有个十之八九。

史丹说来既是老臣，也算皇亲国戚，他的奶奶是汉宣帝的母亲，按辈分，他还是汉元帝的表叔。非但如此，汉元帝还是太子的时候，史丹曾担任中庶子，专门负责辅佐、护佑太子，勤勤恳恳十多年，从未有半点差池。汉元帝即位后，为表示感激，将他升任为驸马都尉侍中，仍留在身边参与政事。既是老人手，又是姑表亲，其亲信程度不言而喻。然而，傅仙音怎么也不会想到，这位驸马都尉侍中，汉元帝还曾暗中给他另外一个"护太子驾"的职责。汉元帝的意思是，史丹有护佑太子的经验，要他闲暇之余，对太子多加看护，并没有往更深里想。不料，史丹性格耿直，他认为皇上既然让自己"护太子驾"，那自己就有责任千方百计地保、保证太子顺利继位。

刚才看到太子与刘康之间所作所为反差如此之大，史丹就感觉事情不妙。接着，汉元帝又说出暗示性很强的话，史丹知道，自己这个"护太子驾"发挥威力的时刻到了。他瞥见傅仙音朝这边观望，分明要找人火上浇油，唯恐其他大臣抢了先，便想也不想地直奔御座前。

"陛下圣明，臣虽愚钝，也听出陛下方才话中之意。臣以为，治道之要，在知人；君德之要，在体仁；御臣之要，在推诚；用人之要，在择才。太子乃国之储君，当胸怀四海，小处着手，大处着眼。从这一层来看，击鼓奏乐，实在是微不足道的末枝小节，会与不会，精通与否，无关紧要。若陛下因济阳王善击鼓通乐理，就有更迭太子之心，那分明是舍本而逐末了！"

汉元帝猝不及防听到这篇大论，不由一愣，竟没有立刻答上话来。一旁的傅仙音则心头突地一沉，立刻明白自己高兴得太早，暗骂一句"死老骨头"，顾不得掩饰，示意新上任的丞相匡衡赶紧出头，挽回局面。

匡衡知道史丹老家伙脑子里一根筋，不好对付。可这位傅昭仪眼下势头正盛，也不好得罪，只得硬着头皮走过去。史丹虽然孤直，却并不迂腐，立刻就觉察出匡衡的用意，不等他开口，史丹就先发制人地指指匡衡，对汉元帝说："陛下，论才学，论治国安邦，丞相自然当之无愧为国中翘楚。可在歌吹奏曲方面，只怕丞相还敌不过一个小小的黄门吹鼓手，这就足以说明，才有大小，术有专长，陛下万不可因小失大。倘若不是这样，陛下何不将丞相之职让给宫廷领班乐师？"

匡衡吓一大跳，额头上顿时冒出冷汗。果然老奸巨猾，又打又拉，还不忘了当头一个棒喝，还有什么好说的？只能装聋作哑了。汉元帝张张嘴巴找不出什么话辩解。不过，自己刚才也只是一时兴起，要真是更换太子，那可不是一件小事，不知道要经过多少唇枪舌剑。他当即站起来摆动一下袍袖："话是这样说，为人君者，博学多艺总归不是一件坏事。好了，史爱卿，好好负起护太子驾之责，倘若太子荒废学业不思进取，朕唯你是问！朕累了，都散去吧！"说着绕过屏风，回后殿去了。

皇上不在眼前，大家都放松许多，说说笑笑地转身离开。傅昭仪心头火苗乱窜，走过史丹和刘骜身旁时，忍不住拉长脸重重哼一声。好在史丹洞晓其中利害，刘骜正失魂落魄尚未回过神来，两人都认输似的垂头退出。这让傅仙音多少松快一些，可没解决掉实际问题，胸中总坠块铅般沉甸甸地难受。

已经有人把消息传到东宫，一五一十地禀报给王政君。王政君本来就悬着的心更难以放下，手抚膝盖连连长叹："唉，骜儿呀。上天千万保佑，叫我骜儿别再出什么差错。"

有惊无险之后，刘骜却并不特别放在心上。走到太子居住的桂宫大殿前，刘骜忽然觉得天气出奇地好，找几个宫妹在门前小花园里采花扑蝶，调笑一番，自然是再好不过了。可是……虽然史丹出宫回去了，没有人聒噪自己，倘若被母后看见，或者有黄门偷偷在皇上跟前学舌，那也是了不得的事。还是小心些的好。要不，叫王莽这个小书呆子在那边凉亭看书，顺便望风？对，就这么办！刘骜一溜小跑，直奔书房。

刚走到窗前，忽听里边传来嘤嘤哭声。刘骜吃惊不小，暗想今天邪事都让我给撞上了，平素进书房的就我和王莽两个，谁敢跑到这里哭丧？莫非母后知道了我刚才丢人现眼差点太子之位不保的事？可即便知道了，也不至于在这里哭呀！

满是忐忑地推开门，更是吓一大跳。正当中的桌案上摆着几样祭品，三炷香烟雾缭绕，有个人背对自己，身穿孝服，头戴高高的孝帽，

边哭泣边叩头。

刘骜简直怀疑走错了地方，退出两步，仔细看看门楣上"德必有邻"四个大字，没错呀，就是自己再熟悉不过的书房。正疑惑着，那人转过身来，仍一脸悲戚。刘骜蹦过去，一把扯下他的孝帽，大声笑骂："好你个表弟，装神弄鬼，青天白日的，哭哪门子丧？差点没把我吓死！"王莽夺过帽子，仍戴在头上，不慌不忙地说："对不住，对不住。表兄去前殿侍奉皇上，我趁个机会演习一下周礼中的吊丧……"

刘骜不等他说完，再把孝帽扯下来，使劲摔到地上，还踏上一脚："你可真是吃饱撑的！你没听人说，野花不种年年有，烦恼无根日日生。躲丧还躲不及呢，哪有撞丧的？快把这些玩意儿收拾起来，跟我到凉亭读书去！"

王莽却端正了脸色说："太子殿下，自古以来，凡是明君，无不倡导礼乐治国，无论为君还是为臣，礼法大如天，含糊不得的！方才我学习的吊丧，就是周礼中的凶礼，其他如吉礼、嘉礼、军礼、宾礼等等，各有其规矩。祭天地祖先用吉礼，登极、册封、大婚、朝贺、筵宴用嘉礼，阅兵、拜将、亲征、凯旋、献俘用军礼，接待外邦使节用宾礼，帝、后乃至士庶百姓归天用凶礼。正所谓礼者可以别贵贱、序尊卑，贫富贵贱有别，无礼则不足以言忠孝。学礼之法，光读书本还不行，必须亲身演练，用的时候方不至于乱了阵脚。"

听他滔滔不绝，神色全然不像个七八岁大的学童，倒如老学究般令人生厌，刘骜皱起眉头，不耐烦地挥挥手："哎呀，你倒寻到知音，没完没了了！你不是事事都要遵循书本依照古训吗？那就应该知道，礼这东西最讲究的是发乎情动于心，有真情方能有真礼，没丧没灾的，扯着嗓子干号，再合乎书本上讲的，顶个屁用！"

王莽本来振振有词，听他引经据典地反驳，一时倒应答不上来。刘骜得意地替王莽解下丧服的带子，随便塞给他一本书，正要拉扯着出门。一个黄门郎忽然闯进来，神情慌张地磕个头，趴在地上说："快，殿下，娘娘正到处找你呢！"

"啊？"刘骜的脸色立刻灰暗下来。

不过，情形并没有像刘骜预料的那样糟糕，相反，还有些浑水摸鱼的侥幸。汉元帝刚回到内宫，就有消息禀报，自己的亲弟弟暴病发作，突然去世。宫内宫外立刻忙做一团，王政君已经没心思训斥儿子，过来只是告诉他，提早做好准备，别在礼仪上出了差错，让人抓住把柄。

然而，王政君越害怕哪里出错，偏偏哪里越叫她揪心。

死者中山哀王是刘骜的叔叔。虽是叔叔辈分，但因年纪较轻，和刘骜岁数差不多少，还一起在书房读过几天书。按说叔侄俩感情相当不错，可是为哀王举行凶礼时，刘骜的表现却令人很不满意，自然也给自己带来麻烦。

贵为皇亲国戚，葬礼的气势也就格外宏大。灵堂布置得庄严肃穆，翠柏在白色绢花的簇拥下，几只栩栩如生的绢扎白鹤飘然欲飞，使人不由得如临仙界，肃然起敬。灵堂外侧，百余名甲士枪戟挺立，寒光闪烁，更增添了几分威严。前来拜祭的王公大臣，顺着台阶排开，白花花地跪出拱门之外。那些职位低微的官员，只能伏拜在二门外遥祭。大门外已经被铁甲军围住，不允许百姓在附近走动。整个中山王府，笼罩在一片悲哀而神秘的气息之中。

丧仪由汉元帝亲自主持。作为侄子，同时又是当朝太子，刘骜当然要领头在灵柩前哭祭。当刘骜一身重孝，跌跌撞撞地走到台阶时，汉元帝泪眼朦胧地看着他，忽然感觉他和自己的弟弟哀王在相貌上有几分相像，手足之情油然而生，忍不住哭出声来。见皇上如此动情，众大臣赶忙伏地号哭。整个大院顿时哭声震天，灵堂中乱糟糟成一团。

刘骜在司礼官手势的引导下，亦步亦趋地向灵牌上香，然后恭恭敬敬地后退两步，叩头哭丧。按凶礼的规矩，刘骜作为至亲小辈，应当极尽哀容，呼天抢地号啕大哭，才能算是尽了子侄之礼。但刘骜在这种乱纷的气氛中，分明看见许多大臣头抢着地，脸上却忍俊不禁，那表情，比哭难看出好几倍。刘骜看着他们这副滑稽模样，简直如同一群小丑在演戏，忽然觉得十分可笑，差点笑出声来。可是父皇就在跟前，他不敢造次，嘴角使劲扯动，眼睛拼命眨巴，想挤出几滴眼泪，应付过去算了。可惜不管怎么费劲，总是按捺不住想发笑，最后不得不板着脸，扯

嗓子干号两声，匆匆退到阶下。岂料无意中又违了规矩，退下去时应缓缓而行，不能露出丝毫的解脱之态，否则，显然是在应付了。抬头间，见父皇正狠狠地盯着自己。刘骜心头一沉，知道不妙。

刘骜的举止神态，令汉元帝很是恼火。不过因为在丧弟的悲痛之中，他还不能表现出来什么，但已经很心绪不宁了。想起这些日子，经常听傅仙音含含糊糊地提到，说太子如何不认真读书，不懂得礼数，今天一见，果然如此。像他这样，将来怎么能成为明君？勉强等到礼毕，立刻起驾回宫。

还没有坐稳，汉元帝就将宫女奉上的热茶拨到一边，大呼小叫地吩咐黄门，赶紧把史丹宣来，看他教育的好太子！

刘骜哭祭时的情状，史丹在阶下也看到了，当时就很忐忑，只能暗暗祷告皇上悲痛之中没有留意。听黄门奉诏来唤，立刻知道刘骜这个太子地位又有动摇的危险。当即搜肠刮肚地想出些辩解的理由，匆忙上殿。

汉元帝铁青着脸，眼角依旧还有泪痕，也不吩咐平身，劈头就问：“史丹，朕来问你，为人君者，什么才是最重要的？”

“陛下，以老臣之见，为人君者，当以慈仁为本，怀仁以德，慈被四海，视百姓如赤子，待贤达为上客，方可奉大业继承宗庙，领万民振兴江山。从三皇五帝传到今天，无不如此。失了民心，也就失了江山，多少亡国之君，其根本原因就在这里。”史丹小心翼翼，顺着汉元帝的意思往下说。

汉元帝鼻孔里哼一声，板着面孔话题一转：“说的倒是正理儿。想必你也看到了，太子今日在他叔父丧礼上那副样子，能算得上合乎礼仪吗，能算得上有仁有慈吗？照你这样说……”

“陛下，陛下请息怒。太子在中山王府中的表现，老臣都看在了眼里……可是，陛下有所不知，这实在事出有因哪！”史丹知道关键时刻到了，心头一急，有点语无伦次，“陛下，实际情况是这样。前几日，太子听说王叔薨了，心内如焚，当时就在桂宫恸哭得昏了过去。这几天，日日以泪洗面。还是老臣好说歹说，总算好了些，但仍旧有些神情恍惚。方才太子还向老臣提到此事，说今天君臣吊丧行凶礼，见陛下悲痛之至，他要是再大哭不止，定然感伤陛下，加重陛下伤心，岂不于龙体有害？于情于理，那才是大不孝。逝者已逝，生者当更加保重。所以太子才强忍悲痛，乍看不懂礼仪，其实真正的礼仪藏在心底呀！"说着，史丹好像真的被委屈了，两行浊泪蜿蜒流下，跪拜不起。

"这个……"汉元帝听他说得振振有词，滴水不漏，又如此动容，虽然仍有些将信将疑，但也只好作罢。一场大风波就此在源头上悄悄平息。

这个事情过去不久，竟宁元年（公元前33年），汉元帝旧病复发，渐入膏肓，时而清醒，时而昏睡。大家都知道，皇上驾崩就在眼前了。皇位继承再一次成了宫内妃嫔和宫外大臣最关注的事情。而太子刘骜有惊无险地熬到现在，能否功德圆满，也到了关键时刻。也就是在这个关键时刻，危机开始四伏。

汉元帝病危期间，深居寝宫，不要说一般大臣，就是平时的贴身黄门太监，也很难进去见上一面。这些日子，在皇上左右日夜侍奉的只有傅昭仪和定陶王刘康母子两个。史丹每次面授机宜，要刘骜前去侍奉汤药，都被宫门护卫挡在外边，说是昭仪特意吩咐，皇上需要静养，任何人不得入内。史丹见状越发着急，要刘骜拿出太子的威严来，强行进去。难道堂堂皇太子还不如个昭仪说话管事？

可是出乎意料，宫门护卫似乎有人给撑腰壮胆，说昭仪的吩咐是奉了皇上之命，即便是太子，他们也只能对不住了。

史丹知道，这表明，傅昭仪要抓住最后一线机会，开始放手行动了！如果这个节骨眼上出了差错，以前所做的一切努力都会化为乌有。到时候，不但刘骜性命难保，就是自己，灭门之灾也不是没有可能。可是，如今皇上气息奄奄，被这娘俩把持住，该怎么办呢？

傅昭仪心里最清楚，皇帝病危，随时都会撒手而去。一旦把她和儿子刘康丢下，因为有以前争宠吃醋的睚眦，他们未来的日子就会生不如死。有吕后对待戚夫人的先例在那里摆着，大汉江山，历来如此啊！为此，她抱定不是鱼死就是网破的心思，使尽浑身解数也要抓住这最后一

根救命稻草。在她的安排下，她和刘康几乎寸步不离地守候在汉元帝榻前，寻找扳倒太子刘骜的机会，又拿出金银珠宝贿赂宫门护卫，假传圣命，半哄半唬地让他们严加把守，不能放任何人进来。

傅仙音使用的是软磨的法子。她在御榻前焚香摆供，跪拜痛哭，祈求列祖列宗保佑皇上早日康复。有时在汉元帝清醒的时候，她用簪子刺破手指，鲜血淋漓地滴洒在供品上，以表示诚心，弄得满手伤口，有意让汉元帝看在眼里。只要汉元帝有点精神，傅仙音立刻不失时机地招手叫过刘康，又是端茶送水，又是擦拭身子。刘康做这一切的时候，两眼红肿。傅仙音在一旁似乎无意地叹气："唉，列祖列宗保佑皇上快些好起来，刘康这孩子，几天几夜没合眼了，看在老的小的份上，愿上天开眼吧。"

汉元帝明白自己已经没了希望，傅昭仪即便再心诚，也无非是尽人事以听天命而已。虽然病体沉重，神智却不糊涂。这也就使傅仙音的一番苦功没有白费，皇上终于一步一步地走进了她设定好的圈套，他终于被娘俩所打动。

有天精神好些，汉元帝让刘康传旨，把尚书召到榻前，询问当年汉景帝废太子刘荣而立胶东王的事情。胶东王就是后来的汉武帝刘彻。由于汉武帝在位期间的丰功伟绩，当年的废立也就成了一件贤哲当位、值得效法的事情。汉元帝在这个时候忽然关心起这个事情，其用意自然再明显不过。

尚书向皇上讲起当年那次废旧太子而立新太子，是件非常英明的举措，大汉臣民由此深受恩惠。看到汉元帝频频点头，傅仙音按捺不住狂跳的心。她知道，这段时间的辛苦没有白费，成功就在眼前了。尤其是汉元帝听完尚书的讲述，气喘微微地说："好，待朕再恢复些元气，就召集众大臣，商议一下身后之事。"傅仙音简直要跳起来，所谓商议，还不就是宣布一下吗？天大的福气就要落到自己头上了呀！

然而，任何事情在没有成为事实之前，都存在着变数。傅仙音高兴得有些过早，以至于宫门已经轮换了新卫士她都没有留意。而且，她也过早地松懈了戒备，自己和刘康不再时刻守护在榻前，在皇上昏睡时，他们也到偏殿小憩片刻。她怎么也没料到，就在这片刻之间，局面发生了扭转。

皇上召见尚书并询问废立太子之事的消息很快传开，大臣们都清楚，地位本就不牢固的刘骜，极有可能要被刘康取而代之。只要皇上的病情不发生突变，他们的新皇上十有八九是刘康了。对于一般大臣而言，谁当皇上都是一样，现在只不过多了点谈资而已。但在太子傅史丹看来，已经走到了天堂和地狱的十字路口。他必须垂死挣扎一下。他略微思索一下应对策略，风风火火地闯入寝宫。

史丹深感庆幸的是，卫士并没阻拦，施礼放他进去。史丹顾不上多想，直奔内殿，扑通跪倒在御榻前。见皇上面色蜡黄，紧闭的眼皮松弛成一团核桃皮，气息微若游丝，正沉沉昏睡。史丹知道时间宝贵，但又不能叫醒皇上。也是急中生智，他心下一横，放声大哭起来。

哀哀哭声把汉元帝从昏睡中拉出来，睁开昏花双眼，见是史丹，哆嗦着摆摆手："爱卿不必悲伤，朕，一时半会儿的还死不了。"

傅仙音母子随时都会过来，史丹没心思绕弯子，按照想好的思路说下去："陛下，臣知道此刻搅扰陛下龙体，罪在不赦。可惜事关我大汉江山安危，老臣不得不直言禀奏。望陛下恕罪！"

汉元帝一愣，立刻清醒许多，提高声音问："发生了什么事？"

"陛下近来寝宫静养，外臣奉旨不得随意见驾，就连太子也屡次被挡在门外。此间一些情形，陛下自然就有所不知了，"史丹长跪在汉元帝身边，话语急促地说，"现在不但地方上大小臣僚，就是长安内外的普通百姓都纷纷传言，说陛下要更换太子，甚者还传出谣言，说天下即将更朝换代。百姓为何如此人言汹汹？以老臣想来，太子刘骜以嫡亲长子而立，已有十多年，已经得到天下认可。在百姓心目中，大汉将来的皇上，就是皇太子，以臣民的身份追随太子，理所应当。可是定陶王又颇受陛下的宠爱，最近又传出立定陶王为太子的谣言，百姓不明就里，自然会流言四起。若陛下真有这个打算，百官公卿以及百姓，必然会认为这是陛下受到小人蛊惑甚至胁迫，是病中的乱命，一定会以死相争拒不执行。如此一来，天下岂不大乱？当年废太子而立胶东王，实在是情

况特殊，不得已而为之。但现在情形大不相同，陛下千万……"说着悲从中来，又放声恸哭。

汉元帝立刻明白了他的意思，也立刻明白了傅仙音母子守护在床榻前的意图！他颤颤巍巍地伸手拍拍史丹肩背："唉，自家有病自家知，朕病体沉重，行将大去。太子年纪尚小，顽劣之性未退，朕甚为忧心是真，但废立之议，却绝然没有。当年，先帝在时，最疼爱的就是太子，亲自为他赐字太孙，其中深意谁人不晓？朕素来以孝为行事准则，又怎会违背先帝的旨意？况且皇后一向谨慎，从无过犯，朕也没有理由废掉太子。爱卿不必听信谣言……这是朕的玉钩，爱卿可转交太子……"一口气说这么多话，汉元帝喘息着摇摇手。

史丹捧过玉钩，立刻踏实许多，道了几声珍重，退下殿去。

一番不动声色的较量，傅仙音尚且蒙在鼓里时，刘骜已经稳住了太子地位。废立太子的话头就此打住，任凭傅仙音母子如何继续表现，如何言语暗示，汉元帝佯装懵懂，就是不再接茬。

几个月后，皇上驾崩。傅仙音母子伏在床榻前，为他没能改变他们的命运大哭不止。

就这样，刘骜傻人有傻福，顺理成章地登上皇帝宝座，史称汉成帝。

第五章

出宫廷落魄豪门　拜名师初露锋芒

成帝河平二年夏日的某一天，长安城北横门大道上走来了一个青年。横门大道是长安城八条主要街道之一，道东道西各有一个商业区，东边的叫东市，占三个坊的范围，西边的自然就叫西市，却占了六个坊的范围。正因为有了这东西二市，城北虽然只是普通百姓聚居之处，却也显得十分繁华，"繁华"得有些嘈杂。

这天天气热得很，青年穿的一件粗布儒袍已经被汗水湿透，但他固执地拒绝了道边树荫下习习凉气的诱惑，连歇歇脚的念头也不曾转过，仍是迈开大步一直前进。

青年约莫十七八岁年纪，虽然被褥热的暑气和不断行走的疲倦夹击着，神色却很泰然，一双像鹰隼一样锐利有神的眼睛中，此刻正闪着兴奋的目光，脸上不时浮起一丝笑意来。

但是当他就快走到横门大道的尽头时，他再也笑不出来了。

因为他看到马市的骡马栏里，现在正蜷伏着十几个衣衫褴褛的"人"！

青年止住了脚步，内心揣测地看着这些可怜的人儿。

"少爷，你看中哪一个？"

一个满是谄媚的声音在青年耳边响起，青年转过头了，看见了那个油光满面的拍卖人，正站在马市中的一个土台上向他打着招呼。

"你是在问我？"

"那当然！小人一看你的气质，就知道你是个大主顾！怎么样，挑一个买回去？"

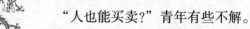

"人也能买卖?"青年有些不解。

"人?这些东西也能算人?他们是奴婢!奴婢当然可以买卖!"

青年点点头:"这么说,他们是战俘了?我听老人们说过,有一年大汉和匈奴打仗,抓了许多俘虏,就是在长安的东市作为奴婢买卖的。"

"对对,少爷你真有学问!"

"可是,自从孝元皇帝送王昭君出塞和亲以后,已经有好多年没和匈奴开战了,这些战俘是从哪里来的?再说,看他们的衣着、相貌,倒像是咱大汉子民,有老有少,还有一些女娃娃,难道他们也是战俘?"

"你说这个呀,实话跟你说吧!"拍卖人见青年仿佛有买的意思,当然不肯轻易放过这个主顾,便从台上跳下来,凑到青年身边:"他们都是长安城外祖辈务农的良民!"

"良民?你好大的胆子,竟敢把良民当作奴婢买卖!"青年显然对大汉的律法有几分知晓,语气也很强硬。

可是拍卖人也是胸有成竹:"少爷你别这么说!不错,大汉律法是不准鬻民为奴,可那是哪辈子的事?不过少爷,小人说话你别不爱听,像你这样的念书人,就是爱钻牛角尖!眼前这些,是'私奴',什么叫私奴你知道吗?年成不好,家里没吃的了,怎么办?借了高利贷,驴打滚的利,还不上了,怎么办?不就得卖儿卖女给有钱大爷去当奴作婢呀!"

青年又点点头:"如此说来,这些奴婢,或是年岁饥馑,或是受了高利贷之害,才在这里待价而沽的了?"

拍卖人摇摇头:"这倒不是,今天这十几个,家境本来也还过得去,倒还没到揭不开锅、非得卖儿卖女的地步……"

"那他们怎会自甘为奴?"

"咳!这事说起来可是缺了大德了!少爷贵姓?"

青年不解,怎么说的好好的问起贵姓来了?心中便有了三分戒意,略略沉吟:

"嗯,这个,贱姓姚。"

"那就好办了,说实在的,小人见你打城南过来,真怕你是城南那一家达官贵人的公子，更怕你姓王！"

"姓王的有什么可怕？"

"可怕倒不可怕，可是这几户人家，十几个男女，都是叫姓王的给害的！"

青年精神一振：

"姓王的害了他们？是哪个王家？又是怎样害的！"

拍卖人伸手一捂少年的嘴："我的小祖宗！你倒小声点！"

他向四下望望，见骄阳下的大道上，并没有什么行人，这才竖起大拇指比划着："还有哪个王家？当今王政君王太后的娘家，一日五侯的王家！一日五侯是怎么回事，少爷知道吗？"

青年沉重地颔首："略有所闻，月前皇上一日之间封了皇太后的五位兄弟为关内侯，有平阿侯谭、成都侯商、红阳侯立、曲阳侯根、高平侯逢时，我说得可对？"

拍卖人连连点头："对，对着呢！五侯一封，加上在这之前受封的几泣，初元元年的阳平侯王禁王老爷子，永光二年嗣侯的王凤，建始元年的安成侯王崇，你算算，王家出了多少位侯爷？八位！王家八侯，王八侯啊！"

青年微微一笑："以外成而被皇恩，大汉早有循例，这也算不得什么稀奇事。"

"那是那是，谁让人家祖坟埋对了地方呢！要像我这样的，一辈子也不用想封侯，老老实实在这儿卖马卖驴得了！"

"那也不见得，你现在不就有转机，开始卖奴卖婢了么？"

拍卖人愧然一笑："这算什么转机！奴婢跟牛马有什么两样，都是让人使唤的！"

青年听了不太顺耳，便不软不硬地刺了他一下："你就这么干下去，多卖几个奴婢，多积几分阴德，到时候保不准老天爷开眼，也封你个什么侯！"

拍卖的人非常高兴，讲述了奴隶的来源。

青年人肩背一震，怒光从眼中迸出，却又转瞬即逝："哦！有这种事！看来公侯之家也不尽是良善之辈……"

"不尽是？少爷你是识文断字之人，恕小的斗胆，给你改上一改，变成'尽不是'怎么样？"

"改得好！这位兄台，在下尚有要事待办，告辞了！"

"少爷别忙走，咱们聊了这半天，也算投缘，这么着，我便宜点儿，好歹你买一个回去？"

青年摇摇头："非者即幼，买来何用？"

"青壮的，曲阳侯还留着自己使唤呢！你别瞧老的老小的小，老的他老实啊！小的他听话呀！我说少爷，你真就这么走了啊？你怎么也得侃侃价儿呀……"

扭过头，对着饥渴交加的老幼奴婢，扬起手中皮鞭："瞧你们这个窝囊劲儿！难怪我今天一直开不了张，谁愿意买你们这些打不起精神来的东西！得，我来给你们提提神儿吧！"

手中皮鞭呼呼作响，便向老幼奴婢们身上抽去！

一时间哀号连连，惹得走远了的青年人飞步赶回，一把托住拍卖人的右手："你打他们就管用了？打坏了，你一个也卖不出去！"

"哟，你心疼？心疼你都买走啊！多管闲事！"

说着又要抢动皮鞭。

青年叹口气，探手入怀，摸了摸从家里带出来的两锭银子，犹豫了一下，只取出一锭："咳！人心如此，古风难求！也罢！我这里有一锭纹银，你拿去给他们买些吃食吧！"

望着青年远去的背影，拍卖人掂掂那锭银子，哼了一声："冤大头吧你了！给他们买吃食？我还自己留着灌猫尿哪！"

青年离了马市，继续向北行去。

早在成帝即位之前，他因为年龄渐长，不能再呆在宫里，便和老娘一起回到自己家中。

家里的几位伯父叔父，都因为姑姑的关系被封了侯，搬到新建的侯府去了，只有他这一支，还在当年的老房子里委屈着。不过他觉得这样也好，他实在看不惯堂兄弟们那种飞扬跋扈的劲头，更不愿意和他们同流合污。"一人得道，鸡犬升天"，对他来说，并不是什么荣耀，他刻意追求的，是通过自己的努力，自己的奋斗，得到朝廷的赏识，得到社会的承认。

王莽这天的目的就是来访求一位叫作陈参的儒学大师，王莽知道，光靠在桂宫太子书房时的无师自通远不能把自己造成国家的栋梁之材，名师才能出高徒，自学成才在当时信息闭塞的社会中毕竟不太容易。

陈参是沛郡人士，自幼饱读诗书，尤其在礼经一门上有深厚的造诣。但是老先生有着一切怀才不遇的知识分子的通病，"孤傲清高"。在他眼里，当前高踞庙堂的那帮家伙，一个个都是尸位素餐，占着茅坑不拉屎的主儿。大汉天下让他们治理成今天这副样子，实在是令人齿冷。说句大话，陈老先生要是出山治理大汉的话，应该是不费吹灰之力的。只是目前没有识得千里马的伯乐而已。最后只能开展自己的教书育人工程了。汉代的长安城，市政建设挺有特点，整座城市方正严整，街衢巷陌，平直通达。全城有八条主要街道，宽广平坦，都与城门相连，街道两侧的公私住宅又组成了一个又一个的生活小区，称作"坊"或"里"。坊有坊墙，四面各长一里，居民住在坊墙里面，不得向大街开门。坊墙四面辟有"阎门"，由专人负责按时开启，实行严格的门卫制度。那时候的长安城，整个儿就是一个军营，一个井然有序的军营——有一点集中营的意味。

不过这种"集中营"似的"坊""里"制度，对于一心课徒的陈参陈老先生，却是再合适也不过了。他不用担心患有多动症的顽皮学童会念着一半儿的书就跑到街上去看耍猴，也不用担心走街串巷的货郎会吆喝着闯进学堂里来打断他摇头晃脑的讲课。学习，特别是不那么自觉的孩子的学习，必须有一个封闭式的良好环境。

可是今天陈老先生自己却有点心神不定，领读的时候三句倒读错了五句——其中有两句是纠正之后仍没能读对，老先生脸皮一红，生怕学童们笑话自己不配为人师表。

好在这些娃娃鉴别能力不强，对他的这些错误还没有精明到明察秋毫的地步，他们只知道人云亦云、亦步亦趋地跟着陈老先生晃脑袋，反正只要晃得齐了就可以不用挨戒尺，管他是"赵钱孙李、周吴郑王"还是"东屋西屋、两间厢房"呢！

但老先生自己觉得过意不去，今天自己的确有点心不在焉，大概和昨天夜里那个莫名其妙的梦有点关系。

昨夜的梦的确有点奇怪，老先生梦见自己的一个学生突然变成了一只吊睛猛虎，呜地一下扑了过来，把他从床上吓得摔在了地上，连祖传的夜壶都被打碎了。

那可是西周的陶器，价值不菲呀！据说当年姜太公在渭溪垂钓，曾经用它盛过鱼饵，虽然怎么看它都更像一只夜壶，但姜太公未遇明主时家境贫寒，临时用夜壶充当重任也未必没有可能。

由摔碎的夜壶又想到姜太公飞熊入梦的典故，进而又联想到昨夜的梦境，飞虎和飞熊都是一样的吉兆，说不定是预兆着有贵人临门呢！

有了这种想法，陈老先生自然要把耳朵挂在门框上，一丝不苟地聆听着外面的动静。万一朝廷因为新皇登基，人才紧缺，急于搜罗野之遗贤去共振朝纲，自己错过来使可怨不得老天爷没有睁开三分眼！

正在放心不下，正巧看见有一双眼睛正滴溜溜地盯着桌上的令牌乱转，老先生有了主意："胡小毛，你又要上茅房？"

胡小毛眼睛还是不离那块能够赋予学童轮流上厕所权力的宝口令牌，两手使劲儿攒着泉水欲喷的小鸡："先生憋不住了，先生憋不住了！"

"怎么讲话！不是先生憋不住，是你人憋不住了！我怎么教的你们！"

"是，你人憋不住了，你人要尿裤子了！"

"真正朽木不可雕也！算了！先生看你憋得可怜，就把这块令牌发给你用！"

"谢先生……"

胡小毛抢过令牌，正要夺门而出。

"报告先生！令牌不能给他！"

"为什么？"

"先生！胡小毛最自私，每次领了令牌，总要在茅房耗上半个时辰，害得别人都去不了！"

"对！上次就是因为他垄断了令牌，害我拉了一裤子！"

"不能给他……不能给他……"

陈老先生点点头："你们说他老是钻进茅房不出来对不对？这就对了，今天这令牌还真发对了人了，先生正是要他在大门口的茅房里给我盯着呢！胡小毛，你这次去，先生不求你多，两个时辰你得耗得住！"

"两个时辰？腿要蹲麻的哟！"

"蠢材！谁让你总蹲着？先生是让你在茅房里头站着，留心进学堂的人，特别是贵人！先生早已料定，今日必有贵人来访，贵人一来。即刻禀报，不能有误！听明白了没有？"

"听明白了，学生得令去者！"

胡小毛一手擎令牌，一手解裤带，飞一样撞出门去。

没过三秒钟，胡小毛就又撞了回来："报……报告先生，贵，贵人驾到！"

陈老先生差点没乐糊涂过去！赶紧扶帽子、抖袖子、理胡子、撣靴子，跌跌撞撞扑向门外：

"贵人在哪里？贵人在哪里？"

胡小毛用手一指："那不就是，跪人，正跪着呢！先生，跪人在此，学生撒尿去了！"

茅房里顿时山洪奔腾、骤雨突降。

陈老先生鼻子差点气歪了，这是什么学问！"贵人"，就是跪着的人哪？

既然迎出了门外，好歹也得盘桓几句："你是何人？为何在我陈参门前长跪不起？"

跪着那位姿势不变，口中却吐出略带沙哑的声音：

"学生久慕先生大名，知先生乃当今之名士、饱学之鸿儒，特求先生将学生收入门墙列为桃李，学生愿追随先生执弟子礼！"

陈老先生舒服得汗毛孔都张开了，心里一乐，就要上前扶起这位恭谦有礼的学生。

不过且慢，既是当今名士、饱学鸿儒，怎么也得有点名士的矜持、鸿儒的派头，陈老先生的双手一沾"跪人"的身子，就改变了主意，只是搭在他的肩头，却不再继续扶的动作："青年人，我陈参虽只是一介寒儒，以设学课徒为稻粱之谋，但却也不能逮着谁就收为弟子，不信你看看我这里的满园桃李，哪一个不是出类拔萃百里挑一的？"

"先生择徒严格，长安城谁个不知、哪个不晓？但不知先生择徒都有什么标准，要履行哪些手续？学生虽然不才，却也想斗胆一试，选中了，能入名士之门，投饱学之师，那是学生的造化；就是选不中，学生也好知道自己的差距，订立赶超的目标。"

"标准么……第一条标准，就是要严遵师命，你看茅房里那一个，多听话！先生不让他出来，他就是被臭气熏死了也不敢出来！胡小毛，你出来吧！"

叫了半天，却无人应声，先生正在奇怪，却见院内枣树上人影一晃，一篷杂青夹红的枣儿被胡小毛从树上扔了下来，不偏不倚地落了陈参一头。

陈参尴尬一笑："你看，这就是第二条标准了，要待师以礼。我的学生，有什么好东西都是想着先生，枣儿熟了，先请我尝鲜，怕我年岁大了腿脚不便，他们上树摘给我吃……"

青年也报以一笑："这两条学生都能做到，而且保证后来者居上，不让学兄们专美于前。但不知先生择人以教，在学问上有什么特殊的要求没有？"

陈参一拍脑袋："当然有，当然有！这第三条标准，就是要天资聪慧，闻一知十！这也是收学生最要紧的！否则，收一大堆榆木疙瘩当学生，当老师的岂不要累死！"

幸亏青年的提醒，陈参终于可以把握住主动性了："下面我们谈谈入学手续问题，第一道手续，当然是入学考试了，考你点什么呢……先来对对子吧！对对子你知道吗？"

"学生略知一二。天对地、雨对风，红花对绿叶、八戒对悟空……"

"不简单哪！对对子也知道！听着，先生出题了。"

屋里马上传来学童们嬉笑的声音："上联是：二猿伐木深山内，小猢狲也敢对锯（句）？""下联对：一马陷足泥沼中，老畜生怎样出蹄（题）！"

陈参大怒："泄露考题，罪不容诛！咱们不对这种老掉牙的，先生就以今日之事出个上联。"

陈参看看跪着的青年，顿时文思泉涌，灵感迸发："上联是：颓金山倒玉柱，人因何低人半截？"

上联出得的确俏皮，跪着自然是低人半截嘛，顺便又问了青年长跪不起的原因，充分体现了名士鸿儒的学识。可青年下联对得也很巧妙："仗圣典启顽蒙，先生果然高我一头！"

青年是在告诉陈参，我低人半截是因为先生你高我一头，这才要拜你为师哪。一顶不花钱的高帽子轻轻送上，弄得陈参心里痒痒的，十分受用，却不得不谦逊一番："咳！半肩行李一张琴，浪迹江湖，皆云寒儒无大用！"

"欸！三更灯火四壁书，经纬天地，谁道圣朝有遗贤？"青年再接再厉，又是一通马屁拍去。

"妙哉！好一个'谁道圣朝有遗贤'！孺子可教！后生可畏！老夫就收下你这个弟子了！"

"多谢恩师！今后还望恩师不吝赐教！"

"好了好了！将来你有了出息，老师我还要沾你的光呢！"陈参扶起青年，这才细细端详新弟子。

只见他眉宇之间透出一股睿气，温文尔雅，气度不凡，不像胡小毛那一班市井顽童，心中顿生遐想："说真格的，看你这副气质，不像是来自寻常人家，你不会是豪门贵胄、什么五侯的子弟吧？"

"这……"青年一迟疑，想起方才在马市的经历，忙报上在路上想好的姓名："弟子自姓姚，名叫姚莽，家境贫寒，哪是什么豪门贵胄……"

陈参眼里闪过短暂的失望，当然很快就掩饰过去："好！好！寒门出孝子，穷人的孩子早当家！老师我啊，还就喜欢寒门之家的孩子，唯其苦寒，才有梅花之香，才会发愤攻读……"

姚莽却已看见那一瞬间陈老先生的表情，忙从怀中摸出那锭银子："弟子虽然贫寒，赘见之礼却不敢怠慢，这锭银子……"

"别说了别说了，老夫不是那种一切向钱看的俗儒，再说这锭银子交学费已经足够了。"

"先生误会了，这锭银子不是学费，是弟子这一个月的用度之资，就是伙食费，弟子在你这儿念书，为了专心攻读，是要申请住校的。以后每个月都按照这个标准交。至于学费嘛，第一个学期的学费你看拿这个顶行不行？"

说着，打开随身携来的书囊，从中取出一卷简册。

"这是什么？名人字画？"

姚莽笑而不答，缓缓展开。

陈参不看则已，一看竟高兴得险些跳起来。

"《周官经》！哎呀，奇主呀，奇宝！待我仔细观看！"

陈参喜出望外，贪婪地翻看着这卷被他称为奇宝的简册。

原来，《周官经》是儒家重要经典之一。我们常说的"四书五经"，四书指《大学》《中庸》《论语》《孟子》，五经指《易经》《诗经》《书经》《礼经》《春秋》。《周官经》就属于《礼经》的范畴。对于《礼经》的所指，历来有两种不尽相同的看法，有的认为是指《仪礼》，这是春秋战国时一部分礼制的汇编，共计十七篇，有的则认为是指《周礼》，也称《周官经》，是周代官制和战国时各国制度的汇编，共计六篇。姚莽献给陈参当学费的，就是后者。

陈参在得到姚莽献上的古文《周官经》之后。表现了异乎寻常的激动。

他颤抖的手指在宝贝简册上抚摸着，喃喃地默读着简册上的字句，许久才想起询问这宝贝的来历：

"你是怎样得到这件异宝的？"

姚莽当然不愿意和盘托出，如实告诉老师这是他在表哥的书房里找到并一笔一画抄录下来的，那会暴露他的家族背景，他宁愿以一个寒门士子身份立于师门，他想，对于一位淡泊名利的鸿儒来说，出身寒门的学生也许才能得到更多的无保留的教诲。

于是，姚莽撒了一个半真半假的谎："这是一次偶然的机会，弟子的一位远房亲戚凑巧向别人借了一部古文《周官经》，弟子认为，今文经颇多后人揣测附会之说，治学者仍当以古文经为正宗本源，因此用了一个月的时间，将《周官经》借来抄录。不过，由于弟子才疏学浅，只怕有抄录失谬之处，所以，特献与恩师，以冀甄别。"

陈参不再追问这部《周官经》的来历，倒是颇为得意地告诉姚莽："这就对了，这就对了！不是老师我炫耀，要论起治《礼》，老师倒敢跟当今天下任何一个儒流比试！这部《周官经》，老师今晚就准备秉烛夜读，如果没有什么转抄失谬之处，三天以后就可以把它作为教材，先给你传授周官之礼！不过你不要声张。这是老师我给你吃的小灶，你的那些师兄师弟们，现在还刚刚在念扫盲班，要是让他们知道你刚一入我师门就直逼礼经的核心理论，他们会群起反对这种特殊化的做法，罢课示威的！"

"是！弟子将永铭不忘老师青眼惠顾之恩，一定以优异成绩，报答恩师！"

三天之后，陈参果然不曾食言，开始向姚莽讲授古文礼经，而且当真是背着同门师兄弟，单兵教练的。

姚莽也委实聪明，对于老师的教导，真正是闻一知十，省了陈参不少心血、口舌，陈参暗自庆幸，这个弟子算是收对了、收着了。

不过，陈参在庆幸自己的学说后继有人的同时，心底也还有一丝淡淡的阴影，这丝阴影也随着姚莽对学问领悟的日益深刻而逐渐变得浓重起来。

有一天，陈参终于忍受不了阴影的压抑，对姚莽说出了心底的担忧。

"姚莽，我看这古文礼经就学到这里吧，从明天起，咱们改课，讲授今文经。"

"恩师，弟子顽冥，六篇《周官经》才学了四篇，有些地方也还未能全然明白，为什么要半途而废？而且弟子深知老师你的高妙之处，就在于古文礼经，现在你要改授今文经，莫非你不肯让弟子学到你的全部学术精华么？"

陈参摇摇头："不是老师我有意藏私，不肯把满腹学问倾囊相授。当今朝野上下，今文经盛行，士于如果想'学而优则仕'，不学今文经是不行的，古文经虽为正源，可惜却是阳春白雪、和者盖寡，当权者也不怎么提倡以古文经学作为安邦治国的理论基础，你知道，我们读书人，也是要讲一点功利主义的，苦心研究、发扬光大的一种理论，如果不能为当权者所用，这种理论又有什么实际意义？以你的聪明好学，完全可以在今文经学上取得较高的造诣，将来才有可能立身庙堂、治国安邦。老师我的决定，是经过深思熟虑的，这个教学计划的变更，应该说是既符合目前情况，又考虑了未来发展，是完全正确的！"

姚莽想了想，心头突然闪过一丝灵感的火花："恩师，弟子有一个想法。不知对不对？"

"你说你说！老师我别的毛病没有，就是比较开明，比较虚心！你虽然是我的学生，但只要你说得对，老师是不会计较的！你说的办法如果切实可行，老师我也一定会愉快接受的！"

"那好，弟子就斗胆了！弟子以为，古文今文之间，其实并没有什么太尖锐的冲突，严格说起来，应该是大同而小异，既然这样，我们为什么不可以兼收并蓄呢？而且，作为治理国家的理论基础，只要能够达到富民强国的目的，就是好的，又何必非要自设羁绊，分什么古文今文呢？所以，弟子建议恩师以后可以同时讲授古文、今文两种经学，这样，弟子的眼界会更为开阔，思路也会更为灵活！将来一旦有机会跻身庙堂，参与安邦治国的决策活动，弟子同时适用古文、今文两种理论，一定会左右逢源、得心应手！"

姚莽越说越起劲，他甚至开始想象，若干年后，自己古文、今文并用，治大国若烹小鲜的美妙景象。

当时陈参也是眼睛一亮："奇才呀奇才！神童呀神童！一个黄口孺子，能有这个水平，简直匪夷所思！"

大喊大叫一通之后，这位奇才的发现者兼神童的教育者，突然又泄了气：

"唉！可惜这样的奇才、神童，却托生在寒门素族！不然的话，你倒真可以在安邦治国上大展一番身手呢！"

姚莽有些糊涂："恩师何出此言？"

"你是年轻，不知道大汉的规矩！现在不像高皇帝那个时候了，那时候，人不分贵贱、士不问出身，只要有真才实学，就是如黥布那样的囚犯、像韩信那样的无赖，都可以博取功名、拜将封侯。可现如今，朝廷取士首重出身，寒门人人微言轻，要想跻身仕途、实现自己的政治抱负，又谈何容易！姚莽啊姚莽，我看你别的也不用抱怨了，就抱怨自己没有一个好爸爸吧！"

原来恩师是担心这个！姚莽暗暗一笑："恩师不必为此事担忧！以弟子愚见，当今朝廷虽然用人原则上不利于寒门素族，但那是没到真正的用人之际！要是真到了节骨眼上，卖烧饼的没准也能位列三公四辅，怎么，你不信？弟子今天把话撂到这儿，用不了多少年，咱大汉准能涌现一批出身卑微的官员！你就等着瞧吧！再说了，能不能为朝廷所用，关键还在于自个儿的才能跟学问！你没听几百年以后那个爱喝酒的大诗人说过吗？'天生我才必有用'！只要你用心地教，弟子我努力地学，咱们先把自身建设搞好，用不用，那只是个时间问题！"

陈参也觉得这人说得有那么点儿道理，点点头：

"好吧！关于教学计划的民主讨论会到此结束，现在开始上课！"

打这天起，师徒俩就开始尝试把古文、今文两种经学掺和在一起的教学实验，当然这种掺和，在理论上是可行的，但实践起来却有相当的难度。姚莽因此而整日闭门苦读，陈参也因此而放松了其他弟子的课程，教学坊的教学秩序有些个不大妙呢！

为了彻底整顿教学秩序，也为了能够倾注全部精力攻克二经归一的难题，陈参决定，除了姚莽之外，其他学生一律给假三个月，省得他们在这儿添乱，成天鸡飞狗跳。

这一来，教学坊陈氏学塾果然清静了许多。除了师徒俩的谆谆教诲声和孜孜苦读声之外，再也听不到别的什么噪音了，教学计划因此得以顺利实施，并取得了飞速的进展。

但是——什么事都怕这个"但是"——但是有一天，这种宁静被一大堆乱七八糟的声音给无情地打破了，陈氏学塾外面人声嘈杂，大门被擂得山响，那架势，就像有一个团的鬼子进了村。

陈参起初还以为是还乡团回来了，他怒气冲冲地走过去，大声训斥：

"敲什么敲！不是讲好了放你们三个月的假，学费也免收了吗？平时老想着上课遛号，现在真给你们合法溜号的机会，你们倒不知道珍惜了？活见鬼！难道你们不见贤思齐，要学习姚莽的刻苦精神吗？"

外面的人显然对老先生这一篇训教不明不白，擂门声如涛声依旧，还夹杂着车轮滚动声，马匹嘶鸣声、人众喧嚣声：

"咕噜噜……咕噜噜……"

"希聿聿……希聿聿……"

"嘭咚咚……嘭咚咚……"

陈参打开大门，立刻拥进来一位衣着华丽的贵公子，身后还带着不少青衣小帽的仆从家人。

陈参傻了：

"公子找谁？"

"找谁？找我家兄弟！莽兄弟，别躲着，快出来，跟我们走！莽兄弟，王莽！"

"什么王莽？这儿只有姚莽，没有王莽！"陈参简直莫名其妙。一个家丁模样的人呵斥着：

"嘿！你这看门老头儿，别跟我们大爷揣着明白装糊涂！你以为我们都是白吃干饭的哪！告诉你，我们早就打听明白了，我们少爷就在这儿念书呢！快去把我们少爷请出来！"

陈参气得花白胡于乱抖：

"岂有此理，岂有此理！把我当成看门老头儿不说，还居然谬指我这儿有什么少爷！也不想想，我这学堂里要是有一个半个少爷，还能容你们这帮狗奴在这儿横行霸道惹是生非！"

那家丁冲着身后一招呼：

"嗨，哥儿几个，听见没有？这老帮菜敢骂咱们是狗奴！"

"这老家伙！"

"给他点儿厉害的！"

"对！不能饶了他！"

起先那个家丁走过去，请示人群中那个贵公子："大爷，小的们这可是为了你才挨的骂，咱们五侯王家，什么时候受过这个气？小的们就等你一声令下，教训教训这个老帮菜！"

那贵公子的火也被扇起来了："那老头儿！你骂他们是狗奴，那大爷我是什么？我不行了狗主？我说小的们，还硬着干什么？给老头儿松快松快！"

如狼似虎一群恶奴，立马扑了上来。

陈老先生一辈子哪儿见过这个，这真是秀才遇见兵，有理说不清了。可惜空怀满腹经纶，也只有束手待毙，急切之中，倒也没忘了喊出一句："君子动口不动手！"

这哪儿管用啊？那帮"狗奴"又不是君子，甚至连"小人"也算不上，他们不过是"狗奴"而已，狗仗人势的奴才。

眼看着一代鸿"儒"就要蒙受奇耻大"辱"，"礼"学名家就要遭到无"礼"待遇，屋里那位实在躲不住了：

"住手！不得对我恩师无礼！"

姚莽终于现身。

"哈哈哈哈！我的莽兄弟！我就知道，不使这一招你不肯出来！"

贵公子洋洋得意，很为自己的计策深合用兵之道而感到自豪。

姚莽上前见礼："小弟王莽见过堂兄。我来介绍一下，这位是小弟的授业恩师，当代名儒陈参老先生。恩师，这位是弟子的堂兄，曲阳侯的世子王涉。"

王涉大大冲陈参一揖："陈老先生，晚生有礼了。嗨，我说你们几个，怎么还架着陈老先生不放？这是你们莽少爷的恩师！畜生。一点礼貌都不懂。"

那几个恶徒马上换上奴颜，捏肩膀、捶腰眼，当真施行起按摩手法来了。

姚莽，不，应该改过来了，王莽噗通一下，跪倒在陈参面前："弟子欺骗恩师，诡称姓姚，实有苦衷，还望恩师恕罪！"

陈参睁开老眼，重新打量自己的得意门生："你当真是万岁爷的表弟？"

"弟子正是王莽。"

"王莽，姚莽，姚，嗯，有道理，有道理！我其实早就该想到，根据我的考证，你们东平陵老王家，是可以自称姓姚的！东平陵王家老祖宗是谁？是黄帝呀！黄帝姓姚氏，八世生虞舜，舜居于妫水之滨，故以妫为姓，在周武王的时候，封妫满于陈，十三世生陈完陈敬仲，陈敬仲出走到齐国，当了齐桓公的卿，以田为姓，十一世以后，田和代齐，三世称王，到了齐王建那一代，才被秦国所灭。项羽起兵，重封六国。齐王建的孙子安被封为济北王，大汉兴，济北王安失国，齐人才改口称为'王家'。打从这儿起，你们才姓了王。王莽，看来你对你们家族这一大团盘根错节的宗谱线索也捋清楚了，不然，你也不会诡称姓姚！"

"是，恩师果然博学广闻，弟子投师之时正是以鼻祖黄帝之姓为姓的。"

"好！好！不过，你可知道姓与氏的区别？我告诉你啊，它是这么这么回子事……"

师徒俩还要进一步研究姓氏学，一旁的王涉早耐不住了：

"我说你们爷儿俩，就别捣腾那些个陈芝麻烂谷子！陈老先生，我王涉今儿个来，不为别的，就是想让你放我莽兄弟一天假，让他跟我去散散心。莽兄弟，你知道吗？我们曲阳侯府这回又扩建了，那个漂亮啊！这会儿我们小哥儿几个都约好了，今儿个在曲阳侯府搞一个派对，庆贺庆贺，他们几个全去，我这是特意来请你的！"

陈参慨叹："到底是手足情笃！王莽，这些日子你也够累的了，有道是文武之道一张一弛嘛，老师我就放你一天假，去松弛松弛！"

王莽却不同意："我不去！恩师，弟子这两天刚对两经归一悟出点门道，正要趁热打铁！这一去，鬼知道要影响我多少学习！堂兄，请恕小弟学业紧张，不能从命，请代我问候叔父，问候各位堂兄堂弟。拜托你哪！"

一扭脸，回屋继续用功去者，把个王涉晾在当院，走又不是，留又不是。

倒是陈参给了个台阶："王少爷，令堂弟这两天正在攻关，也的确无暇分身，你没瞧见，我们爷儿俩这两天忙得要死，都四脚朝天了。要不咱改日吧，改日我带着他去看你？"

也只好如此了，一帮人兴师动众而来，偃旗息鼓而去。

陈参回到屋里，冲着王莽发脾气："我说贤契呀，你也太不给人面子了，这可不合周礼呢？"

王莽见老师气呼呼的样子，赶紧解释："恩师错怪弟子了。弟子以为，真正有出息的人，不能靠着父辈的名声、地位，得自己努力去挣！所以，弟子当初才埋名隐姓前来投师，再说，弟子父亲早亡，人丁凋落，也没什么好指望的，唯一的指望，就是自己多学点本事，将来才能成大气候！我今天要是答应了涉堂兄，出去散一回心，明天，后天，别的堂兄堂弟来了，我是不是也得答应？一回又一回，必然溺于声色犬马之中而不能自拔，还谈什么学业有成？讲什么报效国家？我又没什么侯位好荫袭的，那么下去，最后准得变成一个一事无成而又贫困潦倒的穿不上纨绔的纨绔子弟！要真那么着，才是给师门丢脸呢？我今天给了堂兄面子，日后就得丢了你的面子，我不是不顾眼前的面子，而是想着往后的面子，这面子不是我一个人的面子，要面子就得不顾面子，这个面子那个面子，成绩优秀才顶有面子。弟子这么看待面子，你不会认为我不给你面子吧？"

这一段绕口令，说得陈参也没了脾气："咱们爷儿俩到底谁是老师？瞧你这一大套，比我讲课还利落。"

"当然你是老师啊！弟子这一番话，其实都是你平时的教导，弟子不过是稍稍归纳了那么一下，把你要说的话替你说出来而已。"

"是这话，是这话，老师就是这么想的！不过，贤契，一个人要想成才，自身的素质当然重要，可是这个机遇，这个方方面面的关系，也同样重要，也许更为重要！不是老师教你坏，教你怎么走后门、拉关系、搞不正之风，像这个你们家族的这种关系，还有你跟万岁这种关系，那都是必须发展、巩固的！这一点不引起贤契你的足够重视是绝对不行的，那将是你人生设计决策的最大失误！眼前就有例子啊！老师我怎么样？论学问不敢说天下第一，前十名总还排得上吧？论能力咱是没当过官儿，要是当了官的话，丞相咱是不敢想，弄个九卿什么的，也未必就比旁人干得次！官儿这东西。有什么难的？能豁出脸皮去就行！还就能干得好！咱不就是没关系、没后门吗？落得现在当个孩子王，还是无冕的——私学呀，都没领过营业执照！你说这关系、路子要紧不要紧？吃劲不吃劲？学生呀，你太年轻！"

陈参的这一开导，王莽也觉得是有一定道理的。有时间应该和兄弟们玩一玩，让老师的理论成为现实。陈参这一通关系学的论述，说得王莽是茅塞顿开，他决定，在适当的时机，一定要实践一下老师的理论。不过眼前呢，还是以学为主，安心读书吧！

而与王莽相反的是王家的那些腐朽的纨绔子弟们，整天吃喝玩乐，无所事事，穷奢极欲，败坏了当时的风气，卑劣行径惨无人睹。

第六章

败风气外戚奢靡　仗国政皇帝纵容

远的不说，就说曲阳侯王根的世子王涉，在敦学坊陈氏学塾堂兄弟王莽那儿碰了一鼻子灰，一肚子气。上了他的马车，准备打道回府。

马车轻快地顺着横门大道往南疾驰，直奔曲阳侯新落成的府第而去。此刻，凉爽的清风扑面而来，王涉的心情才算稍微好了一些，王莽算什么？一个小书呆子！爱来不来！

抛开王莽想到马上就要举行的聚会，王涉的精神顿时亢奋起来，他催促着驭手："快点，再快点！对，看见前面那驾马车了吗，追上它，超过去！"

驭手车鞭抖起一声脆响，骏马撒开四蹄，飞也似地朝前奔去。

要说王涉这匹驾车的马，也算是神骏了，纯种的大宛马，号称追风骣骦。年前刚从西域花重金买来的，训练得也不错，跑起来又轻又快，再加上经过专门设计的轻车，王涉在车上根本感觉不到颠簸，只看见街道两旁的景物行云流水般地向后飞逝。

前面那驾马车，起先是悠闲自得地驶行着，因此，很快就被王涉追上了。

王涉探出身子一看，不是外人，是自己四伯父成都侯王商的世子堂兄王况。

"况堂兄！你这是什么马，不灵光呀！"

王况斜着眼："涉兄弟，你走了眼！我这儿马，是皇上赐的御马，有名的大宛汗血马，比你那匹凡马强多了！"

王涉讥讽地一笑："御马！御马怎么跑不过我的凡马？"

"什么跑不过，我是舍不得让它跑！真要跑起来，你就等着喝烟儿吧！"

"炫耀！"

"不信？不信咱们比比！"

说着说着，两兄弟都起了争强好胜之心，谁也不服谁，把横门大道当成了跑马场，比起赛来。好在长安城的大道足够宽敞，两车并驾齐驱并不是不可能。

一声令下，两驾马车同时奔跑起来。

王涉的"凡马"其实不凡，爆发力特强、上来就快如闪电，一下子就赶出王况一个车身。

王涉得意洋洋："怎么样况堂兄!？别瞧你那是御马，照样得让我一头！"

"这话不错，我是得先让你一头，我这马，前头要是没有可追的，还真提不起劲儿来！"

正说话间，王涉的车又越出去有三五丈远，王况这才冲自己的驭手发话："差不多了，让他见识见识咱们的汗血神驹！"

驭手抬起鞭子，朝马臀上轻轻一敲，汗血神驹一声怒嘶，四蹄腾开。

这一下可不得了，前面的王涉只觉得一团红云挟着雷电扑来，两车间的距离很快就缩短了。

"快！快！别让他们追上来！"

驭手鞭花连挽，呵斥声不绝于道。王涉的追风骃骦马鬃乍起，驭车飞驰。

而汗血神驹更是威风，碗大的硕蹄踏地如雷，滚滚而来。

两位少爷争强斗胜，可苦了那些随车步行的家丁仆从，一个个奋起直追，直累得口吐白沫，连呼爹唤娘的力气都没了。

这两伙奴才好不容易稀稀拉拉地跑到曲阳侯府，只见王况正以胜利者的姿态在那里笑话他的堂弟王涉："涉兄弟，不服气不行吧！你过来看看，看我这御赐汗血神驹的奇异之处！"

王涉显然在刚才的角逐中落了败，脸色十分难看，但又不好对王况采取不理睬政策，毕竟他是自己的堂兄，再者，这一场赛马又是自己挑起的，于是愤愤地走了过去，嘴里还在说着硬话："有什么奇异之处？不过就是跑得快那么一点呗！"

　　可是当他走到汗血神驹近前时，他服气了，因为他看见，那汗血神驹的前肩膊处，正挂着几串鲜血。

　　"这马如此舍命，真是不怕流血牺牲呢！"

　　王况哈哈一笑："涉兄弟真会开玩笑！你也是玩儿马的行家了，不会不知道大宛汗血马的来历吧？孝武皇帝大初四年春，贰师将军广利，领兵证伐大宛国，斩了大宛王，还缴获了大宛的国宝汗血马。我这匹汗血神驹，就是当年那匹汗血马的后代。这汗血马有一宗异处，疾驱之后，会从前肩膊流出汗来，你说的鲜血，其实就是它的汗，看着很像鲜血是不是？这就是汗血马三个字的出处。兄弟，你那匹追风骢骦，虽然也称得上是神骏，不过要跟汗血神驹一比，可就高下立见呢！"

　　一番话说得王涉无言以对，今天这人可丢大人了！

　　他红着脸走到自己车前，从车上取下一柄铁锤，二话没说，照着让他丢人的追风骢骦的耳根就是一锤！

　　追风骢骦连哼都没哼一声，噗通一下就栽倒了，再也没能爬起来。

　　王况见状，也不十分惊讶，这种举动对于五侯子弟来说，根本不值得大惊小怪的。本来嘛！要么就拥有最好的一匹马，要么没有，就算它价值连城，如果不能给主人脸上增光，留着它又有什么用处！

　　王涉打死了重金买来的追风骢骦，心情反倒轻松起来："哈哈，痛快，痛快！这就叫旧的不去，新的不来！况堂兄，请！咱们进去喝酒去！"

　　王涉击毙了万金宝马，很是为自己的壮举感到骄傲，说话的口气也硬了许多。

　　王况看了看倒在血泊中的追风骢骦，对王涉淡淡一笑："涉兄弟，果然豪气干云！不过，你舍了这匹追风骢骦，日后出门游玩岂不是更乏脚力？这样吧！愚兄就把御赐的汗血神驹转赠贤弟，你看如何？"

王涉心里倒是挺乐意，但如果就这么收下来，岂不显得太小家子气了？

"况堂兄，小弟怎好夺人之美？再者说，汗血神驹是御赐之物，小弟焉敢受之？"

"这有什么？皇上家的东西，还不就是咱们家的东西？来人，卸套！"

"别卸！谁要敢卸我跟他玩儿命！况堂兄，你这不是寒碜我吗？挤对我没本事，弄不来御马？我还跟你说，别说一匹御马了，就是禁宫里的小宫女，只要我看上了，跟皇上张嘴，他也得赐给我！"

"别吹了！谁不知道万岁最心疼漂亮妞儿，赐给你？我才不信呢！得，别推让了，快收下这匹汗血神驹吧！我也跟你说，你要是不收，我，我，我是大家的孙子！"

话说到这个份儿上，王涉也不好再行推让，他盯住王况的眼睛："当真要送我？"

王况也盯住他："有假是王八！"

"好！"王涉一咬牙，快步走到已经属于他的汗血神驹跟前，伸出手贪婪地梳理着神驹的长鬃。

神驹似乎通灵，亲昵地用马头蹭着新主人的胸口。

一切眼看都要趋于正常了。

可谁也没想到，王涉竟会突然从腰间抽出佩剑，手起剑落，把汗血神驹的一只前蹄生生给削了下来！

神驹咆哮跃起，冲出有好几步，终归抵不过钻心的疼痛，颓然仆倒。

王况大笑："好兄弟！这才是咱五侯子弟的本色呢！好！削得好！"

王涉用靴底拭着剑上的血迹，得意之情溢于言表："咱五侯子弟，要的就是这个份儿！小弟不愿占堂兄的便宜，要比，咱们明天再比！"

"干吗明天呀？咱现在就比！来人！回成都侯府，给大爷再牵几匹好马来！"

俩人又叫上板了，就在这时，府门两端的大道上，又驰来几驾豪华马车。

"哥儿俩这是干什么？涉兄弟，把我们约来饮酒宴乐，你自己倒要开溜？这也太不像样子了吧？要赛马，改天再说行不行？咱们先进去看看这新扩建的侯府啊！"

哥儿俩一看，来的都是自己弟兄，有阳平侯王凤的世子王襄、平阿侯王谭的世子王仁、红阳侯王立的世子王柱、高平侯王逢时的世子王置，五侯子弟全来了。"梁山泊好汉全部在此"！王政君八个兄弟的后人，除了二弟王曼的儿子王莽那个书呆子和四弟王崇的遗腹子。现在曲阳侯府聚集了六位，这都是列侯的世子——简称六个猴（侯）子。

六个猴子全齐了，赛马的事自然搁置一边，先举行派对，庆贺装修竣工之喜。

曲阳侯府这一番扩建，工程委实不小，曲曲折折，几乎是一步一景，侯子们边看边走，边走边看。不觉花去了将近一个时辰。

红阳侯王立的世子王柱，是六个侯子里性子最急的一位，早就嚷嚷起来了："我说几位堂兄堂弟，咱们就这么干遛啊？还是找个地方饱餐一顿吧！"

"柱堂兄，你怎么光惦记吃啊？你看这景致多漂亮，不比那大鱼大肉的还解馋哪？"

"就是嘛！俗话说秀色可餐，再者说，看看风景，溜溜腿，待会儿不是吃得更香嘛！"

说话的这两位，一个是平阿侯王谭的世子王仁，一个是高平侯王逢时的世子王置。

王仁问走在身边的成都侯王商的儿子王况："况老弟，你看涉兄弟家这个园子怎么样？还有点儿意思吧？"

王况指指点点："倒还行，看一个园子美不美，首先得看布局是不是得体，曲阳侯府的布局，讲的是远山近水各有所依，奇石异本各有所据，还行，倒还行。"

王置在六位侯子里头年纪最轻，他紧走两步，追上王况："况堂兄说倒还行，想必是还有可挑剔之处了？"

王况笑笑："你没听市井流传的民谣？'五侯初起，曲阳最怒。坏决高都，连竟外杜。土山渐台，西象白虎'。"

王置陪着也笑笑："听倒是听说过，就是不大明白是什么意思，你给小弟讲解讲解，让小弟也长长学问。"

"'五侯初起，曲阳最怒'，这个'怒'字，在这儿应当念上声，也就是'努'，使拙劲的意思。"

后面的王涉不乐意了："明明是怒，是说我们曲阳侯家最厉害，况堂兄怎么会解成使拙劲呢？"

王况不理睬他，仍然对王置进行解说："为什么说是使拙劲呢？下面两句是关键，你听，'坏决高都，连竟外杜'，这是什么意思知道吗？这就是说，曲阳侯府里的湖池之水，是引的杜陵那边的高都河水。这高都河，水质虽佳，但毕竟离长安太远，水势到此已然力尽，没有那种连波接流的劲头，说到底，不过是小桥流水人家而已。"

王涉愤愤不平："你说我们这水不好，那你们成都侯府的水又有什么两样呢？"

"那当然不一样了！我们成都侯府，是引的沣河之水，那个水势，那叫个汹涌澎湃！而且我们没绕道，凿穿了长安城墙，直接引过来的！哪天哥儿几个去瞅瞅，我们那水可以行驶大船！往船上一坐，有羽盖遮阳，有帷帐挡风，让壮汉们摇动橹桨，命美姬们哼起小曲，再弄点小酒那么一喝，嘿，那才叫个滋润！"

"哼！那有什么！有本事你再往下说，说说'土山渐台，西象白虎'这两句！"

"好，那我就说说，这两句呀，是说曲阳侯府陆地上有上山，水泊里有渐台，那构筑，那状态，就像宫里的白虎殿一样。"

"怎么样？怎么样！，我还以为况堂兄不明白这两句的意思呢！置兄弟，听清楚了吧？我们曲阳侯府，就像皇宫一样呢！"

王况看着得意洋洋的王涉，不失时机地当头泼了一瓢凉水："就'像'皇宫一样，才只是一个'像'字而已！你们记不记得，我们老爷子成都侯，前些日子闹病，要避暑，愣是跟皇上那儿借了明光宫住住！

真的皇宫都住了，你这一个假冒伪劣有什么了不起！"

唇枪舌剑，谁也不让谁。

还是阳平侯王凤的世子王襄明白："况兄弟这话说的有点过了，其实平心而论，咱们五侯——不对，加上我们阳平侯，再加上安成侯，应当是七侯，咱们王氏诸侯的府第，各有各的特色，哪一个也不含糊！就说涉兄弟这曲阳侯府吧，你们是没看全！我听我们老爷子说，府里还设了东西二市，有买有卖的，跟真的一样！是不是？涉兄弟。"

王涉真想拥抱一下王襄，感谢他慧眼识真金："是是，大哥说得太对了！几位兄弟要是有兴趣，咱这就上两市走走？咱这叫缩微景观、仿真公园！整个儿把长安城搬我们家来了！"

王襄接着介招："再说府里的渐台吧，据说完全照着宫里白虎殿的图纸施工的，用的材料也都跟宫里的一样！紫石丹墀，青琐门户，就差一把盘龙交椅跟一位皇上了！"

王涉傻乎乎地笑着："咱们王家不趁皇上，趁侯爷！今天的派对，就在渐台大殿上举行！请几位少侯爷赏脸观光！"

说着闹着，哥儿几个已经步过九曲三栏桥，转到了渐台太殿。

不过，更恢弘的还是酒宴，更精美的还是乐舞。

哥儿几个一边浅酌着泛着绿沫的新酿酒，一边听着歌姬们的低唱，美食与佳色，醇酒与妙音，一齐为哥儿几个效劳。

这几位侯子，都在二十郎当岁，架不住醇酒美人两面夹击，一个个都有点儿昏昏然飘飘然了。

尽管这时喝酒喝的已经头晕脑涨，两眼迷糊了，王况还忘不了挑剔："我说涉兄弟，你这儿还有没有更顺溜点儿的妞？要实在没有，我把我们成都府的二三流货色叫几个过来，也好助助咱哥儿几个的酒兴啊！"

王涉也是酒劲上来了，拍着桌案："我说况老兄你今儿是怎么了？干吗尽挑眼！你还别尽挤对我！你们府里二三流的货色就比我们的强？吹什么牛你！我还真不骗你，我这儿有一妞，是我们老爷子新近花了三千两金子打南边弄来的，她要一出来，准迷得你不知道自己姓什么！"

第六章 败风气外戚奢靡 仗国政皇帝纵容

"是吗？叫出来咱开开眼？"

那哥儿几个也一劲怂恿："就是嘛，耳听为虚，眼见才为实呢！到底妙不妙，一看就知道！"

王况火上浇油："不行吧？你们老爷子的心爱之物，你怎么敢动？"

"有什么不敢！来人。唤越姬可人儿！"

不到三杯酒的工夫，渐台大殿里来了一位举世美女，顿时倾倒了众生。

她就是越姬可人儿。江南水乡赋予了她一副姣柔秀丽的容貌：瓜子脸，杏核眼，樱桃小口一点点。小酒窝，在腮边，两道秀眉弯又弯。杨柳腰，美人肩，一双小脚赛金莲。头上高盘乌云髻，耳边双垂翡翠环。玉体朦胧龙舌香，雪肤隐约桃花颜。当真是倾国倾城貌，好似一嫦娥下广寒！

这个江南美人儿，不光歌喉里能透出清凌凌的水音儿，舞步也轻盈无比，就像一朵莲花在碧波上悄然滑过。

她边跳边唱，把一首《采莲曲》演绎得淋漓尽致。她表情丰富，秋波频送，俏眉含春，把个妙龄少女与意中人相伴上花溪的那种又羞又喜又怕又爱的心境发挥得淋漓尽致，惹得那帮猴子们顿生遐想，恨不得自己就是那位在溪边采莲的少年郎，更恨不得一步跨过花溪，也省得可人儿在那儿着急上火。

"好！"王况打破寂静，率先喝起彩来！

"况堂兄，你不是说我们曲阳侯府的歌姬舞娃比不上你们的二三流货色吗？怎么也叫起好来了？"

"我当然得叫好！不为别的，就为七叔的好眼力也得多叫几声好！三千两金子，就买两只小脚！"

"堂兄这话是什么意思？"

"什么意思，涉兄弟还不明白？可人儿浑身上下，其实就这双金莲还值点钱，别的嘛，恕愚兄不敢恭维！"

"你就真那么狂？难道你们成都侯府的歌姬当真个个是天香国色？"

"欸！你不信？不信问问那哥儿几个去！"王况用下巴一比划，王涉非常不愿意地看到那几位都肯定地点着头。

王况轻蔑地一笑:"哼!井底之蛙,你见过多大的天啊!"

王涉脸色发紫,脖子上的青筋暴起有三寸来高,他愤然拍案:"来人!"

一个家人应声趋前,王涉在他耳边嘀咕了几句。

家人面露难色:"这恐怕不行吧?侯爷回来了怎么交代?"

王涉勃然大怒:"混蛋!叫你怎么办你就怎么办!侯爷回来有我顶着呢!快去!"

"是,是,小的遵命就是。"

家人恭诺着退入后堂,众人正在不明所以,王涉却恍若无事了:"来呀,干吗都愣着?喝啊!别着急,慢慢喝,一会儿还有好菜呢!"

众见王涉怒气已消,心也就都放下来了,一个个端杯举着,开怀畅饮。

又饮了几巡,先前退下去的那个家人忽忽走了过来,向王涉点了点头。

王涉双掌一击:"诸位堂兄堂弟,咱们今天唱得都挺痛快,为了让诸位彻底喝好,我让厨子准备了一道红烧熊掌,请诸位品尝!"

侍女们穿梭而至,给每位侯子的食案上端来一具带盖的金碗,大家启盖一看,果然每人都得到了一只焖得松轻的肥嫩熊掌。

王涉撰起自己那只熊掌:"来,诸位自便,这东西得趁热,凉了就不好吃了!"

大家也全都效法,人手一掌,稀里呼噜地品尝起来,边品边赞:"啧啧,曲阳侯府的厨子手艺还不错,焖得挺烂乎。"

只有王况一个人在那儿呲牙咧嘴地跟手里的熊掌叫劲:"谁说烂乎?我怎么咬不动啊!这是熊掌吗?"

低头细看,不对呀,怎么比别人的都小啊?

"涉兄弟,你别是拿猪蹄蒙我吧?"

王涉冲他一翻白眼:"得了吧我的况堂兄,你又不是我们这井底之蛙,猪蹄什么味儿你还吃不出来?再说了,有三千两金子一对儿的猪蹄吗？"

"什么三千两？啊？这，这是可……"

"对，你抱着正啃的，就是可人儿那只右脚！还有左脚，正炖着呢，怕你着急，先上了一只！不太烂是不是？没法子，火候不够你对付着吃……"

还吃哪？王况早就翻肠倒肚吐了个天昏地暗倒海排山了！

王襄看不过去："涉兄弟，你怎么能这样！你又不是不知道你况堂兄胃浅，干吗还冤他，勾他的恶心？"

"大哥，这你就冤枉死小弟了！这真是可人儿的脚，真是况堂兄为之喝彩的那双脚！你想啊，况堂兄对我那么好，御赐的汗血神驹都送给我了，我能不投桃报李吗？三千两金子，算个狗屁！况堂兄喜欢的东西，我有什么舍不得的！怎么，你还不相信这是真的，还以为我是冤他，吓唬他？行，我让你看看，来人，抬上来！"

这种生烹美人足的血腥场面真让人难以置信，同时也昭示了王氏家族肆意妄为的恶性。

王氏诸侯及其子弟的横行胡为，身为天子的汉成帝刘骜并不是没有耳闻，甚至可以说，有些情况成帝是亲眼目睹。有一次，他当面表示了自己的愤慨。王商王根知道捅了娄子，"欲自黥劓谢太后"，就是打算自己给自己施点刑罚到太后面前去请罪。"黥"，就是在脸上刺成记号或者文字，并涂上墨，有点像今世的"文身"，"劓"，就是割掉鼻子。这黥和劓都是古代的肉刑，而且带有耻辱的性质。成帝听说自己的两个舅舅竟然有这种打算，更是火不打一处来："怎么着？一个擅自凿穿帝城、决引沣水，一个骄奢僭上，使用皇帝专用的建筑材料，犯下这样的罪过，不说低头认罪，还敢用自伤自残的办法到太后面前去！这不是成心要羞辱太后吗？不是在向朕示威吗？"

一气之下，下诏给尚书省，让他们把文帝时诛杀将军薄昭的故事一一奏来。

尚书们赶紧调阅历史档案，终于弄清了薄昭的问题。原来，这薄昭是文帝生母薄姬的兄弟，也就是文帝唯一的嫡亲娘舅。汉文帝刘恒，因为只是偏妃所生，在刘邦的七八个儿子中根本排不上号，本来是没有什么希望当皇帝的，只是由于刘邦平息了代国陈豨的叛乱之后，急需一位刘氏宗亲去镇守代国，刘恒才被封为代王，在山西做了诸侯王。高祖刘邦死后，吕后专权，诸吕乱朝，眼看着刘氏江山就要改变颜色。当时的太尉周勃，凭着一腔热血，要为刘家尽忠，他趁着吕后宾天的大好时机，到北军去进行策反活动，打算借用北军的力量，诛灭诸吕。虽说身为太尉，但要指挥军队造反却也不那么容易，北军的侍卫硬是不让他跨进辕门一步。幸亏当时掌管符节的襄平侯纪通，让周勃高举着符节冒充奉了天子之命，这才混进了北军营门。

周勃登高一呼："忠于刘氏的，光左膀子！追随吕氏的，光有膀子！"

全军上下，全都光了左膀子，表示愿意为刘氏效命，这就是有名的"左、右袒"的故事，直到现在，我们还经常使用"袒护""偏袒"这些来源于这段历史逸事的话，来描述对某人或某事带有明显倾向性的行为。

几千几万条光溜溜的左膀子，终于把吕后的几个兄弟送上了断头台，也把正在山西的大山里吃着山药蛋的代王刘恒推到了这场政治旋涡的中心，请他赴京即皇帝位。

代王刘恒对这块天上掉下来的特大号馅饼感到难以取舍：吃吧，怕烫着，噎着，不吃吧，又怪可惜了的。

谨慎的臣子劝他别吃。也有胆大的臣子认为不吃白不吃。代王刘恒听听这个，有道理，听听那个，也有道理，不知道如何是好，只好求教于神灵，卜上一卦。卦文倒挺吉利，说什么"大横庚庚，余为天王，夏启以光"。

刘恒觉得不好理解："寡人早就是王了，还说什么为王？"

卜人解说："你现在只是诸侯王，卦中说的是天王，天王盖地虎，那是天子呀！"

刘恒这才决心吃这块馅饼，不过为了保险起见，还是得先派一位心腹去打打前站，跟周勃等人会谈会谈，弄清楚到底是怎么个意思。

这位心腹不太好找，必须具备相当强的决策能力和外交水平。最关键的，还得无限忠于代王。

这副历史的重任，不容推辞地落在了代王娘舅薄昭的肩膀上了。薄昭唱着风萧萧兮易水寒，壮士一去兮不复还，在裤腰带上掖紧了脑袋，直奔长安城。

周勃把他们几位的初衷和盘托出，薄昭反复揣量了他的言辞，认定没有任何可疑迹象，飞马回报，代王这才坦然入京，龙登九五，成了汉文帝。薄昭自然是探营有功，劳苦功高，根据功高必赏的原则，他被封为轵侯，任命为将军。如果这位轵侯、将军能够保持晚节，一切就都完美了。可惜这位舅父自恃有功，慢慢地翘起了尾巴，最后竟然狂妄到把皇帝的特命全权代表"汉使者"给一刀杀了。

这是大逆不道之罪，就算是开国元勋，也要依法追究刑事责任。可薄昭毕竟是皇上的嫡亲娘舅，冲着薄太后的"薄"面，也不能像平常人一样拉去枪毙，得给他一个体面的死法，最好是"安乐死"。

在这方面，伟大的统治者们有的是主意。文帝刘恒先是让公卿大臣们一起上薄昭家去喝酒，酒热话多，慢慢用言语启发他自觉自绝，可薄昭当年单骑入长安的豪气此刻已荡然无存，硬是来一个假装没听懂，还装模作样地规劝公卿们：

"酒还是要少喝，喝多了会失礼，像你们今儿个说的这些醉话，也就是我吧，不往心里去，换个别人，早该跟你们急了！你们说这酒是好东西吗？"

文帝刘恒到底是一代明君，文景之治的领导者之一，不是后人说着玩儿的，马上决定："准备丧服挽幛，原班人马披麻戴孝，给朕去生祭轵侯！"

一大帮吊客进门儿就哭："轵侯！安息吧！我们代表皇上祭你来！你是大汉功臣哪！识大体顾大局呀！虽然说是晚节不保吧！犯了严重错误！可你改正的决心大呀！自个儿把自个儿给宰了！人死如灯灭呀！既往不咎。黄泉路上你走好！我们给你送行！你这算是安乐死呀！二十年后再来吧！你要还是不肯走！别怨皇上不客气！磕头吧！烧纸吧！再见！回见！……"

昏天黑地一通整，薄昭算是明白了，这糊涂是没法再装下去了，一咬牙、一跺脚，冲着未央宫老泪纵横："好我的亲外甥！你这招也忒损了点！好！我就死给你看！我就不信，离了我看你们地球还怎么转！我可真死了啊，别拦着我！我可说死就死，说死就……"

这也算是封建帝王"大义灭亲"的一件突出事例，文帝这种举动，当时也的确博得了群臣的拥护。

成帝此刻让尚书翻出这段历史旧案，其用心明确无疑。

这下可吓坏了与薄昭同样身为皇帝娘舅而又同样犯有不赦之罪的成都侯工商和曲阳侯王根。哥儿俩商量了半宿，最后决定第二天早朝时上殿请罪，是死是活就看这一下子了。

王商、王根身穿粗布短衫，蓬头垢面，一副待罪之臣的装束，每人背上，还背负着一柄行刑的利斧，一大早就来到了未央宫。

在宫门外，他们遇见了同样装束的老六红阳侯王立。

"六弟，我们哥儿俩这是上殿请死，你干吗也凑这份热闹？"

"五哥，你老不知道！你那个不争气的侄子，王柱，给我惹了大娄子！这人不是爱交际吗？弄了一帮倒霉孩子，胡作非为，竟然在长安城里打家劫舍，在天子脚下干起盗匪的勾当！万岁龙颜大怒，说我们是'父子藏匿奸猾亡命，宾客为群盗'，也要治我们的罪呢！这不，我想一宿，没别的招儿，只有上殿请死一条路了，就知道你二位也得这么着，干脆，咱们哥儿仨一块去得了，万岁爷再狠心，也不能一天之内弄死他三个亲娘舅啊！"

"六弟，你这就想错了，万岁既然能一日封五侯，为什么不能一日诛三舅呢？你有这种侥幸的想法，只怕今天这请死一举，不会有什么好的结果！"

"五哥！你可别这么说！这是做出最坏的打算，争取最好的前途！古语说得好：置之死地而后生，哀兵必胜，舍不了孩子套不了狼！什么侥幸的想法？其实我的准备比你二位充分多了！二位看看，我这儿背的是什么？是'锧'，就是砧板！你二位光背了斧子，也不想想，咱们罪臣的污血，弄脏了万岁的金銮宝殿可怎么办？所以我特地背了这块砧板，也让万岁瞧瞧，我们不是闹着玩的！他要是真打算动刑，连刑具都不用公家现预备，有斧有锧，你就剁起来吧！"

哥儿仁在殿外嘀咕，殿内的汉成帝刘骜心里也正在思忖："唉！这几位舅爷也特不注意影响了！你说你们吃喝玩乐腐朽糜烂，关上门悄悄去糜去烂啊！这倒好，弄得满城风雨，当着群臣的面，我能怎么着？不理不睬？别人还不说我纵容外家？我到底是一国之主，得树立公正无私的光辉形象！再说了，就你们这么弄下去，朕的江山还坐不坐？不行，今天说什么也得打击打击这股歪风邪气，还反了你们了！"

正在下决心，三位舅爷一路爬进殿来，冲着成帝一通号啕，顿首捶胸，痛不欲生，至诚谢罪。一边哭，一边说，鼻涕眼泪甩得满地都是，还特地把背上的斧、锧弄得叮当乱响。

成帝心里这个烦哪！心说怎么着？老几位这是将朕的军哪！朕不过是让人给讲讲故事，你们这就绷不住劲？不过话又说回来了，不用管是真是假，你们总算承认错误了，这就好嘛！其实，别看朕的舅舅不少，那也不能说杀就杀呀，今天杀仁，明天杀俩，有多少也不够杀的呀！都杀完了，谁还能帮着朕稳坐龙庭？吓唬吓唬你们就算得了，什么诛薄昭的故事，那不过是堵堵别人的嘴罢了！你们还真没完没了？真要把朕将得支不了士、上不了相，那你们的斧、锧就真得用上了！

成帝这番心里话没法明说，可那三位舅舅还在一个劲儿地跳马、拱卒、进车、摆炮，眼看成帝就要给将得喊出一个"斩"字，救命的稻草来了。

"太后驾到！"

太后王政君一路小跑，从养老宫赶到前殿。

君臣母子草草见过礼，王太后单刀直入，径插主题：

"皇儿陛下，我听说：人非圣贤，孰能无过？过而能改，善莫大焉！陛下你这几个舅舅，罪犯不赦，论法当诛，可是就这么诛了，连个改正错误的机会都不给，不是更会让天下人误会么？他们会说陛下为了自己的明主名誉，不惜诛杀从小对陛下有养育之恩的嫡亲舅父，说陛下不仁不孝!"

成帝正盼着有个人来打打圆场，可巧老娘就来了，说的话又是那么有道理，于是乐得顺水推舟："成都、红阳、曲阳三侯，尔等罪大恶极，本不容赦，念在尔等对朕前有养育之恩、后有效国之劳，今太后又亲为说项，朕特赦尔等不死！死罪既免，活罪难饶，罚尔等一年俸银，回府思过去罢！"

三侯鬼门关里抽身返，别说罚俸一年，就是十年八年也划得来呀！叩谢万岁、太后，怎么来的还打算怎么回去。成帝不答应了："转来！"

"莫非万岁有追悔之意……"

"胡说！君无戏言，朕既亲口赦免尔等，焉有追悔之理！不过，尔等不能就这样回去，将背上斧、锧留下！"

就为这个呀？留就留下，背着还挺沉的呢！

"内侍，将斧、锧列于殿前，作为警诫！日后三侯再有违法行为，定诛不赦！省得下次还得背来！"

这两斧一锧果然一直陈列在前殿廊下，但也仅仅是"陈列"而已，终成帝一朝，这斧、锧也没有伤过王氏诸侯的一根毫毛。

成帝之所以对王氏诸侯采取了如此宽容的态度，除了碍于太后王政君的情面之外，最主要的原因还有两点：

第一点原因完全可以公开。那就是汉成帝必须保持一个与自己具有血亲关系的外戚集团的强大力量，用以维护自己的统治。母后干政，外戚擅权，是二百一十年西汉政治史上的一大特点。高祖刘邦统治时期，他的妻子吕雉就已经掌握了中央的部分权力，开国元勋淮阴侯韩信，就是在吕雉的精心策划下，九月十三严霜降，一代枭雄丧未央。刘邦死后，惠帝刘盈更是形同傀儡，吕后成了实际上的第一把手、决策核心，惠帝碌碌无为地了结了一生之后，吕后益发不可抑制她以天下为"己任"的政治表现欲和为吕家耀祖光宗的家族虚荣心，违背了"异姓不得为王"的汉家成规。大封兄弟子侄为王，形成了汉朝第一个外戚集团。吕氏外戚集团最终被周勃、陈平等刘邦的功臣宿将平灭，但历史的教训并没有被后来的皇帝们所认真记取，相反，大部分皇帝登极之后，

都要把自己的舅父们弄到朝廷来委以重任，这几乎形成了一种制度。即使是被历代封建史家不遗余力加以狂热讴歌的文景之世，以及接下来以文治武功被称为西汉历史巅峰的"一代英主"武帝刘彻，也同样摆脱不了母后干政以及与之伴生的外戚擅权的阴影。比如景帝刘启的母亲窦太后，就因为诗博士辕固对她的"好黄老之术"稍稍表示了一点点不同意见，硬是勒令辕固这个手无缚鸡之力的儒生下虎圈去同野猪举行无级别拳击赛。如果不是景帝有爱才之心，暗助他一柄宝刀，诗博士铁定会成为一具"尸博士"。汉武帝即位后，这位已经成为太皇太后的窦老奶奶，对自己的孙子也照样横加干涉，大肆挞伐武帝的尊儒主张，不仅丞相窦婴、太尉田蚡因为尊儒丢了乌纱帽，御史大夫赵绾和郎中令王臧，更是仅仅因为是儒生出身而被下狱逼令自杀。

汉成帝之所以容忍了舅父、表兄弟们的错误，原因之一就是打算坚定不移地依靠外戚集团来巩固自己的统治。

这个原因用句文雅点儿的话，叫作"已不正焉能正人"，用句通俗点儿的话呢，就是"上梁不正下梁歪"！

一点不夸张。我们这位汉成帝，自己就是一个以荒淫奢靡著称的浪荡天子，打铁先得自身硬，这么一位无道的昏君，怎么能指望他整饬吏制呢？

刘骜既然决定要恶补一回，就不得不首先解决恶补期间国家行政事务由谁代理的大问题，毕竟一国之君不能就这么着置万民于不顾呀。好在已有成例可循，大司马大将军领尚书事的阳平侯王凤，春秋鼎盛，办事干练，又是嫡亲大舅爷，正好把一干政务推将过去，腾出朕的宝贵时间和精力，去干朕想干的美事、妙事、荒唐事。

王凤就是王政君的大兄弟、王莽的大伯。早在元帝执政期间，他就担任了侍中卫尉的职务，位列九卿。多年的官场生涯，磨练了王凤的性格，也使他养成了指挥颐使的官老爷派头。元帝一死，皇帝从姐夫换成了外甥，他的官职也得到了飞速的提升，成了中央政府实际上的权力中心人物——大司马兼大将军。在其位，当然要谋其政，成帝既然把如此重任委托于他，他乐得为外甥多操一点心，也好在满足成帝游乐欲望的同时，满足一下自己的权力欲望。

可是还没等王凤怎么施展自己的政治才华，老天爷就降下了不祥之兆，就在王凤刚刚拜受了大司马兼大将军的印缓、兄弟王崇被封为安成侯、其他五个兄弟被赐爵关内侯的那一年夏天，天气情况恶劣，昏黄的烟雾迷漫四城，终日不散。对于以农业立国的中华来说，天气一向被受到格外的重视，而且，历代帝王因为自诩为"奉天承运"，也就更是注意老天爷利用异常的天象所进行的警兆。

成帝不懂当时的气象知识。又没上过气象中专，除了知道下雪不忘穿棉袄，天晴不忘带草帽之外，对天气方面的知识几乎等于零。不过国家养着能人呢，有事问专家呀。

就有人启奏："天时正复，本应四宇廓清，气朗风和，今黄雾四塞，属于气候反常，气候者，天之垂象也！据臣等分析，恐怕不是灵霄殿上哪一位值日星官喝多了玩忽职守，而应该从咱们朝廷里头找找原因！一定是朝内出了什么逆天之事，老天爷这才拿这种异象来告诫陛下的。"

"那你们说说到底出了什么逆天之事？朕也好有则改之，无则加勉，一天到晚老是这么乌烟瘴气的，叫朕如何出宫去玩乐……不，是去体味民情呢！"

"臣启陛下，黄雾四塞，恐是阴盛侵阳之气，联系到朝中政治，那就是外家蔽帝之象。高祖曾有约定，不是功臣不得封侯，现在太后她老人家的几个兄弟，全都寸功未建而登侯位，这不仅违背了高祖的约定，也是外戚中从未有过的事呀！陛下，你可别拿这事不往心里去，这是老天爷不乐意了呢？"

王凤一瞧，群众舆论还挺强烈的，想想也是，在自己之前的那些封侯的外戚，还真多多少少都有那么点子拿得出手的"功劳"，不像自己王家，一没功劳二没成果，全靠着姐姐的裙带关系享上了荣华富贵。算了，咱也别等着皇帝说出口来，自己采取点儿主动吧。

"臣王凤有本启奏！"

"大司马请奏！"

"陛下即位以来，为着追效古圣贤居父丧而不言治的'思慕谅间'

之举，才下诏命臣王凤典领尚书事，替陛下分忧代劳。可是臣才疏学浅，身无寸功，对上，不能昭明陛下圣德，对下，不能增益国家政治，才有如今天地赤黄的异象发生。过错全在臣王凤身上，臣理应接受制裁以谢天下。现在先帝的丧事已经完毕，陛下也已从悲哀的心情中恢复过来，正可以亲躬万机，以顺承老天爷的旨意，臣王凤愿交出军国大权，提前退休。"

成帝一听，怎么着，大舅你不干？那哪儿成啊？朕这儿还没显示威风呢，就叫朕亲躬万机，拿那些让人头疼的政务来缠着朕？不行不行！

于是成帝狠狠地作了一通自我批评："这哪儿是大司马你的错啊？明明是朕的责任嘛！朕继承了先帝的遗志，本当励精图治，振兴朝纲，可是朕没有什么经验，小毛孩子一个，难免做错一些事情。虽说这也是情有可原，可老天爷毕竟怪罪下来了，不过你放心，老天爷怪的是朕，不是大将军你！你要是坚持引咎自责，还硬要交还权力，这不明摆着要让天下人都知道是朕无德吗？噢，有了功劳就是朕的，有了问题就赖臣下，这算什么东西呀！朕既然对大将军委以重任，就是诚心诚意期望你有新建树，也好给咱大汉列祖列宗露露脸！你就别推辞！从今往后，朕有什么到与不到的，全仗大将军你加以弥补，这个责任可不轻哪！大将军就只管专心致志，一心搞好工作，别想别的！"

汉成帝刘骜对外戚王氏的纵容已经到了无以复加的地步，使得王氏子孙更加的横行霸道，所做恶性更是令人不忍听闻。同时，皇帝对外戚政权的依赖，也为后来王莽篡位埋下了祸根。

第七章

闻声名王凤识英　抗政敌王莽划策

刘骜登基以后，王莽原先的陪读就没了必要，自然也不便在宫里再住下去，母子二人不等人家发话，就知趣地回到了原先的家中。虽说是皇亲国戚，但人家没主动提出给他们什么，王莽母子也就不好开口索要。他们的生活，一场梦境似的，又回到了原处。

刘骜由太子而成汉成帝，韬光养晦的王政君也由皇后而成皇太后，堂而皇之母仪天下，王家人自然也就鸡犬升天，日渐结成了一个新的强力的外戚集团。王氏兄弟先后有七人封侯，大司马、大将军这样的关键职位，悉数尽占，开始在朝中执掌大权，王家的下一代、王莽的堂兄堂弟们，也根据年龄的大小，在朝廷弄个一官半职，不出力照样拿俸禄受吹捧。不过，刘骜对此并不十分在意，他只知道，当了皇帝的最大好处，就是可以随心所欲地玩乐，再没人敢约束自己。外戚当权，也没什么不好，自己乐得省心。自从登位以后，刘骜整日由一个叫张放的黄门郎指引着，在后宫肆意行乐，日子倒也顺顺当当。

王莽却没有伯父和堂兄弟们那么幸运。父亲王曼去世得早，那时王家唯恐闹腾出事来，王政君皇后的位子保不住，一家人跟着遭大殃，哪敢提出要官的话？因此，王曼到死别说实际官职，连个关内侯的虚爵也没捞到。王莽上头就一个哥哥，也只当了几天的诸曹，年纪轻轻的被一场大病夺了命，丢下一个孤苦伶仃的嫂嫂，撒手而去。

回到再普通不过甚至有些破败的家中，王莽顾不上也不想眼馋同宗弟兄们的奢侈与豪华，他忙里忙外，除了精心侍奉母亲和寡嫂，还要每天去敦学坊，师从于儒学大师陈参，研习典籍，求教礼仪，经常是风里

来雨里去，忙得不亦乐乎。母亲看在眼里，心疼之余，除了暗叹自家福气太小，没能沾上皇亲国戚的光，也只能一再叮嘱王莽别太累了，身子骨要紧，而王莽总是连声说没事儿，叫母亲不用操心，保养好自己身体比什么都强。

一来二去间，街坊间都知道了有这么一家寒碜的皇亲，家道比起同宗同族来，真正是天壤之别，就是这样的人家，却出现了一个大孝子，又上进好学，为人谦和勤勉，比起他那些胡吃胡闹的堂兄堂弟，简直就不敢相信是一个祖宗生养的。

就这样一晃多年过去，王莽在劳碌于家事和勤学苦读中，逐渐长成了一个翩翩少年郎。这些年来，奔走于世间，耳闻目睹，他对生活的艰辛有了更深刻的认识，也对未来，对自己的人生产生许多思考，也就在这时，生活悄悄向他敞开一条机遇的缝隙。

王莽的伯父，当朝国皇爷大司马王凤，在一次下朝回来的路上，无意听人议论，说长安城中有位皇亲，人丁稀少，家道没落，看上去虽不大起眼，但人家那位后生却是青年才俊，讲孝知礼仪，又有学问，弄不好，王家一门的真正希望倒在这位年轻人身上呢！王凤心头一动，忙差人打听大伙儿议论是谁。当听到回话说是王莽时，王凤立刻想到，如今虽说王家正大红大紫，但是福祸相依，利害牵连，家里的子侄们早已被富贵冲昏了头脑，放着手里的正事不干，整日哥儿几个相互拉扯着寻欢作乐，王家基业怎么会长久呢？不要说那么多争权夺利的大臣正虎视眈眈地盯着王家，就是没有外人挤兑，他们迟早也会闹出什么事来。可是儿大不由爷，如今想管束，早力不从心了。如果王莽真如议论的那样，倒是个可造之材，放在身边，慢慢调教，或许王家的基业，还真能后继有人呢！若是这样，自己也就省去了一桩心病。

本着这个想法，王凤立刻差人把王莽接进大司马府，安排在自己身边，又派人给王莽家中送去许多钱物，叫两个伶俐丫头过去伺候老母和寡嫂，以解除王莽的后顾之忧。

王莽对此当然感激涕零，拜谢不止。

王凤仔细看看这个几乎未曾见过面的侄儿，个头挺拔，只是显得过于消瘦，一身青纾虽然破旧但干净利落，给人以朴实、稳重之感。虽谈不上相貌有多么英俊，但五官端庄，双目炯炯，嘴巴有些略大，却也不至于不顺眼……的确是一个第一眼就能留下良好印象的后生。再加上他举止洒脱而礼数毕现，谦恭之余丝毫没有造作和献媚之意，更让王凤特别欣赏。

等王莽在前厅规规矩矩地行过拜见礼后，王凤笑呵呵地把他拉到身边坐下，又仔细打量几眼，才慢条斯理地开口说："巨君（王莽字）呀，这些年，家里家外的事情忙得实在脱不开身，有多少次想去看看你们母子，都因各种原因未能成行。唉，一晃之间，你都这么大啦！吃了不少苦吧？"

王莽忙微微欠起身，拱手回答："伯父言重了。小侄虽散居乡里，但也知道，这些年朝廷大事小事，全赖伯父殚精竭虑，苦心操持，伯父忙的，是为天下人谋福利，小侄母子其实已经从中受惠不少了，怎敢再劳伯父把琐碎家事放在心上？再说，小侄正是苦熬筋骨对窗夜读的时候，根本谈不到受苦，不过增加些历练罢了。"

听他说的既真心实意又让自己格外中听，王凤赞许地点点头，叫着王莽的表字，显得格外亲切："嗯，巨君呀，难得你能这样想，真不愧陈参的得意弟子，得儒学之精髓呀！正所谓人不怕穷，怕的是穷而无志，我王家有你这样的后辈，就不担心家道中衰了。"说着连连摇头叹气，"和你比起来，你那些兄弟条件好了不知几十倍，却不思进取，只知整日沉于玩乐，叫人看着气都不顺！你可算是我王家的千里驹了！"

王莽听他这样说，除了褒扬之外，分明还有别的意味在里头，忙端正了面容，从椅子上站起身，拱手回答："伯父训示，小侄记下了。小侄何德何能，千里驹之誉万不敢当。小侄当牢记伯父教导，勤学苦读，学以致用，上报朝廷，下显门庭，不负伯父的期望。"

王凤点点头，含笑望着他："好好，有志气！我看巨君见识已经相当不错，后面主要是如何大展宏图了。学以致用，不负其学嘛！你先在这儿安顿下来，吃好喝好，养好身子，过些日子，我一定鼎力推荐，保举一个合适职位，让我王家的千里驹试试脚力！"

王莽心里当然清楚，自己这位伯父位居当朝大司马、大将军兼领尚书事，是天下最有权势的大臣，让谁担任什么职位，张张嘴就能决定了的事情，推荐、保举不过走过场而已。这么说，自己隐约期待而又不敢十分渴求的机缘，真的来了？出入朝堂，将儒家学说用于治国治民的理想，真的可以实现了？

然而，王莽无论如何也不会料到，眼前这位权势如天的伯父，正有一场灭顶之灾悄悄向他袭来，他自己和整个王家，正面临着一次坍塌式的巨大危险。

王凤以及整个王氏家族，独占朝廷关键职位，大权丝毫不让外人沾边，早就引起许多大臣的不满，但这种不满只能窝在心里，谁让人家是皇亲国戚呢？皇上尚且不吭声，谁要是说出来，那不是飞蛾投火，吃饱了撑的，自找倒霉吗？唉，反正能捞多少捞多少，得过且过吧！也正是人人都出于这种心理，整个朝廷看上去风平浪静，似乎是大家都乐得其所。

然而时间一长，事情总有特例。

新近一位刚上任不久的京兆尹王章，乍接触朝廷事务，略微洞悉一点朝廷内情后，便发现王氏家族独霸天下。初生牛犊不怕虎，王章半出于为国家考虑，半出于为私打算，竟大着胆子向皇上递了一封秘密奏折，言辞激烈，说如今的天下百姓，只知道有王凤，而不知道有皇上。王凤专权蛮横，已经到了只差一步就篡位的地步，而从现在的势头来看，这一步，他迟早会迈出的，请皇上火速作出决断，罢免王凤一切官职，消除这天大的隐患，起用冯野王担任朝廷要职，以抵消王家势力……

成帝刚看到这封奏折时，吓了一大跳，有人敢这样评说大司马，胆子可真不小。不过，静下心来将奏折反复看看，觉得还真有些道理，再想想王凤及王家人这几年的所作所为，真比自己这个皇帝享受的不少。人心叵测，人心叵测呀，虽说是亲舅，但皇权自古血染成，倘若他真的起了这个心思，自己不但保不住现在的享乐日子，恐怕脑袋都要搬家！不行，还是要先下手为强，免得生出事来，后悔就迟了！

思前想后，为了安心享乐更加长久，成帝决定和王章一起，冒险赌一把。他接连几次悄悄把王章召进宫内，讨论罢免王凤的事情。在王章的出谋划策下，成帝决定，为防止意外，给王凤来个突然袭击，在不透露出任何风声的情况下，上朝时当着满朝文武大员的面，宣布几条罪状，发诏书罢免了他，这样，大家见他失了势，没人再为他卖力，也就不怕他横生事端。况且，如果他反应过激的话，还可以就地控制起来，叫他再回不了家门！

然而，百密总有一疏。成帝和王章自以为行动机密，却不料隔墙有耳，他们在后宫商量的事情早被门外执勤站岗的王音听得一清二楚。

担任长乐宫卫尉的王音，是王凤的堂弟。长乐宫卫尉这个官职，虽说不算很大，只是个管辖长乐宫警卫队的小头目。但因为能够侍从皇上左右，许多重大的国家机密从眼皮子底下经过，凡事都能够先知先觉，倒也称得上履足中枢。王凤当时安排他担任这样一个职位，不能说没有这方面的考虑。而今，这个考虑真的发挥了巨大的作用。

王音得到消息后，好容易挨到换岗，顾不上回家，直奔大司马府。不等家人通报，通通地，径直走到前庭。

王凤今日难得清闲，正和王莽坐在前庭的纱窗下，闲聊品茶。暄腾腾的阳光瀑布般洒落下来，直钻进人的骨头缝里，让人禁不住昏昏欲睡。

“巨君呀，方才，你给我讲了这么多礼数，看来，祭拜大典之类的场合，往后就不劳老夫费力劳神喽！”王凤端起茶盏咂摸一口，微闭着眼睛，声音有些黏糊。

“伯父过奖，”王莽却两眼睁得溜圆，不敢有丝毫懈怠，拱手一本正经地回答，“礼数乃诚心之外露，不但自知，更要神灵与外人皆能看出来，方为最妙。所以说，纸上得来，终究浅薄，非经过历练才可以不出纰漏。小侄以后当尽心练习，不负伯父期望，尽力为伯父分忧。”

“唔，”王凤已经有些迷糊，下意识地捻着胡须，含笑点头，“好，胸有才学而不自傲，分明是第一大礼数了。巨君可待啊！明日上朝，我就打听一下，看哪个职位适合你，叫你早些涉足政务，多些历练的机会。"

王莽还没来得及道谢，就被王音气急败坏的叫喊惊呆了。

"大哥，大哥，什么时候了还有心思磨牙！"王音边小跑着过来，边挥舞着胳膊，满脸是汗，气喘吁吁。大呼小叫的神情，把两人吓一大跳。

王凤睁开蒙眬的双眼，呆呆地盯住他片刻，才明白过来，这不是在做梦。

"叫喊什么？是不是又在哪里灌多了马尿？"王凤拿出兄长的架子，呵斥他一句，"快滚到一边挺尸去！"

王音没有心思辩解，几步来到王凤跟前，先抓起桌上的茶杯，猛地倒进嘴里，然后把王莽跟前的茶杯也喝干了，才擦把嘴唇，放低声音："京兆尹王章这小子，不知是自个儿吃了熊心豹子胆，还是受人撺掇，接连向皇上递折子，还当面给皇上说，说大哥独霸朝廷，有不轨之心，对皇上迟早是个威胁。皇上竟然相信了。方才，我听这小子和皇上在长乐宫秘密商议，说是明日一早上朝时，要颁布诏书，将大哥革职查办……"

"这是……真的？"王凤脸色渐渐泛红发黑，愤怒和恐惧令他简直不能自持。

"哎呀，大哥，火烧眉毛的当口，我哪敢有半句虚言！"王音跳着脚直搓手，"好在上天有眼，叫我及时听到了，快想想办法吧！"

王音的话令王凤心头一堵的同时，也光亮一闪，是呀，看来上天还是佑护王家的，事情虽然危急，但不是还没发生嘛。倘若没有王音报信，明日早朝一纸诏书下来，可就什么都晚了。既然上天给了机会，就有办法挽回颓局！

王凤没心思和王音磨牙，用手抚摩着脑门子，焦急地思索怎么样阻止这场即将发生的巨大危机。立刻进宫去见皇上，说明自己的忠心？显然太可笑了。忠心岂是表白得清楚的？况且自己怎么提前得到的消息，分明是有意安排人监视皇宫，这样欲盖弥彰，反添罪名。要不，赶紧去见王政君，请她以皇太后的身份把皇上压制住？可转念一想，王凤轻轻摇了摇头。皇太后固然向着娘家人，也确实可以把皇上给震慑住，可这样一来，也只能是灭了明火，暂时保全性命。而皇上会因此更加怀恨在心，真的对自己有了隔膜，将来太后不在了，王家就会立刻大厦崩塌……要不，来个一不做二不休，立刻召集手下军队，杀进皇宫，废掉皇帝，另外立个听话的？脑子里刚蹦出这个念头，王凤忍不住打个冷战，打打杀杀的事情，自己从没经历过，废立皇帝，可不是小事情，或许能够成为太上皇，但更有可能掉脑袋。再说，这么大的事情，半天工夫说干就干，也实在太草率了。不行，万万闹腾不得！

见王凤凝神皱眉，忽而咬牙，忽而摇头，王音不知道他想什么，气愤愤地发牢骚："他娘的，真是王八皮厚，无风也起三尺浪，王章这个小人，恩将仇报，叫他不得好死！"见王莽正半是思索半是疑惑地望着自己，王音唾星四溅地说，"王章这小子，当年初到长安时，蜷缩在破庙里，差点儿冻饿而死。还是你伯父爱才，见他写得一手好文章，便保举他做了个芝麻小官，后来还一再关照，叫这小子一步一步爬上今天京兆尹的位子。没想到，这小子不但不知恩图报，好好为咱王家效劳，反倒想踩着你伯父的脑袋往上爬！我非把他拉下来剁碎了不可！"

"够了，够了！"听他絮絮叨叨，王凤心烦意乱，皱眉摆手打断他，"最好的办法还是立刻进宫，面见太后，弄清楚事情原委，请她出面，暂时稳住阵脚，然后再徐徐打算。除此之外，没什么更稳妥的办法了。"

"对，这是个办法，"王音抢先大声说，"整个大汉，要说说话最管事的，当然还是太后。哼，这个不知死活的王章，他迷惑住皇上，咱们有太后，看最后倒霉的是谁！"

王莽却很有些不以为然，站起身冲王凤一拱手："伯父，按说，此等性命攸关的大事，小辈插不得嘴的，可是，依伯父所言，固然是救急的办法，可细究起来，却利害参半。小辈不得不失礼了"

通过这几天的了解，王凤早已对这个年轻人刮目相看，视其为晏婴一类的大智人物，立刻眼睛一亮："噢？巨君详细说来，叫我听听。"

王莽略微思索一下："伯父你想，皇上既有罢免伯父的心，必然心神紧张，对宫内外的情形格外注意，唯恐发生意外。伯父此刻进宫，各

门守卫耳目混杂,皇上立刻就会知道。其情形无外乎有二,要么太后威压,皇上忍气吞声,对伯父由误解转为真正憎恶,逐步削夺职权,冷落一边,没有罢免之名却行罢免之实;要么派得力护卫,以各种理由阻挡住伯父,使伯父见不到太后,明日诏书上加一条刺探宫内隐情的罪名,两位伯父都给牵扯进去……"

一听自己立刻就要跟着倒霉,王音急了,双手忙摆:"哎呀,这可使不得,使不得!我要是完蛋了,再出什么事故,连个通风报信的都没有,只能完全听人摆布。大哥……"

见王莽分析的正和自己担心的情况差不多,比自己考虑的还要周到,王凤心里暗暗赞叹,比家里那几个猪狗不如的花花公子强多了!可是这不行,那也不行,就只能坐以待毙了?!他紧拧着眉头,轻叹一声,在屏风前边团团乱转。

"伯父,"王莽冲王音拱一拱手,"您还听皇上与王章议论了些什么?"见王音有些发愣,忙补充一句,"比如说,他们计划推举谁来接任大司马的职位?以小侄想来,朝廷上的事务乱如丝麻,协助皇上理事的大司马一职,是一天也空缺不得的,总不至于王章毛遂自荐吧,他还没有这个资格。"

王音瞪大眼睛想一想,使劲一拍脑袋:"对了,只顾上关心自己的事了,这茬儿倒没在意。听王章隐隐约约地说,冯野王堪当大任,皇上似乎是表示认可。"

王凤站住脚,有些气急败坏:"我猜也是这小子!当年先帝观看斗兽之戏,有黑熊蹿出笼子,他妹妹以身抵挡,深受先帝嘉奖,冯家就此鸡犬升天,他没这个野心,谁还能有?一定是这家伙指使王章干的!要这么说,可真有些不好办了!"说着急火攻心,有些眩晕,用手扶住桌面。

王莽却忽然轻轻一笑:"伯父,据小侄想来,上天果然佑护咱王家,王章举荐冯野王接任大司马,分明是臭棋一招,自己先尽丧先机了。"

王凤和王音对视一眼,都感觉这言论有些奇怪,有悖学理,不禁哂笑着摇了摇头。王凤手按桌面,面露失望之色地说:"巨君,看来你到底年轻，不懂得朝廷中纷杂的人事关系。唉，看来，也只能垂死一搏啦！王音，你去招集府中兵将，我这就发兵符，调集城外军队！"

见要动真格的，王音掩饰不住胆怯，犹豫着说："再……再想想，没有别的办法了吗?"

"伯父先别铤而走险，小侄说的话自有道理，"王莽慌忙拉住王音，加快了语速，"当年冯昭仪舍身救主，为冯家赢得美名，这个确实不假，但皇上绝不会看好冯野王，也是个铁定的事实，虽然一时被王章所迷惑，但很快就会回过神来。当年先帝在位时，就没有重用过冯野王。先帝说，当今天下人都知道冯昭仪深受恩宠，若是再给他的兄长以高官，那天下人未免会认为先帝因私徇公，不负责任，为避嫌故，还是让他担当闲职的好。当今皇上即位以后，也一直秉承这个遗训，将冯野王调出朝廷，去琅玡当了太守。这样来讲，皇上对冯野王根本谈不上什么私情，而且有理由以为冯野王对自己一定怀有怨恨之心，又怎么可能放心让他来担任大司马一职呢? 这是其一。"

耐着性子听王莽略大的嘴巴上下翻飞，滔滔不绝地说出一大堆来，王凤转动眼珠，有了几分认可："倒确实是这个理儿，那其二呢!"

王莽更加来劲："冯野王自恃家有贵人可以依靠，加之自己读了不少书，常常是眼高于顶，目无下尘，得罪了不少朝廷权贵，皇上从大臣口中，对他的印象自然是好处少坏处多。更有致命的，当今皇上与定陶王刘康私交甚好，常说自己如果没有子嗣，将来一定传位于定陶王，而冯野王则是中山王刘兴的舅舅，他若担当大司马，手握大权，皇上必然会担心中山王对自己皇位构成威胁。如此说来皇上也不会让他长上翅膀……"

"是啊!"王凤一拍大腿，"家有青锋剑，何惧绳不断? 巨君，你就是咱王家的青锋剑，这几年的苦读真没白费，一句话就说到点子上了。皇上回不过味儿来也不要紧，我这就进宫面见皇上，拐弯抹角地套出他的话来，然后把这篇关于起用冯野王利害的言论讲给他，天大的乌云也就一阵风给刮散了!"

王莽见伯父不住地夸赞自己，正要谦逊几句，听他说要面见皇上，

连忙摆手，一脸急切地叫嚷："伯父，此事关乎身家性命，一步走错，可就退不回来了！皇上既有意罢免伯父，岂能不对伯父的言行格外敏感？不要说十有八九见不到皇上，即便见到了，话不投机，非但于事无补，反会更糟！"

王凤已经十分相信王莽，听他这样说，不禁又急躁起来："那，倘若皇上一时醒悟不过来，被奸人迷住了心窝，我们岂不是坐以待毙！"

"伯父莫急，常言说得好，天道后举者胜，以逸待劳，何患不克？"王莽逐渐轻松，分明已成竹在胸，"眼下万全之计，当韬光养晦，自作懵懂，方可以退为进，以守为攻，掌握主动！"

"以守为攻，以退为进？"王凤还在捻着胡须咂摸其中的意思时，王音恍然大悟地叫嚷："巨君，你是说，叫你伯父主动让贤，让皇上尝尝没有主心骨的滋味？"

"对，侄儿正是这样想的，"王莽满含笑意，"再好的表白都不如亲身感受来得踏实。伯父倘若即刻写一篇奏折，称病乞退，请求罢去一切官职，退隐乡间以养天年，皇上定会大为震惊，想到再没人日夜操劳朝政，自会回心转意，加之伯父自请罢官，无意争权夺利的心思不表自明，如此一来，还怕皇上不极力挽留吗？皇上再三挽留之下，伯父复出，在群臣眼中，就更是别有一番天地了！"

"好，好！"听着王莽对前景的描绘，王凤简直有些心花怒放，连连拍手，"巨君啊，这奏章，我看就由你来写，一则你对事情的全盘已经有了把握，容易上手，再则你将来迟早是要上朝为官的，早些练习练习，也有好处！"

王莽忙拱手答应："父辈有所吩咐，子侄不应偷懒，此乃儒家孝道起码要义，小侄这就去书房斟酌词句，然后再请伯父过目定夺。"说着退下去写奏折了。

王凤看着他的背影，不住地点头赞叹："好，好，没想到我王家的子侄中，竟出了一匹千里驹，我们这一辈，不用担心身遭祸患啦！"然后又拍了拍王音的肩膀，"王音哪，挽狂澜于既倒，你立了大功！好好干，将来有重要的职位等着你呢！今日非比寻常，酒饭先不忙着享用，等会儿奏章写好了，你带回去，明日一早，递至尚书省，若有什么异常情况，即刻来报！"

自从和王章说好罢免王凤起用冯野王后，汉成帝刘骜一直心神不宁，破例地老老实实待在寝殿，哪里也没去。他忽然觉得王章的话很有道理，这几年王凤也确实太霸道了，简直就是一手遮天！用人、调兵的大权都在他手里握着，平日里受了多少好处暂且不说，朕被架空在这宝殿上，想把朕给挤兑下去，还不是张张嘴的事情？太可怕了！可是……王凤的权势固然过大，但这么多年过去，大家不也相安无事嘛！要是他真有此心，早就夺到手了，何必等到现在还没动静？再说，要不是他把大小事情都揽过去，自己哪有空间和心情去尽情享乐？什么人事啦，军权啦，错综如麻，真要放在自己手里，还不愁死……再沉下心来想一想，真要按王章说的，换上了冯野王，还不照旧是这一套？所谓求新不如守故。他再联想到冯野王和中山王刘兴的关系，忽然大有引狼入室之感，禁不住脊背发凉坐立不安起来。"这个王章，真是无风三尺浪，没事找事！可是事情已经议到这里，保不齐王凤已经听到风声。唉！箭在弦上，只能闷着头走到哪步算哪步了。"

好容易熬到第二天的早朝时分，成帝从来没有这么准时地坐在龙椅上。见满朝文武基本都到齐了，成帝勉强打起精神，和王章交换一下眼神，只等王凤一进大殿，立刻颁下草拟好的诏书，宣布罢免王凤官职。

天色从晨曦微明一直到天光大亮，仍不见王凤的身影出现。成帝有些着急，浑身不自在地在椅子上不住挪动。王章心里更加急躁，如同吞进了二十五只老鼠，百爪挠心，简直有些站立不住。他知道今天早晨如果不能取得预期效果，就会给王凤反击的机会。扳不倒王凤，自己掉脑袋是轻的，弄不好要株连九族。他一边用眼角余光死死盯住大殿门口，一边不住地拿袖子擦拭额头细汗。

终于，大殿外脚步声响起，"来了！"成帝和王章几乎同时在心底喊一声，赶忙振作精神。脚步声在大殿门口停下，有人扑通跪倒，在门口处叩头高喊："皇上，尚书省值日曹官递送奏章！"

声音算不上洪亮，但足以让成帝绷紧的心弦突的崩断，差点没有从椅子上跌滑下来，几分恼怒地呵斥一句："什么事情大惊小怪，偏偏要这会儿送来！"

值曹官听出了成帝的愠怒，忙小心翼翼地奏明情况："陛下，大司马委托长乐卫尉递上奏章一份，说是突然身子不适，不能面君，务必尽快呈上，请皇上恕罪！"

"啊?!"成帝和王章对视一下，心头同时咯噔一跳，不祥的预感压得他们喘不过气来。"既是这样……还愣着干什么？快……快拿过来！"成帝的嗓音明显发颤，语调失常，引来大臣们一片奇怪的目光。

成帝哆嗦着双手把长长的一篇奏章看完，一股说不上来的感觉逐渐浸透身心。王凤在奏章中，先是深深自责，表示自己在担任大司马一职的这么多年里，可谓受恩至深，兄弟七人被封为列侯，金银玉帛等赏赐更是多得无法计算。然而自己却并未给国家带来什么有价值的东西，也远远没有达到陛下的期望，自己所推荐所谓人才，陛下也是向来加以重用，可是这些人也并未有多少建树，想来实在是深负陛下深恩！即使就是这一点，我也不配再担当朝廷的大司马。更令我感动的是，陛下您多少年来，从未对我有过抱怨，更没罢免我的意思，这就更让我倍感羞愧了。我不能总把陛下您的宽宏作为自己身居其位的理由，早就在考虑如何尽早给贤能者领路并让路。恰好，最近一年来，微臣的身体日渐衰老，或许这就是上天有意在帮助臣完成心愿吧。思之再三，臣以为，无论从国家利益考虑，还是从个人养生之道来讲，臣都应当归家休养，在陛下洪恩沐浴中了此残生。微臣所说，绝非客套之辞，实在是肺腑之言，还望陛下恩准，臣来世纵为犬马，也会报答陛下的知遇之恩！

整个奏折如同行云流水，把一片赤诚和真实感受写得淋漓尽致，成帝手捧奏折，不由得回想起这些年，若不是王凤给支撑着，全靠自己来维持，说不定早就内忧外患了，哪里还有偷鸡摸狗享乐的空子。昨天晚上的忧虑顿时又浮上心头。是啊，别到时候走了个黑煞神，再来个霹雳鬼，冯野王再怎么说，能比得上王凤和自己的关系近？只怕请神容易送神难，冯野王和王章勾结着，自己别说大权在握了，连位子都坐不住！

群臣目光灼灼，疑惑、猜测、期待……成帝来不及仔细思索，袍袖轻轻一甩，少有的干脆利落："诸位爱卿，大司马今日身子不适，不能来早朝，有些事情，还是随后再议吧。好了，各自忙去吧，朕也累了。"说着，起身退朝。

众人不明就里，只是感觉有些莫名其妙，觉得成帝今天话语和神情都怪怪的，但谁也没有深究，匆忙低声议论两句，也就各自散去了。

片刻工夫，偌大的前殿上，只剩下了王章一人，还呆愣愣地站着，好像做了一场有头没尾的梦。怎么回事呢？昨天说得好好的，要搞突然袭击，皇上却不明不白地单独撤退了，就这样把自己晾在一边，该怎么办呢？王章又想到，以往王凤不上早朝的时候，可不多，怎么偏偏就今天没来，还让人给捎上一封奏折，里边写的什么，为什么皇上看后就退朝了？

头脑里乱哄哄的，整理不出一个头绪来。但王章知道，自己已经捅了马蜂窝，捅到半截想停下来，是不可能的，要么彻底捅干净，大获全胜，要么就会被活活蜇死！想到这，他连忙走出大殿，沿游廊向后宫方向走去。他要趁这个事情还没公开前，再给皇上加一把劲，决不能前功尽弃！

由于皇上召自己进后宫密议过几次罢免王凤的事，也算轻车熟路，很快就到了长乐宫的大门附近。忽然一声大喝："站住，未持节符，就敢闯入宫闱禁地，何人如此大胆！"吓得正低头走路的王章一大跳，慌忙抬眼张望，宫门侍卫正对着自己怒目而视。

王章心头略微一宽松，面前的这位长乐卫尉王音，前几次来的时候，也正好都是他当值。或许皇上特意吩咐过，他对自己很是客气，每次都拱手施礼，算是老熟人了。于是，王章并没特别在意地笑笑："啊，原来是王将军。我有点急事，需要立刻禀奏皇上……"

不等他说完，王音好像从没见过他似的，黑着脸拉长了腔调："不是刚下了朝吗，还能有什么急事！皇上身子骨不舒坦，特意吩咐过，什么人也不见！你那点急事，还是放一放，等不及的时候再说吧！"见王章一脸的茫然，不知说什么好又不甘心退去，王音颇有些幸灾乐祸地调侃一句，"天下本无事，庸人自扰之！都是你们这帮家伙，成天没事找事，削尖了脑袋见缝就钻。结果，不但把大司马给气病了，连皇上也不舒服起来。你还不算完，还要折腾，我看哪，不把这点子家底给折腾光，你是不甘心哪！"

似乎不经意的几句话，王章差点没扑通跌倒。怎么，原本以为只有自己和皇上两个人知道的秘密，莫非已经是尽人皆知，大白于天下了？但他已经没有勇气再探问，如同喝了陈年老酒般，晕晕乎乎走出宫院。

王章并不知道，此刻，成帝也正饱受着煎熬。想罢免王凤的消息，早已从大司马府传到太后宫中，王政君立刻意识到，这其实不仅仅是罢免一个王凤的问题，也就是说，有不少王公大臣开始蠢蠢欲动了，他们已经迫不及待地要动摇她王家的位置，急欲取而代之。这还了得，他们今天敢走曲线道路，说不定哪天就敢逼宫！这个关口要是守不住，往后就更不好收拾了！王政君一开始就咬咬牙，要对成帝施加让他无法躲避的压力。从那天早朝后，王政君就水米不进，任凭谁劝都不听。整个太后宫中顿时乱作一团，人人都知道，要是真的饿死了太后，那自己这帮人，非得活埋了殉葬不可，只怕还得连累得家破人亡。大家哭声哀哀，手捧饭菜，轮流跪劝，几乎是日夜不敢停息。

消息很快传到长乐宫那里，成帝心头忍不住哆嗦一下。从小到大，自己最害怕的人，除了先帝，就是这位母后了。她对自己向来要求严格，在重大问题上，从没有过半点让步妥协，挨训斥的次数，连他也记不清有多少了。因此，一提到母后，他心里就犯怵，这已经成了天性。这次本以为神不知鬼不觉地糊弄过去，全当没这回事就完结了。不料还是……

成帝在心头暗叹一声，一边责骂王章多事，一边硬着头皮走到后宫，刚进寝殿就扑通跪倒，手捧写好批复意见的奏折："母后，儿臣不孝，大事小事，总劳母后挂心。万望母后保重身体……"

成帝想好的词句才刚刚开个头，王政君皱着眉头，毫不客气地打断了他："行了，行了，别在这里假惺惺地演戏了！你的心思我知道，你巴不得我这老婆子赶紧饿死，你好另找个好母后去！人家都说，外甥连着舅的心，里里外外都是一家人。你可倒好，就这几个舅舅，横竖猜忌，看得还没个京兆尹值钱！你不是要召冯野王来给你管家吗，那当然得把他妈给接来啦，我不赶紧饿死，他妈来了住哪儿?!"

这话从母亲嘴里说出来，已经是相当的刻薄了，成帝听得无地自容，脑门子上的汗粒接连滚下，原先想好的解脱之辞顿时忘得一干二净，嘴唇哆嗦着连连叩头："母后，母后息怒！儿臣糊涂，一时听信无聊小人的谗言，随即就悔悟过来。早朝时候，本想着当着大司马的面，把佞臣给处置掉。不想大司马身子不适，儿臣就没敢自作主张。母后请看，这是儿臣在大司马奏折上的批语，要大司马安心养好身子，千万不要想得过多，大司马大将军之位，终生留给母舅，若再有半点听信谗言之处，天地不容!"

其实，王政君心里比谁都清楚，皇权大于天哪，远不是皇亲国戚的血缘关系所能左右了的，所以给他的压力也只能适可而止。她仍是一脸悲戚和失望的神情，但话语轻柔了许多："唉，儿大不由娘啊！你能知道娘的苦心，也算是个孝顺孩子了。你想想，常言说得好，福大祸亦大，机深忧也深。皇上的位子是多少人梦里头想着的，单指望你一个人，纵然有三头六臂，能守得住吗？母舅比父，还不全靠着家里头的这帮子人？你不相信家里头的人，反倒和什么京兆尹之类的家伙嘀嘀咕咕，不正好中了人家的圈套？为娘的心里不安哪!"

听母亲的话音已经有了缓和余地，成帝这才放下心来，上前软声细语地说些好听的，亲手捧来饭菜，让她吃了。一场风波就此了结。王凤非但势力没减，反而通过这个事情，更硬气了几分，这是王章和成帝怎么也没预料到的。

罢免风波过后，王凤一面在家中和王音等人额手称庆，一面咬牙切齿地要杀一儆百，好好整治一下胆敢和自己过不去的这帮家伙。王章首当其冲，很快就被捉拿下狱，全家连坐。廷尉大牢的主审官自然明白王凤的心思，走过场地审讯两次，各种刑具让王章一一领教一番，很快有口供出来，总结出几条罪名，如，不守臣道，阿附王公；大逆不道，企图另立新君；巧言惑主，扰乱朝政。随便哪一条，都足以要命。王章本来还指望成帝能站出来替自己说几句话，哪怕革职回家，也算君臣策划

一场，有点情义。可是等到罪名公布出来，仍不见动静，他彻底绝望了，当夜就在狱中自尽，免得再受更多的苦楚。

王章自尽，王凤愤恨泄掉大半，但仍有些意犹未尽。他想，为什么王章不推荐别的王公来接替自己，单单拿出冯野王呢？肯定是他们也有勾结，是冯野王给他撑腰，让他迷惑皇上。对，肯定是这样的！这样一想，王凤立刻把矛头对准了冯野王。他指使御史中丞接连上疏，指责冯野王的种种不端，如不在郡国恪尽职守，随意游荡，这么多年来，郡国百姓日子不但没有好过，反而每况愈下等，不一而足。

成帝正心有余悸，当然不便说什么不同的意见，当下批奏，削去冯野王的王公爵位，革职查办，令其闭门思过。

趁着余波未尽的时候，王凤大张旗鼓地提拔亲信，巩固王家的势力。没多长时间，从各地的太守、刺史一直到朝廷重臣，几乎都和王家有着千丝万缕的联系。可是在这次斗争中起到重要作用的王莽，却没能顺顺当当地走到朝堂。王凤之所以没立刻兑现诺言，从内心里讲，是想让王莽这个后起才俊待在身边，遇事给拿个主意。而王莽，也不好意思张口要官，好在自己年轻，正是学习的好时候，迟几年入仕途实现抱负也不要紧……

就这样，王莽成了王凤身边一个没有正式名分的幕僚。

第八章

终后事榻前封官　结新友兄弟立志

汉成帝在这次交锋中失了利，也就懒得再去管那么多。只要这个舅舅不把自己从皇位上拉下来，随便他怎么样吧。反正自己本来也就是为享乐坐的宝座，如今百事不用管，不赶紧尽情享乐，还等什么？似乎要记住这个很有纪念意义的事情，也似乎是为了重新开始一个阶段，王章自杀在廷尉监狱的这一年，汉成帝改元为阳朔元年（公元前24年）。

在这种心态的支配下，成帝除了和皇后许氏躲在后殿厮混，更多时候，则在小黄门张放的引导下，游荡后宫，拈花惹草，随意尽兴云雨，龙恩四处抛洒，日子倒也悠闲自在。

而形成鲜明对照的是王凤，好像是为了证明自己确实值得托付，他更加卖力地独揽朝廷大权，从各级官吏的升迁，到财政支配、军队调度，事无巨细，总要逐一过问。这样一来，逐渐形成习惯，官吏们半是讨好拉关系，半是害怕惹出麻烦，只要有可能，总要把手头的事情向大司马请示。即使有挂不上号的低级官员，也要托人把棘手的事务禀报给王凤。从阳朔元年开始，大司马府上就一锅粥般的热闹非凡，车来车往，人声熙攘，这个前脚刚刚告退，那边已经排了很长的等候接见的队伍。王凤整日除了上朝和批阅公文之外，更多的时候则是一沐三握发，一饭三吐哺，忙得不亦乐乎。加上这几年连年旱涝无常，各地告急文书纷至沓来，皇上躲在深宫大院中乐得清闲，更让他焦头烂额，忙上加忙。

公务的繁忙加之心情的焦虑紧张，另外，还要时刻提防王章之类对自己心怀不满的王公大臣对自己是否有小动作，王凤的心弦更是时刻绷紧。而自己那些兄弟子侄，要么只知道吃喝玩乐，不操一点正经心，要么头脑简单，办事叫人总不能如意。好在有侄儿王莽，在身边出谋划策，帮着出点主意。后来又发现外甥淳于长也是个不错的小伙子，在宫中担任黄门职务，他头脑机灵有上进心，可以略微减轻一点自己的负担，但毕竟年轻位低，能量有限……

如此勉强挨过两三年，王凤终于支撑不住，病倒了。

人一旦病倒，身体虚弱，阳气不足，加之心理作用，总感觉神情恍惚，似乎游离于现实和另外一个世界的边缘。王凤在这些年的权力争斗中，手中的冤魂可谓数不胜数，一闭上眼睛，他们就血淋淋地飘舞到身边。闹得他日夜不得安宁，纵然有再好的医药也不起多大作用，眼看着一天比一天气息奄奄。

一个秋日的午后，王凤昏昏沉沉躺在窗下的软榻上，和煦的阳光透过薄纱洒在身上，如荡漾在温泉中舒畅而安详。王凤半睡半醒之间，回顾自己的后半生，可谓是风调雨顺，顺畅而过。多少政令出自自己口中，多少人的荣华来自自己手心，太多了，已经记不清，也无须记清了。只要想想，普天之下，说到权势，人们最先想到的不是皇上，而是当今的大司马，这还不足以说明自己权势弥天吗？古往今来，做到这个份上的能有几个人？这辈子，还能不算值得吗？该知足啦！

这样一想，王凤似乎觉得身子骨立刻硬朗许多，正想翻个身斜坐起来，忽然看见王章血头血脸地冲过来，一把揪住自己的衣襟："王凤，咱们终于见面了！"

王凤勃然大怒："好你个王章，小小的京兆尹，不经通报，怎敢私闯司马府？你诱导皇上离间君臣，拿到廷尉大狱中，叫你不得好死！"

不料，王章丝毫没有害怕的意思，仰头哈哈大笑："不得好死，不得好死！我已经不得好死了！王凤，这都是你害的。你看看我的脸！"说着凑到跟前，抻长了脖子。王凤这才注意到，王章的脸上红糊糊的吊个什么东西，仔细看去，原来是吐出的大半截舌头！他这才忽然想起来，王章早在几年前，就自杀于监牢中了，自己眼前的这个，分明是个恶鬼！

"啊!"明白过来后,王凤禁不住汗毛倒竖,惊叫一声,企图从噩梦中醒过来。可是不容他挣扎,王章噌地跳到他身上,伸出鲜血淋漓魔爪一样的手,卡住他的脖子,狰狞地大笑:"你也有今天,尝尝我受过的滋味吧!"

王凤顿时一阵窒息,浑身扭动着,要把他给甩下来。可是王章如有如无,怎么也甩不脱。一股浊气憋在胸中,简直就要爆炸。王凤感觉自己正飞快地沉入到一个无底的黑洞中,他绝望地想,完了,完了,没想到,无限的荣华富贵,就此成了烟云,唉,浮生真的如梦啊!只是,堂堂当朝大司马,被厉鬼缠身而死,英雄末路凄凉多,不大值呀!

胡思乱想中,王凤忽然又想起,就这样仓促地死去,身后的一大摊子事务怎么办?谁来接替大司马一职?倘若自己一死,子侄们接不上力,皇上稀里糊涂的,再被王章之类的人利用,安排一个外人,到时候,群小一起攻讦,那王家,岂不很快就要家破人亡?苦心经营大半生的家当,立刻就跟自己一样烟消云散!

王凤突地打个激灵,不,无论如何,一定要保住家业,拼了最后一口气,也得安排好后事!一股绝望之后更加深沉的力量腾然涌上胸口,他拼尽了全力,怒吼一声,身体向上跃起。忽然听见有人高喊:"伯父,伯父!"王章似乎胆怯地冷冷一笑,倏忽消失。

努力睁开眼睛,王凤这才发现,王莽一脸惊慌地侍立在床边,正关切地望着自己。自己仍躺在软榻上,浑身大汗淋漓,锦被已经湿透,正呼哧呼哧地喘着粗气。

啊,幸亏是一场梦。王凤有些侥幸地摇摇头,嘴角撇出一丝苦笑。唉,眼看就要不久于人世了,死后何等情形,无人可知,难保这帮满含怨气的鬼魂不在阴间等着自己啊!

"伯父,喝药吧,都快凉了,"王莽小心翼翼地把手中铮亮的银碗捧到跟前,"方才见伯父睡得正香,没敢打扰。"

"好,好,"王凤抖抖地想坐起来,王莽赶忙把碗放在小凳上,过来扶住。"唉,巨君,辛苦你了。"王凤望着眼前这个清秀的青年明显地消瘦下去,一脸的憔悴,心头涌上几分歉疚,"久病床前无孝子,你那些表兄们见他爹没指望了，一个个跑出去使劲寻欢作乐，单单你能不离不弃，真难为了。"

"伯父快不要这样说，折杀小侄了，"王莽端起碗，拨弄着调羹，给王凤喂药，"父慈子孝，乃是人伦，父辈起居不便，子侄当时时侍奉，自然之理，实在是再平常不过，何劳伯父夸奖？再说，还有表兄淳于长不当值的时候，也经常过来帮忙照料，减轻了小侄不少负担。"

"哦，子孺也经常过来吗？你看我这昏昏沉沉，连昼夜都快分不清了。看样子，肯定不行喽！"王凤喟然长叹一声，皱皱眉头。

"伯父，很苦吗？"王莽察言观色，赶紧问一句。

王凤费力地摇摇头，伸出干枯的手拉住王莽："巨君啊，人生百年总归一死，况且伯父这一生，该享受的都享受了，没什么好遗憾的。唯一有所亏欠的，就是你啦！"见王莽认真地听着，王凤提高一点声音，"人之将死，其言也善。说实话，我一直存些私心。你也知道，你那帮子兄弟们一个个不务正业，王家前途指望他们，叫人担心得很，这也成了伯父的一大块心病。自从你来到我身边，我当时就觉得，王家有如此后辈，还是大有希望的。也正因为如此，我很想把你带在身边，帮着拿个主意，多见识一些事情，等以后老成了，再进入朝廷管理事务。其实，这也是想让你奇货可居呀。可是，我这突然病倒，只怕没得力人手推荐，倒让你这块金玉掩在灰土中了。唉，一大失策呀！"

王莽知道，不管王凤平日里怎么左右逢迎，耍尽手腕，这一次的话，应该是真的。跟随王凤这几年里，王莽不是没着急过，但他更清楚隐忍的力量。王凤为什么迟迟不兑现推荐自己入朝为官的诺言呢？思来想去，王莽很快明白，那是这位伯父离不开自己了，他身边需要一个像自己这样的幕僚！再往下想想，王莽很快想通了，与其出仕做个半大小官混日子，还不如跟在大司马跟前，既长见识，同时更容易结交一批朝廷大员，对以后实现抱负，其实是个最好的铺垫……想清楚了这个道理，王莽表现得更加积极，办事也时刻保持着热情与主动。即使是现在，王凤病入膏肓，就要抛下自己撒手而去的时候，他也没有表现出丝毫的懈怠。

"伯父多虑了，快别劳神了，小侄从来没什么非分之想，只希望这样一直待在伯父身旁。伯父当下还是安心休养，养好病体，有好多朝廷大事等着伯父处理呢！"

王凤苦笑一下，摇摇头刚要说话，忽然外边一阵喧哗，脚步杂沓得似乎发生了什么紧急事情。王凤心头一紧，不会是众大臣见自己病倒，王家快要失势，撺掇着皇上闹出什么事体吧？要真是这样，临死还要再折腾一回，说不定要挨一刀，那就不如早些咽气来得痛快了。不过很快地转念一想，不可能，不要说自己还没死，就是死了，有太后在宫中照应着，也不至于这么快就倒台。分明是自己病中习惯了胡思乱想，多虑了。

黄门郎淳于长匆匆跑进来，满头大汗，双手挥舞着："快，快，皇上来探望舅舅了！"

"啊？"王凤心头突地一喜，精神陡然好了许多，以至于飞快地要翻身下床。但病体终究不由人，王凤一阵头晕目眩，差点倒头栽下来。王莽本想躲到后房回避，见状只好折回身来，和淳于长一起，把王凤抬着躺回床上，又手忙脚乱地替他更换衣服。还没忙完，就听脚步声进到屋内，随侍太监尖声喊一嗓子："皇上驾到！"

王莽和淳于长忙放下手中的衣服，敛衣摆跪在床边，低着头不敢吭声。

或许由于屋内光线有些昏暗的缘故，成帝并没注意到他们，径直走到床前，俯下身子，轻声问："啊，大司马，朕忙于琐事，迟至今日才赶来。好些了吗？"

王凤由于兴奋和激动，并没看清成帝走进来。当熟悉的声音在耳边响起时，他才醒悟过来，努力睁大眼睛："圣上，果真是圣上！"嘴唇哆嗦片刻，"老臣病体沉重，不能行君臣大礼，皇上恕罪！"

成帝已经在床榻边坐下，拉住王凤枯瘦如柴的双手，仔细看看他的脸，声音不禁有些哽咽："舅父身体一向硬朗，朕记得春日狩猎时，舅父何等的神勇英武，为何一个多月未见，竟憔悴至此！"

王凤任由他拉着手，幽幽叹口气："陛下，花无百日红，人总有一终。千年以来，循环往复，再平常不过。老臣如今已是风中之烛，瓦上之霜，不久于人世啦！陛下还是以国事为重，不必为老臣费心。”

“舅父不要过于消沉。常言道，人有善愿，天必从之。大汉江山这十多年来长盛不衰，还不是舅父的功劳？舅父为国操劳，却丝毫不吝惜自己的身体，以致现在憔悴如此。朕……心里想来就难受……”成帝下意识地用一只手捂了捂心窝，脸上显出凄然之色，甥舅亲情表现得恰到好处。

王凤已经顾不上揣摩成帝内心的真实想法，老泪顺着脸上的沟壑四下流淌，打湿了锦被，呜咽着话语含糊不清：“陛下，老臣性情率直，自从担当国家大任后，多次触忤陛下，惹得陛下生气劳心，死罪，死罪呀！也正因为如此，身边大臣对此自然颇有微词，说老臣图谋篡位，有专擅朝政的野心。唯独陛下能深察老臣之心，知道老臣虽然鲁莽，却是为了国家能够长治久安，为了陛下的江山能固若金汤，老臣纵然赴汤蹈火，也难以回报陛下的一片知遇之恩哪！”见成帝边听边赞许地点头，王凤喘一口长气，情绪平稳许多，话语也更加流畅，“想当年，陛下为太子时，颇不受先帝青睐，曾几次有废立之危。陛下常在老臣面前倾吐苦闷，当时臣就暗下决心，一定要尽心竭力，辅佐陛下治理好大汉的天下，给百姓一个安乐的生活，也好叫世人知道，陛下乃天生龙种，担当大业名副其实！可惜，臣才学浅薄，能力欠佳，虽然日夜忙碌，终究未能实现夙愿，让陛下失望了！”说到伤感处，又开始哽咽起来。

成帝赶忙握紧他的手，柔声宽慰：“舅父千万不要自责，是朕年少不更事，不能协助舅父多做事情，反而时常拖后腿，想来倒真是惭愧。”顿一顿，感觉时候不早，话题一转，有些急切却又吞吞吐吐地说，“舅父……朕……按说这话不当说出，但为大汉江山计……”

王凤当然知道他想说什么，豁然大度地一摆手：“陛下见外了。老臣已经看得很开，无须避讳。再说，鞠躬尽瘁，死而后已，方是为臣的本色，有什么不好说的？”

“那好，舅父不见怪就好。朕是想问一下，倘若舅父真的不虞，大司马之职，该由谁来接替最好呢？”

王凤终于松下一口气，他就怕成帝不问这个！这一个月来，他心中总放不下的，也正是这个。现在，一切顾虑都是多余的了，皇上终于向自己请教继承人的事情了，这足以说明，皇上对自己还没有疏离，对王家，也没有放弃。那么，自己的威势，毫无悬念地可以顺接下去了。死得其所呀！然而表面上，王凤却没有轻松的表现。

王凤似乎凝神思索片刻说："陛下，恕臣驽钝，加之病体衰微，头脑混乱，马上想不起什么来。敢问陛下心中，可有合适人选？"

王莽跪在旁边，听着他们君臣的对话，一会儿觉得情深意切，很是感动，一会儿又觉得一点简单的意思，绕来绕去，实在乏味。特别是当皇上问起大司马职位的继承人时，王莽本以为伯父要抓紧时间提出心里的人选来了，以自己看来，伯父担心的，不正是后继乏人的问题吗？不料，伯父却婉言推辞了这个大好机会，要是皇上真的说出一个对王家不利的人选来，那可怎么办？王莽担心起来。

成帝似乎也是一愣，停顿片刻才说："朕年轻，见识浅薄，阅人甚少；大司马乃是朝廷支柱，倘若所用非人，岂不将舅父苦心经营的大好局面毁于一旦？还是请舅父仔细想想。"

王凤微微点一点头，沉吟片刻，徐徐说："陛下，那就恕老臣信口开河了。俗话说，娘舅亲，娘舅亲，打断骨头连着筋。说到底，还是自家人放心哪！再者说，家国一体，道理相通。故此，老臣以为，还是任用亲信最为放心。陛下从舅王音，原先担任长乐卫尉，恪尽职守，为陛下的安危可谓日夜操劳。后来因为铲除佞臣王章立功，升任御史大夫，更是兢兢业业，成为朝臣的表率。倘若能让他接替大司马之职，必能青出于蓝而胜于蓝，大汉江山强盛有日啊！老臣鄙陋之见，还望陛下谨慎考虑。"

王莽这才回过味来，伯父这是欲擒故纵，既了结了心病，又没给皇上留下处心积虑安置亲信的嫌疑，看似兜了个圈，而兜了圈之后，更显圆滑而天衣无缝。高明呀！他心头不禁暗暗告诫自己，没有离开王凤是正确的，这些年来，自己学到的东西确实不少。书本加上所见所闻，将来出仕朝堂，一定是游刃有余。另外，王莽也预感到，皇上这次来得恰到好处，对自己肯定是个好机会，伯父在这个最后时机，应该不会忘记自己。

果然，王凤的话一出口，成帝立刻连连点头："舅父所言极是。从舅在长乐宫任职多年，从未有过闪失，担任御史大夫之后，更是博得满朝文武的首肯，舅父养病这一个多月里，朕已经开始依靠从舅了。以后有从舅辅助，朕也就高枕无忧了。"

牵肠挂肚的心结就此解开，王凤心下一阵舒坦，眼睛也活泛许多，眼角余光看到床头后边跪倒的王莽，见王莽正频频抬头向这边看，忙挣扎着冲成帝再拱一拱手："承蒙陛下对王家如此厚爱，兄弟子侄们都能出入朝廷，为陛下效犬马之劳，整个王家感恩不尽哪！我们聚在一起的时候，总是谈到陛下的宽厚与仁德，总是思谋着怎样为大汉百姓多谋福利，以回报陛下。"

成帝静静地听着，脸上不敢显露出一丝的不耐烦。不过，他知道，王凤不仅仅是临死前表个忠心那么简单，怕是又要提什么要求了。唉，自己的舅舅家已成气候，况且又有太后在宫里撑腰，只要差不多，赶紧答应了他了事。

果然，王凤急急忙忙表了几句忠心之后，立刻切入正题："陛下，老臣身边有个本家子弟，真正是年轻才俊。几年来，老臣出于私心，留在身边帮忙料理事务，多有历练。如今，老臣弥留之际，冒昧推荐给陛下，倘若陛下能够重用此人，老臣的离开，也就不算是什么缺憾了。"

听他说得这么厉害，成帝一愣："舅父，那位是……"

"说来他与陛下也算是熟人。就是以前，陛下为太子时，进宫陪读过的王莽，巨君……"

"哦，是他呀，"成帝拍了拍脑门，"巨君后来离开宫院，朕忙于事务，一直没有过问过，原来在舅父这边。这个好说，就是舅父不提，朕也一直想让他为朝廷出力呢！"

王凤赶忙哆嗦着抬起胳膊："巨君，还不快过来见驾！"

见三言两语就把自己的事情解决了，王莽当然高兴，屈膝挪过来，施展开书本上学的礼数，正儿八经地三拜六叩："草民拜见陛下，愿我主龙体安康，永寿万年！"

"好，好，巨君以前就是这样，礼数时时挂在嘴上，如今更加老练了！"见到王莽，成帝好像回到了从前，禁不住嬉皮笑脸起来，一把扶起他，"表弟，几年没见，都成大后生啦！"

举荐的事情水到渠成，王凤也忍不住高兴，在病榻上尽最后一点力："陛下，巨君这几年，不但体魄长成，学识更是上了一个大台阶。他跟随长安名儒陈参老先生，遍览经典，精通礼学，真正是后起之秀呀！"

成帝连连点头："不劳舅父费心，朕对巨君了解不少。"一边拉着王莽的手，"巨君，你不妨直接说，想在朝廷中出任个什么官职。朕和舅父都在跟前，立刻就能定下来。"

王莽此刻已经从短暂的喜悦中镇静下来，他知道，自己不能和其他兄弟们比，人家有父辈做后盾，而王凤死后，自己依旧是单打独斗，孑然一身，位置再高，到时候守不住，也是白搭，反倒叫人耻笑，也显得自己没能耐还信口要官，太过浅薄。他略微沉吟片刻，拱手说："承蒙陛下信任，皇恩浩荡，臣不胜感激。可是，从古至今，朝廷讲究刑必加于有罪，而赏必加于有功。臣如今没有尺寸之功，骤然登上高位，必然不能服众，反倒让陛下为臣担当恶名，那就罪过太深了。所以，臣想，还是按照我大汉取仕的惯例，先从郎官做起，更为妥当。"

一席话说得入情入理，成帝和王凤连连点头。成帝略略一想，随口说："那好，巨君就先屈就黄门郎一职吧。这样，一来可以多接触朝廷事务，多长见识，再者，你担任禁官守卫，我们也可以常见面，一举两得。"

王莽当然乐意，忙伏地叩头谢恩。一旁的淳于长，见王莽就要入宫闱，和自己成了同僚，以后多了个说话的伙伴，当然也是高兴不已。这时，成帝也看见了他，招手叫他过来，笑眯眯地对王凤说："舅父，子孺这两年在黄门郎职位上，很是出色，忠孝礼仪无不面面俱到。朕今日就升迁子孺为校尉，负责禁宫守卫的领班，待以后有了建树，自当加倍重用！"

就这样，王凤在病榻上完成了自己的最后一点心愿，王莽顺利地从幕后走到了台前。没几日，心事已了的王凤寿终正寝，呜呼归天。风风光光地办完丧事，成帝就依照那天商定好的，封王音为大司马，加车骑将军。其余王家子弟，职位也都多少不同地有所提升。安顿好母亲和寡嫂后，王莽也高高兴兴地到朝廷任职，成了大汉朝一名黄门郎。

依照大汉制度，郎官的职责，主要是护卫宫殿，若有必要，也可以侍从在皇帝的身边，以备顾问或随时差遣。郎官的来源，大多是由二千石以上的高级官员的子弟所充任，也有一部分是靠着文学、技艺等一技之长被选拔而来，还有少数是地方上的豪强花钱买进来。正是由于郎官的背景大多比较好，投机钻营的本领比较强，西汉时期，郎官升迁的机会要大大高于其他职位。凡是表现不错的，一般都可以外调担任县令等地方官职，也有些升迁进入台、省，担任尚书，成为朝廷大员。正因为如此，王莽对黄门郎这个看上去并不十分起眼的职位，还是相当满意的。

宫里大多情况下，没什么紧急事情，黄门郎也就显得很清闲。不过，王莽并没感觉无聊，在这里，除了淳于长外，他还结交了不少确实有真才实学的好朋友。其中最能谈得来的，还要数刘歆。

刘歆字子骏，说来还是皇家宗室子弟，他的父亲刘向，当时正在宫内负责校书，整理古籍。刘歆近水楼台先得月，有机会把内务府内的藏书逐一翻阅，六艺传记、诸子百家、诗赋典章乃至数术方技，无不涉猎，眼界之宽，学识之广，令王莽深深钦佩。加上刘歆留心国家大事，上进心很强，不像那般富家子弟那么浮华，又为人随和，都对王莽产生了很大的吸引力。频繁的交往中，他们很快成了无话不谈的好朋友。

有一天，王莽在家用过午饭，刚来到宫院内准备交接班，无意中听见屋内有两个人正低声谈论着什么，可是等自己进去后，他们立刻闭了嘴，脸色显得很不自然。王莽何等心细，知道他们的谈话一定和自己有关。王莽按捺不住好奇心，走到跟前笑着问："两位，说什么呢，这么热闹，怎么不说了？"

两人红着脸忙摆手："闲话，闲话！巨君一来，我们就要交接班回去了，当然就打住话头。"

王莽依旧笑着："咱们都是兄弟了，有什么可隐瞒的？有道是好话不瞒人，瞒人没好话。方才我在门口都听见了，哪里还有必要遮遮掩掩的？"

两人对视一眼，一个期期艾艾地说："巨君，其实，这也和你没什么大关系，不过是怕你怀疑我们离间你和刘歆的关系罢了。你大概还不知道，刘歆的父亲昨日给皇上递了一封奏折，痛陈大司马专权蛮横，还提到王家外戚的势力过于强大，迟早要威胁皇室，建议皇上削弱外戚权势，罢免大司马的职务，让真正有才能的人来辅助皇上管理国家。言辞很是激烈……"

原来如此，王莽略微松了口气："那，他向皇上递奏折，两位怎么知道的？"

"唉，这还不明摆着吗？大司马手下门生故吏多如牛毛，哪个地方没有他的眼睛？折子一上去，皇上看后没多久，大司马就知道了详细内容。你想，得罪了大司马，能有什么好？他一个校书的，能和掌管兵权的大司马斗？有道是，吃人一碗，由人使唤。朝中的大小官员，依靠大司马过日子的，不知道有多少，真斗起来，谁彻底倒台，那还用说？"

那个人谈兴上来，忘了刚才的顾忌，滔滔不绝。还是同伴偷偷碰他一下，才意识到眼前站着的，就是大司马的亲侄子，说漏了嘴，人家回去一汇报，那就成掉脑袋的事情。他忙叹了声："巨君，我们也是听人家瞎说，你权当没这回事。好了，我们先走，先走。"

两个人拉扯着，匆忙溜出屋子，一溜烟地不见了。王莽站在原地发了半天呆，才忽然想起，赶忙转过两道游廊，来到另一处院子，刘歆正在这边当值。

王莽推开花格门扇，见刘歆正伏在桌子上，捧着一卷竹简仔细研读，就笑呵呵地高声说一句："子骏兄真是好雅兴！"

刘歆明显吓一跳，待看清是王莽，才略微镇静下来，但脸色还是很不自然，忙站起身，勉强挤出一丝笑意打招呼："啊，是巨君啊，快，请这边坐，这边坐。"说着似乎为了掩饰自己的不安，拿出茶盏去找热水。

王莽一把拉住他："子骏，我知道你心里想什么，你我兄弟，有什么不能说的，何必做如此俗态？我方才听人说了，令尊大人给皇上递了奏折，弹劾大司马。叫我说，这原本很正常，都是那帮见识短浅之辈，大惊小怪，反而把一潭清水给搅浑了。"见刘歆睁大了眼睛站着没动，王莽拉他坐下："你想，朝廷设立百官，是干什么的？除了各尽职责，各自管理一方事务之外，还有个重要的功能，就是相互监督，相互督促。这样，人人身边多了几双眼睛，做事情自然就小心谨慎许多，所犯错误也就无形中减少许多。圣人说，危而不持，颠而不扶，则将焉用彼相矣？正是要大家做好分内之事，同时相互辅助的意思。既然要相互辅助和监督，究责其不足之处，当然就少不了。所以说，令尊大人所作所为，完全符合圣人的要求，只是如今人们大多明哲保身，安于蝇营狗苟，反而把这当成了个了不得的事体。子骏兄博学多才，怎么能和他们一般见识？再者说，这些都是父辈们之间的事情，我们现在管不了，也就无须想那么多了。若因此生分了情谊，倒真是子骏的不是了。"

引经据典的一席话，正顺应了刘歆的思维习惯，他立刻高兴起来，拉住王莽的手："巨君兄有如此高见，真令我惭愧。其实，这些道理，我不是不明白，只是一到了具体事情上，就觉得磨不开脸，好像亏欠了你似的……"

王莽摆手叫他不要说下去："子骏兄又说差了。谁亏欠了谁的，还不一定呢！我方才听他们谈论到令尊大人奏折上的内容，倒觉得，令尊大人所说的，未尝不是为了王家长远考虑，天道有常，盈亏消长，自然之理。盛极而衰的例子，数不胜数呀！不过……"王莽看刘歆一眼，犹豫一下，"你我兄弟，照直里说，令尊大人奏折上所谈论的，其实也有些偏颇……家国一体，家是国之缩影，国乃家之扩大，譬如子女为家道兴旺出力，孝敬父母，都是应当做的事情，谈不到有多高尚。忠君报国也是这样，是每一个臣子应尽的职责，就不应该分什么刘家王家，若以家族来看待官员，又失去正常标准了。我以为，谁忠谁奸，要看他是否把国家利益放在首位，放在心头，是否为了百姓能过上好日子而出力献策。正如孟夫子所说，社稷江山，君轻民重，真是至理名言哪！"

"哎呀，巨君兄一番高论，真是于我心有戚戚焉！"刘歆两眼发亮，拍着王莽的膝盖大加赞叹，"你能抛却狭隘的家族之见，从国家整体来考虑问题，可以说，在当今朝廷上，难能可贵！佩服，佩服！"

王莽不好意思地摆摆手："哪里，哪里，子骏兄言过了。我原先也只是有些朦胧意识，自从在你这里看过许多藏书后，这种意识才逐渐明朗起来。"说着站起身，走到书架前，抬手摩挲着那一卷一卷的竹简，"子骏兄生在皇家宗室，自小钟鸣鼎食，关于民间百姓的生活状况，大多是从书本中得来，并不十分确切。而小弟则在长安坊间奔波，所见所闻，感受更深。虽然朝廷中歌功颂德赞颂升平的声音一浪高过一浪，可是，百姓的日子，其实苦得很……特别是近几年，水旱灾害接连不断，难民大批拥入城市，百里乡野无人烟的景象，随处可见。灾民拥入城市，照样找不到吃喝，只好四处乞讨，鬻儿卖女。天寒时节，冻饿而死的，每天都要往城外拉出几十大车尸体。你大概没从长安街道上走过，很多地方都有卖人的市场，父母儿女生离死别的悲惨场景，每天都在发生！更有一些地方，不时有传闻说，有的人饿得实在发疯，不惜杀死亲生儿女或者丈夫杀死妻子，煮他们的肉吃。你想想……"

刘歆听得心惊肉跳，铁青着脸色说："真有这样的情形？我大汉朝，岂不成了人间炼狱？"想一想，不禁咬牙狠狠地跺一下脚，"朝廷每年都发放救济钱粮，都怪这群贪官污吏，一定是他们中饱私囊！不行，得想法子早些让皇上知道实际情况……"

王莽苦笑着摇摇头："子骏兄，皇宫即天庭，圣听即天听，那得多大的声音哪。别看咱们就在宫院内当差，可要真向皇上禀报情况，那就太难啦，更难的是，禀报后皇上能切实心动，心动后能及时地采取措施，那就更是几乎不可能的事。况且，如今大汉朝的事情，并非一人之力所能扭转的。即使惩处一批贪官，也于事无补呀！因为，百姓遭罪，并不全是由于贪官，也并不全是天灾的缘故啊！"

刘歆以前和王莽在一起，主要是谈论些诗书礼仪方面的东西，很少这样就现实状况交流过。而今天，由于刘向递奏折弹劾王家的事情，王莽唯恐和刘歆有什么隔阂，这才放开心腹畅谈开来。而刘歆，则从来没听到过这样的谈论，更是津津有味。两人心照不宣地暗想，难得有这样真实交流的机会，倒要感谢那封制造矛盾的奏折了。

"巨君兄，你这话我又听不懂了，"刘歆睁大了眼睛，提高声音，"百姓所遭受的苦难，无外乎没吃喝，没钱花而已。倘若上天风调雨顺，人间官吏廉明，不是问题就全部解决了吗，怎么说不全怪贪官和天灾呢，莫非还有什么其他玄机？"

王莽含笑点点头："子骏兄说对了，贪官和天灾，其实只是造成如今这种局面的一部分原因，还有更深层次的，你听我慢慢给你讲。"说着顺手拿起一本书，"子骏，你看的这本书，上边正好记载了汉初年间的情况。你看，上边说得很清楚，截止到汉景帝时候，由于采取了与民休息的政策，国家很快富裕强大起来，一直到孝武帝初年，达到极盛，京师府库中的金钱累百巨万，由于长期不使用，穿钱的绳子都腐烂了，到处都是散落的铜钱。太仓里的粮食，一年一年的累积，最后实在装不下，只好露天堆放，以致烂掉许多。你想，国家如此，百姓的生活，肯定好过！那个时节，真是上古的三皇五帝都难以比得上呀！可是，也正是到了孝武帝时期，他发动兵力，连年争战匈奴，开疆扩土，虽说确实壮了咱大汉的威风，也扩大了朝廷的版图，但最终的结果呢，徒有其名而无其利。连年征战，军资耗费巨大，府库和太仓里的钱粮很快消耗殆尽不说，还造成巨大的亏空，百姓的捐税负担迅速加重。更要命的是，兵力需要不断补充，各地的青壮年劳力都被征发去了边疆，乡里无人耕种，水利设施无人管理，结果，水旱灾害开始频仍，农业收成开始锐减。这对百姓真是致命一击呀！没多长时间，蝗虫大起，成千上万亩的田地颗粒无收，百姓只好流离失所。这样反过来，又进一步加重百姓的苦难。然而这还不是全部。将士们作战有功，孝武帝就把大量肥沃耕地赏赐给他们，成为他们的私人财产。子骏，有着高官厚禄的臣子，他们会亲自耕种田地吗？当然不会，少不了再雇佣百姓替他们耕作，而他们坐享其成，严酷盘剥雇农，使雇农辛勤一年，尚解决不了一家老小的温饱。这样的情形下，收成自然高不到哪里去。"

听王莽说得满脸严肃，刘歆感到心头沉甸甸的。以前读史书，看到的不过是些所谓大事，关注的也全是君王将相们如何如何，没想到，大事的表象下边，原来是这样血淋淋的现实啊！他涨红了脸，给王莽捧过一杯凉茶，看着他灌下去，急急地催促："巨君，今日真是幸运，比读几年书都更长见识，快说下去，说下去。"

"随着时间的推移，弊病愈演愈烈。耕田者无田可耕，有田者把田地当成了投机的资本。更糟糕的是，这样的情形并没被重视，历代君王都习惯了把田地作为赏赐，比如淮南王、恒山王，以及大大小小的王公大臣，哪个不是坐拥良田千顷？加上地方官吏，土地兼并情况，更是触目惊心。再到后来，商人们看到有利可图，也加入到兼并土地的行列，有些富商所拥有的耕地，简直遍及乡里！这样下来，百姓已经没了尺寸之地，不四处乞讨，还能怎么样？强悍些的，当然也就只好啸聚山林，打家劫舍，搅腾得天下难以太平了。这就是咱大汉朝的第一弊端，耕者无田，土地兼并太过厉害。"

"对，对，太对了！"刘歆拍着手连连称是，"社会如此不均衡，老百姓哪里能够安居乐业？不能安居乐业，又怎能让百姓服服帖帖？可是……"他忽然想起什么，眉头一皱，"巨君，话虽这样说，可要让那帮王公贵胄把田地交出来，真比割人家的肉还难哪！就是皇上颁布了诏书，也未必能起多大作用。唉，找症结难，治好病更难呀！"

"可不是吗，这也就难怪百余年来，并非没人参透其中事理，关键解决不了其中的矛盾啊！"王莽颇有同感地感叹一声，方才激扬的神情顿时低落许多，放缓了语调接着说，"另外，还有一个重要情况，也是祸端之一。子骏兄，冒昧问一句，你家中有多少奴仆？"

刘歆一愣："不瞒巨君，我实在是腐儒一个，整天研读圣贤之书，家中的事情，很少操心留意。童仆到底有多少，我也不甚清楚，不过，三五十个，应该还是有的。你问这个干什么？"

王莽点点头："我知道，子骏兄一家虽说名列公侯，但生活上还是很简朴，三五十个童仆，已经算是很少的了。略微一翻史书，你就知道，名臣陆贾家中，有奴仆百余人，还自称廉洁；卓王孙不过是一个富商，家中竟然有童仆八百，光赠给女婿司马相如的，就一百多。你想想看，全国这么多的大小官员，数不清的大小富商，家中得占用多少人来做奴仆？几万，几十万，或许上百万都不止！这些人本是农家子弟，如今不能耕种庄稼，得多少田地因无人耕作而荒芜？另外，无论是官员还是富商，无不把童仆看成个人财物，稍微有不如意的地方，轻则打骂，重的还会将他们残害。国家律例规定，奴仆欺侮主人，要杀头，而主人杀害了奴仆，只是罚没一点钱财而已。这种情况下，奴仆们怎么能不心怀怨恨？社会一旦有变动，有歹人作乱，他们自然第一个会起来遥相呼应。这就是如今社会局面不容乐观的另一个重要原因了。子骏，你想想，是不是这个理儿？"

刘歆此时已经是心服口服，脸色也由红变白，有些急躁不安地连连搓手："哎呀，我可真是瞎眼了。方寸地上生香草，三家店内有贤人，可不是咋地？跟前放着这么一位大智君子，却每天翻什么破竹简！巨君兄，今天，你可真叫我眼界大开呀。可话又说回来，按照你说的，我大汉朝，岂不就没什么指望了吗？"

王莽的眼光严肃起来，有些消瘦的脸庞变得僵硬。"这等事情，半在人为半在天。子骏兄，我们如今刚刚登上仕途之路，可谓任重而道远。但是，人生不满百，总要做一番事业才不枉来世间一回。更何况，你我身为皇亲国戚，更有责任也有便利条件，为国分忧，解民倒悬。"见刘歆一个劲儿地点头，王莽一把拉住刘歆的手，"从今以后，我们应当摈弃外戚和皇族的嫌隙，共同努力提高学识，历练能力，将来不管谁入掌枢密，手握大权，都别忘了今日之言语，相互提携，共同开创名垂千古的大事业！"

"好！"四只手紧紧地握在了一起。

就在王莽、刘歆这两个不知天高地厚的黄门郎想入非非地忧国忧民的差不多同时，我们那位本该对国家大事负有全面责任和握有最高权力的天子刘骜，却在一心一意地想着一次微行计划。

第九章

汉成帝出宫寻芳　赵飞燕姐妹专宠

王音继任大司马之后，接替了大哥王凤的一系列事务，依旧是各种事务统统揽在自己手中。成帝刘骜很快又恢复到从前，敷衍着上朝完毕，就剩下吃喝和玩乐。

但没过多久，刘骜就感觉到，人间乐事似乎就那么几件，无外乎临幸美人、饮酒观赏歌舞，再不就是斗鸡看鸟，次数太频繁了，难免生厌。难道天下人都梦想的皇帝生活，就这点乐趣吗？

近身侍从张放，素以伶俐见长，眼见成帝一连多日神情恍惚，做什么都心不在焉，满脸的闷闷不乐，不禁暗暗着急。当奴才的伺候不好主子，日子当然不好过啊！

怎么能让皇上高兴起来呢？张放把成帝的爱好细细梳理一番，忽然有了好主意。对，皇上常年被圈在深宫大院内，也让他知道知道家花没有野花香的道理！

"皇上，奴才察言观色，咂摸出皇上的一点心思。宫里再好，住得久了，总有厌倦的时候不是？听人说，长安北里最有玩头……"

"有什么新鲜的，再好能好过皇宫？看来看去，都还不是这一套？叫朕说，天下都差不离！"成帝闷闷地叹口气，似乎有点动心。

"皇上可别小瞧市井，花花绿绿的，热闹得很呢！奴才听过几句歌谣：'北里市巷，人间天堂。美胜苏杭，琴瑟悠扬。"

"噢，真有那么好？"成帝虽然见识不多，听到"美胜苏杭"，忽然想起南方女子个个婀娜可爱，心头一动，街面上走走，或许能发现更美妙的也未可知。

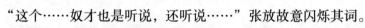

"这个……奴才也是听说，还听说……"张放故意闪烁其词。

"还有什么，快说！"成帝更加好奇。

"男宠女优，姿色俱佳……"

"宫里面快把朕困疯了，要是真的如你所说，不妨一去！"

"皇上，只怕……"张放贼眉鼠眼地向王政君居住的宫殿方向指指。

"怕什么，朕是皇上！询问起来，总有法子应对！"

成帝在张放的怂恿下，兴奋而紧张地乔装一番，青衣小帽，宛如一个发点小财的客商。两人悄悄溜出宫城，乘了辆快马小车，三拐两绕，来到长安大街。

北里市巷果然正如张放所描绘的，名不虚传。

时近黄昏，暮色开始张开帷幕。沿途望去，处处彩灯灿烂，家家情影笙歌。两旁空地上，有斗鸡的、耍猴儿的，舞刀拿大顶的，引来围观人群阵阵喝彩。没了宫里挥之不去的庄严肃穆，少了王政君板着面孔的说教，成帝兴趣盎然，简直有些飘飘欲飞。

"张放，那人是干什么的？"成帝好奇地指着不远处一个拿刀在割自己手腕的人。

"回……大爷，走江湖的郎中，卖疗伤药丸呢！"

"热闹，有趣！你还别说，这里还真不错！"成帝眼睛都快忙不过来了。

"全靠皇上治理有方。"张放不放过任何一个拍马屁机会，但随即醒悟过来，自知失口，看看周围没人，附耳悄声说："皇上，外头虽然好玩，但刁民不少，暴露了身份，可就有大麻烦了，咱们还是以奴仆相称，言语不敬的地方，皇上千万不要怪罪。"

"哈哈……"成帝正在兴头上，哪管这些。

溜溜达达来到一处雕梁画栋的小楼前，门前有棵樱桃，满树花朵璀璀璨璨地开得正欢。张放拉住成帝停下。

"怎么不往前走了？"成帝四下看看，这里并没什么玩杂耍的。

"大爷，您看，这里就是赫赫有名的樱桃馆。最乐的乐子，就在这里呢！"张放兴奋地脸色通红。

成帝这才注意到，一些衣衫阔绰的人，从这座小楼里进进出出，脂粉气息扑面而来。

快瞧，那就是城东有名的富家公子，怕又来看樱桃姑娘了。"有人悄声议论。

"人家有的是金银，当然容易得芳心了。妈的，老子都排半个月队了，哪天一定要见见她，难道她比天仙还美不成？"旁边那人愤愤不平。

"哈哈，老兄要是有福气见到天仙，也不用在这里眼馋了。"

听他俩说得热闹，成帝低声问："这樱桃姑娘是什么人，竟如此受捧？"

张放沉吟片刻，做出并不特别知情的样子说："大爷，听人讲，樱桃姑娘是樱桃馆的花魁，人称'娘娘'，那美貌没有能比的。"说着啧啧连声。

"娘娘？"成帝有点吃惊。

"她做梦都想当娘娘，张口闭口娘娘长娘娘短的，大家也就把娘娘当成她的雅号。"

"哦，那朕是皇上，她是娘娘，岂不一对，哈哈……走，会会去！"

二人挤进门内，鸨母见他俩装扮并不入时，不过看举止倒颇有大家风范，忙扭动身躯迎上来："二位大爷请进，想会哪位姑娘啊？"

张放狗仗人势，粗声大气地说："专为樱桃娘娘而来！"

鸨母浅浅一笑："我们樱桃娘娘有客，两位……"

张放从怀里摸出一大锭金子："一点见面礼，随后还有重赏。怎么样，先把那个客人打发了吧？"凑上前去压低声音又说，"我们这位大爷，别小看了……"鸨母什么人没见过，立刻知道对方大有来头，连忙接过，"够了，够了。二位贵人稍坐，樱桃娘娘这就梳妆停当。"说着屁颠屁颠跑向楼上。

这女子确实姿色不凡。成帝一进房门，就感觉到她与宫里嫔妃大不一样。房里的银灯纱帐雅致而不奢华，一根雕凤洞箫悬在帐外。几张色艳的春宫美女画儿裱在后面墙上。与后宫那些显贵的嫔妃房里相比，那些华贵气息，倒显得古板造作，俗不可耐。

"官人辛苦，请用茶。"樱桃的容貌自不必说，单是那小巧玲珑袅娜婉约的身段，真如燕子凌空，妩媚中透出不可言说的灵动。还有那如燕莺啼般的声音，婉柔动听，成帝不由心神摇曳，如同坠入仙境一般，本来自恃见过最大世面，此刻倒扭捏脸红起来，没话找话地说："你会吹箫？"

"略会几曲，聊以自娱罢了。"樱桃俯身捧过茶盏，一缕异香飘散，成帝神情有些恍惚。"好，那就吹上一曲，让朕也来见识一下俚曲的味道！"他壮胆似的大声说。

"朕？你是皇上！"樱桃大感诧异，茶水洒在几案上。

成帝自知失言，忙改换语气，做出调侃逗乐的样子说："你能称娘娘，能约会娘娘的，可不就是皇上吗？啊，哈哈哈，来，吹上一曲，朕……"

樱桃深深打量一眼成帝，半信半疑地嫣然一笑，摘下洞箫。沉吟片刻，箫声由低沉到欢快，蓬勃而出，起初气贯云霄，俄而婉转缭绕，有如天仙起舞一般。成帝从未听过这么别样的曲调，立刻如痴如呆。吹奏到起兴处，樱桃手执箫管，翩然起舞，舞姿与宫女们更是大不相同。她身姿轻盈欲飞，如鱼随水动，感觉似乎是在云端中舞蹈，成帝瞪大双眼，仿佛置身于仙界。樱桃飘舞着飞向内室，成帝也迷迷糊糊跟随而去。无限缠绵温存中，已经弄不清今夕何夕，自己是谁？

"皇上，大事不好，快走，快走！"天光大亮之际，张放忽然神色慌张地扑了进来。顾不得礼数，也忘了忌口，咋咋呼呼。

"什么事情？这般慌张！"成帝以为有刺客，赤裸着身子腾地跳下床。

"皇上，宫里传出信来，太后召见陛下咧！满宫院找不见，还出动了禁卫军，怕要闹出来乱子了！"成帝最害怕的人自然当数王政君，立刻也紧张起来：快，快回宫！我的衣服，我的衣，服呢？"一边抓过来胡乱往身上套。

樱桃立刻知道自己的猜测不是多余，不顾张放站在跟前，赤裸着身体跪在床榻上：“奴婢该死，不知皇上驾临！”

“哎呀，什么时候了。快起来，朕要立刻回宫！”

“皇上，一夜鱼水情深，奴婢……”樱桃面含娇羞和委屈，泪水夺眶而出，梨花带雨般更加楚楚动人。成帝此时也顾不上怜香惜玉，火急火燎地连连摆手：“别说了，别说了，过些日子朕派人来接你回宫当娘娘便是了！”说着一把将樱桃推开，逃跑般跳上门口的马车，一溜烟不见踪影。

偷偷摸摸溜进宫城，大臣们等不及已散去了，只有长信宫的太监还在等候。“皇上，太后都是第三次来催了，请皇上速去长信宫。”成帝知道今天不好糊弄过去，但又不敢耽搁。可是编个什么托词呢？他搜肠刮肚，想找一个自圆其说的借口。一进长信宫，惊讶地看见大司马、大将军王音正坐在太后身边。满肚子的谎话顿时散了个精光。

王音不等成帝缓过神来，先起身施礼：“拜见陛下。”

成帝这才意识到自己是皇上，立刻想给他先来个下马威，堵住他那张多话的嘴，故意拉长脸，面无表情地答应：“免礼了，起来吧！”

“皇上，去哪儿了？”太后却不给他回旋的机会，厉声问道。

成帝顿时惊慌失措，忙俯身回话：“儿臣昨晚苦读……太晚了，在……书房里睡沉了。”

“扯谎！”太后轻轻一拍桌案，却吓成帝一大跳，“你干的好事，还当我不知道？跟着一个奴才，到处去斗鸡玩狗，哪里还有皇上的尊严？你现如今已经是三十好几的人了，连个子嗣都没有，到时候你有何脸面祭拜列祖列宗？如何接继汉家嗣位？叫我死后还有什么脸面见先皇？难将一人手，掩尽天下目，你干的那些荒唐事，迟早要叫普天下百姓知道，到那时，你还怎么坐稳皇位？”太后越说越动情，话语哽咽，泪流满面。

成帝满头冒汗，再不敢多说一句话。他知道，肯定是王音捅了暗刀子，心里恨恨地直骂娘。什么破舅舅，一个个都喜欢管闲事，动不动就向母后告状，叫母后把朕训斥一番。朕受了气，你们有什么好处？朕哪些地方没有厚待你们？四母舅成都侯王商，人长得肥胖粗壮，尤其怕

热，提出叫朕把三面临水的明光宫让给他避暑，朕越制让给了他；他私自在府第的后院凿城引水，行船玩耍，虽然过分，但朕也没有斥责他。朕宽容他们，他们倒好，一个个对朕虎视眈眈，专门寻找差错。朕整天闷在宫里，这滋味，你们何曾忍受过？成帝满肚子窝火。哼！叫他们在母后前告朕的状，等朕遇着机会，非要让你们看看朕的厉害！

成帝诚惶诚恐地听了半天斥责，王音看看也差不多了，便告辞出宫。成帝故意把脸扭到一边，不理睬王音。太后看在眼里，也不便多说什么，只得放缓了语气叮嘱一句："大将军，我这老婆子怕活不了几天了，你要替我多加制约皇上啊，不能再让他这样放荡下去了！"

成帝鼻孔里哼一声，王音不敢多说，唯唯应命而去。

有了这次教训，成帝小心许多，但玩兴照旧不减，只不过变了些方式，由夜间游荡变成了白天微服私访。他那身青衣小帽，式样不断变换，连太后派出的黄门也很难认出他。他对人谎称是富平侯的家人，别人看他神情打扮，倒也不怀疑。在宫外，随意坐卧，自由自在，他觉着格外有趣。尽管大将军王音知道，但由于上次看他恨恨的模样，也不敢再多说话。

日子就这样一天天地悠然度过，大家倒也相安无事。忽然有一天，不知道从什么地方飞来一群野鸡，在未央宫承明殿上飞来飞去，叽叽喳喳叫个不停。野鸡胆小，平时总躲在深山老林，这次何以能穿过大半个长安城？众人都觉得奇怪。王音忽然想到，天降怪异，肯定与皇上整日游荡、不理朝政有直接关系。加之太后平日经常嘱托自己关注皇上，思前想后，终于鼓起勇气，上疏劝成帝老老实实待在宫里，再不要四处转悠了。他在疏奏上颇费一番心思，引经据典地说："天地之气，是以物类相呼应的，告诫君王小事也要注意。雅者听察，先听到雷声……皇上即位已有很长时间了，太子还没有立下，又每天驾车出去，这种行为已经在全国流传开来，更甚于京师的传闻。外有流言，内有荒政，近来屡次发生各种灾害，倘若上天尚且不能感动陛下，我们这些臣子又能怎么办呢！"

疏奏递上去，王音成竹在胸，有太后撑腰，皇帝即便心有不甘，也一定要听他的劝谏。但当他看见几乎怒发冲冠的成帝，一颗心顿时沉了下去。他这才后悔，一个官场上经验丰富的老手，怎么能忘记伴君如伴虎的信条？国戚毕竟只是亲戚，而自己也毕竟不是太后啊！

"大将军，曲阳侯在花园里造了一座什么样的殿，只怕你已有耳闻吧？"成帝显然作了很好的准备，开口便直戳他的软肋。

王音战战兢兢地回答："为臣没有听说过。"

"你是真的没有耳闻，还是在跟朕装糊涂？"

"陛下圣明，臣的的确确不知道。"

成帝缓一口气，沉声说："那朕就告诉你，他叠山筑台，仿造了一座白虎殿！"

僭越的罪名，那可不是闹着玩的。王音扑通跪倒："陛下明察，为臣黯昧，臣有罪！"

一击得手，成帝心里暗自得意，脸色却更加威严地继续诘责："哼，之前成都侯凿城引水，张盖行船，已经奢侈逾级，朕念及太后，睁一只眼闭一只眼，既往不咎；如今曲阳侯又仿造白虎殿，构山筑台。你们当真以为朕是瞎子，无限度地放任，由你们胡作非为？还是你们不把朕放在眼里，视朕为无物？"

当着众大臣的面，这话已经非常尖刻。王音此时才明白，自己真的捅了马蜂窝。"臣有罪！臣有罪！"他连声喊叫着，免冠请罪，

成帝见目的已经达到，做出满脸怒火的模样，拂袖站起，临了丢下一句话："社稷神器，法不徇私，你们看着该如何了结吧！"

"了结？"王音一愣，顿时意识到，事情比自己想象的还要严重。退出午门，他急忙奔告王商、王根这两个正徜徉在软香窝里的兄弟。

三个难兄难弟正惶惶不知所措的时候，忽然有打探消息的下人来报告，司隶校尉和京兆尹已被尚书传召审问，追究他们是否受了三个侯爷胁迫，有欺上瞒下之举。这些人现都已经一窝蜂地入宫请罪去了。三人听了，心中更是惊涛骇浪，冷汗直冒，语不成声地问："皇……皇上责……责问什……么？"

"皇上责备他们，明明知道成都侯擅自开凿帝城，引沣水，曲阳侯

第九章 汉成帝出宫寻芳 赵飞燕姐妹专宠

骄奢僭上，丘阳侯藏匿奸猾亡命之徒，为什么放纵他们而不举报请求正法……至于其他的，听说还有不少，却打听不到确信。"

几个人正急得像热锅上的蚂蚁，搓着手团团乱转。一份策书又有意凑热闹似的被送到府上。王音展开来念给王商和王根："朕念及亲情，一再放纵你们。看来是朕太过软弱，以致尔等愈陷愈深。朕痛定思痛，决意要一施刑罚，以正国体。大将军速召集列侯，进宫待命领罪！"

"哎呀，我的娘哎，皇上这回可是动了真格啦！"王商大叫一声，差点背过气去，跌坐在地，结结巴巴地说，"这……这回能活着回来吗？"

王音毕竟是大将军，更熟悉成帝的脾性，稳一稳神说："皇上发怒，主要还是迁怒于咱们对他的约束。有太后那边照应着，咱还不至于这么容易就塌窝！走，放下架子，来个死里逃生吧！"

有王音拿主意，大家略松一口气。按照商量好的，王商、王根、王音等人，脱了半截衣裳，身背斧镬，头发弄得蓬乱，一副可怜相。他们来到殿外，跪倒在地，对着大殿齐声高喊："臣知罪，请皇上开恩……"

成帝端坐在龙床上，兴奋地简直要笑出声来。这些老东西，个个不可一世，还不把朕放在眼里。怎么样，也害怕掉脑袋吧？今天先给你们个下马威，日后看你们还敢不敢坏朕的好事！听他们扯嗓子嚷了大半个时辰，时候也不早了，心想王商他们铁定被彻底制伏，又想到要让太后知道此事，那就等于自找麻烦。忙对黄门吩咐："传朕口谕，准照议亲条例，赦罪免诛。"

王音等人跪得头晕目眩，叫喊得口干舌燥。虽嘴上说知罪，却满心里不平与愤恨，恨不得跳起来给这小子一个耳光。正不知如何是好，忽听黄门放出话来说"赦罪免诛"。赶忙连连叩头，谢皇上恩典。王音回头一看，王商趴在地上没有动静，偷偷捅他一下："皇上赦免了，快谢恩。"

王商已经趴在地上睡着了。他愣怔着高喊一声："啊，什么，赦免了？"连连叩头，"谢陛下开恩。"

等黄门走开，王根对着王商哈哈大笑："五哥呀，我真的佩服你。都要掉脑袋了还能做梦。"

王商不好意思地笑笑："这小兔崽子，半晌连个屁都不放，趴在地上不睡着还能干什么？"

"别闹了，"王音满脸严肃，"以后都小心点，大家相安无事地过日子去！"

几个人吐吐舌头，又偷偷一乐。

看着这几个舅舅被惩戒，噤若寒蝉地再不敢胡言乱语，成帝心里暗暗得意，更坚信，既然当了皇上，没什么事情不能干的。性情更加放荡不羁，胆子也越来越大。他下诏将张放提为中郎将，掌管长乐宫屯兵，算是略表谢意。张放自认为攀了皇上这个高枝，也是越发毫无顾忌。

自从成帝第一次微行被皇上的几位舅舅给搅了之后，张放很是懊恼了一阵子，懊恼之余，也在修改计划。他痛定思痛，认真总结前面的经验，决心这一次一定要让成帝满意。

于是自己亲自物色，选了合适的地点，景色和人物。要说张放的本事还就是厉害，物色来物色去，终于让他选中了一处绝佳的地点和一位极妙的对象。地点选在阳阿公主家，对象是阳阿公主的舞女赵飞燕。

张放带成帝到阳阿公主府上闲游。阳阿公主长得乖巧伶俐，天资聪颖，善于韵律，府中养了上百名歌妓，专门演奏她谱的曲子。

皇上驾到，公主自然要格外隆重地招待。一边布置宴席，又安排歌妓们拿出最好的曲子，给皇上陪酒助兴。成帝其实只对公主有兴趣，望着她娇媚的面容，如痴如醉，任她唱什么，舞动得再起劲，他都没怎么在意。

忽然，一声娇甜的声音，从帷幕后边传出，令成帝精神一振，直着眼睛四下寻找。随着婉转歌喉，一个妙龄女子身着淡青色衣裙，翩然而出。定神细看，这个女子歌喉出众，容貌更是胜过众人一等。说是沉鱼落雁闭月羞花，一点都不为过。更让成帝动心的，还有她那娇柔的身段，轻盈凌波，宛如仙子飘然云端。比起来，那天的樱桃姑娘，立刻就黯然许多。至于养在宫里的许皇后、班婕妤，还有张美人，就更得退居

其次了。

公主已是过来之人，对男女风流再熟悉不过。看皇上对这个女子有意，一把将她拉过来，把酥软玉手让成帝牵住："这是妹妹最得意的舞姬，名叫飞燕。飞燕，来，给皇上斟酒凑兴。"

那个叫飞燕的玲珑女子，似乎早有准备，半推半就地坐在成帝腿上。成帝腾出一只手，将酒杯端起，先呷一口，又送到她的嘴边："好善解人意的可人儿，与朕同饮一杯！"

公主趁热打铁，斟上一杯，捧到成帝跟前说："皇上既然喜欢，妹妹的自然也就是皇上的。妹妹就把飞燕送给皇上了。"一边转过脸打趣地说："皇上看中了你，进宫之后若受到宠幸，将来大富大贵，可别忘了我这个老主子哟！"

赵飞燕喜从天降，激动又害羞得满脸通红："奴婢哪敢！若忘了主子的恩情，天地难容！"

"对对，飞燕说的有道理！"成帝醉意朦胧，随意接口说，"朕以前对皇后宠爱有加，天地时有灾祸发生。大臣们都说朕过于宠幸皇后，到后来才知道，是那个大将军王凤专权。天地看到人间有不是的地方，总会给予些告诫。飞燕懂得的还真不少，来来，咱们三人一醉方休。"

公主叫人重新安置酒席，再饮几杯，成帝借醉酒掩饰，开始按捺不住地在赵飞燕身上乱摸。赵飞燕倒也大方，将香酥的身子迎上去，两人眼看就要黏糊缠到一起。公主忙借口说喝醉了，要到外边吹吹凉风，叫飞燕好生伺候皇上，自己带丫头溜到一边房里去歇息。

汉成帝无意中在公主府得了这样一个可人尤物，整日当宝贝似的藏在后宫寝殿，半步也不舍得离开。没几天工夫，宫女太监乃至大臣都知道，皇上宠幸了一个叫赵飞燕的新人，她能歌善舞，邀宠本领非同一般。

赵飞燕虽然牢牢地笼络住了成帝，但她无师自通地知道，这深宫大院貌似热闹，其实最残酷无情，自己霸占住了皇上，皇后和昭仪们自不必说，就是普通嫔妃，不知怎么忌恨呢。要想站稳脚跟，自己一个人显然力量不足。若是……她忽然有了主意。

这天，成帝上朝回来，急匆匆直奔内殿，想凑着热被窝继续取乐。不料，却见赵飞燕撅着玲珑小嘴，低头坐在窗边，吧嗒吧嗒地默默落泪，样子煞是可怜。成帝立刻慌了神，忙一把搂进怀里："小宝贝儿，哪里不如意了？说出来，朕替你出气！"

赵飞燕等的就是这话，小鸟依人地偎在成帝怀中，眼泪吧嗒吧嗒掉得更欢，抽泣着说："妾自幼孤苦，只有一个妹妹相依为命。当初在公主府中，还能时常见面。如今随皇上来到这里，侯门深如海，更何况皇宫！这么长时间没见过妹妹，也不知道她一个人怎么样了，真想她哩。"

成帝望着怀中的美人儿，略施粉黛的俏脸上，泪痕一直蜿蜒到下巴，如雨露滋润过的花朵，更显得楚楚动人。他的心怦怦直跳，搂得更紧些："原来是这等小事，美人不必担心，朕派人将她接来和你团聚就是。"当听到赵飞燕惊喜地说，妹妹和自己相貌十分相像时，成帝简直喜欢得要跳起来，大呼小叫："快，朕这就差人去接！"

许皇后的同胞姐姐许谒奉皇后懿旨来到后宫，心里十分忐忑。自己虽说与皇后是亲姐妹，但于皇宫毕竟是外人，皇后像煞有介事地单独召见自己，能有什么事呢？皇家的浑水很深，处处都要小心。按皇后吩咐，在对面坐下，许谒这才发现，皇后神情忧郁，脸上泪痕未干，立刻料定，这是皇上的家事，深管不得，忙语气关切地主动问道："娘娘怎么啦？为什么如此伤心？"

皇后的泪水又流下来，哽咽地说："以前，皇上对我的宠爱是出了名的。就算那些朝臣向皇上劝谏不应当专宠一人，他也不加理睬，仍旧对我宠爱有加。可是后来，他被个奴才引导着，开始放荡，妹妹我就逐渐被冷落到一边。如今，不知从哪儿弄来个赵飞燕，更是彻底把我忘到一旁，再难见上一面。姐姐最知道我的脾性，我并不是那种胡搅蛮缠、争风吃醋的人。我没有能够给他生下一儿半女，为了宗庙社稷，皇上另外找别的嫔妃，也是应该的。班婕好、张美人一个一个入宫来，我什么时候有过二话？不但没有二话，还把她们当成亲姐妹一样地看待。可是这个赵飞燕，名不正言不顺，分明是个狐狸精！她日夜迷惑皇上，给他灌迷魂汤不说，现在又引来她的妹妹赵合德，皇上现在叫她姐妹俩给纠

缠住，连看别人一眼都顾不上！姐姐，叫我说，那个赵飞燕分明心存不良，眼睛盯着我这个皇后位子！可是皇上偏偏就中了人家的套儿，事事都听她的。唉，我怎么能受这个狐狸精的窝囊气？"

赵飞燕姐妹专宠的事，许谒早就听说了，但皇上的喜好，岂是旁人能过问得了的？当下也只能连宽慰带开导地说："娘娘其实也用不着这么伤心。依我看，皇上纳赵飞燕姐妹俩，也未必就是忘了夫妻恩爱，只不过为了宗庙社稷着想，想尽快得个皇子罢了。只要皇后能为皇上生下皇儿，就不怕皇上不与皇后和好，恩爱如初了。"

"唉，连边儿都沾不上了，还生什么皇子？"皇后忽然红了脸，随即长叹口气，"人老珠黄的。不过，我不会叫这俩狐狸精一直高兴下去。姐姐，我早就想好了，皇上固然可以想干什么就干什么，可后宫里不还有个太后吗？姐姐……"说着脸色更加通红，不过顿一顿还是说了出来，"不瞒姐姐说，之所以一直没能怀上龙种，不是我身子有什么毛病，皇上他……经常是在那个的时候……根本就成不了什么事，叫谁也……"

许谒听了也是脸色一红，沉吟着笑笑说："其实，皇上这也不是大毛病，不过色欲过度罢了。只要他能节制点儿，过不几日就好了。唉，生孩子这事，半由人为半由天意呀！对了，城东有个惜子庵，那里的花神娘娘，可灵验了！明天我就去那里替妹妹烧香许愿，妹妹是皇后，花神娘娘肯定格外看重，保不几日，就会怀上的！"

许皇后脸色黯淡地应一句："但愿上天开眼吧。"

然而，许皇后没料到，赵飞燕姐妹的神通已经超乎了她的估计。她和姐姐的一番谈话，早有宫女飞跑去，一五一十地传给赵飞燕。赵飞燕正发愁皇后一向低调，不给自己机会。听了宫女绘声绘色的讲述，忽然灵机一动，机会来了！她立刻振起精神，吩咐说："快，帮我梳妆，立刻去见太后！"

赵飞燕虽然进宫时间不长，和太后王政君接触更是寥寥无几，但她还是敏锐地觉察到了太后对皇上没有子嗣表现出来的焦虑。这是这个精明老婆子唯一的软肋，自己就是要从这里下刀！

当赵飞燕再次发挥表演天赋，满面泪痕地拜倒在太后脚下的时候，王政君对这个来历不明的野女子的厌恶之情顿时化为乌有。她和颜悦色地让赵飞燕起来说话，有什么委屈尽管讲出来。赵飞燕抽咽着说："太后，卑媳自被皇上纳入宫中，自惭形秽，不堪驱使，又恐见识浅薄，侍奉太后不周，故而不敢常来叩安。今天听说一件大事，关系到社稷安危，不敢隐瞒，冒死禀奏，望太后恕罪！"

王政君一愣，关系社稷安危？你一个哄皇上高兴的丫头片子，能有什么关系社稷安危的大事？不过见她一本正经的神情，还是懒洋洋地应了一句："噢？那就说来听听。"

赵飞燕凑近两步低声说："皇上直到如今还没子嗣，不要说太后，就是满朝大臣乃至举国百姓，谁不着急？卑媳自从进宫，就一直不解，皇上身强力壮，这么多嫔妃，怎么会有这种事情？今天，卑媳带了两个宫女前去给皇后请安，走到殿外，听见皇后正和她姐姐说话，正犹豫着该不该进去，就听皇后唉声叹气地说，姐姐，你倒是按我说的去做了，每隔半月到惜子庵烧香许愿，求花神娘娘保佑，满皇宫嫔妃千万别怀上龙种，只叫我一个人给皇上生儿子。花神娘娘也还显灵，时至今日，没有哪个抢先。可惜我经水时断时续，暗中吃了多少药都不管用，只怕生子是没指望了！又听皇后姐姐说，妹妹不必担心，慢慢调养就是。反正有娘娘显灵，要不生，就谁也别生，这样妹妹照旧稳坐皇后宝座！卑媳听后大吃一惊，皇后一向温文尔雅，怎么会说出这种话来？况且，听皇后的话音，她身子有病，不能怀胎，如此下去，皇上岂不要绝嗣了？这可是关系到社稷的长远大事，卑媳思来想去，还是觉得应当让太后知道。只是皇后那边，若让她知道卑媳告密，卑媳只怕死无葬身之地，求太后佑护！"说着声音发颤，浑身发抖，似乎格外恐惧。

皇上人到中年了还没有子嗣，是王政君最头疼也最敏感的事情。赵飞燕这番话，她已经顾不上查实，只觉得血涌头顶，拍着桌案大叫："难怪呢！难怪呢！我早就听说，花神娘娘心最花，谁供奉多听谁话。为了保住皇后位子，就叫人家断子绝孙，这还了得！"

赵飞燕见一招得手，立刻来了精神，按预先想好的接着说："太后

息怒，这都是卑媳多嘴。卑媳还听皇后接着说，这事班婕妤也跟她合计过。班婕妤懂得多，还教她给花神娘娘供奉哪些供品最灵验呢！"

"快，叫皇上，叫皇上！"王政君已经有些昏了头，扯着嗓子大喊，"先传下哀家的懿旨，赐许皇后自尽！"

赵飞燕真的打个冷战，她意料事情弄大了，本来只想将皇后打入冷宫也就罢了，现在听说要处死皇后，那样势必举国震惊，众大臣一定会喋喋不休。倘若认真追查起来，自己……她赶忙再次拜倒，一迭声地说："太后息怒！千万不要伤了身子。皇后她虽祈神巫祝，但也是为了皇家子嗣，只不过霸道了些。要是赐死皇后，恐怕皇上伤心，百姓不明就里，传扬开来，酿成大乱。望太后三思！"

正在乱糟糟的时候，汉成帝匆忙赶来。王政君盛怒之后，想想也是这个道理，索性把事情推给成帝，叫他立刻斟酌处置。汉成帝并不特别相信温良敦厚的许皇后会有这等恶毒心思，本想再查实一下，但架不住赵飞燕姐妹的撺掇，况且母后也发了话，于是一切如赵飞燕预料，没几日，圣旨传下，许谒被斩，皇后被废，打入冷宫。

至于班婕妤，平日里深居简出，赵飞燕姐妹并没特别把她看在眼里，太后也没追逼，成帝也就顺水推舟，只是下诏责备几句，将其迁到宫城偏僻一角的长信宫了事，让她专心侍奉太后，再不用来这边凑热闹。班婕妤知道后宫险恶，有些事情是辩解不明的，默默忍受是最好的选择。

一番闹剧，就这样糊里糊涂地收场。

赵飞燕与赵合德姐妹，虽然貌美如花，但两人深深知道，卑下的出身是她们在宫中立足的最大障碍，同时她们也很清楚，在目前情况下，谁先给皇上生个皇子，谁就占据了绝对优势。为此，她们分外敏感，只要一夜不见皇上，那就很可能给别人占了先机。然而，令她们揪心的是，成帝这几天竟然没有露面！姐妹俩发疯了一般，发动手下被笼络住的宫女太监四下打探。终于，一个让她们震惊而又恼怒的消息传来，有个叫曹伟能的普通宫女，竟然在不知何年何月，给皇帝生下一个儿子！打探消息的人还说，因为和普通宫女生了孩子，成帝怕传出去不好听，也就没有立刻告诉太后，但了解赵家姐妹眼里揉不得沙子的心性，唯恐这点血脉出了差错，悄悄把那个宫女安置在一个牛执事的家中休养。

这消息简直如同晴天霹雳，赵飞燕姐妹半晌没缓过神来。

赵合德想：这还了得，这事若让太后知道了，皇子名正言顺接进宫中，还有咱们姐妹的日子过吗？不管怎么说，一定要狠心些，痛下杀手！两人略一合计，赵合德即刻将牛执事宣入偏殿，脸色阴森森的，花容月貌下显出的狰狞，更加令人恐惧。也不绕弯，她直截了当地怒声喝道："好大的胆子，你说！那个宫女是否在你家生了孩子？"

牛执事生性胆小，哪见过这等场面，况且对方是皇上的红人，说话和皇上一般管用，立刻两腿一软，"扑通"跪下，哆哆嗦嗦地回答："小臣有罪！前几日有个太监找到小臣，说皇上密谕，叫曹伟能到小臣家坐月子。小臣不敢违旨，又不敢询问详情，只得依从。如今曹伟能已生下个男孩，宫里派了两名侍卫监视，由小臣家的丫头服侍。"

赵飞燕坐在一旁，脸色铁青，思虑片刻，毒毒地咬着牙说："这帮狗东西，狗肉包子也想端到桌面上。哼，大的小的都除掉，一个活口都不能留！"

赵合德见姐姐这样，似乎更有了主心骨，冷冷地说："牛执事胆子太小，只怕干不利落。这件事交给掖庭狱长蘱武去办！他还是姐姐向皇帝举荐的，应该很可靠！"

赵飞燕点点头，忽然又有些心虚："好倒是好……皇上那儿怎么交代？这可是要他的命根子，要知道是咱俩捣鬼，那咱们……"

赵合德蛮有把握地说："姐姐放心！我想个办法哄住他。"

赵合德清楚目前她在成帝心中的分量，对于成帝的脾性，赵合德已经掌握，如何让皇上迁就自己，对赵合德来说，并不是难事。

事情也正如她们想象的，皇上虽然把她们当成最好的玩具，但实际上，皇上也很容易地被她们玩弄于股掌之上。一件看似了不得的大事，被她们轻易化解了。

赵氏两姐妹，不但顺利地把曹伟能母子害死，皇上事后知道，并没表示出怎样的严厉惩戒。更重要的是，赵飞燕在后宫空虚的情况下，利

用自己曾向皇太后告密的一点情分，再发动受过自己好处的大臣，连续攻克了一道又一道难关，最后，竟然如愿以偿地当上了皇后，而赵合德，也成为了仅次于皇后的昭仪。这个结局如此之迅速，如此之顺心，连她们自己都觉得大大超出预期。

第十章

好计谋于得圣心　借龙种飞燕折翅

赵飞燕虽然当上了大汉后宫的皇后，但她并没有把一颗担惊受怕的心全放回肚里。她知道，自己之所以能这么顺利地坐到皇后的宝座上，一个关键原因，是当今最有权威的太后迁怒于许皇后没生儿子的缘故，这才放过了自己出身卑微和来路不正的致命弱点。那么，接下来，太后自然是希望自己尽快生下一儿半女来。可是，令人头疼的地方，也正在这儿。正如许皇后给她姐姐所说的，不是后宫嫔妃们不卖力，实在是皇上心有余力不足，还没怎么样呢，就已经一泻如注，皇恩雨露根本到不了正经地方。可是，这话能向太后说吗？当然万万不能！若是过上一年半载的，肚子还没动静，太后难免失望，那时，许皇后的命运极有可能就轮到自己头上了。

怎么办呢？赵飞燕来不及品味皇后宝座带给自己的荣耀，已经觉察到危机迫在眉睫。纵然再聪明绝顶，这个关口怎么也绕不过。两姐妹思虑半晌，赵合德脸色一红，忽然笑嘻嘻地说："姐，俗话说，土能生万物，地能纳干粮。只要长出庄稼来，还怕种地的不高兴？"

赵飞燕一愣，不知道她是什么意思。赵合德凑近些，趴在她耳朵旁悄悄嘀咕几句，赵飞燕的脸腾地红了："这，这，能行吗？"

"怎么不行，总比坐着等死强，"赵合德一副胸有成竹的神情，"我算看出来了，这地方，看着金碧辉煌的，其实最脏！干什么的没有？只要做得机密，万无一失！救命要紧，管那些干什么？"

赵飞燕点点头："其实，也只能这样了。"

汉成帝刘骜是个懵懂的乐天派，有没有子嗣，对他而言好像也不是

特别至关重要。要不是有母后见面就唠叨，他早就把这事抛到脑后去了。当皇帝嘛，能顺顺当当享受一辈子，善始善终就行了，管那些干吗？将来谁当了皇帝和自己有什么关系。还是老百姓看得开，亲生儿不如手边钱，历朝历代，亲生儿子篡位杀父，多得是。再说，生一个儿子还好说，儿子多了，谁继位谁不继位，都很难处理。唉，自寻烦恼！不过，从心底来讲，成帝当然还是希望能有个儿子，别多了，只要一个就行。毕竟，活一辈子，留条根嘛！不过，这个愿望并不是很强烈，可以说时有时无。所以，汉成帝在后宫和赵家姐妹厮混时，总是那么兴高采烈，从没注意过她们欢颜背后的不安。

在立赵飞燕为皇后的过程中，淳于长仗着能言善辩，又和太后沾亲带故，隔三差五来太后宫中，半是认真半是撒娇，献乖献巧，切中利害地说了不少好话，结果让太后回心转意，痛快地点头答应此事，其中可是费了不少周折。

这天淳于长来到长信宫面见太后。

"太后，甥臣有两件事要向你禀报。刚才见你面呈倦容，实在不忍再劳动姨母御体，可是走到殿门口，一想不行，这两件事都是至关重要的大事，都得怎亲自拿主意，要不准出大漏子！不过，你要是太累了，甥臣就先回去……"

王政君王太后也是操心的命，见淳于长说得那么庄重，老精神顿时抖擞："老身既然是太后，少不得要替你们年轻的皇帝分分忧，把把关！"

"太后你心忧天下，真是为甥臣树立了光辉的榜样！你这么大岁数，按说也该颐养天年了，可是朝廷大事还得让你劳心费神，这都是我们这些为臣子的没有尽到责任哪！真让我们汗颜哪！无地自容啊！不过话又说回来了，要不是你亲自把关，这个国家哪儿能像现在这样井井有条？老百姓哪儿能像今天这样安居乐业？"

这痒痒挠得王太后美到了脊梁骨，她嘴乐了："我这也是勉为其难，先帝故去得早，当今皇上年轻，我不帮着掌掌舵，大汉这船还不得触礁？行了子孺，快说正事儿吧！"

淳于长说的第一件事，是成帝陵寝。

西汉的陵寝规模一般都很恢弘，以武帝茂陵为例，仅陵墓就高四十六米，边长二百四十米。营建在陵园东南的茂陵县邑，光迁移来的关中富豪就有一万六千多户！

茂陵和茂陵邑都是武帝即位之后第二年就开始兴建的，一共修建了五十三年，修建之初栽种的小树苗，等武帝入葬时已长得合抱参天，可见工程规模之大。几十年的时间中，不断向陵园里放置随葬物品，以致到武帝死时，竟再也放不进什么东西了，差一点儿连搁棺材的地儿都给占了！

除了陵墓，园内还建有殿堂、寝宫，以及宫女和守陵人员生活所用的房屋。还专门设置了陵令、属官、寝庙长、园长、门吏等官职，光是浇树修技、打扫卫生的勤杂人员就有五千多人！

汉成帝也不甘落后，也是在即位第二年就开始考虑百年之后的居住问题，命令下属修建初陵。初陵选址在渭城延陵亭部，动工十年之后，成帝觉得不满意，又让人重新选址。当时的将作大匠解万年出主意："初陵那地方的确选得不好，臣替你打听了一块风水宝地，保管你代代出天子，辈辈坐龙庭！"

成帝也没派人勘察，就批准了解万年的计划，预算是报多少拨多少，迁移了各郡国家庭资产在五百万以上的五千户豪富前往新建的昌陵，还把昌陵那块地方的许多冢地第宅赐给了丞相、御史、将军、列侯、公主等官秩在中二千石以上的官员，无非是想把这块风水宝地搞成堪与茂陵相媲美的地区。

可惜事与愿违。昌陵这块地方地势太低，不足以显示皇帝的威严，解万年也有主意，愣是让人从大老远的地方往昌陵运土，小扁担嘎吱嘎吱，打一场愚公移山式的运土大战，那成本可大了去了，一担上，连材料费带运输费加上借着工程捞点儿好处，算下来合一担谷子的价钱！反正是给皇帝建"万岁宫"，花钱还用算计？

轰轰烈烈闹了几年，大兴徭役，重增赋敛，以营造昌陵名义的各种征收，就像雨点儿似地泼向全国的老百姓，弄得"公家无一年之蓄，百姓无旬日之储，上下俱匮，无以相救"，老百姓是怨声载道！活人抱怨，地下的死人也不得安宁。为了给成帝建这座昌陵，也不知占了多少良田，连老百姓的祖坟也给刨了，可怜那些白骨，被暴露在光天比日之下，有的胳膊给截断了，有的大腿给挖折了，有的脑袋搬了家，冲着昌陵翻白眼儿。

这么下去可真要天怒人怨了，连成帝也听到底下大臣们的纷纷议论，都劝谏要让昌陵工程下马。

这里头嚷嚷得最凶的就有淳于长一个。他倒未必是真替老百姓叫苦喊冤。淳于长怎么来怎么去把这事儿又跟王太后说了一遍，王太后点头称是："现如今国家这种情况，修建陵墓是得慎重。不过，你不是都奏明皇上了嘛，还报告给我干什么？"

"你不知道！奏我倒是跟皇上奏过好几回，可皇上还是犹犹豫豫，不能下决心！我想，这事儿还得你出面，跟皇上讲清楚利害关系，皇上圣明，太后更圣明，微臣们再怎么劝谏也不如您说了管用！您是一句顶一万句嘛！"

"也好，我就找机会跟你们皇上说说，让他听取群众意见，早点儿罢了昌陵！"

"还有，那个解万年也不能轻饶。"

"这个自然，闹得这么沸沸扬扬，他不用想一篇检查就对付过去！对了，这是一件事，第二件是什么事？"

淳于长故作沉吟："第二件比这事儿还重要！"

"哦！"

王太后心说，罢作昌陵的事就够大了，怎么第二件还要更重要？

浮于长表情严肃，四下扫视，弄出一副神秘兮兮的样儿来："太后，你知道不知道，皇上近来经常微行出宫？"

"倒是让我撞见过几回。"

想了想，王太后又补充一句："不过，你们皇上年轻贪玩，出去散散心也没什么大不了的……"

"太后不知，皇上微行出宫，已经招来下面不少非议了！"

王太后示意外甥起来回话，可淳于长偏偏长跪不起。

"太后，我的好姨妈！你不知道朝臣们是怎么说的，那言辞，简直慷慨激昂！"

王太后这会儿开始觉出事情的严重性了："朝臣们是怎么说的？"

"甥臣不敢隐瞒，就照直禀报你了。朝臣问说皇上舍弃万乘之躯至高无上的身份，以家奴的贱事为乐，厌倦'天子''万岁'这样华美的尊称，成天让臣子用家奴的贱名来称呼他。把那些轻浮在荡的无义小人拢在身边，当作心腹，离开守卫禁严的深宫，夜半三更到外头去冒险。跟一帮猪三狗四的家伙们勾肩搭背，到民间人家去饮酒取乐。男女混坐、尊卑不分，弄得君不君、臣不臣！不分白天黑夜，都在外面微行，使得看守门户履行宿卫的臣子们。白白荷戟执枪地守卫着一座空宫！公卿百官，都不知道皇上在什么地方！他们还说，我大汉至今兴盛了九代，一百九十多年，陆续继位的七位君王，都是承天意顺天道，遵守祖宗定下的法度，要么是中兴明主，要么是守成帝王，唯独到了当今天子，违背道义，纵情肉欲，不顾帝王的尊严，胡作非为，正是春秋鼎盛龙体强健，却没有儿孙之福祉，反令人有危亡的忧虑，这真是失去了为君之道，太不合天意了！他们还说，皇上身为高祖后嗣，继承了先辈的功业，却这样拿国家大事当儿戏，岂不是有负重望！他们还说……"

王太后一拍几案："够了！别说了！"

淳于长浑身哆嗦："这都是他们说的！"

"他们说得不错！你们皇上也太不像话了！我起先还以为他不过是闷得慌出去散散心，谁知道他的微行竟是胡行！"

淳于长一颗心这才落回腔子里，他行此险招，把谷永那番慷慨陈词和盘托出，本来也是捏着两手的汗呢。

王太后气得直翻白眼儿："子孺，你身为卫尉，就有典守门户的职权，打今儿起，宫门上锁，加派岗哨，一不准那帮混蛋再来招惹皇上，二不让皇上迈出宫门一步！谁要敢不听招呼，你就来告诉我！我就不信治不了他这微行的臭毛病！"

淳于长先不忙搭碴儿，等姨妈发够了火儿，没什么后劲了，他才拿出自己的意见："太后，你的决策当然百分之一百二十的英明！不过，宫门上锁，只能锁住皇上的身子，要想从根本上解决问题，关键是要拴住他的心！"

"拴心？如何拴法？"

"禀太后，皇上如此沉溺于微行，不过是被外面的花花世界所吸引，说白了，花花世界无非就是女色！所以，要拴住皇上的心，归根到底，还得在女色二字上做文章。"

"你这话有道理，可是后宫里哪里去找有这等本领的女子？"

"还用找？现成的两朵姐妹花你不用，养着她们干什么呀？"

拐弯抹角地王太后总算听出外甥的意思了："你是说，趁着皇上对赵家那俩丫头正有兴趣，咱门就坡下驴，顺水推舟，就让她们来拴住皇上的心？"

"我的太后，你真是智若天人！一顶皇后的凤冠能值几个钱？一身昭仪的霞帔又能值几个钱？可却能换回一个大汉天子，换回汉家江山，你算算到底哪头重！"

一番话说得王太后心眼儿活动。

可是，她还是不能下决心，皇后的位置太重要了，撇开出身问题不谈，怎么也得看看实际表现哪！

淳于长心想不能急于求成，得给太后一点考虑的时间，于是便告退出宫。

所谓出宫，不过是出长信宫，转身他又奔了成帝住的前殿。

成帝正收拾打扮，准备晚上的微行，淳于长一看就急了："万岁，你今儿晚上还出去啊？你要再这么着，赵婕妤这辈子也不用想当上皇后了！"

成帝一愣："爱卿何出此言？"

淳于长就把刚才在长信宫里怎么用言语打动太后的经过，一五一十说了一遍，最后他告诉成帝："太后好歹有点儿松动了，你得忍一忍，在宫里呆些日子，也好让太后知道知道，是赵婕妤把你给拴住了——这话不好听，你又不是驴，干吗说拴哪！这么说吧，是赵婕妤留住了圣驾，圣驾从此不轻出。"

打从那儿起，成帝还真改了脾气，不再出宫微行了。

淳于长在立后这件事上花的心血没有白费，经过在前殿、远条馆、长信宫这样一个三角形地区长达一年的奔走，各有关方面终于达成共识。作为成帝，相当成功地克制了自己的不良习惯，作为赵飞燕，相当成功地扮演了后宫表率的角色，而这两位的努力，又相当成功地给关键性人物王太后造成了这样一种错觉：成帝是因为赵飞燕的贤内助作用，才改邪归了正的，由此可见皇后一职赵飞燕当之无愧。王太后不再坚持自己的反对意见，干脆完地拊出大印，非常完美地在搁置了一年的册封诏书上盖了一下，赵飞燕如愿以偿。当上了成帝的第二位皇后，她那位丰润可爱的同胞妹妹赵合德也同时被立为昭仪。成为大汉历史上第一位没有生下皇子却位视丞相、爵比诸侯王的第二夫人。

话说回来，皇上当然对如此有功之臣表表谢意了，皇后当然要见上一见。另外，近来淳于长和成帝走得很近，谈论相当投机，简直句句话都搔到成帝心窝的痒处，以至于成帝惊喜地认为，终于找到了莫逆知己。加上在给皇上修建陵墓的事情上，淳于长提了很多合乎成帝心思的建议，更是让成帝觉得淳于长是不可多得的人才，把他和王莽并称为"二俊"，而这一"俊"，更让他感觉亲切。正因为如此，淳于长有幸随皇上深入内宫，来拜见这位被民间传说得神乎其神的飞燕皇后。

这天，汉成帝带着新近升任卫尉的淳于长来到后宫，直奔皇后居住的远条宫。殊不知，这次兴冲冲而来，差点弄出一场惊天大案。

和成帝同乘一辇车，淳于长简直有些飘飘然。天下之大，能享受到这等待遇的，有几个人？别看王莽整日诗书礼仪念诵着不离口，确实学识不浅，但他太过于古板，不够灵活，结果呢，皇上虽然佩服他的书本知识多，但亲近程度，比起自己来，却要差上一大截。虽然他如今也升迁不小，由黄门郎成了射声校尉，也被封为了新都侯，名声在外，大家都知道他贤能，是个大孝子，能够礼贤下士。可那又能怎么样？不靠近皇上，什么都是白搭！只要把跟前这位糊弄好了，还怕没有高官厚禄？

正胡思乱想着，忽然辇车外有人扯着尖细的嗓子叫嚷："皇上，

皇上！"

辇车匆忙停住，淳于长身子前倾，差点没撞到横杆上，这才从遐想中回过神来。撩开帷幕，原来是个胖墩墩的年老太监，正拱手站在车下，神情紧兮兮的。

"干什么？"成帝满脸愠色，若不是今天心情很好，早就顺手甩过去一巴掌了，"年纪偌大了，还毛手毛脚的！"

老太监来不及谢罪，急急地拱手说："皇上，辇车的方向错了，老奴斗胆提醒，今日是单日，按规矩，该去昭阳宫合德昭仪那边。这是去皇后远条宫的路……"

成帝立刻醒悟过来。赵家姐妹如今有了名分，分到两个宫殿去居住，为了让两位美人都不生气，当时商量好的，每逢双日来会皇后，单日与昭仪团聚。刚才和淳于长谈得一时兴起，要拉他来见皇后，却没考虑什么单双日的问题。这可怎么好，美人发起怒来，比哪里遭灾更叫人揪心呢！

沉吟片刻，成帝忽然看见旁边坐着的淳于长，自己一个堂堂皇上，想去哪个嫔妃住处，还做不了主，传出去，岂不叫人笑话？哼，昭仪就是生气，叫皇后过去劝慰两句，也就保管没事了，实在不行，不是还有珠玉珍宝赏赐一些来消气嘛！

"大胆奴才，"成帝忽然绷紧了脸，气冲冲地呵斥一声，"朕贵为天子，有四海，想去哪儿是朕的事，用不着你嚼舌头！"跺一跺脚，"去远条宫！"

太监从没见过皇上发这么大的火，尤其是在赵家姐妹的事情上，今儿怎么啦？天威难测，还是少找麻烦的好。太监连忙改了口："皇上英明，是奴才一时昏了头。皇上，这边请！"兔子一样地跑到前边去开道领路了。

远条宫外一片沉寂。淳于长开始有些奇怪，赵飞燕不是喜好歌舞吗，今日天气这么好，怎么不在外边的草地上吹奏歌舞以尽兴？不过转念一想，歌舞尽兴其实不过是尽皇上的兴罢了，人在皇宫，哪有什么自己的兴味可言？就是自己，不也一样吗？趁今日皇上不来，赶紧抓紧休养，养精蓄锐，也是应该的。这样想来，也就释然了。

成帝并不考虑这么多，他已经被即将到来的温柔乡提前陶醉了，直着两眼，依照以前的习惯，也不等宫女们进去通报，脚步噔噔地就要往里走。老太监见状，急忙紧走两步，拦在前边："皇上，还是等宫女们通报一下吧。"

成帝一愣，正要发火，以前不都是这样嘛！见老太监用眼光扫一下身旁的淳于长，立刻会意。毕竟，要见的人是自己老婆，身边这个年轻后生再和自己投机，万一闯进去眼里看见什么不该看见的了，可就抠不出来啦。成帝点点头："唔，也好，让皇后赶快接驾！"

有人已经飞奔着进去报信了。成帝拉淳于长在厅外的石凳上坐下，咂摸几口送上来的清茶，没话找话地闲聊几句。本以为突然的光临，一定会让赵飞燕喜出望外，一定会迫不及待地跑出来迎接自己。可是等了好大工夫，里边仍是静悄悄的。成帝有些坐不住了，一个人过来，她失礼不失礼的也就罢了，可现在有个淳于长，脸上的感觉就有些异样。他开始有些后悔，不该一时兴起拉着淳于长过来了。

耐着性子又等了两盏热茶的工夫，赵飞燕终于姗姗而来。虽然脸上洋溢着惊喜的笑意，但在女人身上很敏感的成帝还是发现了不少异常。赵飞燕迟迟躲在屋里不出来见驾，仅仅是忙于梳妆，也就没什么。可眼前这位皇后，明显的头发散乱，脸颊绯红，呼吸还有些急促，好像刚经历了什么费体力的事情。再从头往下看，赵飞燕衣衫用丝绦束住，但依旧看得出是匆忙间穿戴起来的。大白天的，她在里边干什么，还要宽衣解带？成帝立刻联想到他要做的好事，打个冷战，莫非，已经有人趁空儿……但他随即觉得这个想法太可笑，朕是谁，堂堂天子，皇后是天子的婆娘，谁敢有半点非分之想？再说，宫禁重地，转到后宫，岂是一般人所能进得来的？可是，皇后的反常，还是让他压抑不住惊疑，说出口来。

"哟，皇后今日怎么了，冠发散乱的，趁朕不来的机会，和宫女耍笑取乐了？"

赵飞燕掩饰不住地心头一惊，赶紧低头施礼谢罪："皇上恕罪。

妾……这几日也不知怎么了，慵懒得很。做什么都提不起精神，也没有心思梳理装扮，皇上千万不要怪罪。妾还想着，传太医过来，看看是否是怀上……"说着故作娇羞之态，脸腾地红了。

成帝却对此并不十分感兴趣，鼻孔里轻轻哼一声："哦，原来如此。那……现在可感觉好些了？"

赵飞燕一边用手拢理秀发，一边做出惊喜的神态："听说皇上忽然驾到，欣喜之间，立刻就感觉好多了！"沉吟一下又说，"皇上，今日难得的好天气，要不，妾让人把这里整理一下，陪陛下对饮几杯？"看看成帝身后的淳于长，不清楚成帝带来这个人是要做什么，故意用眼睛多看两眼。

成帝挥挥手，让淳于长走上前："皇后，这位是卫尉淳于长。想必你也知道，为皇后能顺利登位，许多大臣操了不少心，淳于长尤其在太后那里说了不少的好话。今日朕特带他前来，做了好事，总应该知道一下嘛！"

淳于长听成帝这样说，立刻受宠若惊地对着赵飞燕施礼拜见，眼光却停留在成帝身上："皇上言重，折杀微臣了！皇后娘娘端庄贤惠，恪守妇德，微臣只不过在太后跟前照实禀奏娘娘圣德，尽了一点忠臣之心。不足挂齿，不足挂齿！"

听淳于长这么说，赵飞燕忽然脸色变得有些难堪，期期艾艾地，八哥一样的巧嘴含含糊糊说不出一句完整的话来。

成帝见状，心中的疑团更是越发放不下。淳于长最善于察言观色，此刻也感觉到了皇后明显不对劲。他偷眼看看成帝，成帝却很快改变了神色，微微一笑："天气虽然好，我们却不是来看风景的。淳于卫尉只是听说皇宫如何金碧辉煌，却从未有幸亲眼看看。刚才还央求我呢。虽然这是越礼的事，但说起来，还都是亲戚，也就不为大过了。走，让卫尉到宫里叙话。"转过脸来对着淳于长，"子孺，今天朕让你开开眼界！"说着拉起淳于长就往里面走。

赵飞燕没想到成帝会忽然如此，脸上掩饰不住地着急，忙跟在身后，提高声音冲里边叫嚷："皇上驾到，赶紧列队，留心侍奉！快！皇上来了，皇上来了！"

听那话音，倒像是在给什么人传音报信。成帝不由得脚步加快，一边也用暗示的语气冲两边宫女说："你们忙自个儿的去！朕只要皇后一个人陪着，随意看看！"

两侧的宫女面面相觑，不知道该听谁的。就在犹豫的时候，汉成帝带着淳于长，已经穿过前殿来到后宫。后宫一侧的寝殿，淳于长就不好进去了，只是在大殿内转悠着连连赞叹。成帝进到寝殿略微扫几眼，里边收拾得整整齐齐，没什么异常。他走出来，忽然发现，在大殿的角落里，多了个小门，好奇心顿时上来。拉着淳于长走过去，正要开门看看里边是干什么的。就听赵飞燕远远地叫喊一嗓子："皇上，别开门！"

汉成帝一愣，转过身直视着她："皇后，什么意思？难道，这里边，还有对朕保密的事物吗？"

赵飞燕有些心虚地低下头，不敢正视成帝那咄咄逼人的目光，但嘴仍不松口，嗫嚅地解释："皇上多虑了。妾连身带命，皆为君所有，哪来什么隐秘？只是……这间小屋，供奉的是送子娘娘，是妾为祈求神明保佑，早日为大汉生出龙嗣而专门设置的。送子娘娘为女儿家的神灵，最忌讳男子接近神位，妾已有数月茹素吃斋，香火自是不敢怠慢。眼看大功告成之际，陛下贸然入内，冲撞了神明……"

听她解释的似乎也有点道理，但成帝仍觉得今天不期而至，赵飞燕表现得太过蹊跷。也是倔脾气上来，赵飞燕越阻拦，他就越想看个究竟："皇后多虑了。神请进家，就是家神。朕于国为天子，在家为家主，纵是送子娘娘在此，朕看看也不妨事。再说，也正好趁机会祭拜一下，倒成好事了。"说着伸手去开门。

赵飞燕见阻拦不住，再多说反而不美，只好犹豫着让到一边，嘴上却轻声嘟囔："陛下千万不要鲁莽，送子娘娘法力无边，灵验得很，略微停留一下，表表心意就出来吧。"

不知是自己心理作用，还是赵飞燕真的有什么不可见人之处，成帝总觉得今天怪怪的。就是刚才她嘟囔的一句，也似乎暗含着什么深意。这样一猜思，他反倒含糊了，如果当真有什么风流少年躲在里边，自己忽然闯进去，那小子狗急跳墙，朕怎么能应付得了？有个三长两短的，就太不值了。

淳于长站在旁边，见成帝方才还气势汹汹，忽然又若有所思地僵持在那里，立刻猜测出他的心思，忙拿出平素的机灵劲头，上前拱手说："皇上，祭拜送子娘娘，应心怀敬重，马虎不得。要不，臣……先到里边摆好香案？"说着，有意无意地扶一下腰间的佩剑。

成帝对他赞许一笑，点点头。尽管淳于长不是什么武将，但身为卫尉，见也见多了，总比自己强。况且，有人在前边当挡箭牌，危险就要小许多。

淳于长内心也是七上八下，可是为了今后的富贵，能不冒点险吗？尤其是在这样的时刻，更容易让皇上记住自己的好处。淳于长手中紧握剑柄，推开小门，轻轻走进密室。里边黑咕隆咚，只能听见自己急促的呼吸声。站立片刻，眼睛适应了里面的黑暗后，屋子里的情形才慢慢清晰起来。密室的面积很小，但收拾得极其素雅，靠墙的正中，果然摆放着香案，香炉里尚有余香缭绕。送子娘娘画像悬挂其上，大约有一人高低，越发栩栩如生。

仔细观察一下，没发现有什么异常，淳于长冲外边点点头，汉成帝这才放心地抬脚走来。赵飞燕忙跟在后边，也跨进门内。

屋子里的情况，让神经绷紧的汉成帝多少有些失落。不过，他还是很快发现一点问题，指点着问："咦，皇后，这里不是祭拜送子娘娘吗，怎么还摆放一张牙床？莫非，画中的送子娘娘也和凡人一样，夜夜都要安歇？"

"陛下有所不知，按民间传闻所说，送子娘娘多于求子之人梦中显灵，教人如何去做。这张牙床，就是妾偶尔在此待梦所用……"赵飞燕此刻神情镇定许多，对答渐渐如平时那样流利。

成帝正要追问梦到了什么，送子娘娘教你怎么做的。淳于长在黑暗里拉扯一下他的衣袖："皇上，香烛备好，请皇上祭拜祈祷。"

话音明显有些颤抖，加上拉扯衣袖时好像要告诉自己什么，成帝顾不上饶舌，接过檀香，恭恭敬敬地插到香案上，嘴里念念有词地祈祷两句，撩起袍摆，要冲着神像磕头。淳于长连忙火急火燎地伸手拦住："皇上，送子娘娘是女子之神，内外有别，皇上点到为止也就是了。"说着几乎是扯拽着把汉成帝给拉直了身子，同时凑到他耳朵跟前，飞快地低语一句，"不可久留！"

汉成帝激灵一下，果然有猫儿腻！他几乎跟跄着跳出密室，手抚额头连声说："哎呀，险些忘了。今日还要去见太后呢！卫尉，快走！"

听他这样说，赵飞燕也是太过紧张了，没留意掩饰自己的心思，无意间流露出一副如释重负的表情。

直到出了远条宫很长一段路，成帝才回过神来，长吁一口气，斜倚在辇车中，低声问："淳于长，虽然说家丑不可外扬，但你是至亲，无须隐瞒。说说看，怎么了？"

淳于长撩开帷幕，看看后边推辇车的侍从，凑到成帝跟前说："皇上，臣在密室内巡查时，故意用剑柄四下碰碰墙壁，发现声音空洞，就疑心室内建有暗道机关。方才皇上祭拜之时，臣留意观察，发现神像微微飘动，分明后面就是夹壁墙，而且隐约听到有男子呼吸之声，也就是说，有人，有男子在画像后边站着。为了以防万一，赶忙敦促皇上出来。"

尽管有所怀疑，可淳于长真的挑明了，成帝还是脸上一阵发烫，把辇车扶手拍得啪啪响，不顾侍从们就在跟前，大怒地叫嚷："哼，果然是收束不住裙带的贱婢！不行，朕岂能吃这等哑巴亏？你去传唤御林军，今日给她来个捉奸捉双，了结了这对狗男女！"

淳于长惊慌地睁大眼睛，双手摇摆："使不得，皇上！这等宫闱丑事，岂是能大张旗鼓的？再者说，新当皇后就出这种事情，传扬出去，皇上如何向天下人交代？"

成帝脸色通红，气呼呼地顿足叫嚷："那，叫你说，难道就这样便宜了狗男女？"

淳于长急于制止汉成帝的激愤情绪，忙拱手保证似的说："皇上放心，这事只能暗中惩治，绝不可拿到台面上。臣身为卫尉，宿卫宫闱乃是职责所在，自然会处理得当。臣以巡视为名，带领两三名精干武士，

暗中盯住这条道路。想那奸贼必不敢久留，等他一出远条宫，臣就立刻将他拿下，叫他受尽苦楚而死，为皇上出一口气！"

果然，当天午后，淳于长就匆匆来禀报，说是在那条路上拦截抓住一个精壮少年，是宿卫陈崇的儿子，名叫陈元。据陈元交代，皇后苦于不能怀胎，就想下了借种生子的荒唐主意。他是奉皇后的密旨，以搬运杂物为名，潜至宫中的。每逢单日早晨来，晚间离开。已经快半个月了。

汉成帝压抑住纷乱的思绪，闷声闷气地问一句："人呢？"

"臣正问着他话，他知道这是弥天大罪，挣扎着要跑，打斗中，被杀掉了。"

"哼，便宜了他，这种东西，应该千刀万剐！"

也正是从这天开始，赵飞燕在成帝心目中的地位一落千丈，虽然顾及面子，按淳于长谋划的，仍不动声色地让她坐在皇后的宝座上，但也只成了个摆设。由于汉成帝把对赵飞燕的一腔热情转移出来，赵合德倒大有点取而代之的气象。

这件事上，受益最多的，当然是淳于长。计莫毒于断粮，功莫大于救驾。淳于长不但悄无声息地救了驾，而且在处理这等隐秘事情上干脆利落。汉成帝自然就更加把他看成心腹之人。没过多久就下诏书，封他为定陵侯，不时宣进殿中，赏赐歌舞酒食，俨然成了皇宫里的座上客。

第十一章

表兄弟争做司马　初上位大展宏图

王音在公元前二十二年，即阳朔三年，被王凤举荐为自己的接班人之后，以王太后她弟的身份，担任大司马车骑将军，行事倒也谨慎，颇得成帝赞赏。成帝曾下诏表彰王音："车骑将军王音，宿卫忠正，勤劳国家，表现突出，却没能获得和宰相相似的封赏，朕很是过意不去，挺不落忍的。朕封你为安阳侯，享受三千户的食邑，跟王侯持平！"

王音既掌重权，又晋显爵，本当大展宏图，为大汉天子做出点儿贡献，可惜老天爷不保佑他，没几年就蒙主召唤，奔了西天，把大司马的位置给空了出来。

王太后的五弟成都侯王商顺序而上，当上了大司马，加卫将军，没两年又加大将军称号，也是身体不灵，大司马的座儿刚悟热乎，就"薨"掉了！

现在担任大司马的，是骠骑将军曲阳侯王根，反正不管怎么走马换将，总是在王家门儿里转悠！

王根心宽体胖，整日乐呵呵的，倒是没病没殃。结结实实在大司马位子上坐了五年，算是辅佐皇上的第一得力助手。不过，王根知道，自己满脑子除了捞钱，再想不出别的东西。这几年里，好事似乎没干什么，卖官鬻爵的事情倒做了不少，家里地窖中都堆满了金银珠宝，自然也招来一片非议，官声很是糟糕。最后，连太后在深宫都听到了，还和自己有意无意地提起过几回。

对于自己的所作所为，王根当然最清楚。王根的优点在于还算容易满足，知道见好不收的下场肯定很惨。于是，不等别人弹劾，不需要皇上给脸色，他就知趣地递上奏折，请求皇上批准自己告老退职，隐居豪宅中慢慢享用这几年的收获。

成帝对这位舅舅的作为，也听大臣们念叨过许多，看了奏折，倒有批准王根体面下台的意思，但一想到让谁来继承大司马来辅佐自己，就颇有些犯难。眼下剩下的，就只有两个舅舅，德行还数王根最好，而且他大大咧咧，很好相处。本着这个心思，汉成帝就挽留王根先支撑着，并明确放出话来，准备让他最信任的淳于长来接任大司马一职。

皇上任免谁人担任职位的事情，向来是众大臣最为关心的。何况又是当朝最高职位，关系到许多人的荣华前程。一日之内，这个消息就不胫而走。

传闻传到王莽耳朵里时，他正跟刘歆在值班房内喝茶。端起清香的瓜片正要往唇边送，忽然听到刘歆说出这么个情况，手不由得一哆嗦，茶水洒了一桌子。

刘歆本来无意中说出听到的这个消息，还以为王莽早就知道了，见他这副神情，立刻明白，王莽和淳于长名气相当，又都是皇家近亲，而王莽还要更近一层，他这是有想法了！刘歆赶忙安慰地说："巨君兄，何至于此呀，不就一个大司马嘛！前几天巨君还说过，对功名利禄不必刻意追求，水到渠成方是众望所归。再说，一个小道消息，何必当真？"

王莽却没有刻意掩饰自己，若有所思地放下手中的杯子，长叹一口气："子骏兄，你我相知时间虽不算长，却也不算短了。贪恋虚名并非你我性情，我是为大汉江山社稷担忧啊！"说着索性站起来，在屋里来回踱步，语气深沉地轻声说："如今从百姓到国家，都不好过。这几年，国库空虚，灾荒连连，老百姓怨声载道，强悍些的铤而走险，啸居山林，懦弱年老的，就只能哀哀乞讨。不敢说哀鸿遍野，但也颇有几分凄楚呀！"

"对于这些，我也有所耳闻，只是不大清楚而已。"刘歆严肃了神情，点点头。

"那……子骏既知其然，可知其所以然？"王莽一脸忧虑地看着他。

"这还用说吗，三天吃不上饭，叫谁都这样！"刘歆略一思索，提高了声音。

"对呀!"王莽不禁使劲一拍桌子,"为官贪奢,则民必饱受盘剥,这事情是明摆着的。并不是有意要说你我的清白,咱们就事论事,放眼朝中,下自佐史,上至丞相,大小官员,不下十余万人,可是真正能为朝廷出力能替百姓着想的,有几个?"

"是呀!"刘歆深有感触地点点头,"不过,也未必要把世道看得漆黑一片。如今朝廷中,还是有人能洁身自律的。就拿巨君来说吧,不就挺好吗?前些日子封了新都侯之后,皇上赏赐那么多东西,你不是悉数都散发给宾客,以至于其他官员都暗暗赧然吗?"

王莽踱到桌前坐下,颔首笑笑,继而又长叹口气:"唉,子骏,也就是你这样想。更多的人,认为我这不过是沽名钓誉罢了。其实,人不合群了,大家就会感觉不顺眼,这也是情理之中的。比如,前段时间,犬子王宇和侄儿王光同日娶亲,不就是大家闲谈的话柄吗?"

"唉,木秀于林,风必摧之呀!"刘歆颇有同感地跟着长叹一声,"两个孩子娶亲那天,我就听人嘀咕闲话了,说是令侄王光比令郎王宇年岁小,故意安排他俩同日娶亲,明摆着是想落一个优抚孤儿的好名声嘛。另外,陪酒的时候,你好几次离席,到后堂去伺候令堂大夫人服药,又有人说,你这是故意做给大家看的,想让大家替你扬扬孝子的名声。其实他们未尝不知道,伯母一向多病,每次你都亲尝汤药,只不过他们是故意装疯卖傻,掩饰他们的羞赧罢了。"

王莽屈起手指关节轻轻敲打桌子,脸色渐渐凝重起来:"子骏,扯过了。话说回来,别人如何曲解我,倒还不是什么大事,至少于国无损。但……若是真让淳于长接替了大司马……"摇摇头,嘴角撇出一丝苦笑。

刘歆察言观色,坐直了身子,压低声音反问一句:"巨君的意思是……子孺他……难以胜任这样的职位?"

王莽不动声色地冷冷一笑:"淳于长不是外人,背后莫论他人非,这话我可不敢说。不过,子骏你也知道,淳于长当年刻苦攻读,学问见识确实不错。自从进宫为官之后,跟随在皇上身边,逐渐为虚名实利所

惑，以要心眼弄嘴皮子为要务。如此一来，虽然博得了皇上的欢心，自己也捞到不少实惠，可于国于民，有害无利，小打小闹倒也罢了，真要把他推到大司马职位上，手握百姓万民的苦乐生死大权，恐怕……"

见王莽有所顾忌地打住话头，刘歆已经明白了他的心思，蹙眉沉吟一下，咂咂嘴："小胜胜于智，大胜胜于德，治国治民可不是哄皇上开心那么简单，用人不慎，贻害天下呀！可话又说回来，官员职位是皇上囊中的物件，人家高兴给谁就给谁，咱们……只能私下议论几句，左右不了时局呀！"

"是呀！"王莽又站起身来，从半掩的格扇窗看看外边，当值的人都奉命去巡视了，大院内就他们两个人，"子骏，还有些事情，我没好意思提起过，觉得乃是家丑。可现在看来，恐怕就快成国难了。但是事关重大，我一时不知道怎样处理，你我既然引为知己，又彼此发下宏愿要为社稷江山竭心尽力，我不妨吐露一二，你帮我参谋参谋。"

王莽一脸异样的神情，仿佛如临大敌，刘歆顿时紧张起来，也站起身："巨君有话尽管说，参谋不参谋的，我不逢人乱讲就是了。"

"唔。"王莽抬手把窗扇开得缝隙大些，眼光落在窗外，徐徐讲出一件令刘歆大为吃惊的事来。

汉成帝先前废掉的许皇后，有两个姐姐，一个已经被处死，另一个叫许孊，是龙雒侯的夫人。就在几年前，龙雒侯病重亡故，而许孊正值壮年，徐娘半老的成熟与少妇风韵兼而有之，难耐空房寂寞，一个偶然机会遇到少壮得志的淳于长。两人干柴烈火，很快便勾搭在一起。许孊施尽各样惑人媚术，终于牢牢缠住淳于长，成为了卫尉府上的二夫人。

消息传到冷宫，被废掉的皇后许氏见寡居的姐姐竟然迷住皇上身边的宠臣，不觉心思涌动地想，当初赵飞燕之所以能顺利成了皇后，据说淳于长这家伙上蹿下跳出了不少力，如今风闻赵家姐妹已风光不再，何不利用姐姐的关系，请淳于长再上蹿下跳一回，或许自己真的能重新回到皇上身边，再登皇后宝座。若是那样，付出什么都值了！

在这种强烈欲望的唆使下，许氏不惜倾家荡产地在淳于长身上下血本，把皇上曾经赏赐给自己的金银珠宝、世间罕物，尽数送给淳于长，前前后后的，加起来不下千万钱。淳于长一来正宠着许嬺，她妹妹的事，不好推辞，二来，淳于长贪心正炽，能到手的钱，不管来路如何，来者不拒，地方官员为了让他能在皇上面前美言几句，孝敬银子已经堆满了大小房间，许氏的东西，当然更该要了！

虽说受人钱财，与人消灾，但淳于长并不是皇上，只能旁敲侧击，却无法当家做主。自上次发现赵飞燕与外人通奸的嫌疑后，汉成帝确实冷落了她很长一段时间。但赵合德似乎还算清白，汉成帝对她依旧喜爱。赵合德不遗余力替姐姐洗刷污点，赵飞燕则放手施展本领，两人一唱一和，汉成帝本来在她们跟前就没多少硬骨头，一来二去又和好如初了。在这种情况下，淳于长纵然口吐莲花，也无济于事。许氏的托付完不成，黄金白玉堆放在家里又不便退回去。那边的许氏则三天两头捎过信来，询问事情进展如何，直弄得淳于长焦头烂额。

接连搪塞了几回之后，再找不到更贴切的理由。而淳于长此时对半老不老的许嬺开始失去兴趣，欺许氏不过是个失了势的孤家女人，索性回了一封语气尖刻的信，想从此彻底打掉她的念想，别再来纠缠自己。在信中，淳于长颇有几分戏谑地说，你不顾实际情况，一再催促我促成你与皇上重归于好，无非是寂寞难耐，春心如同火烧。可惜皇上身旁宠妃甚多，哪里能顾及你这位半老徐娘？你要真的是把持不住，需要男子侍奉，何不同你姐姐一样，请我帮忙，这个忙，我倒是立刻就能帮上的，还能保你称心如意……许氏看到信后，羞愧万分，却无可奈何，或许是有意为之，她并没撕毁写信的丝帛，而是偷偷交给了王莽。

听到淳于长竟然还暗藏着这么一档子事，刘歆不禁目瞪口呆，重重地一拍桌子：“表面上个个是人，背地里非虎即狼，太不顾及德行了！许贵人虽说被废，但毕竟是皇上夫人，如此污言秽语，分明就是戏弄皇上！巨君，你应该立刻禀奏给皇上！”

王莽却依旧满脸冷静，目光斜视着窗外：“《礼记》有云，上堂拜父母，下堂拜兄长。再怎么说，子孺是我至亲，这种推他于不测的事情，不好做出来呀！”顿一顿后，盯住刘歆的脸，又说：“即使说了，皇上会相信吗？尤其这个节骨眼上，只能说明自己为了抢夺大司马之位而已。唉，搬起石头砸自己的脚呀！"

发泄两句，刘歆已经冷静下来，他忽然意识到王莽给自己说出这件事的用意，低下头来略微想一想，大悟似的说："巨君，有了！皇上虽然中意淳于长，但仍希望不要有任人唯亲的名声。皇上让大司马自己物色接替人选，当然，物色谁，大司马心里是清楚的。你怕皇上不相信，应当赶紧去禀明大司马，让他知道淳于长的真面目，让他想办法拿主意，这样再好不过了！"

王莽眼睛一亮，随即火花迸溅般又倏忽黯淡下去："唉，一头是亲戚情谊，一头是江山社稷，叫人左右为难呀！"

刘歆皱着眉头，搓手跺脚："都什么时候了，巨君还是这般仁慈！咱们以前不也说过嘛，民为贵，君为轻。为了大汉江山，君王尚且为轻，何况亲戚？快去吧，否则，任命诏书一颁下，什么都晚了！"说着使劲推他一把。

王莽仍有几分迟疑地整理一下衣袍："那，就去？"

"去，为什么不去？"

王莽匆匆走出宫门，驱车直奔曲阳侯王根府上。

王根正懒洋洋地斜倚在床榻上，见王莽进来拜见问候，虚脱的脸上露出一丝笑容："哟，巨君来了！"再看看王莽随身带来的几样礼物，更是洋溢开喜气："到底还是巨君侄儿知书达礼，比那几个亲生的畜生都强！"说着又叹一口气，"唉，可惜，大家都没来啊！对了，子孺好长时间没来过了，怎么没和你一起过来？"

王莽已经拜见施礼完毕，起身坐在王根身边，亲亲热热地拉住他的手，替他擦把脸，一副漫不经心的神情说："叔父千万别介意，子孺近来忙得很，不但要值班巡视，更忙着召唤人安排各样职位，自然就席不暇暖，脱不开身了。"

王根一愣："安排职位？安排什么职位？"

"啊，是这样……"王莽做出说漏嘴的样子，有些歉意地笑笑，"不是有消息说准备让子孺接替大司马的职位吗，子孺是想提前做些安排，免得到时手忙脚乱……"

"混账！"王根忽然气哼哼地使劲拍打着床榻，"我还没死呢，他就这么着急！有消息说？哪来的消息？皇上让我物色人选，消息的源头在我这儿。我没发话，哪来的消息！这个不孝的东西，不定怎么咒我早死呢！"

见叔父发怒，王莽诚惶诚恐地站起身，连连拱手施礼赔不是："叔父息怒，叔父息怒。侄儿只不过随意说一句，侄儿该死！"说着似乎忽然想起什么，有些为难地犹豫一下："本想过来陪陪叔父，顺便说件挺重要但也挺叫人犯难的事情，刚开个话头就惹得叔父动怒，也不好再提了。下回吧。"

话音很低，似乎在自言自语，但王根还是听到了，顺口粗气招呼他过来坐下，盯住他的眼睛问："巨君呀，咱王家这些个子侄里边，论名声，论学问，论德行，不是叔父当面夸你，还真就数你一个。你应该清楚，仗着太后在宫内撑腰，一家老小享尽了荣华富贵，大官任做，骏马任骑。可是呢，常言说得好，福不可享尽，势不可用尽。人生百年，不过一死，要是太后不在了，咱王家在朝廷再没个有出息的人把持着，到时候来个墙倒众人推，还不立刻就满门抄斩，断子绝孙?! 所以说，有什么话你尽管讲，别瞻前顾后的，知道你为国为家着想，秉公持正，没有谁怀疑你为一己之私！"

王莽认真地听着，诚恳地连连点头："多谢叔父厚爱。既然如此，就是怀疑我为私利，也不用隐瞒了。叔父，我是想说，大司马一职真让子孺担当了，就怕将来会闹乱子，出笑话呢！"接着，把自己掌握的情况，绘声绘色地向王根讲述一番。

王根的脸色忽而惊讶，忽而气愤，直到王莽终于讲完了，仍黑着脸一语不发。王莽不知他心里想什么，不敢造次，低头陪着发呆。屋里，沉寂难耐了很大一会儿，王根忽然跳下床榻，冲外边大声叫嚷："快，伺候我换衣服！快，给我备车！"

"叔父，你身子骨不大爽利，应当静养才是。"王莽连忙拉住他，"需要办什么事情，让小侄代劳就是！"

王根一边动手穿外边的大袍，一边摆手叫他不要说下去："代什么

第十一章　表兄弟争做司马　初上位大展宏图

劳？今天的话你要是憋在心里不说，整个王家的脑袋都保不住了，还代什么劳？我这就去宫里面见太后，把淳于长的真面目讲给她听，然后再面奏皇上。这等恶劣之辈，小任都当不了，还当什么大任。我看呀，别说大司马，卫尉他也别干了！"絮絮叨叨地说着，急匆匆收拾完了，走出门口时招一下手："你也跟着！"

和汉成帝一样，太后王政君也一直喜爱着能言善辩、乖巧伶俐的淳于长，把他看成一个能解人意的可人儿。乍听王根气冲冲过来讲述一番淳于长的劣迹，王政君几乎不敢相信这些事情出自那个笑嘻嘻、文质彬彬的外甥。但王政君内心很清楚，听搔痒的话找淳于长，听实话，应该还是王莽。王莽也这样肯定地说，并且还有丝帛上的笔迹为证，不容自己不相信。要真是这样，这个孩子，确实难当大任啊！

王政君在心中叹口气。三个人冷静下来商议一番，决定由太后和王根联手向皇上说明情况，不但要取消原来由他接替大司马的打算，更要夺他的所有职务！

说干就干，王政君立刻差人把皇上叫来。和王根一唱一和，如开膛破肚般，把淳于长这些年利用皇上恩宠的机会，所做坏事数落一遍。当然，重点还是戏谑羞辱许氏，这可是目无君上、大逆不道，说明了淳于长已经张狂到什么地步。

汉成帝乍听这些，目瞪口呆地都不知该作何反应。想想这几年来，淳于长跟在自己身边，鞍前马后的，什么事情都帮着出谋划策，跑上跑下，能随口说来的，就不少。像修皇陵，废立皇后，生前死后的事，他都掺和遍了。在心目中，总以为这人聪明伶俐，知道维护皇家的利益。没想到，画虎画皮难画骨，这小子背后还有这些个见不得人的事！倘若仅仅收贿贪财也就罢了，连自己先前的婆娘也敢收留，这就不可原谅了！

淳于长的前程就此戛然而止，令他做梦也预料不到。飞了的何止是大司马，连卫尉也吹了！成帝还算是体念淳于长在历史上有过那么点子小小的功劳，总算没当场宰了大逆不道的狗东西，还保留了他定陵侯的爵位，轰出长安，到地处汝南郡的封国闭门思过去吧！

淳于长本来以为自己没法儿活过今天晚上，遗嘱都准备好了，一听，才不过撤职的处分，不免由衷感谢皇上宽宏大量，望阙叩头谢恩已毕，回府打点行装，预备即日奔赴汝南。

搜刮的东西忒多了点儿，看看这儿舍不得，看看那个撤不下，干脆，统统装车带走！

车也装好了，宅子也卖了，门口有人来送行。

待罪之臣居然还有人不怕受牵连，淳于长还真挺感动。

可来人一开口，差点没把淳于长气死！

"表兄，你打算就这么走？不给我留点儿什么念想儿？"

这是来发国难财的！淳于长瞅着眼前的表弟王融，一肚子气没地撒！

王融是淳于长的六舅红阳侯王立的老大，这次来，是奉了父亲的严命，要在淳于长身上捞点油水。

王融也瞧出来淳于长鼻子眼睛都不在正地儿，他才不管那个呢："表哥，老爷子让我转告你，前几年多亏了你在皇上面前说他体弱多病，不宜接替五叔的大司马，这才得空儿休养生息，特让我们来给你送送行！"他赶紧解释："六舅弄错了！我哪儿能干那缺德事儿啊？咱们好歹是亲戚，胳膊肘哪能往外拐呢！说实在的，表哥我这回遭了暗算，失势的凤凰不如鸡，还仰仗六舅他老人家在皇上面前得空美言几句呢！"

王融想想，好像老爹是弄错了，淳于长不至于那么毒，当年老爹未能循序当上大司马，说不定另有原因，不能赖淳于长。

不赖是不赖，那也不能就这么白白替他跟皇上说情去，辛苦费总是要的吧。

"亲不亲，砸了骨头还连着筋呢！表哥的事儿，不就是我的事儿嘛！可是我担心呀，我老爷子腿脚不大好，许是没法儿替你奔走了，你哪，还是另请高明吧！"

淳于长一听，嗨，有门儿！他是收受贿赂的行家里手，这一套欲擒故纵，声东击西，明敲暗打的索贿把戏，那是老头儿捏泥雀——玩儿剩下的活儿了！

"别介呀，我的好兄弟！六舅再不管我，我还有活路儿吗？腿脚不完，那不要紧哪！兄弟你看看，哥哥我这儿几十辆车呢，随便儿挑！不就一辆车嘛！"

王融其实早就有目标了，刚才来之前老爷子就嘱咐多少遍了，淳于长有一辆七宝香车，超豪华，再加上那匹御赐的西域神驹，弄不到手就别回去见他！

淳于长一看王融站在七宝香车跟前再也不挪步，心里就有底儿了：

"兄弟瞧上这辆了？嘿，要不怎么说是红阳侯的世子呢，见过世面，眼光就是贼！不用客气了，赶走吧！"

王融还得假模假式一下：

"那多不好意思啊！再说你这车上还装着东西呢，要不招呼他们卸了车？"

"空车送人有什么劲？拉走，都拉走！也不是什么好东西，不就点子金银珠宝嘛，拿去玩儿去吧！"

淳于长会算着呢！跟自己的政治前程比，一套车马，一车珍宝，算什么！手底下使点劲就又捞回来了不是？

王融就等这句呢！他跨上七宝香车，拉起缰绳："表哥，我这可是无功受禄？"

淳于长一摆手："请回吧兄弟，受禄才有功哪！"

送走了得意洋洋的王融，淳于长踏踏实实回汝南静候佳音去了。

没承想，淳于长耍了一辈子小聪明，这回总算是耍砸了锅！

红阳侯王立倒是没辜负那辆七宝香车和那些珍宝，当真上成帝那儿替淳于长叫屈去了，可是反而弄巧成拙，让成帝瞧出了毛病："六舅今儿个反常啊！朕记得你总是怀疑淳于长给你使绊儿，弄飞了你的大司马，平常日子没少说他坏话，今儿个怎么太阳打西边出来了？"

王立想："陛下，老臣这叫大公无私！年轻人嘛，难免犯点儿错误，老臣这当长辈的，哪儿能跟他们叫真儿啊！淳于长是狂了点儿，可话又说回来了，人家狂得有本钱！聪明，能干，还……"

成帝脸色一变："他是聪明能干！鬼主意都打到朕的后宫来了！朕

就想这事儿不对味儿！好模样儿的，你替他说哪门子情？别不是得了他什么好处吧！"

王立也是心里有鬼，让成帝一诈，舌头立马儿打卷儿。

成帝一拂袍袖："哼！还是朕的六舅呢！拿着国家大事当儿戏！来人！给朕彻底清查此事！"

要说皇上手下就是办事得力，三查两查，就查到索贿受贿的王融那儿了，哗嘟嘟铁链子一抖，就要把王融带到监牢里去！

王立一看这回要完了，自个儿的儿子自个儿知道，三堂六市那罪，他哪受得了？一个挺不住，就得把我给供出来！豁出去绝户了，别让人坏了我！

一杯鸩酒，把王融送上了西天。王融也是冤透了，七宝香车替老爷子要了来，自己就坐过一回，这就搭上了一条小命，这车票也忒贵了点儿！

王立毒死亲生儿子，倒坏了事了，成帝一听，怎么着，这里还是有事儿啊！看来不光是行贿受贿了，没准还有更大的阴谋哪！

正当淳于长跌这么个大跟头还没回过劲来时，果然应了"墙倒众人推"的俗语，许多大臣在他身上使了好处，还没得到什么回报就让他走了，未免心头气不过，索性大家一起上疏，争相揭发他贪污受贿、欺凌大臣等罪行。汉成帝见势不可遏，加之对淳于长也生了厌恶之心，就顺应着大家的意思，将他从汝南召回，下到洛阳狱中审讯一番后，处死了。

淳于长狱中毙命，京城的王立也被武装押送到了他的封地南阳，这一重大案件还株连了几十个跟淳于长过从什么密的高级官僚，一个个全都丢了纱帽。

这中间唯一一位得益的，就是王莽王巨君。成帝一看王莽这么忠贞不二，又这么大义灭亲，焉有不赏之理？正好王根长期歇病假，国家大事正需要王莽这样的忠良精明之臣辅助朕来料理，大司马，就归了他吧！

淳于长毙命狱中，王根病体衰竭，又不得众大臣的拥戴，大司马职位似乎很自然地就落到了王家后起之秀王莽的身上。

这年，王莽三十八岁，成为自西汉开始设置大司马辅佐政务以来，最年轻的大司马。

三十八岁，正是一个男人最好的年纪。既身强体壮精力旺盛，又积累下不少经验，简直可以说是左右逢源，游刃有余。王莽正是在这个最佳年龄段上，得了个最佳的施展才能的机会。他自己有时都情不自禁地想，看来，上天实在是太眷顾自己了。想当初，叔伯们一家一家借了太后的光，享尽人间荣华，而自己和母亲、寡嫂孤苦伶仃，几乎到了无依无靠的地步。正是自己不信命、不认命，一步一个脚印地走过来，走到今天这个地步。不容易啊！

体味出不容易的王莽，自然就格外看重这来之不易的成果。他认真总结了叔伯们之所以或倒台或引发众大臣怨怼的原因，无外乎有两点。一个是生活太过奢侈，劳民伤财，不但百姓抱怨，大臣看着眼红，也极容易引起皇上的不悦。再说，奢侈要靠钱，要靠许多钱，俸禄远远不够。想来钱，当然就只能贪污受贿了。这明摆着是给对头送去把柄嘛！自己是万万做不得的。另一个重要原因，是在其位不谋其政，无所作为。这样，白拿俸禄让众人眼热不说，皇上感觉你可有可无，自然就不把你放在心上，一旦有人出手弹劾，也就会照顾众人情绪而不惜把你捋下去。如果真要是大显身手，把政务处理得井井有条，让皇上一刻也离不了你，那就另当别论了。即便有人不满，皇上兜着，他们也只能徒呼奈何。

想清楚了这些，王莽格外清爽，似乎找到了一条朝堂不倒翁的秘诀，他就要大干一番了！首先，王莽从自己家里做起。虽说每月六万钱的俸禄，对自己这个不算很大的家庭来说，即便不伸手向外边弄钱，奢侈一些也是绰绰有余了。但他还是捂紧了口袋，向几个儿女讲解由节俭日子过渡到奢侈豪华的生活而不能自拔是很容易的，但等意识到奢侈是一种罪恶，再想回到原先的朴素生活中，几乎是不可能的。人毕竟都有好逸恶劳的惰性，要提前节制才行。所谓从善如登，从恶如崩，就是这个道理。正是这样，王莽家，从上到下，不管是高兴还是埋怨，一律都是出门轻车简从，在家粗茶淡饭，和市井百姓的生活没什么两样。不要说跟王公大臣们比，就是随便一个长安商贩，也比他们要多享受上几分。

虽然家里的情况只能局限在家里，外人无从过多知晓。不过，时间久了，总会露出些端倪。有次王莽的母亲病重，王公大臣们对待王莽，已经大为改换了眼光。他们从最初的不屑，再到意外的惊讶，到最后简直是无比的佩服了。王莽顺利当上了大司马，大家并不觉得有多奇怪，也不认为王莽有多能干。从王政君成为太后的那一年起，大司马就在王家人手中传递，该坐高位的都坐过了，轮到王莽，也是情理之中。不过，很快，大家就感觉到了不同。王莽对待大臣态度平易，在朝堂上谈论政事的见解分明，是王家其他当政者所从没有过的。更让他们意外甚至是感动的，是在他们的夫人前去探望王莽母亲病情时遇到的情形——

那天，奉了夫君之命，各王公大臣的夫人们一个个身着盛装，乘坐华丽马车联翩而来。在她们看来，这是要到大司马府上，当今权势最大的人物家里，穿戴什么都不为过，越隆重越显得尊重。

当一队队的宝马香车被引导着，曲里拐弯，绕过几个狭窄胡同，终于来到大司马府邸。众人下得车来，不禁一愣。这分明就是普通百姓居所，从低矮的大门望过去，不大的院落内，看不到高耸的殿宇楼阁，只是两排瓦房淹没在周围。大家面面相觑，是不是走错地方了？问问领路的差役，回答说，就是这儿。大家仍是不敢相信。

正在猜测议论时，院门轻轻被推开，只见两个粗笨丫头闪身出来，后边是一个身着布衣，短裙仅能遮住膝盖的妇女，头发有些散乱，脸色透着小户人家主妇所特有的蜡黄，恭敬地站在门外，含着笑，声音细弱地说："哟，劳各位夫人大驾，实在是过意不去。快，里边请吧。"

贵妇们见状，心中立刻老大不乐意。再怎么说，自己也是堂堂诰命夫人，丈夫论职位固然不比大司马，但也不至于弄个女仆出来迎接吧？传出去，岂不太丢脸面？所有的人你看看我，我看看你，谁也不肯从马车上下来。难堪地对峙片刻，终于有一位胆气豪壮的夫人开口了："喂，你们夫人不在家吗？"

那个穿着粗布短裙的妇女一愣。旁边的丫头忙接过话头回答说："奶奶们，这位正是我们家夫人。"

场面立刻沉寂下来。贵妇们眼中的愤愤立刻变作了惊讶和惶恐。

自从这件事情传出，朝野上下立刻引发不小的轰动。大臣们说什么的都有，有人私下悄悄议论，王大司马虽说对礼仪研究如此透彻，却连个贵贱尊卑都掂量不好，把夫人弄成那副寒酸样子，这已经不是什么节俭不节俭的问题了，有违礼节嘛！毫无疑问，分明是做样子给人看了！

不过，更多的人是佩服。很多人翘着大拇指，啧啧连声地感叹，唉，眼看着天下礼崩乐坏，人们竞相以奢侈挥霍为荣耀，没想到，如今出了位堪比古人的大司马。王莽这种俭朴节约才正是社稷之臣的崇高之处！好啊，眼看着大汉有望啦！

不过，对于众人的议论，王莽虽然零星听到的不少，却丝毫没在意，依旧我行我素，合家上下节俭有加，时不时地把皇上的赏赐拿来施舍，有时候也在附近的街口搞粥棚，接济逃荒到京城的穷苦百姓。王家府第，经常是人声汹涌，成了贫穷百姓最关心的地方。

转眼间，王莽担任大司马一职已经一年有余。虽然朝廷上的事情，颇有些积重难返，但经过他一年中勤勤恳恳，以自身影响出一批贤能官员，那些心存邪念的人物，见眼下风声不对，唯恐碰到刀刃上，也就暂时收敛一些手脚。几下里凑劲，倒很快出现了不少新气象。

就在王莽准备大刀阔斧，要使朝廷上下焕然一新的时候，汉成帝也放开了手脚大肆享乐。从小和王莽有过相处，他知道王莽的禀性，因而也就更加放心。国家既然不用自己操心，若不再抓紧享乐，岂不枉担了皇上的名头？

正是在这种心态下，加之赵飞燕、赵合德姐妹曲意逢仰，还有后宫中时不时出现几个姿色各异的嫔妃，让汉成帝夜夜奔赴温柔乡。就这样，时间一长，虽然酣畅淋漓，尽了兴，但年过半百的身子骨却越来越吃不消。面对满宫春色，心有余而力不足的时候逐渐增多。

汉成帝暗暗着急。毕竟岁月不饶人，着急又能有什么用？可是，如此尽享人间欢乐的大好时机，就这样白白流逝，汉成帝心里又十二分的不甘，整日锦衣玉食之余，则开始皱起眉头，哀气叹气。皇上这一反常举动，被一个近侍小太监看在眼里。

小太监虽沦为阉奴，对宫闱的事情，却格外的热心，对这等自己可望不可即的东西，也分外敏感，他立刻猜出皇上的心事。常言说，计莫毒于断粮，功莫大于救驾。自己常年在深宫大院，兔子一样跑前跑后，力没少出，但要说博得皇上特殊好感，将来混出一番人的模样，几乎不可能。除非有特殊的立功机会。小太监眼睛一亮，特殊的立功机会不就在眼前了吗？倘若能帮皇上解除了这道烦恼，也基本上相当于救驾了。

自从有了这个心思之后，小太监瞅空就打听关于这方面有什么好办法，甚至不惜冒了杀头的风险，以各种借口，溜到宫外，在市面上寻求壮阳的好方子。也是功夫不负有心人，多日之后，小太监兴冲冲而又有些神秘地跑到汉成帝跟前，说有重要情况禀报。

汉成帝如今虽然也就五十上下的年纪，却已经是耳不聪目不明，到处是虚胖的赘肉，眼窝发黑，走不几步便气喘吁吁，连说话也是一副有气无力的神情。正似睡非睡间，听小太监在耳边叫喊，勉强睁开眼睛，他满脸鬼祟，以为又要自己去哪个嫔妃处找乐子，没好气地嘟囔一句："朕日夜操劳，歇息片刻也来扫兴，滚！"

小太监却并不气馁，附在汉成帝身边，悄悄地说："皇上，奴才瞧见皇上每日忧心国事，费神劳力，连……心里着急。正好奴才有个远房亲戚，早年入山修道，炼成三七还阳丹，灵得很呢！"

汉成帝立刻明白了他的意思，斜过身去看他一眼："三七还阳丹？什么意思？大胆奴才，朕还没死呢！"

小太监听出来了他的色厉内荏，不慌不忙地扳起指头："皇上，误会了。我这位得道亲戚修炼的仙丹，服下之后，身子骨立刻回春，任多大年纪，都如同三七二十一岁的小伙子一般，倘若是夫妇共享天伦之乐，更是一夜数次而久战不泄呢！"

这话正落到汉成帝的心坎上，他腾地坐直了身子："仙丹呢？你那个亲戚现居何处？"

一击得手，小太监轻松地眉开眼笑："皇上，人家如今是半仙，居

无定所，云游四方，找他可不容易呢！"顿一顿，观察一下汉成帝的脸色："好在皇上洪福齐天，前日人家不知怎的，忽然来到长安找奴才，奴才心里念着皇上，好求歹求，要了几颗，特意献给皇上。"说着把一个小黄绸袋托在手上，举到汉成帝面前。

汉成帝心底涌上一阵惊喜，却又似信非信，从小袋里掏出两粒仙丹，仔细看看，犹豫着转动眼珠。小太监赶忙趁热打铁："皇上，俗话说，千金易得，一丹难求。不尝仙家药，难享仙家乐。奴才一片赤胆忠心，皇上尽管放宽了心。"

再看小太监一眼，汉成帝已经在心里暗暗默许了。谅他一个小奴才，也不敢耍什么花招，更不至于是奸贼刁民派进宫里来的刺客。这所谓的仙丹，即使无益，也不会是什么毒药，试试就试试！

汉成帝怎么也想不到，困扰自己这些年的问题，在一个小太监手上彻底解决。服用仙丹的这天夜里，正好轮到赵合德侍寝，汉成帝一改昔日心有劲而身无力的局面，满面红光，雄姿勃发，心头似有一团烈火喷薄欲出，折腾得赵合德心满意足之余，连连告饶，让汉成帝身心得到极大的愉悦和满足。他兴奋地想，这下好了，有仙丹支撑着，人世间的欢乐就可以任意安享，管他娘的，能享就享，不定是哪辈子行大善积了大德呢。不然，上天安排自己当皇上干什么？

兴奋之余的汉成帝很快便重赏了小太监，安排他到长安附近的一个小城去做了知县，并暗中嘱咐说，出了宫，就自由多了，要留意查找那位得道高人，务必赶在仙丹服用完之前，再多多进献。小太监原本只为了讨取皇上欢心，在宫里担任个差使，弄点外快，不料从外边卖野药的那里买些春药，就让自己摇身一变，成了正儿八经的朝廷命官，并且将来大有升职之势，惊喜中忙不迭地连声答应，欢天喜地地上任去了。

为了保住现有官职，为了升迁更迅速，小太监到任之后，一不问民情，二不管冤案，只一心搜罗春药及所谓房中术。只要博得皇上欢心，其他一切，都是扯淡，擒贼先擒王嘛！就这样，药性更为猛烈的各种仙丹，源源不断地送进宫中。

然而，汉成帝大抖威风、酣畅淋漓的时候，他并不知道，这些所谓的仙丹，都是用各种性烈辛燥的矿石和毒性极强的草药混合烧锻熬制而成，服用下去，可以将身体的有限精力逐渐榨干，醋畅淋漓是以折寿作代价的。没有多长时间，汉成帝的虚胖便变作骨瘦如柴，寝殿内大肆折腾之后是更加的身体空虚，有气无力，连翻奏章的力气也使不出来。可是盲人瞎马的汉成帝并没意识到危险，反而加量服用仙丹，拼了命地在温柔乡里摸爬滚打。终于有一天，正与赵合德戏弄得上劲时，忽然眼前一黑，一口气没跟上来，竟蹬腿而去了。

皇上骤然驾崩的消息，首先传到几位朝廷重臣那里。王莽带着几名大员，风风火火地赶到内殿，汉成帝早已变作僵硬的尸体挺在那里，王太后、赵皇后与一干妃子正围在旁边哀哀哭泣。王莽等人凑到跟前，行跪拜大礼，伏地恸哭一场，算是尽了君臣大义。哭了多半个时辰，王莽用袍袖抹把红肿的眼睛，哑着嗓子说："太后，皇后，事已至此，极尽哀节虽是正礼，但料理皇上后事也是当务之急。还请太后、皇后和列位大人节哀，商议一下丧葬大事。"

众人止住哭声，把目光投向王莽和王太后，大家明白，说是商议，其实大半就是听从他俩怎么安排。鉴子丞相翟方进不久前去世，首辅大臣仅王莽一个，未免身单力薄，照应不过来，王太后就在汉成帝尸首前任命孔光为丞相，授了相印，全权委托王莽、孔光和何武三公，具体负责安排国丧诸事宜。

等最初的忙乱、惊慌略为消停之后，王太后忽然琢磨起一件事来。不对呀，皇上虽说身子骨弱些，可也没听说有什么大毛病呀？我这体弱多病的老婆子尚且有一口气没一口气地挺过来一天又一天，皇上好好的一个大活人，怎么一夜间说死就死了？这中间定有蹊跷！越想越不对劲，王太后连忙召王莽和孔光进宫，讲出自己的疑虑，让他俩安排丧葬之余，抓紧时间查清楚这个事情。

对于汉成帝暴亡的原因，王莽虽然能够猜出几分端倪，但当着太后的面，也不好说他是纵欲而死，只能点头应承下来，表示要立即会同掖庭官员，查明皇上起居情况，探明真相。

其实，事情很好调查。不管怎么说，汉成帝死在了赵合德的住处，这是天大本事也推翻不了的事实。王莽即刻派人将赵合德带至掖庭，严加诘问。赵合德吞吞吐吐说出了皇上吞服仙药以壮雄威的情形，回去之后自知这等大事姐姐也救不了自己，当夜便自尽了。

赵合德的死，自然就给这个事情画上了句号。末了，王莽向王太后奉上奏章，讲明皇上系受赵合德蛊惑，误服丹药而亡身。如今赵合德已死，大丧之际，人心本就惶惶，似就不必牵连过多。就这样，那个祸端的源头小太监，反而侥幸漏网，继续当着他的小县令。

王莽本人精通周礼，做什么都有章有法，孔光和何武也都是饱学之士，三人相互协调着，大丧的各套程序按部就班，有条不紊，没出什么差错。众人再三商议，皇上精心侍母曰孝，安民立政曰成，上谥号为孝成皇帝，史称汉成帝。报到王太后那里，太后也比较满意，予以许可。

接下来另一件更为重要，也更关乎他们每个大臣切身利益的大事，就是帝位继承人的事。虽然成帝一生追求寝殿享乐，却没有留下一儿半女。好在他把定陶王刘康的儿子刘欣过继过来，一年多来养在身边，让他专心学习帝王礼仪，册封为皇太子。现在汉成帝驾崩，刘欣自然也就成了皇上，似乎顺理成章，没什么可商量的。

然而，王莽太了解王太后以及皇室内部的纠葛了。他心里很清楚，刘欣成了当今皇上之后，对自己的潜在威胁将是致命的。可是，他又实在没有扭转乾坤的能力，只能硬着头皮走一步算一步了。

倘若照以往历朝历代的惯例，刘欣既然过继给了汉成帝，就应当像亲生儿子一样才对，也就是说，他要把汉成帝和赵飞燕当成亲爹亲妈，把王太后当成亲奶奶，把王莽当成亲娘舅，而和他原先的爹娘等亲属断绝一切关系。可是，王太后在这个关键问题上，却大发妇人的善心，让王莽压在心底的惶恐瞬间变成现实。

新皇上登基，史称汉哀帝。就在汉哀帝登基不久，王太后突发奇想地把王莽召到内殿，摆出老年人的慈祥，语重心长地说："巨君呀，这一阵子忙活国丧的事，累得不轻吧？"

王莽看着王太后，有种不祥的预感，含含糊糊地回答："不要紧，不要紧。多谢太后关照。"

王太后眯起眼睛，慢条斯理地说："这几天，我琢磨着，新皇上也登基了。咱大汉历经几代，似乎形成了这么个规矩，一朝皇上一朝外戚。当初先帝在时，咱王家是家家封侯，人人升官。那荣耀劲，天下再找不出第二个。大司马这样的职位，一直在王家手里倒来换去，唉，也该知足了！俗话说，风水轮流转，没有百年不变的家业呀。巨君，新皇上当然也有叫他那边风光一阵子的权力，要不，人家劳神费力当皇上干什么？你听我老婆子一句，咱主动把大司马的位子让出来，叫人家那边的娘舅当政去。这样，亲戚情面也有了，咱还图个清静，到时候你就能天天进宫来陪着我说话了，不是两全其美的好事！这就叫一让两有，一争两丑嘛！"

听王政君用拉家常的语调唠唠叨叨，王莽感觉头皮阵阵发麻，分不清是可笑还是绝望，简直哭笑不得，他张张嘴想要反驳，却没说出话来。他知道，自己要讲的道理，王政君不是不懂，这个饱经风霜的老妇人，什么事理不清楚？她或许有着自己的考虑，但不管出于什么考虑，自己马上就会丢掉为之奋斗半生的东西，这才是最现实的。而丢掉这些之后，所有以前压制住的恩怨都会趁机突袭，到时候自己将会没有半点招架之力。可是断然拒绝，非但会落下贪恋富贵的恶名，还会得罪眼前这位老后台，苦心经营的成果，同样会流失大半。

内心一阵激烈的汹涌澎湃之后，王莽面色平和地点点头。

尽管十二分的不情愿，王莽还是拿出这几年来一贯雷厉风行的做派，第二天上朝时，便递上奏折，请皇上恩准自己回家闭门静养。

看着黄门把奏折接过来，放到御案上，盯着年轻的汉哀帝逐字逐句审读自己写在上边的违心的话，王莽心头一阵阵发紧。莫非上天真的不再眷顾我王莽，让万丈大志实现到一半就此收手了吗？

然而，令王莽揪心的那一声"准奏"并没有立刻响起。汉哀帝端坐在盘龙金椅上，拧着眉头终于看完，顿一顿却放在一边，顾左右而言地商议开别的事情。王莽此时却踏实下来了，他忽然意识到某些利害之间的细微权衡，看来，事情并没有原来想的那样糟。

回到后宫，手捧王莽的奏章，汉哀帝不得不思前想后，仔细掂量。

王家这几年的不可一世，天下人是有目共睹的，汉哀帝当然也不例外，而且感受更真切、憎恶，反感之心也更强烈。再说，自己虽然过继给了汉成帝，但血脉毕竟是定陶王那边的，母亲丁家那边，奶奶傅家那边，多少人都摩拳擦掌等着沾自己的光，鸡犬升天呢，大司马的职位，当然是给了他们更叫人放心也更能博得族人的欢心。照这个思路，王莽的奏折，似乎应当赶紧顺水推舟地予以批准。

可是再从另一方面想，王莽在朝廷盘踞的时间也不算短了，上上下下门生故吏不在少数，并且他本人并非那种见好就收、胆小志短之辈，这个时候忽然要求退出，是不是有什么阴谋？或在有意考验自己？倘若中了他的圈套，凭自己立足不稳、根基尚浅的现状，罢除王莽不成还会遭其反噬呀！况且，罢掉王莽而让自己娘舅们担任要职，他们能不能立住脚还在两可，要是王莽下野后仍在使劲，暗中捣鬼，乱了阵脚，那就得不偿失了……不行，朕绝不能上这个套！

这样想着，哀帝很快拿出主意，来日方长，反正皇上是朕坐着，还怕找不到机会整治他王家和王莽？你王莽越是号称一等一的好臣子，就越容易出毛病；等你出了毛病，朕再收拾你！到时候，名正言顺，谁敢放个屁！

于是，他立刻写下一封诏书，满含真挚地说："大司马春秋正富，怎么能提前退隐呢？当年先帝委您以重任，如今先帝弃朕而去，朕正要跟您同心同德把国家治理好，倘若您遂然离去，百姓岂不诟骂朕忘恩负义、过河拆桥？望大司马理解朕的苦心，朕已命尚书恭候您的大驾，等您来朝中议事。"

王莽跪听尚书令宣读完圣旨，抹把脸上感动的泪水，声音低沉地说："皇上对王家、对王莽，可谓恩重如山，王莽感激涕零，没齿不忘。可是，王莽几年来确实身心交瘁，不堪重任，有违圣上美意了。烦请大人如实转奏皇上。再说，傅、丁两家尽多才俊，皇上大可从中选任大司马一职，就有劳他们了。"

得到回报，哀帝脸色凝重地对孔光等人说："大司马并未理解朕的一片苦心和诚心。你们做臣子的，还是要再去请，朕不能让天下人戳朕的脊梁骨，说朕上了房就撤梯子。请不动也要请，什么时候请动了，再召集大臣们上朝议事！"

丞相孔光和大司空何武、左将军师丹及右将军傅喜等人，面面相觑。看来，真要费点力气来弥合新朝廷的缝隙了。

沉默片刻，傅喜眨巴着眼睛说："诸位大人，叫我说，眼下大司马和皇上较劲，咱们劝谁都不合适，软话硬话都不方便说。可是咱们不方便说不要紧，后宫不是还有主事儿的太皇太后吗？只要太皇太后一发话，保管两下里云消雨散，再没别的话说。"

众人这才大悟似的想起来，让王大司马收回奏章，当然得再请老太太出面了。

匆匆商议后，四个人立刻直奔长信宫。

太皇太后王政君本来也是妇人之心，过后想着王家真要失势，也颇感后怕。现在听四个人痛陈利害，便顺水推舟地连连点头。见傅喜也过来了，心里更加踏实，她拉着傅喜说："稚游啊，王莽是我王家人，他若久居大司马之位，你们傅、丁两家，岂不是就耽误了前程？"

傅喜知道事情成了十之八九，慌忙走近些说："太皇太后，自古公义不让私亲，只要我大汉百姓受益，何必分王家傅家？大司马在朝廷所作所为，深合古贤之道，他若退位以避帝外家，真是我大汉臣民一大痛事。还望太皇太后明鉴！"

王政君知道，傅喜是傅、丁两家最有声望的人才，要是他们都表示拥护王莽，看样子，出大差错是不大可能了。要是这样，当然还是让王莽把大司马做下去为好。

王政君发话，王莽很快做出晚辈不敢违旨的姿态，一场风波就此平息。哀帝为了表示自己对王莽非但没有戒心反而更加重用，特地下了一道诏书，加赐王莽"特进"的荣耀，初一和十五的朔望之期，都要进宫面君，算是私人情谊了。

新皇上对王家热情有加，王莽知道，这个甜头其实不大好吃，皇上显然是在搞欲擒故纵的伎俩，应当尤其警惕才是。然而他的叔叔王根，却昏昏然飘飘然起来。他觉得王家在新皇帝面前还是那么受宠，如今巨君支撑着，新皇上也敬他三分，看来，王家享乐没尽头啊。那还等什么呢，人生苦短，还不为所欲为地好好舒坦几天？

本着这个想法，王根拿出家底儿，刨去早先担任大司马的俸禄，加上几代皇帝前前后后的赏赐，竟有一万二千四百户封邑的收入，简直是富可敌国。况且还有赃累巨万的贿赂所得，这些钱财，足够自己折腾了。于是，王根开始了最大一次的扩建府第，在府中堆起土山，模仿长安城的样子，开设东西二市，让家中奴仆装扮成商贩的样子，整个集市上人来人往，热闹异常。府中的各个建筑，也是模仿了皇宫的样子，庄严辉煌。有时候，在府里待闷了，也学学皇上的样子，让仆从、家奴们身披铠甲，手持弓弩，扮成武士模样，前呼后拥地跟在鞍前马后，闹腾得鸡犬不宁。

更有甚者，王根带着侄子王商打猎时，经常歇息于皇上的离宫，还趁机把离宫内的几个先帝嫔妃给带回家中，成了他们的姬妾。这件事一传出来，不免引起很多大臣的注意。

王莽听说以后，立刻赶到王根府上，顾不得对长辈的礼仪，直耿耿地说："七叔，个人行乐，虽然关乎德行，但尚未伤及国家和臣民，尤其对于先朝老臣，似乎还可以原谅。但，先帝尸骨未寒，七叔怎敢……用他的后宫？这要是让皇上知道了，咱们王家，很可能……"王莽还是没敢把心底的担忧说出来，他唯恐传出去，诽谤圣上，那又是一条大罪名啊。

王根和王商当然立刻明白他的意思，连声答应认错，对着王莽保证，立刻把那几位贵人，全都送回去，以后再不敢如此招摇。

可是，没等他们收拾好残局，司隶校尉解光已经一道奏章，把王根和王商的情形禀奏给了哀帝。这是皇上交给他的职责，他当然比任何时候都雷厉风行。

哀帝草草看过奏折，眉头立刻舒展开来。好，总算叫朕揪住你们王家的把柄了。他立刻发下诏书，痛斥王根和王商说，先帝待王家不薄，可先帝驾崩尚且不满一年，你们就做出如此忘恩负义之举，有悖人伦，形如牲畜！削去王商成都侯之爵位，贬为庶民，永不起用！令曲阳侯王根即刻离开京师，迁回封地九江郡，非有召唤，不得私自离开封地半步。

一处理完毕，哀帝本想趁着这个机会，把王莽一并收拾掉，了却心头一桩大事。可是张张嘴，忽然又想起来，这个事件中，似乎找不到王莽什么差错。正犹豫间，王莽进殿请求皇上召见，递上一封奏折说："陛下，臣叔僭越制度，犯下不可饶恕的罪过，皇上处罚再严厉都不为过。臣无尺寸之功，如今忝居大司马要职，本当严格要求自己的亲属遵纪守法，可臣整日忙于冗务，没能防微杜渐，忽视了这件事情，请皇上将臣一并治罪，臣甘心伏法！"

哀帝一愣，王莽主动请罪，是什么意思？倘若按他说的，借机免去他的职位，是不是会激起某种不可预知的事变？正左思右想拿不定主意，丞相孔光、卫尉傅喜等大臣相继进殿，你一言我一语地替王莽说好话，请皇上爱憎分明，切莫大施株连，以免伤了天下臣民的心。听他们七嘴八舌地说着，哀帝心头冷冷一笑，这次确实有些牵强，但只要留心，王莽能多支撑几天？他端正了脸色，缓缓说："大司马，何必如此自责？亲兄弟尚且不同性情，何况只是本家。大司马尽管放心辅佐朕治理政务，朕并非那明暗不知的昏庸君王。"

王莽当然能猜度出哀帝的心思。但事情已经到了这个地步，只能走一步看一步了。

这个事情尚未完全平息，紧接着发生了一件更让王莽棘手的事情。

哀帝的奶奶定陶傅太后和哀帝的亲妈定陶丁王后，见自家的子孙成了皇帝，立刻撺掇着要给自己立名号，也要成为大汉的皇太后和太后。建议一经提出，遭到王莽和众大臣的反对，这让哀帝很不痛快。

太皇太后王政君知道这个事情后，召王莽进宫，生怕王莽落到人家圈套中，劝解他说："巨君啊，也别太认真了，不就一个虚名嘛，给她，她又能怎么样？"

王莽摇摇头，神色严肃地给姑母分析解释："太后，事情可不这么简单。所谓名不正，则言不顺，定陶傅太后要的就是名正言顺。她现在不过是藩王太后，她儿媳妇不过是藩王后，她们权势有限，野心再大，施展不开，危害尚小。可一旦上了尊号，她们就会为所欲为，自古外戚乱政者，数不胜数，这可是关系到国家命脉的大事，所以说，决不能轻易妥协！"

听王莽这样说，王政君总算明白几分，不过，她仍觉得和现在皇上的奶奶和母亲闹得太僵，不大好，便出了个主意："过两天，我打算在未央宫摆上几桌酒席，请傅太后她们过来，当面说说话，或许也能缓解一下咱王家跟傅、丁两家的误会，反正都是为了皇上，她们能理解的。"

王莽当然不好拂了王政君的好意，立刻亲自操办，预备了十多桌上等酒席，有时间就过来关注一下，看看盛宴的准备情况。不料，就在宴会的前一天，王莽忽然发现，大桌子后边的正当中，并排放了两张高背椅子。他一愣，招手叫喊："内者令！跟太皇太后并排放置的那张椅子，是怎么回事？"

内者令连忙解释："大人，那是定陶傅太后的，一左一右……"

"放肆！"王莽忽然发怒，"啪"地一拍桌案，"定陶傅太后，那是孝元皇帝的偏妃，定陶藩王的太后，有什么资格跟至尊至贵的太皇太后平起平坐？！"

内者令吓出一身的冷汗。原来其中还有这等玄机，他连忙把旁边的椅子给挪到下边，看见王莽满意地点点头，才暗暗松口气。

可是王莽的这个明显举动，却彻底惹怒了傅太后，她在哀帝跟前大吵大闹，哀帝也正好摆出身不由己的姿态，免去了王莽的大司马职务，由师丹继任。

师丹接任大司马之后，立刻就碰到一个最为敏感的朝廷大事。傅太后怂恿着哀帝和得力大臣，依旧坚持要给自己上尊号。

没了王莽这个障碍，哀帝很快传下旨意说，大汉以孝治天下，朕身为天子，理应为万民表率。朕虽然过继给孝成皇帝，但毕竟是定陶恭王的儿子，理当追尊定陶恭王为定陶恭皇帝，尊定陶傅太后为定陶恭皇太后，尊定陶丁王后为定陶恭皇后。

皇上的意思是这样，绝大多数大臣当然是满口赞成。但新任大司马师丹却力排众议，在哀帝面前说："皇上，自古以来，礼制严格，尊卑才能分明，尊卑分明，人伦的次序才能周正，人伦序正，天地才各得其位，阴阳才各顺其节。摆正天与地的位置，可乱不得。皇上的祖母、生母，为什么要在尊号中加上'定陶恭皇'四个字？那是根据礼制来的，所谓'母从子、妻从夫'，倘若为傅、丁二后立宫置吏改车易服，跟长信宫王太皇太后同等待遇，这分明是混淆尊卑之礼，扰乱上下之序。像皇上这种过继出去，为别支继挑的情况，古时候也不少见，总的原则是应当以继父为尊，继父亡故，要为他服重孝三年，而对生父，这个孝期就可以缩短。这是为了彰明本祖、崇重正统的缘故。皇上现在算是孝成皇帝的后代了，是大宗的继承人，您要奉祀的，是宗庙、是天地、是社稷……"

哀帝耐着性子听他长篇大论地说下去，终于皱着眉头打断说："大司马言之成理，朕再琢磨。不过，朕忽然觉得，大司马年老体衰，似乎该歇息了。"不等师丹反应过来，便起身回内宫去了。第二天，哀帝一道诏书下来，师丹改任大司空，大司马由傅喜继任。

傅太后逐步控制了自己的亲孙子哀帝之后，先是大泄私愤，把当年和自己作对的冯太后和她全家以谋反罪全部处死。接着，发动众大臣内外施压，把自己名号前边的"定陶"两个字去掉，成了真正的大汉皇太后。

成了皇太后的傅太后之后，一不做二不休，把朝廷上的要害位子，全分给了心腹人手。把同情王家比较正直的傅喜免去大司马职务，遣回封国。王莽比起傅喜来，更是傅太后的眼中钉，傅喜刚走，令王莽回封地新野的诏书就下来了。王莽怀着复杂的心绪，打点行装，离开了这座寄托着无限志向的长安城。

第十一章　表兄弟争做司马　初上位大展宏图

第十二章

友送别旁观朝政　蛰新野王莽整家

临上路之前，王莽当黄门郎那阵的好朋友刘秀来给他送行。

这个刘秀不是后来的东汉开国君主光武帝，他就是原来的刘歆，因为歆与欣同音，避哀帝的讳才改名为秀。刘歆在十里长亭摆下一桌简朴的酒席，秋风萧瑟，黄叶飘零，情景煞是凄凉，连刘歆的祝酒词也是低八度的调子了："巨君此去山高路远。多多珍重吧！"

一杯冷酒下肚，刘歆有了点儿要哭的意思。

"子骏，你这是何必！莽不过是就国，又不是就死，干吗弄得这么悲悲切切！"

王莽倒是想得开，一口酒，一口菜，跟没事人儿一样。

见刘歆停杯不饮，王莽倒过意不去了："子骏！来来来，莽借花献佛敬你一杯，祝你早日校书成功！"

王莽干了杯，冲刘歆亮了杯底："子骏，莽是先干为敬了！"

刘歆措手不及，仰面饮下醇酒，呛得他直咳嗽："咳，咳，校书的事情，总算是有眉目，现在秀正着手撰写《七略》，这些天忙得脚朝天……"

王莽来了兴趣："《七略》？想必和令尊所著的《别录》有异曲同工之妙了？子骏不妨略举一二，反正咱们不急，晚走一会儿不碍事的。"

刘歆这人有个毛病，一扯到自己喜爱的事业，就有说不完的话，这会儿见王莽兴致颇高，也就打开了话匣子："先父以毕生心血，撰《别录》二十卷，将校书时所著叙录汇编成书，那是多大的工程！秀才疏学浅，安敢望先人之项背乎！不过，秀这《七略》，倒也算是另辟蹊径，在走一条校雠书籍的新路子呢!"

原来，刘歆的父亲刘向，在成帝河平年间受命校雠陈农从天下求来的遗书，一干就是十九年。当时的图书是简书丝编，丝断则简乱。刘向很聪明，把汗牛充栋的简书一种一种地集中起来，比较同书异版的区别，互相补充，除去重复，然后条定篇章、定著目次，再校勘讹文脱简，命定书名，经过这一系列复杂繁琐的工序后，才写定正本。正本定下之后，接着就是为每一种书撰写叙录，叙录的内容包括著录书名篇目，叙述校勘经过，介绍著者生平、思想，说明书名含义、著书原委与该书性质，辨别书的真伪，评论思想或史实的是非，剖析学术源流，以及确定书的价值。每篇叙录，实际就是一部图书的简要介绍。刘向的工作，在中国目录学史上前无古人的，意义也是十分重大的——可惜他"别集众录"汇编成的二十卷《别录》早已湮灭在战乱之中，常令我辈后学者有难窥全豹的感慨!

那么刘歆在子承父业之后的第一个想法，就是如何在父亲的基础上更进一步。他认为，父亲校书的成果的确非同凡响，但也不是不可挑剔和超越的，其中最有突破可能的，就是《别录》基本上只按所录图书成书年代顺序著录，类目分得太粗，类目之间的顺序也显得有点儿杂乱无章，要想从中找出某一种特定内容的图书来，十分困难。在经过一段时间的探索之后，刘歆终于想出一个能够从学术体系反映群书，特别是反映当时统治阶级思想倾向的法子来，那就是他现在正在着手进行的《七略》。

目即图书馆学界普遍认为，刘歆的《七略》开辟了图书分类中七分法的先河，对于中国古代目录学的发展功不可没。这个问题讨论起来也许显得专业性太强了一些，不感兴趣的读者可以跳过去不看。不过笔者想说的是，在西汉末年，如何类分图书，很是一个具有社会思想斗争意义的问题，刘歆的《七略》，从一定角度上反映了当时统治阶级重什么轻什么的思想倾向，对于我们研究王莽和王莽所处的社会是有好处的。不信，咱们听听刘歆和王莽之间的对话。

王莽问刘歆："子骏，不知你的七略是哪七略?"

刘歆颇有些得意："名曰七略，实为六略，因为辑略实际是分别证明六略三十八种大小类目的意义与学术源流，阐述六略的相互关系和六略图书的用途，所谓'六略之总最''诸书之总要'。所以我把它放在全书之首，起个提纲挈领的作用。"

王莽觉得挺有道理："不愧是博学之才！那么其他的六略都有哪些？它们的先后顺序又是怎样的呢？"

"六略为：六艺、诸子、诗赋、兵书、术数、方技。六艺略分易经、书经、诗经、礼经、乐经、春秋、论语、孝经、小学等九种，都是儒家的经典之作，当然也有一些帮助士子学习六经的基础读物……

"六艺略冠于六略之首，当得的，当得的！我朝自孝武皇帝开始，罢黜百家，独尊儒术，六经的地位是不可动摇的！君不见朝臣上书议事，言必引经传，就很说明问题嘛！六艺之后是诸子略，收的是儒、道、阴阳、法、名、墨、纵横、杂、农、小说等十种诸子百家的学说，这都是六经的支脉与流裔，所以单立一略，且位列第二……"

"有理有理！诸子百家，都是安邦治国的学说，虽然是各有所本，但读书之人不可不兼收并蓄！子骏，你接着说！"

"下面是诗赋略，分屈原赋之属、陆贾赋之属、孙卿赋之属、杂赋和诗歌五种。我是这么想的，诗赋是咱们文人呕心沥血写出来的，可说是字字珠玑，理当广为流传，诵谕天下。所以也单立了一略……"

王莽当然明白刘歆的用意，赞许着："孔夫子说过，'不学诗，无以言也'。经传里说得更清楚：'登高能赋，可以为大夫。'为什么？能够睹物生情，写出诗赋这样优美文字来的，大多是才智深美之士，这样的人才，用来治理国家，一定能干得不错！可惜，现在忝居庙堂的，有不少是不学无术的东西！"

刘歆接着介绍："第四位是兵书略，顾名思义，当然是收军事方面的著作，不过，有一点我正在犯嘀咕，像蹴鞠之类的图书，不知该不该放在兵书略里？"

王莽歪着脑袋想了想："蹴鞠就是踢球，似乎不该入兵书略，不过，要是实在没地方放，放进去问题也不大，毕竟蹴鞠之戏很有点兵法的意味，也要排兵布阵，跟打仗差不多哩！"

"下面的两略，一是术数略，分天文、历谱、五行、蓍龟、杂占、形法六种，一是方技略，分医经、经方、房中、神仙四种。时间关系，这些我就不细说！"

王莽很高兴："子骏，你的工作很有意义呢！现在国家乱成这个样子，追根寻源，就是因为肉食者不读书的缘故！知书才能达理，才能修身养性齐家治国平天下！你看看现在朝中这些高官显贵，一个个不学无术，就知道依附傅、丁两家作威作福！大汉的老百姓摊上这些官儿，也算是倒霉！"

刘歆端起酒杯，感慨万分："巨君所言极是！现在这墙头草、两边倒的东西特多！别人不说，就连朱博朱子元，还是你们王家一手提拔起来的，如今也有奶便是娘，一个劲儿地向傅太后那老妖婆子献媚呢！"

王莽一副看得很透的坦然神情："趋炎附势，在所难免，世间的真君子能有几何！这朱子元，起自功曹小吏，靠着点儿小聪明，做到了后将军。在后将军任上，和我们王家交情甚厚，我还为他物色过宜男的美妾呢！他当时跟我六叔红阳侯王立走得最近，六叔获罪就国，朝廷清除罪臣党友，把他给免了。赶到今上即位，重新起用朱博朱子元，从光禄大夫，到京兆尹，再到大司空，一直到擢升丞相，几年的工夫，朱子元就又进入了权力中心！不过，我清楚得很，这朱子元起身卑微，势单力孤，因此拼命地结交权贵，想稳住自己的地位，这也是他这种背景的官吏常用的手段！咳！随他去吧！"

刘歆颇以为然："我以为，朱子元的趋炎附势，已经超出了只求自保的范围，不光是图利己，简直是在害人了！"

王莽这时似乎起了一点警觉，他双眉一皱："哦？朱子元一介莽夫而已，也会有此心计？"

刘歆呷着牙花："我的老兄！你这几年没在官场上混，怎么连政治嗅觉也给弄没了？朱子元当郡守九卿的时候，就以'好乐士大夫'著称，整天宾客盈门，有来希求举荐的，有来借力报仇的，你猜他怎么着？有求必应，比南海观世音还忙活！想当官吗？好，我举荐你！想报仇啊？行，把我的佩剑拿去！你说他图的是什么？"

王莽微微一笑："这也是侠肝义胆嘛！""非也！无利谁早起呀！朱子元这么干，无非是想混个好人缘，甚至更进一步，结成一批死党也未可知。这些我们都可以放过，在风云变幻的仕途上闯荡，没个仁亲俩故的，也实在不易嘛！可朱子元弄到后来，弄得也特大发了点儿！他的结党营私，已经让人不能容忍了！巨君知不知道，丞相孔光是怎么被免的职，朱子元又是怎么由代理大司空一跃而成总揽百揆的丞相的？"

王莽被刘歆问得稍稍一愣："孔光免相的事情也和朱博有关系么？"

刘歆狠狠点了点头："旁人不太清楚内幕，可我是刘氏宗亲，皇上有些事情并不瞒我。孔光是被朱博一道密奏封事给整倒的！据说，朱博的封事言辞激烈，说孔光身为丞相，不虑朝政，志在自守，不能忧国，同时还说大司马傅喜，虽然是皇上、傅太后的至亲，却阿附大臣，对朝政根本无所建树……"

王莽笑了，他觉得刘歆虽然未免刻薄了一些，但朱博的表演也的确有点过火。不过，他指出刘歆的分析还不够透彻："子骏，你以为朱博一只手就能翻得天转么？实不相瞒，朱子元不过是个传声筒而已，他所做的一切，都是傅太后那个幕后人物计划之中的！莽这几年，虽然闲居在京，两只耳朵却不曾有一刻闲过，一双眼也无时不在冷眼旁观朝廷风云！孔光的罢相，傅喜的去职，说到底，不过是因为他们违背了那个妄想君临天下的女人的意愿！当初，在先皇孝成皇帝立嗣的问题上，孔光就曾独排众议，力主应按亲疏顺序，立孝成皇帝同父异母兄弟中山孝王刘兴为嗣，为此他得罪了今皇上和傅太后，并从御史大夫被左迁为延尉。过了几年，孔光在大行皇帝灵柩前拜相封侯，老毛病没改，还是照样秉公直言。子骏，有几件事你该记得，像为傅太后议定居所的事，劾奏傅大后侄子傅迁的事，还有傅太后上尊号的事，孔光在这几件上所表现的不合作态度，早就注定了最终的结局！"

王莽提到的这几件事，刘歆都知道一些。

议居所的事，发生在哀帝即位后不久。当时傅太后还在"国邸"也就是定陶国驻京办事处里暂居。哀帝想，老太太一把屎一把尿把朕扶养大，如今朕龙登九五，也该让老太太得得济，怎么也得个"宫"住住啊！就问丞相孔光、大司空何武，朕的嫡亲祖母当居何处？孔光素来听说傅太后为人刚暴，又长于权谋，对哀帝又有养育之恩，担心她跟皇上住得太近了，会很方便地干预政事，这还不把朝政弄成一团乱麻？孔光很婉转地提出要为傅太后单建一座宫宇。大司空何武有点傻，没瞧出这里头的钩心斗角，说干吗还另建哪，未央宫那么大，有得是空着的宫、闲着的殿，随便拾掇一所来，就能让老太太安度晚年！这算一件。第二件，就是劾奏傅迁的事。傅迁这人，特邪行，当着侍中的驸马都尉的官儿，可尽不干人事儿，连哀帝都看不过去了，找了个由头儿把他给免了官，还要遣送回老家去。傅太后不答应了，蹦着高儿骂孙子忘恩负义白眼儿狼。哀帝没办法，只好收回成命，陪着笑脸把表叔又给请了回来。还是这位孔光，联合了大司空师丹，硬是要驳老太太的面子，上了一道奏章，弹劾傅迁：

"侍中驸马都尉傅迁，巧诈、奸佞，不守道义，一点忠心全无，属于国贼。这次免官归故郡，百姓称快，可没眨眼的工夫，又下诏招回，这太让天下疑惑了，这又怎么取信于民？这是对圣德的亏损呢！可不是小事！皇上应该维持原则，才是正招儿！"

当然这个正招儿到了还是没被采用，反倒更让傅太后记恨孔光、师丹。这些，刘歆都明白，但他还是觉得有必要再提醒一下王莽："巨君，虽说朱博只是一个小卒子，但他现在位居首揆，你还是多提防点儿为好！有件事，我不得不告诉你：你这次被遣就国，也是朱博这人背地里使的坏！是他奏请皇上，说你从前在上尊号的问题上亏损了孝道，应当千刀万剐！还说这回算万幸，赶上赦令，一死能免，却不应该再拥有爵位和封邑，他请皇上把你免为庶人呢！还算是皇上看在你跟太皇太后的亲属关系上，没照他的主意办，只是遣你就国。咳！朱博原先不是这个样子呀！怎么一到这种时候，人就变得这么无情无义呢？"

王莽紧紧握住刘歆的手："朱博这种人，吃亏就吃在不老实上，早晚有一天——我把话撂在这儿，他会把自己玩儿进去！子骏，分别之际，一刻千金，让我们忘掉那些势利小人好不好！说实话，今天你来为我这落魄潦倒之人祖饯送行，三杯薄酒，胜似万宝千珍！古人云，平生得一知己足矣！王莽有朋若君，今生之愿也就满足了。子骏，今日你我长亭一别，不知何时方能再相逢共商国事、重聚首同叙别情！珍重吧子骏！"

说到这儿，王莽那刚毅自信的声音也显得苍凉凄楚起来。

王莽的离开，至少从表面上看来，意味着王家这个外戚集团的彻底溃退。没了外界的压力，哀帝身后的两大外戚势力，傅家和丁家，并没有安享这意外得来的富贵荣华，他们在失去了共同的对手之后，为了谁能享受得更多，开始激烈地厮杀起来。

傅喜被免除大司马的职务之后，先是由哀帝的舅父阳安侯丁明接替，号称大司马卫将军，后来又改为大司马骠骑大将军，傅家不干了，凭什么让丁家独掌大权？不行，得轮流坐庄，让我们傅家也过把瘾！窝里反、穴里斗的结果，是来了一个"并列"，在西汉历史上绝无仅有地同时设立了两位大司马，由傅太后的堂弟孔乡侯傅晏担任大司马卫将军。

傅、丁两家的暴发，给本来就已风雨飘摇的西汉政权带来了更加混乱的局面。凉州刺史杜邺在一次方正对策中，曾一针见血地指出了这种腐败的状况：

"诸外家兄弟，不论贤与不肖，都在朝中侍奉君主，或者典掌兵卫，或者统率军屯，宠意并于一家，这种积贵之势，真是有史以来鲜见少闻的！甚至弄到连大司马将军的职务也能并置。古时候的皇甫家族虽说兴盛，三桓家族虽说隆达，鲁国为此而建立三军，都比不上我们这大汉啊！"

汉哀帝终于找了个由头，顺水推舟将王莽赶回了老家，按照丞相朱博的意思，王莽心怀私愤，目无尊上，刻意要压低傅太后的名号，伤害了皇上的孝敬之心，理应受到刑戮才对。但哀帝权衡再三，一是唯恐朱博得意忘形太过专权，二是碍于王莽与太皇太后王政君的至亲关系，得留点面子，所以折中了一下从轻发落，免其不死，也没有免除王莽的爵位和封地，而是打发他回到南阳新野县新都乡，赋闲打发时光。

在这场政治旋涡中，王莽无疑是个失败者。他被撵到封地新野后，一直闷闷不乐，为了避免与当地豪强的冲突，也为了不让人抓住把柄再次上告朝廷落井下石，王莽干脆深居简出，闭门谢客。

　　时任新都国相者乃一介名儒，姓孔名休，南阳名士，道德文章俱佳，只是仕途不顺，此前在南阳太守的衙门里当差。南阳太守听说王莽下野之后，有意与他套近乎，这才荐了孔休为新都侯国的国相，才使孔休有了与王莽交往的机会。

　　此前，孔休对王莽的名声事迹可谓耳熟能详，对他早已敬重有加，所以当王莽蛰居新都时，经常主动登门拜会，令王莽感动不已，郁闷的情绪也渐渐好转起来。在与孔休谈诗说文论学讲道的过程中，王莽逐渐了解了孔休的胸襟和才学，而孔休对王莽的抱负和气度也愈加佩服，尤其是对儒学的厚爱和一致见解，更加深了他们的交情。

　　这一天，王莽特意赶来，探望躺在病榻上的新都侯国国相孔休。孔休连连欠身还礼："区区小恙，怎好劳君侯大驾光临？"

　　王莽斜坐在病榻旁，连忙制止："国相客气，你我早已是忘年之交，还论什么劳驾不劳驾？实话说，莽此次去国离京，心绪烦乱，若不是与君相识，聊除寂寞，恐怕也早就久卧病榻了呢！"

　　孔休长叹一声："休自辅佐君侯以来，未有寸功，有负君望，实在惭愧！"

　　王莽含笑安慰他："国相暂且不要牵挂冗务，安心养病要紧。"说着起身从腰间取下一柄宝剑，恭恭敬敬地举过头顶，呈送到孔休面前："差点儿忘了，莽今天来还有一物相赠，请国相笑纳。"

　　孔休乃饱学之士，当然知道这把宝剑的分量，甭说宝剑，单看剑柄上镶嵌的那块美玉，怕也要价值连城，愈发显得受宠若惊，连连摆手道："使不得，万万使不得……休人微言轻，无功无绩，怎可受此厚礼？"

　　孔休虽说敬重王莽已久，但此举非同小可，孔休乃一介书生，哪里受过如此厚礼？虽说他早知王莽为人朴厚，但无功不受禄的古训是万万不可忘的，况且王莽只是暂时失意，此人绝非池中之物，依他的秉性，一定会在适当的时机图谋东山再起，倘若自己今天受此厚礼，一旦日后被卷进政治旋涡，恐怕脱身不得。想当初，吴国的专诸就是因为收了伍子胥的鱼肠剑，不得已成为刺杀王僚的刺客，而身首异处。自己可千万不能步他的后尘，一介书生，安贫乐道是正经。想到此，孔休打定主意坚决推辞，说什么都不收。

王莽见状，腾地站起身，提高声音说："国相，你我交往非一日半日，应当了解我王莽为人之秉性，莽赠此剑，只想聊表寸心，别无他意。赠剑其实赠的是这块剑玉，它乃用昆冈的碧玉雕琢而成，我听说美玉可以消瘢，国相脸上的瘢痕正好用它来消除呢。"

孔休闻听此言，一下子犯了难，他脸上的确有一块瘢痕，那是几年前的一次外伤留下的。一代名儒，自是讲究仪容儒雅，无奈日子过得清苦窘迫，心有余而力不足。如今，这块美玉就在眼前，所谓得来全不费工夫。可是思前想后，一是不能为了一块美玉而毁了自己的一世清名让人看笑话，二是作为儒生，如果贪得无厌怕是连赠剑者本人也要看他不起的，三是当然还是为了明哲保身，关键时刻能够全身而退，不至于为一块美玉而丢了身家性命……所以，他还是拒不接受。

王莽见自己的一番美意被人拒于千里之外，干脆一不做二不休，吩咐孔家的下人："拿把锤子过来！"

孔休一时没反应过来，愣在那里。

王莽从袖中取出一方缎帕，裹住剑玉，拿过铁锤，"咣当"一声，剑玉掉落在缎帕里，打开一看，已是四分五裂！

王莽托起碎玉，捧到孔休面前："铁锤太粗笨，没法儿砸得再碎，国相可命人细细研磨，这东西要研成粉末才管用。"

孔休见状，也只好恭敬不如从命了，连连说："君侯何苦如此？何苦如此？可愧杀孔某了！"

当夜，酒逢知己千杯少，孔休强撑病体把酒推盏，觥筹交错中，心里却在不住地提醒自己，看来这位新都侯的确不是等闲之辈，非我一般儒生可比，往后一定当心点儿，别陷得太深拔不出来，到时候惹一身不是，可不是闹着玩儿的！

后来，王莽奉旨回京，孔休坚决谢绝了王莽的好意，连王莽登门告别时孔休也称病不见，并表示落难相处不为名乃是儒生之气节。此举使他避开了后来的政治旋涡。

王莽也是借酒以消胸中块垒，直喝得昏天黑地，东方既白，才告别孔休，深一脚浅一脚地回到侯府。跌进卧室，稀里糊涂地上了卧榻，朦朦胧胧中却感觉为他免冠脱靴宽衣解带的那双手有些陌生，他有几分愣怔，又似有几分清醒。嘴里嘟囔一声："唔，谁……谁啊？"

一个怯生生的声音："大……大人，俺……我是青娥。"

王莽一激灵坐了起来："谁？谁是青娥？"强睁醉眼一看，面前站着一个眉清目秀，体态匀称的小姑娘，大约十四五岁。

王莽很是纳闷，便问道："你是何方人氏？怎么来到了我的房里？"

姑娘战战兢兢，连忙禀报："大人休怒，是……是夫人让俺来伺候您的。小女就是南阳人氏。"

王莽醉眼蒙眬地盯着这个比自己儿子还小的小姑娘看了半天，突然生出一种奇特的感情，随即对她说："既然是夫人让你来的，那你就去伺候夫人吧，告诉她我这里不需要。"

谁知青娥闻听此言，一下子跪倒在地，眼泪"扑簌簌"地流下来："大人……您听俺说……俺们一家是新都城外的正经人家，世代务农，今年年成不好，拖欠了官府的赋税，俺爹叫官府投进了大牢，俺娘没有办法，只好把俺带到城里的人市上去卖，想卖点钱再去把俺爹赎出来……大人……您要是嫌俺伺候得不好，那……俺爹就没命啦……"说着掩面低声呜咽。

王莽一听，酒醒了七八分："简直是胡闹！成何体统？去！把夫人给我叫来！"

青娥吓得止住了哭声，可是跪着没动。

王莽突然明白了什么，缓和一下语气问道："这么说，是新都侯府的人，把你从人市上带来的？"

青娥点点头："嗯，是二公子……"

"王获？"提到王获，王莽不禁长叹一声。这些年，随着自身地位

的增高和家族势力的扩大，自己的儿子们也都气焰嚣张起来。尽管他一再地提醒他们要避嫌，可背靠大树好乘凉，他们哪里懂得仕途的艰险？尤其是次子王获，不但不好好读书，更成天东游西逛不务正业，积下许多恶习，王莽时时担心他会出什么差错，一是给自己脸上抹黑，再者授人以柄，让自己跟着受牵连。这下可好，说到就到。听青娥这么一说，顿时心下烦乱。

青娥一看，连忙解释：“其实……二公子也是好意，他说只要俺干得好，他去跟官府说一声，就能把俺爹放出来，俺本来是留在夫人房里的，可夫人说您这里缺人服侍，就让俺过来给您铺床叠被，侍奉枕席。”

王莽一听火气又上来了：“放肆！纯属胡闹！”说罢气冲冲地冲出房门，留下傻愣在那里的青娥不知如何是好。

王莽进门就气急败坏地叫嚷：“夫人！你做的好事！”

王莽的夫人不明就里，以为是青娥侍奉得不周，忙躬身道：“侯爷息怒，青娥毕竟是刚来的，如有不周还望侯爷多担待，日后我会好好调教她。”

王莽气得浑身发抖，一拳抡在桌子上：“住口！你……你们逼着一个卖身救父的女孩干这种下贱营生，天理何在？”

王夫人这才明白过来，忙安慰道：“侯爷，您听我说，这也是妾身的一片苦心。您这几年仕途失意，心情抑郁，妾身见您闷闷不乐，才……才出此下策。况且您这几年和怀能、增秩、开明她们几个，不是相处甚欢吗？怎么今个儿……”

“唉！这怎么能相提并论呢？怀能她们是太皇太后所赐的婢女，与我年岁相当，收进房里是顺水推舟的事情，谅别人也说不出什么，可青娥……这不是明摆着乘人之危吗？”

“怎么叫乘人之危呢？咱们这叫扶危济困！”王夫人不服气地说，“青娥跟您说了没有？她爹被关进大牢了！”

王莽闻听此言，接过话头：“对呀，既然是扶危济困，那咱们就应该好事做到底，怎么能委屈人家做这种事情呢？”

王夫人不再言语，跟在后面来到王莽卧处。王莽对愣在那里的青娥说："姑娘，让你受惊了。今晚，你先在下人房里委屈一宿，明天我就送你回家，帮你把赋税交上，把你爹赎回来。"

青娥一听，顿时喜出望外，"扑通"一声跪倒在地，连连磕头："谢大人恩德，俺……俺总算遇见好人了。"

王莽摆摆手，冲夫人叹口气："领她去吧，我也要歇息了。"

王夫人领着青娥出门，轻轻带上了房门。王莽慵懒地躺上床，想着这些荒唐事，心中暗暗祈祷千万不要再出什么乱子了，随即沉沉睡去。

这边被王夫人安排在下人房里的青娥却兴奋异常，从父亲受牢狱之灾起，她和母亲走投无路来到了人市上，她就想好了只要能救父亲，无论做什么都行！可是，没想到她居然有幸遇到了王大人这样的好人，他不但没动自己一个手指头，还答应帮她家偿还赋税并让她全家团聚。这真是做梦都想不到的好事！日后一定要好好报答王大人。青娥带着美好的幻想沉沉闭上了眼睛……

窗外月光昏黄，朦胧中，她似乎感觉到有一双陌生的大手在自己的身上摩挲，同时听到了粗重的喘息声，她本能地，半梦半醒地从喉咙里发出一阵混沌的声响："王大人……不……不……"她想叫喊，可是还没等她喊出来她的嘴就被另外一张嘴堵上了。一阵潮热的气息喷在她脸上，令她窒息。接着是一座山压了过来，她拼命地挣扎扭动，却被死死地摁住动弹不得。

情急之中，她狠命地咬了一下硬塞在自己嘴里的那个腥膻的舌头。"啊"的一声惨叫，舌头滑脱出去。青娥睁眼一看，不禁大吃一惊："二……二公子？"

她面前是一张被情欲扭曲的脸，看上去十分狰狞。王获不但没有要停手的意思，相反，青娥的反抗更加激起了他的兽性，他死死钳住她的双手，恶狠狠地狞笑着："丫头，你是二爷我花钱买来的，就应该是我的人。懂不懂？"

青娥毫无还手之力，只得不迭声地哀求："二公子……求你放过小女子……俺知俺欠了你们家的……俺来生当牛做马……一定报答你们全家。"

"啪"的一声，王获啐了一口嘴里的血污："哼！说得比唱得还好听！这是侯府你懂吗？一个奴婢不可以对主子说不！这点规矩都不懂！"边说边加紧动作。

青娥绝望地闭上眼睛，从喉咙里发出一声绝望的惨叫："王大人……救我！"

正在兴头上的王获，咯噔一下，赶忙扯过一条绢巾堵上了她的嘴，气急败坏地骂道："你这死妮子，长点记性！这是新都侯府，有本事你喊！你喊！看谁来救你……"边说边死死扼青娥喉咙，像一头困兽一样加快动作起来。

突然，"通"的一声，房门被撞开，把正在动作的王获惊了个半死，未及扭头，他就被王莽打在脸上，掉在床下。

王获哆哆嗦嗦地瘫在地下不知所措，王莽发现青娥却没什么动静，近前一试青娥鼻息，早已没了动静，分明已经死了！王莽心头大惊，再看王获那个没出息的龌龊样子，随手一个耳光："该死的畜生！你干的好事！"随即脸色阴沉地指着王获，对匆匆赶来的王夫人道："这下你都看到了，看看你养的好儿子！简直无法无天！"

王夫人见状，知道闯了大祸，急忙厉声道："获儿，还不赶快整好衣襟，向你父亲认错！"

王获这才反应过来，匆匆忙忙套上衣裤，跪倒在王莽面前，嗫嚅道："爹……孩儿错了……请恕孩儿不孝……孩儿以后……再……再也不敢了……"

王莽怒目圆睁，左右开弓，"啪啪"两个响亮的耳光打得王获立时鼻子淌血。王夫人见状急忙上前劝阻："侯爷息怒，获儿一时糊涂，您就看在我的面上，饶他这回，下次绝不犯就是了。"

"说得轻巧！人命关天的事，你还在为他辩护！不是你平时把他宠成这样，哪里会捅这么大的娄子？"王莽怒不可遏。

王夫人一时语塞，但很快突然意识到了什么，正色道："侯爷，获儿平日确系我管教不严，罪在妾，你就好好惩罚我吧。我以后一定对获儿严加管教。"

王莽一听顿时大怒："又是下次，下次！别以为揽到你身上，他就没了干系，很多事情是没有那么多下次的！"突然脸一沉，对下人道："把他们叫来！"

王夫人生有四个儿子，老大王宇，老二王获，老三王安，老四王临，还有怀能生的儿子王兴，增秩生的儿子王匡和女儿王晔，开明生的女儿王捷。

一会儿子女们便站了满满的一屋子。

王莽扫众人一眼，语气沉重地说道："三更半夜的，本不想把大家招来，但是不得已，我们王家如果再这样下去，怕是连我也自身难保，遑论救你们了。事情你们都看见了。今天的事，必须有个了断，以正家风！"

众人都沉默着，垂手而立。

王莽扭头对下人说："下去备酒！随后将青娥下葬！"

王夫人一听，似乎明白了什么，突然一把将儿子王获拉进怀里，母子抱头痛哭，边哭边跪下哀求："侯爷，这可是你的亲生儿子啊！你……你千万不能……你怎么可以这么狠心啊……就为了一个丫头……啊……获儿……快……快向你父亲认错……"

早已吓傻的王获听母亲这么一说，急忙屁滚尿流地趴在地上痛哭流涕："爹爹……是孩儿不好……孩儿知错……请爹爹饶孩儿不死……"

王莽面无表情地看着这一对匍匐在他脚下痛哭的母子，沉吟良久，从下人手里接过酒盅，颤颤巍巍地放到了王获手里。

王夫人见状，突然一把死死抓住酒盅："侯爷……你要是一定要罚……就请罚我吧！"

王莽转脸叹道："冤有头债有主，一人做事一人当，如果你真是我王莽的儿子，你就应该理解我王莽今日之苦心。"

王夫人闻听此言，知道王莽嘴里说出的话，是无法挽回的，当即急火攻心，昏厥过去。众人肃立一旁，没有一人敢劝解。

王获见再无退路，联想到自己昔日来也确曾仗势欺人，为非作歹，惹了不少事端。这么多年来，他太了解自己的父亲了，一言既出，驷马

难追，想要让他改变决定是不可能的。看来今天的确是气数已尽，只有认命了。遂端起酒盅，将毒酒一饮而尽。

王莽赐毒酒逼死儿子又厚葬奴婢的事，很快不胫而走，闹得满城风雨，一时间猜度加谣言四起。对于这件事，各人有不同的看法，有人盛赞王莽治家有道，大义灭亲；也有人认为王莽不甘寂寞，有心东山再起，纯属用心险恶的权宜之计。因为按照汉律，杀奴者不犯死罪。也有人说，即使是作秀，又有哪个权贵舍得拿自己的亲骨肉开刀？"虎毒不食子"啊！

面对众说纷纭，王莽依然保持一贯的沉寂，不置一词。在新都封地待了这么些年，他早已对朝野之事心灰意冷，如今自己廉颇老矣，还能指望什么呢？

就在王莽灰心丧气之时，京城里的年轻天子刘欣也陷入了困境。刚登基的时候，他还有心重振山河，扭转大汉日益颓丧的局面。可惜心有余而力不足，折腾了几个回合，完全不是以傅太后为首的外戚们的对手，只能面对日益衰败的大汉江山望洋兴叹了，成了名副其实的"哀"帝。

第十三章
好男风董贤受封　送哀帝王莽复位

建平二年（公元前 5 年），哀帝听从方士甘忠的弟子夏贺良的陈说，改元易号，下令将年号改为"太初元年"，自称为"再受命"的"陈圣刘太平皇帝"，以为就此抓住了一棵救命稻草，以为风雨飘摇的西汉王朝从此可以转危为安了。但这场闹剧仅仅上演了月余，就草草收场，夏贺良以"妖言惑主"罪被处死。诏书被废，年号恢复"建平"，夏贺良白白地做了替死鬼。

在朝臣中，哀帝为了安置丁、傅宗族，有意削减儒生，大司马、大司徒、大司空走马灯似的轮换，有的贬降，有的废爵，有的赐死。佞幸之臣惑世尤甚，贤良之士沉沦下位，钟鸣鼎食的贵戚皇族寻欢作乐，大蓄奴婢，平民百姓大批饥饿而死，人至相食，以致民怨沸腾，动荡不安。哀帝四年（公元前 3 年），关东民众手持麻竿到处传递，成千上万的人披发光脚，夜持火把在长安里巷阡陌集会，击鼓呼号，一场变乱眼看着就要掀起……

元寿二年（公元前 1 年），长安附近的民众，又放火焚烧了武帝的陵邑。一时间民心大乱，儒生们纷纷上书呼号，哀帝对此不但置之不理，还找借口将上书的名儒治以髡钳之刑。

然而，这位置大汉江山于不顾的哀帝可半点儿没闲着，他也正头疼得很。哀帝的皇后是傅太后的堂侄女，为着政治联姻，傅太后愣是亲自做媒，把堂侄女许给了自己的孙子刘欣，若论辈分，哀帝应该称她为表姑，可现在却顶了个皇后的名头！而且这个傅皇后仗着傅太后撑腰和自己的辈分，处处和哀帝摆威风，让他有苦说不出。

当然除此之外，还有别的隐情。据说哀帝患有一种暗疾，名曰"屡痹之症"，乃源于幼时的性变态。刚登基时，哀帝也想效仿汉武帝好好扬一扬天威，树立他盖世雄风的形象，因此经常借故诛杀大臣，可到头来不仅于事无补，而且发现自己对女色越来越缺少兴趣。与此同时，他却越来越迷恋男色。要说宠幸男色之风，这大汉历史上还真不乏其人，如高祖刘邦与籍孺，惠帝刘盈与阂孺，文帝刘恒与邓通。至于一代明君汉武帝，更是广纳男宠，如士人韩嫣、太监李延年等人，全是汉武帝的宠臣，弄得男宠之间也是争风吃醋，乌烟瘴气。哀帝作为大汉的继承人，不能说不受祖先的影响，按说贵为天子，龙体有恙，那是宫中的大事，御医的专职，怎奈哀帝讳疾忌医，唯恐将自己的暗疾示人，加之山河日下，无有回天之力，索性一头扎进宫闱之中苟且偷安去了。

一日，哀帝正在殿前凝神发愣，只见殿角下一个美少年，生得唇红齿白，眉目清秀，好一个标致可人儿！想想似有几分面熟，蹙眉片刻，噢！该不会是太子舍人董贤吧？

哀帝顿时龙颜大悦，不惜屈尊下殿，移步近前，向美少年招呼道："这位少年，可是昔日的太子舍人董贤董爱卿吗？"

少年闻听此言受宠若惊，赶忙叩首答应："皇……皇上，您……您还记得微臣？"此时的董贤，不过是一个在殿下值勤的郎官，负责奏报时辰，地位相当低微。见皇帝如此厚爱自己，一时间感动得涕泪交流，不知所措。

哀帝见状更加欣喜，牵起董贤的玉手，缓步进殿，边走边说："哎呀，没想到果真是朕的爱卿，快，陪朕进殿叙话。"

董贤半推半就地随哀帝走进大殿，哀帝将他的脸转过来细细端详着："爱卿，你这些年出落得更加可人了，快给朕说说，过得咋样？"

董贤一听，知道好运姗姗来临，居然抽泣起来："承蒙皇上恩德，微臣已成家，自皇上登基之后，微臣循例随太子宫属进了未央宫，由太子舍人迁为郎官，每月才得几次待漏殿角，远远地望一眼皇上，以聊补微臣的想念之情。"

哀帝闻言差点落下泪来，想不到董贤也早对自己芳心暗许，若不是今日察觉，岂不是要成为千古遗恨？他十分怜惜地为董贤拭去眼泪，轻轻揽过他的肩头，柔声道："爱卿不要再伤心了，小心伤了身子，从今往后，朕再也不会让你受冷落了。如果没有记错，你该比朕小两岁，今年应是二十了吧？"

董贤忙应道："启禀万岁，微臣刚刚二十，蒙万岁记得，微臣不胜感激。"

哀帝摆摆手："从今往后，只要你我相处，这些繁文缛节就全免了。朕想先拜你为黄门郎，日后有功再加赏，不知爱卿意下如何？"

此言正是董贤所热切期待的，他"扑通"一声跪倒在座位下："谢皇上龙恩，微臣今日得遇圣主，实乃三生有幸。臣日后定当以身许国，报答皇上恩德！"

哀帝微微一笑："爱卿快快平身，朕刚说了免去这些繁文缛节，你又来了。你若是真想报答君王……"哀帝顿了顿，仰头看看月色，一把抓住董贤的手："今夜何不留在殿中？"

虽说董贤早在等待着这一天，而这一天真的降临的时候，他还是有点手足无措，似乎一切都来得太快了点儿。另外，此前董贤对哀帝龙体欠安之类的消息也早有所耳闻，所以，他显得有些迟疑。但面对哀帝炽热的目光和皇上的威严，董贤知道，机不可失，时不再来，他很快调整好情绪，低头应道："臣，遵旨！"

这一夜，哀帝与美少年董贤缠绵缱绻不亦乐乎。在董贤身上，哀帝体会到了一种那些后宫粉黛钗娥们无法给予他的幸福，他对这位丰仪美质的英俊少年欲罢不能。

次日早朝，哀帝便当着群臣的面宣布："黄门郎董贤，才质超群，忠心绝伦，特封为驸马都尉、侍中，钦此！"

对于此类加官晋爵鸡犬升天之事，群臣们早已见怪不怪了，为国任贤乃皇上的职权所在，他们奈何不得。

"谢皇上隆恩！"董贤连忙在阶下叩拜。公卿王侯们虽说对朝廷已失去信心，对哀帝莫名其妙封官赐爵的做法敢怒不敢言，但他们还是有点搞不懂，为何昔日仪表堂堂风流倜傥的董贤，今日被加封之后反而脸色蜡黄，行动迟缓？

哀帝坐在龙椅上也是强打精神，有气无力地说："众臣可有事禀奏？要是没事就早点散朝吧。"

群臣知趣地禀奏："皇上圣德，风调雨顺，万民安康。"说罢匆匆退朝出宫。

董贤现在的身份是侍中，从今往后就是要光明正大地侍奉皇帝的起居枕席，自然不能离开，待群臣离开之后，董贤便伴着哀帝进寝殿去了。

不久之后，哀帝下令册封了董贤的妹妹董娴为昭仪，位仅次于傅皇后，又在傅皇后的殿旁为董昭仪修建了一座椒风殿。椒是与兰、桂齐名的植物，取其性温、味香、多子之意，是对历代皇后的要求，如今哀帝将董昭仪安置在椒风殿，其意自明。

不仅如此，董贤家族的亲眷们陆续鸡犬升天，先是拜董贤的父亲董恭为关内侯，食邑若干，后又拜董贤的岳父为将做大将，专管为董贤营建府第。哀帝亲自为董贤选址，将府第设在未央宫北阙，名为止贤庐，为的是走动方便，并将上方珍宝、碧玉神匣通通拉往董贤住处，雕梁画栋，富丽堂皇，赏赐的钱财更是无以计数，就连董贤的家童奴仆每人都可得十万钱。

哀帝得到了董家的兄妹姑嫂三位一体，喜不自胜。在如此重赏重用之下，董贤也自然感激涕零，使出浑身解数讨哀帝开心，每每让哀帝如履仙境，欲罢不能。

一天，哀帝与董贤并躺于卧榻之下，哀帝突然一声长叹："爱卿，你我交好日久，此生自然是如胶似漆，可是不知爱卿是否想过，百年之后你我可否永结同心呢？"

这一问不打紧，居然把董贤问了个半晌愣怔，他一下子没有明白过来，以为皇上是在试探他，连忙说："皇上，我对皇上忠心耿耿，此情可鉴。你我才二十出头，怎么就想百年以后的事情呢？"

哀帝抚弄着董贤的黑发："青丝变白发，也不过须臾之事，朕是想与你做生死夫妻呢。"

董贤一听禁不住落下泪来："皇上，我一个小小的驸马都尉，怎么能跟大汉天子做生死夫妻？"

哀帝沉吟一下，拍拍董贤："你看现在不是很好吗？你的止贤庐紧邻我的未央宫，要是在我的义陵旁也如法炮制，我们不是可以做生死夫妻了吗？"

董贤一听马上用红唇堵住了哀帝的嘴："皇上，这个，这个……万万使不得呀，董贤此生有您的宠幸就足够了，怎敢贪得无厌？即使皇上有心，怕是群臣也难应允啊。"

哀帝立马打断他："这个不劳你操心，朕早就想好了，给你修一座冢茔，要有供祭奠者休息的'便房'，要有周遭数里的'激道'，还要有柏木做成的'题凑'，家门上雕满云纹虫兽，总之，须是臣子中的绝胜！"

董贤万没想到哀帝如此情真意切，为自己打算得这般周全，立马裸身从帷帐中爬起，对着哀帝叩拜不迭，感动得眼泪直淌。

这份楚楚动人的样子愈发激起了哀帝隐秘的情欲，他一把揽过董贤，嘴里含糊不清地嘟囔着："好，我的圣卿，朕要你现在就来报答……"

一直厮磨到后半夜才停息，哀帝刚刚进入梦想，忽听门外传来急促的声音，一个小黄门来报："皇上，皇上，待诏息夫躬、孙宠有机密大事禀奏……"

哀帝被杀了风景，很是恼火，一听原来是两个小小的待诏，更是不耐烦地叫嚷："朕最近龙体欠安，不是有丞相、尚书吗？连歇息会儿都不得消停！"

小黄门为难地把耳朵贴到门口："可……可两位待诏说此事非同小可，必须面奏皇上……"

哀帝不知发生了什么大事，气色稍有缓和，对着门外嘟囔一句："进来说。"

小黄门诚惶诚恐地进来，却见皇上与董贤并躺在帷帐中，一时有些尴尬，不知如何是好。还是哀帝替他解了围，嘱咐道："说吧，别惊醒

了董爱卿。"

小黄门见状，只好凑近哀帝的耳朵："皇上，两位待诏所言之事据说是和东平王有关。"

哀帝一听立即惊出一身冷汗，忙说："你且下去传唤，让他们在朕的书房候旨，朕这就去。"

原来，东平国藐视君王的传统由来已久，第一任东平王刘宇是汉宣帝刘询和公孙婕妤的儿子，元帝刘奭同父异母的兄弟。元帝驾崩之时，刘宇对刚刚即位的儿皇帝成帝刘骜很是不屑，并借替元帝治丧之际，以成帝年幼为由提出让自己进朝辅助政事，尽管未被采纳，但他一直居心不良，盼着成帝犯事儿，又仗着是成帝的叔叔，谅成帝也将他奈何不得，成天颐指气使，不可一世，好不容易寿终正寝。哪知道现在的东平王刘云接替王位后与他父亲如出一辙，妄自尊大，根本不把皇帝放在眼里，经常口出狂言，行为乖张，因此哀帝对东平王始终不敢大意。

哀帝刚要下榻，却发现卧榻之下的董贤枕着他的一只袖子正在酣睡，憨态可掬，煞是可爱。哀帝想了想，从帐下抽出一方宝剑，手起剑落，半只袖子掉落下来。正是哀帝这一剑，砍出了历史上那个著名的"割袍断袖"的典故，成了后世男同性恋的代名词。

哀帝匆匆来到书房，息夫躬、孙宠早已在此恭立多时。

原来，东平国近日接连出了两起怪事，一是危山的土平白无故地隆了起来，土上绿草如茵，貌似长安的驰道；二是瓠山的一块巨石凭空从原处横着挪了一丈多远并矗立起来，像一个人一样杵在那里。如果这两件事纯属巧合也就罢了，关键是刘云借机大做文章，领着他的王后跑去祭拜不说，又命人在自己的银安宝殿照猫画虎做了个微缩景观，把两块石头像神仙一样供奉起来——分明是向朝廷示威，策动谋反，欲图另立朝廷！

哀帝一听，顿时头皮发麻。息夫躬一见连忙添油加醋："据说当年孝宣皇帝起自寒微，便是应验了泰山石立的征兆呢！请皇上明察，此事万万不可大意。"

孙宠也接茬道："难道这东平王想让巨石的征兆在他身上应验不成？

此人居心险恶，图谋已久，不可不防。我们是为此而来，忠心事主，不承想搅扰了皇上，罪该万死。"

哀帝摆摆手："国事要紧，朕正准备加封你们。"沉吟一下又说："此事可否算作侍中驸马都尉董贤三人并奏，同时加封？"

两人互递一下眼色，表示同意。

哀帝立马派人查封了银安宝殿。事情很快水落石出，东平王后如实交代了刘云如何伙同巫师高尚和傅恭以及婢女合欢等人散布帝星昏聩的谣言，并祭祀巨石保佑刘云当上天子。人证物证俱在，哀帝很快惩处了刘云，将王后弃市，任命息夫躬为左曹光禄大夫，孙宠为南阳太守，至于董贤，一时没有特别合适的位置给他，不过虚名还是少不了的，三人同时被赐爵为关内侯。

按理说，东平王这事儿和董贤压根儿沾不上边儿，但息夫躬和孙宠再怎么也不能和皇帝计较，睁一眼闭一眼加塞一个董贤也就算了，可谁知贪心不足蛇吞象，为着哀帝要和自己做生死夫妻的许诺，董贤当天晚上就使开了小性儿："皇上成天口口声声说爱我爱我，也不过是些虚名罢了，列位封侯从来没我的份儿。"

哀帝一听顿时乱了方寸，搂着董爱卿不住地安慰道："爱卿不要着急，容我仔细斟酌，也好免了好些闲话，不然对你我不利，朕对爱卿的一片苦心，爱卿是知晓的。"

可董贤还是不依不饶，一副委屈的样子着实让人爱怜。

其实，哀帝也有自己的苦衷，虽说贵为天子，可豢养娈童毕竟不是什么光彩事儿，靠床笫上的功夫加官晋爵说出去怎么着也不能算名正言顺，况且还有群臣的监督，尤其是那个丞相王嘉，他身为百官之首，性情耿介，在百官中很有威望，就连哀帝也怵他三分。可是，他同样不忍心让心爱的董爱卿受半点委屈。

思前想后，哀帝下了一份诏书，要封他们三人为列侯。为了防止王嘉从中作梗，他没敢直接宣布，而是让岳父孔乡侯傅晏送呈给王嘉，以免朝廷之上大家难堪。

可王嘉依旧不依不饶，用书面的形式将哀帝的所作所为大大批驳了一番，言外之意是提拔董贤是真，息夫躬和孙宠只是陪衬，大家都看得分明，这完全不合祖宗章法，是要叫天下人耻笑的。

但哀帝不但没有接纳，反而怀恨在心，想我堂堂当朝皇帝，连这点事都做不了主，这皇帝也当得忒窝囊了点儿！他立马下令连夜上朝，二千石以上的大臣全部招来，一刻不得延误。

人一到齐，哀帝立马宣布封董贤为高安侯，息夫躬为宜陵侯，孙宠为方阳侯，王嘉还没来得及说话，哀帝便匆匆宣布散朝。接连几个月，哀帝以身体欠安为由，不理朝政，不给王嘉陈奏的机会。

董贤靠委身皇上封侯之事惹得朝廷上下沸沸扬扬，而哀帝与董贤对此视而不见，装聋作哑，兀自沉湎于枕侧床畔，不知归路。

在董贤被封侯之后不久，大汉王朝突然遭遇了"日食"——天狗把太阳吞吃了。这件事可非同小可，按照民间的说法，此乃凶兆，是上天对人的忤逆行为的一种警示。一时间搞得朝野上下人心惶惶。

哀帝再也无法过太平日子了，只好硬着头皮"举直言"，鼓励众大臣上奏折。

王嘉借机写了一篇洋洋洒洒的封事，痛斥哀帝宠幸娈童激怒上天为宗法所不容，导致阴阳失调，才有此征兆云云。

哀帝一听，又是老一套，随手丢在一旁，不耐烦地对内侍说："凡指责高安侯的，一律免奏，省得朕看着心烦！"

内侍连忙把厚厚一沓奏折放在一边，从下面抽出一些，启禀道："这些是贤良周护、宋崇等人的，说的是新都侯王莽的事……"

哀帝沉吟道："王莽不是已赴新都侯国好多年了吗？他会有什么事啊？"心想，管他呢，只要不是拿董贤说事儿就成，看看也无妨，遂将奏折接了过来。

不料，这一看不打紧，周护、宋崇他们通篇力荐王莽，尤其是王莽为维护大汉的尊严逼子饮鸩之事，让他们说得神乎其神。并说贤才在朝为阳，在野为阴，此等功臣良才，本应得到朝廷重用，却被流放在野，不是阴阳失调还能是什么？难怪要出现日食，是上天的警策，小觑不得。若能召回王莽，帮皇上辅政，自然能消除日食。

这几年，哀帝接到诸如此类的奏折甚多，谏大夫鲍宣、丞相王嘉等都曾上书劝谏，但哀帝一直都无动于衷，但这次却改变了主意。这些年来，傅、丁、赵、王等外戚们争得不可开交，他们千方百计，驱除了王莽的儒生班子，为扩大自己的势力范围争权夺利，可谓闹得鸡犬不宁。哀帝根本无力控制局面，也只有董贤，这个与外戚重臣毫无牵连的地地道道的"微臣"，才能让他感受到一点做皇帝的尊严。

再想想在这些外戚当中，倒是太皇太后王政君年近七旬，历了亡夫丧子之痛，却还能从大局出发，勒令王莽主动隐退，自己对傅、丁两家也退避三舍。自己这些年忙于与董贤偷欢，无暇顾念她。想想一个老妇人孤苦伶仃，身边没个亲人，委实可怜。王莽回来一是可以替自己尽孝，二来也可以借助他的力量对傅、丁两家有所牵制，省得自己分心。这样就可以把精力一门心思地用到董爱卿身上了……

哀帝大笔一挥，召王莽回京。

尽管哀帝并没有答应周护、宋崇等人说的，让王莽辅佐朝纲，而是以"侍太后"的名义召他回京。但即使如此，对王莽来说，也无异于重见天日，这意味着只要时机成熟，他那儒生"治国平天下"的梦想，依然有望实现。王莽的机会终于来了。

长安！久违的长安！站在久别的宫门外，一切都是那么陌生而熟悉，王莽顾不上长途跋涉的劳顿，万般思绪油然而生。他很快安顿好家眷，随同三叔平阿侯王谭的儿子王闳，去拜见太皇太后王政君。

王政君时年已过七十，早已失去了昔日的风采，加之朝中外戚争宠闹得人心惶惶，身体精神都大不如前。一见到王莽，王政君顿时老泪纵横：颤颤巍巍说不出话来："莽儿……你总算是……回来了。"

王莽心头发酸，忙向姑母请安，大致禀报了这些年来在新都侯国的情况。

王政君伸出枯瘦的手扶起王莽："莽儿不必拘礼，是姑母无能……未能保住你……"

王莽连连摆手："姑母此言差矣，新都这些年，不但让我结交了很多名士，还让我了解更多的民情吏治，这都是治国之根本，姑母无须自责。"

王政君掐指一算，可不，这一去就是三年，三年之内杳无音讯，今日才得团聚。想想自己自从入宫以来，经历了亡夫丧子和家族兴衰，现在朝廷中已看不到王家什么人了，每天看着一帮外戚恶斗，也只能睁一只眼闭一只眼，装聋作哑，图个清静。现在好了，王莽终于回来了，至少有了个亲人，似乎又看到了王家的希望，立马打起精神："莽儿放心，姑母会向皇上举荐你的。"

这些年的新都隐退对王莽来说，无论在外人眼里是韬光养晦也好，还是暗中觊觎也罢，其实王莽一直密切关注着大汉王朝的一举一动和生死存亡，对大汉气数将尽有着清醒的看法。但他深知现在时机未到，鲁莽行事只能自毁前程。于是，他对太皇太后说："姑母的心意侄儿领了，但此事万不可操之过急，皇上的一颗心现在全在一介娈童身上，我是以'侍太后'的名义才被侥幸召回，为的是给日食一个安抚天下的托词，如果一回来便锋芒毕露，激怒了皇上，反而会弄巧成拙，坏了大事。"

王政君闻听此言频频颔首："莽儿，你的确今非昔比，令我刮目相看呢。"

王莽奉诏回京不久，皇太后傅仙音去世。

令人奇怪的是，祖母的死并没有让哀帝难过多少，他却趁机抓到了一个向董贤示爱的机会。跑到太皇太后王政君那里软硬兼施，非说皇太后傅仙音有遗诏要给董贤加封。

王政君心想多一事不如少一事，将诏书奉给了丞相王嘉。

王嘉一眼便看出其中有诈，一气之下把诏书加戳密封，意为不予通示天下，并写了一道密折去劝谏皇上，大意是：爵禄之地归于上天，封赏不当必遭天谴，须慎之又慎。董贤乃佞幸之臣，以色相惑主已犯大忌，若再过度加封唯恐天下不允，贻笑后世。近日来连发山崩、地震、日食，均为不祥之兆，皇上若不能引以为鉴，依旧我行我素，大汉江山唯恐不可收拾，臣冒死直谏，还望皇上三思云云。

哀帝一看，说来说去还是老一套，净拿他和董贤说事儿，没完没了。气不打一处来，董贤自从封了列侯也气壮了不少，一看哀帝这副神情就猜出了八九分，连忙添油加醋："依臣看，您这皇帝当得也太那个了点儿，难道连喜欢个臣子都做不了主吗？凭什么老受他们指指点点？难道他们自己就没有瑕疵了吗？"

哀帝似乎受了启发，突然想起一事："对！王嘉前些时愣说东平王一案是冤狱，还说什么春景大赦，冒死直谏，硬是要保住刘云爵禄性命，说不定是结党营私。好！就这么办！"

几日后，王嘉便以"述国罔上"等罪名成为阶下囚，得赐毒酒一碗，让他自行了断。

王嘉乃忠烈之臣，怎能接受如此羞辱，即使死也得死个明白，直接冲到为他下诏的诣廷尉那里理论："你们说我结党营私，阴谋叛逆，有何罪证？"哀帝见状，索性将他打入大牢，命人"杂治"。没过几天，王嘉终于经受不住，最后吐血而亡，冤死狱中。

与此同时，哀帝变本加厉地讨好董贤，将其封为大司马将军，外加给事中，领尚书事，并将董贤的父亲董恭封为光禄大夫，就连他的兄弟董宽信也替代他的位置做了驸马都尉。董家可谓权重一时，董贤更是一人之下万人之上。

而这一切，都在王莽的预料之中。一次，王闳和他谈起匈奴单于来拜时，哀帝面对群臣极力夸赞董贤年轻有为令单于都刮目相看之事。王莽鼻子里忍不住发出一阵冷笑，随即又长叹一声："匈奴王巴不得大汉王朝都成了董贤这种银样镶枪头呢，到时候番邦再兴兵犯境，不费吹灰之力。瞧着吧，等哪天皇上一高兴，怕是把江山也拱手让人了呢。"

不知是王莽料事如神还是纯属巧合，这事儿还真让他不幸言中。

时隔几日，哀帝在麒麟宫大宴宾客，酒酣耳热之际，居然当着群臣提出了"禅让"，并说自己有心效法古圣，学习大尧禅舜，退位让贤给董贤。

此言一出，举座皆惊。尽管董贤事实上已是一手遮天，可这"禅让"一事还是让群臣着实吃惊不小。

随即，冒死直谏声四起。

"皇上，使不得，万万使不得呀！"

"皇上，天子无戏言，您可不能拿执掌江山当儿戏呀！"

"皇上，我大汉江山是高祖皇帝金戈铁马打下来的，八朝天子修葺经营到此非一日之功，怎么能想给谁就给谁？"

"皇上，皇上……"

哀帝没想到此言一出惹出这么大的麻烦，这些老臣们为了个董贤大有把命搭上的劲头，他想起不久前冤死的王嘉，看来和王嘉类似的大有人在，这杀得过来吗？弄不好他们大有将我罢黜的气势，想到此，一种失败感油然而生。他不耐烦地摆摆手："不就是一句醉言吗？值得你们这样不顾体面吗？"

群臣见状总算微微松了一口气："皇上喝醉了，赶紧回宫歇息去吧。"

随着朝廷内外为"禅让"戏言大哗，元寿二年（公元前1年），年仅二十四岁的汉哀帝在登基六年之后，因患"痿症"不治而亡，终于走完了他短暂而淫逸的一生。

王政君闻此噩耗，急奔未央宫，正碰见董贤在旁号哭，便命人将大司马董贤叫来东厢房，问其丧事如何安排。而这位只知侍奉皇上于枕席之侧的佞幸之臣此刻只会嘤嘤哭泣，毫无半点办法。号哭良久，终于止住，睁着两只无辜的泪眼傻头傻脑地问："不是马上就要出殡了吗？"惊得王政君龙杖捶得震山响："陵寝预备好了吗？梓宫打造好了吗？谥号议定了吗？嗣皇帝选了吗？一切丧仪都安排好了吗？你倒急着要出殡！平时哀帝是怎么教你的？这么大的事竟然糊涂若此！天子龙蜕要是出半点差错，本宫拿你问罪！"

可怜董贤平时只知与哀帝耳鬓厮磨，哪里见过这等阵势，早就吓得慌了手脚。

王政君见状，当即顺水推舟："本宫料你也没这个能耐，既如此，本宫也不难为你了。"转身对下人道："速传新都侯王莽进殿。"

王莽即刻来到未央宫，来不及致哀，先吩咐属下："马上着凌人将凌室蓄下的大冰运来，护好大行皇帝龙蜕，着使者前往在京二千石以上官员府邸报丧，命他们速来吊祭，着各校尉严饬部署，京城内外加强警戒，以防突变。"

王莽有条不紊地安排好一切，最后来到哀帝榻前放声大哭。让傻愣在旁边的董贤自惭形秽。

太皇太后当即授命："新都侯王莽，以前以大司马身份操持过成帝丧事，熟悉'大行'规矩。本宫现在命他主持丧典。董贤，你以大司马身份协助王莽。"

董贤连忙叩头称谢。

但王莽却说："太皇太后，臣现在有爵无职，只能算勋戚，不在朝臣之列，主持国丧需上下鼎力，怕是不足以服众。"

王政君一听，顿时心下明了，逼问董贤："大行皇帝玉玺现在何处？"

董贤哆哆嗦嗦地将玉玺从袍袖中拿出。

王政君正色道："你贵为大司马，先皇病重，不思亲尝汤药，反倒私藏玉玺，莫非真有禅代之意吗？"

董贤一看大势已去，唯恐加害自身，连忙辩解道："太皇太后别误会，先皇卧病这些日子，董贤只是代掌玉玺，并无禅代之意。"

王政君一听，立马命侄子王闳取下玉玺："如今皇帝驾崩，汉室无嗣，这玉玺由本宫代为掌管。新都侯忠心为国，乃良将贤才，又是成帝外亲，本宫命你主持丧典，你要勉力为之。来人，传本宫口谕，从今往后，尚书诸曹发兵符节全由新都侯掌管，百官奏事均须先告新都侯，御林警卫、中黄门、期门兵也都由新都侯掌管，违者严惩不贷！"说完便向长信宫长驰而去。

这一晚，董贤浑浑噩噩也不知是怎么过的。第二天一早，他急匆匆来到未央宫门前，却被几个侍卫挡住去路。董贤大怒："我堂堂大司马进殿议政，看谁敢拦我？"

谁知侍卫根本不理睬他，反而厉声责问道："你就是那个被尚书劾奏的'帝病不亲医药'的佞臣董贤吧？"

董贤丈二和尚摸不着头脑，便有谒者手捧诏书出来，朗声念道："太皇太后诏书在此，御下罪臣董贤听着：高安侯董贤加封以来，阴阳不调，灾害并举，忠直蒙罪，虽位列三公，却不通事理，身为大司马，难以服众。今特收回董贤的大司马印绶，罢官归第。钦此！"

董贤听完，一下子瘫坐在御前，回家和夫人抱头痛哭一场，料是没什么指望了，当夜便双双自尽。到底也没葬到哀帝为他安置的冢茔中，董家人也不敢大肆声张，只得草草掩埋了事，倒是没忘记把那半只断袖做了陪葬。

正是应验了后人说的，董贤之贵非由正途而得，必得而复失。

接下来，孔光又向太皇太后呈送奏章，提议处置董家财产。结果光从董贤家搜出的财产就有四十三亿，按照当时百文一石的米价，足足够当时全国近六千万人口吃三四个月。真正称得上富可敌国！

王政君抓住时机诏令群臣推举大司马人选，王莽作为"故大司马，辞位避丁傅"，"众庶称以为贤"，赢得举朝共荐。虽有前将军何武与左将军公孙禄两人互相推举以图钳制王莽，但他们的声望显然无法与王莽匹敌，因此，王莽顺利重登大司马的宝座，可以按部就班地实现他的政治抱负了。

大汉的国丧最为繁琐，皇帝驾崩称为"大行"或"登遐"。要经历小敛、大敛、吊祭等一整套程序方可择日安葬，安葬之后还要有一系列礼序这才算完，而把这些程序走完，少说也得三五个月。

一通焦头烂额的忙乱之后，王莽终于消停下来。他抚着阔别七年的大司马印绶，思绪万千。他知道，虽说官复原职，但大汉江山已变成了一个千疮百孔的烂摊子，他不知是该喜还是该忧。但无论如何，他一是不能辜负姑母王政君的一片苦心，二是不能辜负群臣的厚望。

而眼下的头等大事便是遴选新皇。

择了一个吉日，王莽把三公九卿聚在了一起，共商遴选新皇事宜。

成帝、哀帝都无子嗣，新皇人选只有上溯到元帝的子嗣中去了。元帝共有三个儿子，老大便是王政君生的成帝刘骜，老二是傅仙音生的定陶恭王刘康，老三是冯婕妤生的中山孝王刘兴，而这三个儿子都已归西，只有中山孝王刘兴留下一个儿子中山小王刘衎，按照"子承父业，兄终弟及"的古训，刘衎似乎是最合适的人选了。

就在大家议论纷纷之际，红阳侯王立突然站起来发话：“兄终弟及不错，但老臣另有隐情禀报。”

众臣一听，不知王立有何下文，都将目光投向王莽。

王莽愣怔一下：“哦？红阳侯请讲。”

王立便把成帝在位时如何受赵飞燕和赵合德姐妹钳制却不能珠胎暗结，没能留下半个子嗣的苦闷，以及后来如何与许美人、曹宫人偷欢，又如何被赵合德抓住把柄将许美人、曹宫人赐死之事抖搂了一遍。

众人一听，原来是这起公案啊，尽人皆知的事，用得着再旧事重提吗？多数人不免觉得王立有些故弄玄虚，小题大做了。于是，众人不再说它，继续议事。

谁知王立不依不饶，突然声震殿宇：“许曹二位美人的儿子已死，但成帝还有一子，是当年成帝微服出行时在民间所生，这才躲过了赵合德的谋杀。那个女子是个宫奴婢，叫杨寄，其子随母姓，名少孤，老夫当年被遣时在南阳与他们邂逅，境况凄惨，遂将母子收入府中，每日隔帘问安，莫敢忘君臣之礼。为安全起见，对外与皇子只得以祖孙相称，实属冒犯。”

众人听罢，不觉面面相觑。

王莽没想到半路杀出个程咬金，也愣怔在那里，随即问道：“那么您说的皇子今在何处？又如何验明正身？”

王立应道：“就在老夫家中，有成帝所赐信物为证。”

于是，王莽率领众人急匆匆地奔赴王立家中，王立忙命下人传杨少孤到思恩堂见客。

少顷，杨少孤来到思恩堂，只见他年岁约莫十三四岁，眉眼似有几分与成帝相像，可举手投足却相去甚远。

杨少孤进得门来，战战兢兢地向众人行礼：“祖父……您……找我……有何吩咐？”

谁知王立“扑通”一声跪倒：“臣王立见驾，吾皇万岁，万万岁！皇子，快把你的御赐七宝玲珑锁拿出来，让众臣验明正身。”

杨少孤懵懵懂懂地从腰间掏出七宝玲珑锁递给王立。王立举在手上

对众人说："诸位请看，这是正宗的皇室内府之物，是当年成帝赐予杨寄的。"

王莽接过七宝玲珑锁仔细端详一下："想当年成帝恩泽普施，内府之物流落民间的不在少数，仅凭区区一块七宝玲珑锁，怕是不足以验明此位尊驾身份吧？"

众人闻听此言啧啧称是。

王立一听顿时气恼："你们若是不信，可以命杨寄本人前来细加盘问。"

王莽一摆手："还是免了吧。杨寄乃一宫奴婢，奴婢以色相事主，床笫之间，迎来送往者甚众，就算真与成帝有一夜之缘，也不能断定这杨少孤就是成帝骨血，万一冒为正统，以假乱真，岂不乱了我大汉血脉？"

众人一听有理，也跟着点头称是，遂打道回府继续商议遴选新皇事宜。三公九卿的意见很快达成一致，决定迎立中山王刘衍为嗣皇帝。

若按辈分论起来，王立还算是王莽的六叔，但在立嗣这件大事上却万万马虎不得，王莽深知王立上演的这出闹剧有他自己的打算，无论真假，杨少孤一旦执政，怎能忘他的收养举荐之功？因此，王莽必须稳操胜券。

刘衍时年九岁，还在髫龄，自然不懂什么政事，好在内有太皇太后王政君，外有大司马王莽，经过册立新帝，事实上大汉的政权又一次牢牢掌握在了王氏族手中。

第十四章

掌实权重振朝纲　选皇后加封国丈

如果说，七年前的王莽还只是雏鹰凌空，处在学习阶段的话，那么，第二次登上大司马高位的时候，他已经成为一只羽丰翼满、爪利喙坚的猛禽，他踞立在山崖之上，目光锐利，雄心勃勃，打算来一个背负青天朝下看了。

王立也是小觑了他的侄儿。千错万错，王立就错在低估了跃跃欲试的王莽的智慧和胆略，居然玩了一套如此拙劣的把戏，让王莽一下子就抓住了破绽。

"六叔也太不像样子了！简直拿大汉江山当儿戏！弄一个宫奴婢有妈没爹的私生孩子，就想冒认皇亲！这不是癞蛤蟆上马路，愣充进口小吉普嘛！真要充，你也充得像点儿呀！就那位，还'有何咐吩？'天津卫讲话，这不打镲嘛！我也瞧出来了，六叔这是官儿瘾犯了，打算借着杨少孤这张牌，扩大他的势力范围！这哪儿成啊？别瞧你资格老，论起治理国家——白费力！"

主持完哀帝的大丧，把在暑气中捂了一百零五天的那具龙蜕稳稳当当摆进了义陵玄宫，王莽回过头来，还是不能对六叔的所作所为释怀于万一。

王莽这会真是左右为难。

正在这个节骨眼儿上，大司徒孔光找上门来："巨君！我颠过来倒过去想了有八百六十遍，还是没法不跟巨君说明白！这事儿也只能跟你说！换个旁人，谁也扯不破那个脸儿不是？你是谁呀？你是大义灭亲的忠臣！决不会眼看着有人这么干！"

王莽听了半天，才明白孔光说的是什么："子夏公！你就别兜圈子了！你是想说我六叔红阳侯王立的事儿吧？"

孔光正是冲着王立来的。他准备了一夜，终于下决心把王莽要说的话替他说出来："巨君呀！你是明白人，红阳侯这么干，也太不得人心了！现在是什么时候？孝哀皇帝刚刚入土，新皇根基未稳，这不是扰乱臣心吗！红阳侯来这么一手，这不行心要把天下搞乱嘛！我还跟你说，红阳侯的错误怎么处理，事关重大！你可得拿出快刀斩乱麻的劲头，干净完地解决这档子事儿！要不然，不用说新皇龙位不稳，就是大司马你，赶明儿想办点儿什么事儿也有人掣肘！"

王莽不是不明白这个理儿，可毕竟王立是自家亲叔，逼令王获自尽是一回事，修理王立可就又是一回事了。

但孔光讲的又的确在理儿，深深地打动着王莽。王莽入世以来。早就对朝纲大政撤下了不少想法，正打算借着掌握朝廷大权的机会好好实践一番，如果不搬开王立这块挡路的大石头，什么事儿都是白扯。

"关键并不只在王立一个人，从孝元皇帝开始，一拨又一拨庸臣俗僚轮换着在庙堂上占据高位，远的不说，光是丁、傅、董三家的势力，就盘根错节，倒都倒不利落！当然这里还得算上王莽自家那些不争气的叔父和堂兄弟们。而这几家，又都笼络了不少不三不四的人，山头倒是一个挨着一个，就是没有一个是打算把国家往好了弄的！子夏公，大汉就这么一群官僚，你换八个皇上又管什么用！"王莽这番话也算是肺腑之言了，话里话外的意思，让孔光听着心动，于是开始劝说巨君要好好整理一下当下的吏制。王莽其实不用孔光劝，他整饬吏治的想法转悠了也不是一天半天了，所缺的，就是这么一杆枪。现在孔光自觉自愿来当这杆枪，王莽正是求之不得："大司徒不愧是圣人后裔，忧国忧民之心妇孺皆知！如此，就烦大司徒回去草拟奏章，尽早面呈太皇太后，灭他红阳侯一道！"

孔光一乐，从大袖筒里掏出一札竹简："事不宜迟，孔光早就写得了，我念你听听，有不合适的地儿你给指正一下。"

孔光名儒，笔下果然厉害，这道奏章鞭辟入里，让王莽边听边点头。

"红阳侯王立，以孝成外亲，受国家之托，负社稷之重，本应忠心秉国，然侯思不及此，行不履此，诚令太后失望，令百僚失望，令天下苍生失望也！早先，他明知定陵侯浮于长犯下大逆不道的罪行，却大量接受他的贿赂，替他说话，迷误了朝廷。后来又建议把宫奴婢杨寄的私生子作为皇子，搞得大家都说这又是吕后和少帝的故事重演，造成严重的思想混乱，天下生疑。这怎么能昭示后代，完成维护幼主的功业呢？故此，请太后下诏，打发王立到他的封地去！"

听到这儿，王莽提了点儿意见："子夏公，为了收到杀一儆百的功效，对红阳侯还得派得力人手严加监视，一有风吹草动，再老账新账一起算！这才叫杀人须见血呢！不疼不痒轰他回封地，他才不在乎呢！别呆会儿山高皇帝远，再闹出点儿别的乱子来！"

孔光沉吟半晌，摇头叹气："巨君的心情我可以理解。可是你别忘了，红阳侯是太后的亲兄弟，免为庶人？难！不信你瞧着，就这个遣就国的处分，太后能批准就算不错！哪儿能都像你这么六亲不认——我是说大义灭亲呢！"

"也好，先这么递上去，等批下来，咱们好再理直气壮地拾掇其他那些不称职的东西！大汉的班子得来个大换血才有救呢！"

孔光出了大司马府，没俩钟头又回来了。

"怎么样？批了？"

"批了？哼！老太太把我给臭批一通！说我是瞧不过王家东山再起，变着法儿生点儿事儿跟王家捣乱！你说我招谁惹谁了；我这也是为大汉着想嘛！我怎么会、怎么能、怎么敢跟你们三家捣乱！"

王莽还得宽慰他："大司徒一片忠心可鉴日月！不必如此，待王莽亲自去见太后，好歹要说服老太太！"

"莽儿给太皇太后请安。"王莽小心翼翼地察言观色，王政君明显爱理不理。

王莽见状干脆开门见山："太后，臣知道您是为六叔的事儿生气。可是你想想，大汉从繁荣鼎盛到江河日下，为什么？根源就在于豢养着一帮庸臣俗僚盘踞高位，不但不思为国为民，反笼络一大群狐朋狗党，结伙营私，致使大汉江河日下，如果你我再念私护佑，如何杀一儆百？再册立多少皇子也只能是傀儡！众臣都把希望寄托于你我，太后一直以明事理重大局而博取人心，这次可不能糊涂啊！"

一番苦口婆心之后，王政君叹口气："唉，那就随你处置吧，可怜我只有这么一个亲兄弟了！只是别太难为了你六叔。"

就这样，王立被遣就封地，又一次回到了新都。

随后，王莽着手清洗奸佞势力。因为有了王立这件事，事情顺利了许多。丁、傅、董等外戚佞幸势力几乎被扫荡殆尽，或诛杀，或流放，或罢免。赵飞燕与赵合德姐妹以"秽乱宫闱，残灭继嗣"罪被废为庶人，与同被免去尊号废为庶人的傅皇后一起自杀。就连前将军何武与后将军公孙禄都以"互相推举"罪名被免职。

此举一出，天下大喜。概因吏治腐朽日久，奢靡淫逸成风，外戚专权，佞幸当道，忠直被害，民怨沸腾。如今可算是人心振奋，怨气皆出。

在整顿吏治的过程中，王莽也并非一棍子打死。虽说同为外戚，身为儒生的傅喜并没有同流合污，王莽特地把几年前被遣就国的高武侯傅喜重新召回长安并授以"特进"之位。再如大司徒孔光，王莽深知此人不过是一个外圆内方、明哲保身，"同乎流俗，合乎污世，居之似忠信，行之似廉洁，众皆悦之，自以为是"的乡原式人物，严酷的政治风云早已磨平了他作为一介儒生的锐气，在丁、傅、董三家专权时正是凭着曲意逢迎的伎俩才成为经历成、哀、平"相三主"的"不倒翁"，但他"旧相名儒"的形象还可以作为许多天下儒生参政的榜样，因此，王莽不仅保留了他的大司徒位置，而且起用孔光的女婿甄邯为奉东部尉加侍中衔。为的是让孔光今后协助大汉王朝励精图治，重振雄风。

另外，王莽也施行"举贤不避亲"的原则，大力推举任用王氏家族的良将贤才。先后提拔自己的堂弟王音之子王舜为车骑将军，曾领车驾迎立中山王刘衍；提拔堂弟王商之子王邑为成都侯，另有甄丰、平晏、刘歆、孙建等人皆为心腹，各司其职。《汉书·王莽传》中记载：

"王舜、王邑为腹心，甄丰、甄邯主击断，平晏领机事，刘歆典文章，孙建为爪才。"

王莽这种"继绝世，举逸民"的做法自然给他带来了很高的政治声望，正是"大道之行，天下为公"的政治理想召唤着他不辱使命，孜孜履行。"天下有道，以道殉身；天下无道，以身殉道"。王莽实践的是儒家积极入世的使命意识。另外，这个辅政班子有自身的优势所在，一是年纪较轻，志气宏大，除刘歆五十二岁外，其他都是四十五岁以下；二是博闻强识，除孙建外一律为训练有素的儒生；三是谙熟世情，经世致用，多是不同程度地受过政治风波的冲击与被贬逐的磨炼，容易体察下情，匡时济世。

整顿吏治、罢黜外戚、重建辅政班子之后，天下初定，形势一派大好。

元始元年正月初一，文武百官齐聚太庙，举行例定的祭祖活动。正在众人正襟危坐向列祖列宗进献三牲之时，一只通体如雪的雉鸡似自天外而降，翩然飞落于祭台之上，令众人大惊。众人急忙请教刘歆。

刘歆将雉鸡仔细查看一番，突然说道："此乃越裳族进献的白雉，是祥瑞之兆。据我所知，从古至今也只出现过两回，上一回是一千多年前西周成王在位时，周公辅政有功，天下大治，四夷畏服，越裳部落才落献白雉。"

"噢！原来如此啊！"群臣正在嘀咕之时，小皇帝刘衍突然擅自出列，直奔那只白雉而去，嘴里嚷嚷着："朕要那只大公鸡！你们给朕抓住它……"

一时间阵脚大乱，庄严肃穆的气氛一扫而空，大臣们深知这时辰非同寻常，但天命不可违，不知是该去追雉鸡还是原地不动。雉鸡在前面飞，刘衍在后面追，还有几个大臣侍卫跟在刘衍后面跌跌撞撞，场面一片混乱。

"休得无礼！"一声呵斥，不怒自威，王莽出现在一个小侍卫面前，表面上听起来是对小侍卫说的，事实上让这位小皇帝也惧怕三分。小皇帝立时停下来傻在那里。

王莽随手捡起白雉递给小皇帝："陛下，正是列祖列宗的洪福才保佑您走到今天，难道您不想把这只白雉献给他们吗？"转身对身边的武士说："拿刀来！"

王莽把刀递给小皇帝，一旁恭候着："请陛下斩雉祭祖！"

小皇帝刘衎战战兢兢地接过钢刀，眼睛一闭，"扑"的一声，鲜红的鸡血喷了自己一脸一身，钢刀瞬间落地。

"伏唯尚飨！"

随着王莽这一声喊，众人跟着叩拜起来，这祭祖闹剧才算告罄。

祭祖之后不久，便有群臣将奏折递给了太皇太后王政君，意思是王莽治汉有功，应该重奖，并将其与先贤汉大司马大将军霍光和开国元勋萧相国萧何作比，还有白雉落献乃祥瑞之兆，天意不可违云云。王莽完全可以参照古例受封加邑，王莽有安定大汉王朝的功劳，应赐称号安汉公，增加封邑民户，后世子孙为继。这样才是顺从天意。

王政君尽管已七十有二，但还没有糊涂到不明事理的地步，她虽知道这是好事，但还是有些不放心，便问群臣："此等重奖，大汉可谓鲜有几人。诸位如此美意究竟是出于对大司马的敬慕之心，还是因为大司马乃我王家宗亲之故呢？"

此言一出，群臣又是一番言辞恳切的劝服。

王政君见众口一词，当然乐意顺水推舟，便急召王莽进宫议事。

王莽对此早有耳闻，遂称病不朝，并奉上一份奏章，说明大汉兴旺非自己一人之功，自己不过顺天行事而已，况且眼下百废待兴，应该励精图治，不是论功行赏之际，又联系前车之鉴，说明太后称制、外戚专权之弊。我们王家万万不可刚刚罢黜了外戚就自打嘴巴让天下人都戳脊梁骨，而群臣所比附的霍光正是外戚！

王政君认为确有几分道理，但她并没善罢甘休，而是晓之以理，动之以情，委托群臣频频劝说，但王莽从此屡屡托词害病，坚决不肯进宫。

二月丙辰，太皇太后王政君下诏，对孔光、王舜、甄丰、甄邯四人都授以四辅职位，子孙可继承他们的爵位和封邑，每人赏赐一所公馆。

这种对四辅的封赏愈发使王莽不敢上朝，因为若按功劳，王莽明显在他们之上。于是，王政君终于以下诏的形式逼其就位，大司马、新都侯王莽经历成、哀、平三代皇帝都担任三公，承担周公职责，制定万世久安之策，功德可嘉，故把召陵、新息二县两万八千户加封给他，免除其后代差役，并可继承爵位与封地，仿照萧相国的成例褒奖其功勋，任命王莽担任太傅，主持四辅工作，赐号安汉公，入住萧相国官邸。

如此一来，把霍光变换为萧何，也把擅权显贵的外戚变成了招才纳贤、辅佐汉室的相国。

这下王莽是无论如何也坐不住了，再这样矜持下去，别人不说他沽名钓誉觊觎帝位才怪呢！他急急忙忙进宫向众人解释："列位，不是我王莽不接受赏赐，王莽并非不知天高地厚，实乃于心不忍。列位早晚待在朝廷，高官厚禄，对百姓疾苦有所不知。两年前鲍宣就曾上书，说民有七亡七死，七亡即七种失去糊口能力的情况。阴阳不和，水旱为灾，一亡；县官重责，更赋租税，二亡；贪吏并公，受取不已，三亡；豪强大姓，蚕食无厌，四亡；苛吏徭役，失农丧时，五亡；部落鼓鸣，男女遮列，六亡；盗贼劫掠，取民财物，七亡。这还不算，另外还有酷吏殴杀，一死；治狱深刻，二死；冤陷无辜，三死；盗贼横发，四死；怨仇相残，五死；岁恶饥饿，六死；时气疾疫，七死。我今一人受封，乃不知有多少人还在流离失所，卖儿鬻女呢。"

这一番话把群臣辩驳得哑口无言，王政君也觉如雷贯耳。王莽一看有望，忙不失时机继续进谏，言辞恳切地道："朝廷对臣欲加封赏，无非是希望臣能忠心报国，但眼下境况不佳，很多中下级官吏都拿不到全额俸禄，大汉江山光靠犒劳几个公卿是保不住的。臣建议广赐天下百姓，对两千石以上官吏加封晋爵，另对东平王刘云等人冤狱予以平反，恢复爵位，另立中山国刘宣之子刘成都为中山王，以继王统……"

王莽深思熟虑，说得头头是道，欢呼声一直从未央宫响彻了长安城，又从长安城回荡在大汉一百零三郡、二百四十一侯国的上空。王莽首次体现了以礼仪之邦标榜盛世的理想，这一举措立马受到了世人的衷心拥戴，朝堂上下一派欢腾。

于是，这项"立侯爵，定俸禄"活动在全国范围内大规模地展开，平帝即位前所过县邑的两千石以下官吏晋升至佐吏爵。全国相当两千石以上的老年官吏按其俸禄三分之一给予终身。派遣官吏普查吏名，凡在元寿二年（公元前1年）的混乱中被迫多交赋税者，一律退赔。这一系列举措可谓"上遵宗庙礼乐，下惠士民鳏寡，恩泽之政无所不施"。

为防止哀帝时期的情况复发，王莽希图以礼乐制欲而使天下大齐，遂设羲和官，让刘歆任其职。"班教化，禁淫祀，放郑声"，并令公卿以下推举敦厚能直言者各一名，使他们敢于直谏，另追谥儒家圣贤之首孔子为褒成宣尼公，封孔子后代均为褒成侯，周公后代公孙相如为褒鲁侯，表达汉儒们为政治国、不忘先贤的志向。接着，又下令停止明光宫和三辅驰道的修造以减轻劳役，还诏令天下囚徒已定罪者可以回家，每月出钱三百雇人伐木以代替服刑。

大汉王室经过王莽的一番苦心经营，终于暂时显出点儿枯木逢春的刚劲之气来。

可是好景不长，很快，旱蝗并举，郡国大旱，青州地区流民大量逃亡。

王莽忧心忡忡，寝食难安，提议家人节俭度日，食粗茶淡饭，名为"菜食"，并上奏太皇太后穿布衣以儆天下。此外又捐钱一百万，献田三十顷交由大司农以救济灾民。此举一出，感召了不少公卿人等，大家纷纷效仿，光献出田宅的就有二百三十余人。为治理蝗灾，王莽派遣使者去收购蝗虫，用石、斗等容器衡量付报酬。这样一来，大大刺激了灾民们捕杀蝗虫的积极性，蝗灾很快被扑灭了。

随后是治理疾疫和安置流民。因饥民遍野，饿死者无数，老弱苟延，无力埋葬，日久腐败，导致瘟疫横生。王莽当即下令各级衙门安置病亡丧葬事宜，并按尸骸发放丧葬费。一家亡六个以上，五千钱；四个以上，三千钱；两个以上，两千钱。又将安定呼池苑废了，改为安民县，火速修建了五座里坊二百多宅舍用来安置灾民，并配发田宅与日用器皿。

这些问题总算是解决了。可是，当年的租税却成了问题。这场灾全国难受灾面积达一半以上，十室九空，颗粒无收，老百姓流离失所，自身难保，哪里还有钱交租？

王莽思前想后，很快又出台了新政策：天下之民，资产不足两万钱者，可免租税；灾区郡国，资产满两万不足十万者，也可免税。

自从发生灾害以来，王莽就在自家施行"菜食制"，拒绝酒肉。这本是饮食起居之类的小事，可时间长了也难免传到宫中。王莽的苦心就连儿子王宇也未见得全部理解，灾难既已过去了，还整天粗茶淡饭不是沽名钓誉是什么？

一次，王宇终于按捺不住与父亲发生冲突，王莽遂指着儿子的鼻子大发雷霆："老夫我从小生于寒门，长于山野，就是看不惯骄奢淫逸，别人说也就罢了，连你也跟着胡搅蛮缠！告诉你，就算沽名钓誉，我王莽沽的也是千古名臣之名，钓的是万世称誉之誉！不信你们都来钓钓看！"

此事不胫而走，很快传到王政君那里，王政君忙召王莽进宫，劝他停止"菜食制"，王莽也趁机劝慰姑母要恢复帝后制服和御膳标准，休养生息，为的是共同辅佐大汉江山。一番话说得王政君甚为感动。

这一年，风调雨顺，普降甘露，甚至很多地方还长出"神芝""朱草""蓂荚""嘉禾"等祥瑞之物，举国上下形势一派大好。

这天，王莽正在给王政君汇报对外事务："南海之遥黄支国使节进献了犀牛，前些日子匈奴乌珠留单于囊知牙斯与臣交好，他对中原文化兴趣浓厚，佩服得五体投地。"

太后突然想起一事，忙问："那个王嫱王昭君你可记得？"

王莽不知何意，忙说："臣当然记得。她当年冒称汉家公主，下嫁呼韩邪单于，号宁胡阏氏，与呼韩邪单于生有一男。单于亡故后，王昭君又给新单于复株累当了阏氏，生下两个女儿，长女号须卜居次，次女号当于居次。居次，也就是咱们汉家的公主。"

太后闻言不禁感慨起来："想当年孝元皇帝在位时，昭君被选入宫，我们姐妹相处甚睦，后来奉命出塞和亲，几十年未通音讯，想来也和我一样，为白发古稀之人了！世事沧桑难料啊！"

王莽一听急忙禀奏："太后不必伤心。据臣所知，昭君之女须卜居次已由大漠动身，两天后即可抵达长安，这是乌珠留单于的一点心意，特地派她来陪侍您的。"

太后一听顿时心下大悦："这太好了！迟暮之年能与故人之女相伴也算大幸了。"

王莽把须卜居次接进宫中，特地把她安排到太后身边，食则同桌，寝则同室，相处甚欢。不仅如此，他还时不时安排太后或"车驾巡狩四郊"，到野外郊游打猎；或"存见孤寡贞妇"，跟一群女人叙叙家常；或"幸蚕馆"，领着列侯夫人们去采采桑叶喂喂蚕什么的。

王政君也深知自己年事已高，掌管政事愈来愈力不从心，也乐于颐养天年，懒得多掺和了。见王莽把大汉治理的有板有眼，深得民心，索性下了一道诏，曰"思不出乎门阈"，意思是从今往后她只管管宫里的事情。

事实上，王莽对太后的打算心知肚明，别看她表面上不涉政事，但玉玺现在仍在她手里！她虽然对自己颇为放心，但并没有将江山交到自己手里的打算，而是准备等刘衍成年之后再将大权移交过去，汉室的正统是不能乱的。对于这一点，王莽看得很明白。因此，他千方百计想要太后放心，一是鞠躬尽瘁廉洁辅政，二是绝对不能让人揪住自己的小辫子，说自己有觊觎王权的野心。

这一天，王莽在朝见太后的时候，太后又一次说起了刘衍身子骨单薄，不好好吃饭的事，禁不住一脸愁容："唉，算来皇子也已年方十二，也不算小了，可如此单薄羸弱，也不知何时才能临朝听政。"说完长叹一声。

王莽闻言忙说："太后，其实自幼主入宫以来，您一直呕心沥血地教诲，皇子在儒学礼乐方面进步非同小可，这些群臣都有目共睹。只是……"说到这里，王莽故意停顿了一下。

王政君见王莽欲言又止，更加激起了好奇心，连忙追问："只是什么？你不必顾虑，直言便是。"

王莽略微迟疑一下，说道："四书五经固然重要，但毕竟未见真章。

恐难担当为天下尊的重任。按侄臣的意思是，不妨让皇子经历'人事'，自古不经人事，难以成人。不知太后意下如何？"

王政君一听大惊："这……这……这可万万使不得！"边说边向周遭巡视，好在旁侧没有外人，这才定了定神："爱卿，你的心意本宫明白，可刘衍才十二岁，何以去经历'人事'？这也太不成体统了吧？说出去是要叫天下人耻笑的。"

王莽知道太后误解了自己的意思，忙解释道："太后，侄臣自幼谙习周礼，何以做出礼法不容之事？侄臣所言之经历'人事'乃是为皇上遴选一位皇后，也好日后择日圆房，共同辅佐朝纲。"

王政君这才恍然大悟，遂点点头，可依然心存好奇："侄臣，你为何想到遴选皇后一事呢？"

王莽应道："侄臣近来博览史书。古人云以史为鉴，不无道理。依侄臣看来，大汉衰微的根源在于婚配不当，因此缺少出自正统的皇位继承人。您想想，成帝微行出宫，误识赵飞燕，不但没有留下一丝龙脉，反而残皇子绝皇孙，天理丧尽；哀帝则以姑为后，乱了伦理不说，又让一群娈童相继争宠，不但没留下半个子嗣，反而自顾不暇。说到底是婚配不当，咱们可不能再让小皇上重蹈覆辙，所以，侄臣想早点选立一位貌美德全的皇后，使皇帝早日成人，不仅子嗣有望，还可以早些治理朝政，定国安邦。"

太后一听大悦，她知道王莽乃忠直厚重之士，只要他提出的建议，八成已是深思熟虑了，忙追问道："那么，此次遴选皇后，你已想好了细则？究竟如何遴选法，不妨说来听听。"

王莽沉思一下，说道："禀告太后，侄臣还没有想得很妥帖，但可参照《五经》理论，并借此机会制定婚配礼仪，从此往后让皇室的婚配制度有章可循，以防滋生事端。依侄臣所见，皇后和妃子的人选最好在商王、周王、孔子的后代和长安列侯正妻所生的女子中遴选，以保正统。"

王政君当即点头称是。遂下令选后大事。

此时的刘歆担任着典章和光禄大夫的要职，学识渊博，博古通今，要建婚配礼制，自然少不了由他颁议核定。刘歆一听要进行选后事宜，

立时激动万分，引经据典，搬古弄今，连夜就洋洋洒洒地挥就了一套婚配礼仪来。群臣们听到这个消息也不甘落后，皇后妃子的候选名册几天工夫就堆成了一座小山。

王莽不敢怠慢，夜以继日地审阅着小山一样的候选名册，这一看不打紧，很快就看出问题来了。原来，在这些堆积如山的名册当中，有半数以上是把王莽的女儿列为首位的，要不就是王氏的族中之女。

王莽不耐烦地合上名册，眉心凝成一个"川"字，看来自己的这趟辛苦又要白费了。他深谙太后的心思，所以才主动提出为皇子选后，为的就是让太后对自己放心，也让天下人相信，他王莽如此鞠躬尽瘁，励精图治，为的是大汉江山，而不是觊觎皇权。可是这下，反倒又落下了惦念皇权的把柄：敢情你王莽动这么半天脑筋是为了让自己的女儿登上皇后的宝座，自己顺理成章地做国丈啊？

想到这里，王莽不觉一阵颓丧。如今，无论他怎么努力都难逃沽名钓誉觊觎皇权的罪名了。一介儒生，单凭一腔治国的理想看来是行不通的。不行！不能就这样妥协！我王莽多少风浪都过来了，这点小事，岂能难得倒我？这样一想，王莽急匆匆入宫向太后王政君禀报。

王政君还未听完，遂一摆手："本宫明白了，安汉公这又是意在避嫌。王氏家族是外戚，排除在外也是理所应当。就按你的办吧。"说完接过名册，令内侍重新登记造册，并按王莽的旨意下诏昭示天下。

谁知此诏一出，宫内外顿起轩然大波。

这天，王莽刚好有事进宫禀报太后，行至长乐宫门前，侍从突然停下，王莽探身一看，坏了！只见宫门前黑压压地跪着一批人，少说也有好几千号，从服色上看，有郎官、儒生，还有不少平民。王莽有些纳闷，想自己平日里慎言慎行，每日三省吾身，没有什么不检点之处，疫情已过，百姓安居，实在没有什么可激起民愤之举啊。那么他们今日密集宫门究竟有何缘由？

王莽急忙下车。这时，从人群中走出一位儒生模样的年轻人，对王莽深施一礼："安汉公莫怪，在下张竦叩见大人。"

王莽忙还礼："张竦？噢，莫非是孝宣帝时担任过太中大夫、山阳太守、胶东相、京兆尹，以为妇画眉闻名于世的张敞张子高之后？"

张竦一听，连连应道："对对，正是先祖。可惜先祖的画眉技艺未能传下，实在惭愧，只因学生佩服的乃是您的锦绣文章，志在写尽天下文章。"

王莽闻言朗声大笑："好好！好一个写尽天下文章，有志向，有志向！"突然又狐疑地问："敢问列位，今天在此聚首，可是王莽行事有何欠妥？"

张竦道："安汉公，您所言极是，诸位今天聚集在此为的就是向您呈上奏折。"

王莽这才发现，原来众人的袖子里都藏着奏折呢，心下更加不解，忙问道："敢问是为何事？"

张竦道："我们是为选后之事而来的。诸位一致认为安汉公之女是最佳人选，皇后非她莫属。而安汉公有意避嫌，有违民意，故……"

王莽没听完就摆了摆手。闹了半天还是为这件事！这群人从他的角度考虑过吗？眼下幼主未能亲政，内政委于太后，外政付予王莽，我今以外戚之身，历任郎官、射声校尉、光禄大夫，直到大司马、太傅、安汉公，这一路走来已是如履薄冰，唯恐朝野上下有所非议，误认为我王莽要篡汉夺位，为此我付出了多少苦心你们知道吗？唉！这帮儒生，只知文章千古事，不识"功高震主"说。简直是胡闹！

王莽正欲脱身，只见宫门里走出一个人来，是少傅甄丰："安汉公，太后群臣等您议事呢，快请！"

王莽好不容易得以借此脱身，只听见张竦和众人在身后高呼："大汉国母，事关重大，安汉公女，非她莫属！"

王莽将一将一头汗水，进得殿来，太后和群臣商议的依然是遴选皇后事宜，而且众人像商议好了一样，众口一词要求安汉公之女参与选后。看来，今天这道辙是当真迈不过去了。

王政君看看众意难违，也只好顺水推舟："那就遣长乐宫少府、宗正、尚书令，你们几个到安汉公府第去看看安汉公女容貌、德行、生辰等，是否合乎礼仪。"

一行人领了圣命，风风火火奔赴安汉公府，回来禀奏太后：容貌端庄，

举止有度。选后大事，理应告于宗庙，卜于天地，他们卜的卦是泰卦，卦象乃金水旺相，天子是金命，皇后是水命，金能生水，水不害金，金水相合，大吉大利！这卦象是乾上坤下，也叫乾天坤地，实乃天意！

如此，王莽还能说什么呢？恭敬不如从命。

事实上，王莽不愿其女参与遴选另有隐情，原来平帝刘衍幼有妖病，一旦发病就面色青紫，口鼻歪斜，浑身抽搐，时称"肝厥"，即后人所说的癫痫。王莽自然不愿把女儿托付给一个病人，哪怕他贵为天子，可眼前，骑虎难下，王莽也只好硬着头皮应允了。

随后，按照新拟的婚配礼制，又遴选了皇妃共十二女，便为刘衍安排"经人事"事宜。

有个叫刘佟的，是王莽新封的列侯，封地在信乡，因离京师较远，当他知晓此事时，选后已经落下帷幕。刘佟心想，受人滴水之恩当以涌泉相报，我刘佟也得略表寸心啊，便挖空心思想了一夜，终于从《春秋》里找到史料根据，上面明文记载，周天子从纪国迎娶王后时，把纪国国君的爵位提升了两级，并给予封地"纵横百里"，这是有定制的。而如今安汉公的爵位和封地都没有得到加封，这明显不合礼制。他忙连夜草拟奏折上禀太后。

王莽一听，简直是变着法子让我难堪啊！真是有口难辩。他忙对太后说："小女才质低下，能登上至尊已算忝列，若再受加封，臣宁愿令小女退出遴选，是万万不可当的！"

这厢还没说完，那边主管宫廷婚嫁的官员又来上奏："启禀太后，依照礼制，聘皇后的礼金应是黄金二万斤，合钱两万万。您看……"

王莽又傻眼了，可这礼金是无论如何也推不走了，推托半天，最后只好硬着头皮收下四千万。他转手又把其中的三千三百万分赐给入选皇妃的人家，自己只留下七百万，王政君一见，觉得自己的侄孙女贵为皇后，和那些皇妃相提并论也太憋屈了，于是再追加礼金两千三百万，统共凑成了三千万，这事才算完。

王莽这回没再退，觉得这样退来退去实在也不是什么好办法，干脆又拿出一千万分赐给九族中的贫苦人家。

第十五章

起内讧王莽杀子　帝懵懂强封宰衡

王莽这么处理汉室给的聘礼，虽然对于自己来说，得到了人心，得到了亲戚朋友的支持，可是没有想到的是自己家的儿子却看不下去。世子王宇眼见父亲这么处理聘礼和封地，心里大为光火。如果仅仅是清正廉明、两袖清风也就罢了，可居然把应得的聘礼、封地都退回去，也太不合常理了！哪有这样为官的？敢情我们王家辛辛苦苦，勤俭节约，为的就是做这么个冤大头啊？这高官当的还有个什么劲啊？

一次，王宇与自己的大舅子吕宽、老师吴章对饮，情不自禁地发了一通牢骚，没想到三人一拍即合。

吕宽语重心长地痛陈王莽的不是："聘礼、封地不提便罢，连皇帝的生母都不讲情面，这种事体关乎社稷大业，千万不可掉以轻心！草率不得，草率不得！"

吕宽说的是刘衍的生母中山卫姬。刘衍立嗣之后，其母卫姬被封为中山孝王后，卫姬的两兄弟卫宝、卫玄也都被赐关内侯爵位，但为了避免像成帝、哀帝时外戚专权的局面出现，王莽将卫姬家族安置在中山国，无事不准进京师。

吕宽这一说又说到了王宇的痒处，王宇仰脖灌下一盅酒，悻悻地说："中山卫姬身为皇上生母，却被生生骨肉分离，就算为防外戚专权，也不能不通人情。现在皇上还在幼年，需要母后照料，一旦皇上登基，念起旧恶，能不痛心疾首，将我王家治罪？"

吴章闻言也频频点头："贤契所言极是，人无远虑必有近忧，最好能想一妙计，防患于未然，以免招致不测，世事难料，人心叵测啊！"

王宇闻言，咂一口酒，胸有成竹地说："前些时日，我去了趟中山国，请中山卫姬以上书谢恩的名义，将丁、傅两家诅咒了一通，为的是廓清自己，让家父恩准他们母子团聚，可终究还是没能躲过他的法眼，他只是奏请太后给了中山王后七千户的封邑，叫什么'汤沐邑'，有名无实罢了。"

吕宽和吴章对酒把盏，双双沉默。

王宇又道："后来，我又指使中山王后打了一道奏章，别的不表，单提思子心切，不胜悲苦，每日以泪洗面云云，希图动之以情。可谁知家父乃铁石心肠，六亲不认！"说罢长叹一声。

吴章半天凝神不语，沉吟良久，突然说道："安汉公对卫家如此决绝也实有苦衷，丁、傅两家争宠邀功，专权日久，作威作福把持朝政的苦果，举国遍尝，民愤极大，安汉公出此下策恐是不得已而为之。只是……若处理不当，怕有后患啊！"

王宇忙道："所以我才来和两位商议，千万不可坐以待毙，等着皇帝登基后将我们一并治罪，再来个九族株连，到时候……"

吕宽也忙插话："安汉公的秉性众人皆知，只恐规劝也是徒劳。"

吴章不愧饱学之士，突然心生一计："老夫倒觉得安汉公有个弱点，也许可以攻其不备呢。"

王宇、吕宽忙将脑袋凑拢一处，几乎异口同声地："快快讲来！"

吴章此时却不慌不忙，压低声音："安汉公有一大嗜好，那就是信鬼神。老夫仔细揣算一下，发现几乎每件关乎国策大略的要事，安汉公都讲究顺乎人伦天道，如罢黜丁、傅、董、赵等人，无一不是因天垂败象。诸位想想，董贤门府无故自坏，飞燕未立之时泰山猫头鹰毁巢焚子，还有雊鸡落献等等，无论凶吉，都是依天意而行的。"

王宇、吕宽顿时恍然大悟，啧啧称奇。行！只要找到病灶就不愁对症下药。

王宇马上来了精神，可马上又发起愁来："恩师所言极是，可这异象都属上天昭示，我等凡俗之辈，如何能掌控上天呢？"

吴章捋了捋髭须，微微一笑："所谓怪异祥瑞，说到底，一半乃无中生有，一半乃牵强附会。信则有，不信则无。"

"啊？"王宇闻言着实吃惊不小，敢情这天象也信不得呀？挠挠头一拍巴掌："既如此，我等何不来个人造天象？也好叫家父及时回心转意，以免遭日后不测之灾。"

吴章见状，索性面授机宜，拉过王宇一番耳语："贤契，你可到厨灶间取一盆腥臊污血，泼于府门外，这叫门生秽血，阖府不宁，乃大凶之兆。老夫我再给安汉公如此这般地吹吹口风，此事不就有望了？"

王宇一听茅塞顿开，喜出望外，连声夸赞恩师高明。当下指定，涂血之事由吕宽照办。吕宽见事已至此，虽说不大情愿，可谁让自己前面多插了几句嘴？总不能只卖嘴皮子吧？所以只好勉强应了下来。

这天晚上，月朗星稀，安汉公府第门前出现了一个鬼鬼祟祟的人影，手里提一圆状器物，探头一看两个门吏正在巡逻，忙闪身墙后。良久，又探出头来，仔细一看，四下无人，料想门吏已就寝，忙将器物随手一掷，拔脚就走。

只听得"咣当"一声，一股腥臊之气扑鼻而来，哪知还没走几步，后面的衣领子便被人提住连人拔起，耳边一片喧嚣之声四起："何方妖孽，三更半夜敢来公府造孽？莫不是吃了豹子胆不成？"当即把个吕宽绑了个五花大绑。一群人推推搡搡去面见安汉公。

王莽定睛一看，这不是王宇的大舅子吕宽吗？怎么给绑到我府中来了？听门吏这么一说，到府第门前一看，心下顿时明白八九分，但他不露声色，缓声道："吕宽，你身为贵戚，黉夜涂秽血于我公府，定是有什么苦衷吧？"

吕宽见状早已战战兢兢，词不成句："安汉公息怒……吕宽知罪……是令郎王宇因中山王后一事，欲劝服您开恩……才……才出此下策……还望安汉公高抬贵手，饶吕宽不死！"说罢兀自叩头如捣蒜。

王莽仍神情自若："哦？看来这里面还有些道道儿啊。看来，你得换个地方了。"

于是，王宇当夜就被押送大牢，很快供出参与此"血门事件"的人名，主谋当然是博学之士、治《尚书》的名儒吴章，同谋有中山国

的卫宝、卫玄兄弟，朝中同党有敬武公主、梁王刘立，王氏宗亲红阳侯王立、三叔公王谭的儿子平阿侯王仁等。

王宇思谋的是，所供之人皆为汉室宗亲的公主、诸侯王以及王氏家族的叔伯堂弟，俗语讲法不责众，刑不上大夫，你安汉公总不至于将这么多皇亲国戚一网打尽吧？

然而，王宇的算盘还是打错了！真相大白之后，王莽即刻令其服毒自杀，参与者一同治罪。其时，王宇之妻绿焉已有孕在身，正与王宇一同囚禁在监，遂令其分娩后再杀。

吴章见事已败露，仓皇逃亡远至广汉，后被捉。王莽进而禀奏太后，得到首肯后彻底追查此事。首先诛灭了复辟可能性最大的卫家，除卫姬安然无恙和卫宝的女儿被免、废中山王后徙合浦外，其支属全部诛杀。主谋吴章被腰斩，陈尸东市门；其弟子千余人被宣布为"恶人党"，一律被禁锢不得入仕，教授的门人全部更名他师。吴章弟子中只有担任大司徒的平敞，买棺收敛了吴章尸体，受到了京城上下的交口称赞。

王莽对吴章这样名儒的诛杀，虽然引起了儒士阶层的震动，好在吴章乃《尚书》一派，并非汉代十四家今文经中的显学，所以没有造成整个儒士阶层的惶恐。

但由此开始，却促使王莽决心抑制阴阳五行、灾异谴告的今文经学说，而彰显重于礼制以及纯道德说教的古文经来作为自己思想统治的工具。

王莽很快亲自撰写了八篇文章，以王宇犯罪事实为例用来告诫子孙，命令学管教授，纳入选举科目，把它们比作《孝经》看待，全国吏员凡能背诵安汉公诫文的，将记录在册。其次，王莽命令公卿、将军、侍中、朝臣等高级官吏，在宫廷内听取精通孝礼的"明礼少府"宗伯凤讲述"为人后之谊"，明确"为人后者，义不得顾私亲"，并通过此举，对内以示平帝，对外以教百姓。王莽可谓用心良苦。

王莽以"孝""礼"治国，竭力"奉汉大宗"，"尊之正统"，为了坚持礼制，甚至不惜大义灭亲，因此被时人讥之为"三纲绝矣"，但他力图维护宗法统治秩序，依然得到许多儒生、吏民的拥戴。

小皇帝刘衍在情窦未开之际就被以圣命的名义推入洞房，可面对十二位如花美人，非但没有兴致反而乱了方寸。

小皇后倒是还算沉稳，装出一副小大人的样子冲那几位摆摆手："尔等先回殿安歇，皇上这里由本后照料。"

众人如蒙大赦，纷纷退出。一阵环佩叮当之后，全都销声匿迹。

见人迹远去，小皇后端坐在合欢榻上开始愣神。她回忆着此前宫里的女官们给她们讲的关于初夜的一切和侍奉至尊应该恪守的规矩礼仪，觉得新鲜又好笑，再偷眼看一下皇上，只见他愁眉紧锁，不知在一旁嘟囔什么。

小皇后端坐良久也不见他过来搭话，终于还是耐不住性子，把女官的教诲抛到了九霄云外，低声唤道："陛下，你该歇息了。"

皇上无动于衷："别打岔，朕在背书呢。"

"噢？想不到陛下如此用功，洞房之夜还在诵读圣贤之书。"小皇后也不觉好奇地跑过来看，想知道到底皇上读的什么书，竟让他如此入迷。

哪知皇上气不打一处来，愤愤地把书一扔："什么圣贤书？王八书！"

小皇后忍不住"扑哧"一笑："何来'王八书'啊？"遂好奇地挨过来，说："妾虽身在闺门，见识短浅，却也读过些四书五经之类的，可还从来没听过'王八书'一说。还请陛下明示。"

小皇上一听更为恼怒，将"王八书"敲打得噼啪作响："都是你爹，愣要写什么'王八书'，搞什么孝道，还要逼着我去背诵！真是烦人！"说完嘴巴撅得老高，一脸的不悦。

小皇后见状连忙四下瞅瞅，低声安慰道："陛下息怒，千万别让妾父听见。"

皇上闻听此言一脸的狐疑："皇后何出此言？"

小皇后含泪应道："妾既入汉宫，一心追随陛下，当以身侍君，义不容辞。故不希望令陛下不快。"

皇上顿时心情大好，感情她和她爹不是一个心思啊！马上来了精神："朕错怪你了，算了，不背这劳什子了，就寝！"说完"噔噔噔"三下两下爬上了合欢榻。

小皇后粉面含春，忙铺床抻被："妾蒲柳弱质，未经风雨，还望陛下能怜香惜玉，稍敛龙虎之师，莫纵雷霆之势……"

一席话把小皇上听得一头雾水："你……不好好就寝，莫非想打架啊？"说罢兀自睡去。倒把小皇后弄了个大红脸，不过听她这么一说，知是自作多情，反倒放下心来。

就这样，小两口规规矩矩地上了合欢榻，秋毫无犯地躺着。许是习惯了单睡，俩人躺在一起，反而睡不着了。

小皇后虽初谙人事，可一看皇上那个榆木疙瘩的样子也不好太主动，以免有教唆之嫌。她直挺挺地躺在那里，回忆着女官们忽而严肃忽而神秘的训诫，觉得好多事听起来似乎是很美的，但真正做起来，其实也就不那么美了。

皇上也直挺挺地躺在旁侧，瞪大眼睛看着顶上的雕廊画柱，一脸茫然地问："朕怎么觉得这结婚娶媳妇一点兴致没有，可为何群臣们搞得如此隆重？你能告诉朕吗？"

小皇后被问得哑口无言，一时不知如何对答，只好支吾着："妾……学识浅陋……也许……过些日子就好了……"

皇上辗转反侧，突然长叹一声："唉，那还是背你爹编写的'王八书'吧，朕要是忘了，你就给提一下。免得过些天没背下来，还得挨骂。"

小皇后应一声，遂一骨碌爬起来把书抱上合欢榻。就这样，俩人在被窝里背起了"王八书"："莽家门不幸，屡生萧墙之患，静思之，乃律子不严之过也。观夫古今，忠臣之门，未尝见忤逆之子；孝子之家，何曾少报国之臣。忠者，孝之标也；孝者，忠之本也……"背着背着，终于打起了呼噜，这一夜就这样稀里糊涂过去了。

正睡得香甜之间，内侍进来"叫起"："皇上皇后吉祥！"三叩九拜之后，遂将策命呈上："请皇上过目。"

皇上揉着惺忪的睡眼强打精神："什么策命啊？不是刚策命完皇后嫔妃十二女吗？怎么又来了？"

内侍躬身启奏："皇上有所不知，此次特为策命宰衡。"

"宰……谁？朕怎么从来不知有此官名啊？"虽说皇上年幼，毕竟正统耳濡目染，对宫廷官制还是烂熟于心的。

内侍只好解释道："宰衡乃太宰和阿衡两个古官的合称。阿衡负责教养、保护幼主，殷朝的伊尹即为阿衡；太宰总揽全国政务，当年的周公即为太宰。如今大汉是把这两个职务合二为一，故称宰衡。"

皇上听明白了，但没有马上表态，而是追问道："依照此说，那我大汉必有兼伊尹、周公之辈的杰出人物，才可设此职。不知何人可以担此殊荣啊？"

"咚——咚——"前殿的钟声传来，时辰已到，内侍一看，也顾不得多解释了，急急忙忙地说道："皇上，大汉从上到下里里外外，只有安汉公能担起宰衡之殊荣啊！皇上赶紧上殿吧。"

皇上懵懵懂懂，急急忙忙来到前殿，就见面前站了黑压压一群人，领头的是王莽的堂弟，太保王舜。

王舜振振有词："在《春秋》中，孔圣人列了三种等级的大功大德，最高是建立德业，其次是建立功绩，再次是著书立说。当然，这些人少之又少。因此，对于这些人，应该在他们在世时就大行封赏，这样才能让他们成为万世师表，伊尹、周公便是这样的人物，我等应该努力效法才对。"

话音刚落，一群人就忙着附和，前前后后相继递上奏章，一致响应王舜。

太后当即表态，把前两次退还的召陵、新息两县以及黄邮聚、新野县的田亩重新封给安汉公；采用伊尹、周公的称号，封安汉公为"宰衡"官号，位列上公，俸禄定为万石；大司徒、大司空、大司马这三公及所有官吏启奏安汉公，必先喊"冒昧进言"；所有官吏不得与安汉公同名同字；安汉公外出必有二十名期门亲兵、三十名御林骑士、前后大车十辆随行；赐安汉公母"功显君"称号，食邑两千户，授予火红绶

带黄金印章；封安汉公三子王安为褒新侯，四子王临为赏都侯；追加皇后聘礼三千七百万，合成一亿之数，以明大礼。

皇上耐着性子终于听完，撅起嘴巴一脸的不快："既已定好照办就是，还要朕来干吗？朕先退朝了，'王八书'还没背完呢！"

太后一听连忙连哄带唬："皇上且慢！策命大礼，没有皇上亲临怎么行？安汉公对汉室呕心沥血，适当封赏，也不为过。身为大汉天子，不可不通情理，叫群臣笑话。"

太后心说，我王氏宗亲再怎么励精图治还不是为了你刘家的江山？你不至于连这笔账都算不过来吧？若不是安汉公，你个小病秧子到现在也不过是个中山小王，哪能轮到在这里发威？但是当着众人的面，她忍住了。

皇上还算识时务，或者说被太后的一番话唬住了，立马正襟危坐等待侍卫宣安汉公父子上殿。

钟鼓齐鸣中，王莽领着王安、王临来到殿前行叩拜大礼。

司礼官高声宣读策书完毕，该皇上出场了，可皇上巍然端坐在龙椅上，手执策书旁若无人，就是不挪地儿，隆重的策命典礼一时陷入僵局。

王政君又是使眼色又是瞪眼睛，可皇上就是佯装不知。王政君忍不住心中暗骂："真是个不中用的东西，一点规矩礼仪不懂。本想借此仪式昭示天下，皇子很快就可亲政，看来为时尚早。"只好几步走下宝座，拿过策书宣道："安汉公跪拜受策！"

王莽早已稽首如仪，但说的不是"谢主隆恩"或"吾皇万岁"，而是"臣……臣不敢"。

太后大为光火，转脸训斥道："光禄勋，你们究竟是如何演练的？怎么老出错？你贵为三朝老臣，也不懂策命大礼吗？"

王莽一听忙以头触地："太后息怒，臣不是不懂礼仪，实乃不敢受此隆恩！臣已将封事拟好，请太后御览。"说罢，交给司礼官，将封事呈上。

太后一看，王莽只接受赐给其母的"功显君"封号，其余一律不受，原封退回。

太后见这等阵势，深知王莽脾性，僵持下去没有任何意义，估计得另想办法，遂摆摆手，示意群臣退朝。

王莽当着群臣之面在朝堂上拒绝受封，这让太后很是不悦，太后正在琢磨着想个什么办法逼他受封呢，却发现小皇上在一旁手持"王八书"一脸兴奋。

太后遂问道："皇上可是遇到幸事？不妨说来让老妇听听。"

小皇上胸无城府地坦言："安汉公受封不成，这难道还不是幸事吗？"

太后闻言有些吃惊，但还是不动声色追问："噢？何以见得呢？"

小皇上头头是道地答道："功高震主，这谁不知道啊？安汉公不受封，那就意味着孩儿我可以安邦治国了。"边说边把胸脯拍得啪啪响。

闻听此言，王政君忍不住大笑起来："哎呀，我的小皇子啊，安邦治国非同儿戏，你以为是你想象的那么简单吗？"

小皇子尽量摆出一副小大人的气概，不服气地说："那有何难啊？不就是画个圈，写个'可'吗？再说了，还有那么多三公、四辅、九卿、百官，又不是他安汉公一个人。"

王政君摆摆手："你呀，还是个不明事理的小孩子，别以为娶了皇后入了洞房就是大人了。你掐指数数，皇宫里这么多人，你能镇住几个？仅此次启奏为安汉公请封的就有八千多号人，民心所向你懂吗？唉，也就是我们王氏宗亲，几代人为大汉尽忠从无野心。以安汉公的威望。要是真有心啊……"

这一番话倒是把小皇上给镇住了，转而问太后："那……那该如何是好啊？"

王政君没有搭话，遂宣诏："召太师孔光进宫议事！"

孔光火速进宫，一听，原来是这么回事啊！马上就有了对策："依微臣之见，安汉公退封一事不宜全受，也不宜不受，王安、王临既已接受两侯印绶，不宜更改；黄邮聚、召陵县、新野县的封地暂且退还，日后再议；至于宰衡的官位，是重任而非虚名，如此安汉公便可领受；至

于聘礼，乃为皇后所赐，与安汉公无关，可征询皇后意见；'功显君'的封号嘛，止于本身，不予推恩不就可以了吗？"

太后闻言频频颔首，可还是稍显不安："每回朝廷加封，安汉公总是叩头坚辞，此次更甚。他说，若再逼其加封便行告退。"

孔光却笑了起来："安汉公是唯恐天下人怀疑他的忠心，不得已才出此下策。可他忘记了，所谓大忠若奸，大奸若忠。忠臣若是为了大局，有时也得委屈一下自己的操守，水至清则无鱼，这个道理他不会不明白。若还不行，可令大司徒、大司空拿着使节，捧着制书，令他上朝，再令尚书不得接受安汉公退封的奏章，让他求告无门！"

太后终于有了辙，马上引经据典，口传面授道："《穀梁传》里说得好：天子之宰，通于四海。宰衡的官位应是匡正百官、平治全国，此大任非你莫属，你若真心替大汉分忧，就应当欣然领命才是。"

无论是伪诈也罢，忠孝也好，就这样，王莽在众愿难违的情况下半推半就地揽到了宰衡的金印，走上了毁誉悬绝的政治前台。

汉平帝元始四年（公元4年），王莽走马上任，受命宰衡，是年四十九岁。

时势所趋，君命如山，既然王莽再想抽身而退已不可能，不如索性放开手脚去实现自己的宏图大业。他既以周公为典范，思来想去，觉得周公之所以能成为垂范千古的一代大宰，不仅在于他曾手持大斧助武灭纣，也不仅在于他曾不顾流言蜚语依然诛杀同胞兄弟管叔、蔡叔，而在于他用了七年之久制立周礼，成为周朝八百年立国之本。就连孔圣人在感慨春秋年间礼崩乐坏之时都无限憧憬地赞美周礼，曰："周监于二代，郁郁乎文哉！吾从周……"

一不做二不休，王莽准备效仿周公制定一套详尽完善的礼乐制度，于是，他把刘歆招来。

刘歆早已成竹在胸，单等着召见请赏，他连"冒昧进言"都忘了说："安汉公，刘歆欲确立能与周礼相媲美的礼乐制度，须先从源头上予以肃清。周朝古制历经五霸、七雄、始皇帝，至今已逾千年，若不先行考证，又有谁能说清其中的子丑寅卯？"

王莽闻言捻须沉吟道："如今太学只开五经，十二家学说每家有博士一人，若按如此，设置恐难在短期内理清周礼之正宗要义。我欲增设一门《乐经》，使成为六经，每经各设五位博士，专攻古代典籍，另在全国征求精通《乐经》并教授弟子十一人以上者，推为显学。另收集佚散的《礼经》、《尚书》、《周官》、《尔雅》、《史籀篇》、毛诗、天文、图谶、钟律、月令、兵法等文字，将其聚于公车司马门，专攻学术，以正谬误，另建学者和太学弟子舍一万间，以安顿各地赴京士人。"

刘歆闻听此言大喜过望，虽说对王莽重用儒生之举早有领教，但万万没有想到此次竟有如此大的规模，对其雄心大志甚为佩服，同时对满腹经纶却又箪食陋巷的儒生生活深有感触，一时忍不住啧啧称奇："天下士人若知晓安汉公此举，定会涕泪交流，真乃功德无量，彪炳千秋啊！刘歆不才，若建太学舍，臣愿尽绵薄之力，受命策定督查之责。"

王莽一笑，叫着刘歆新改的表字："且慢，颖叔先受莽一拜。"说着便躬身行礼，"不过，莽另有重托，须仰仗颖叔鼎力相助。"

刘歆见状更是受宠若惊，感激涕零，忙不迭地叩首还礼："折煞老夫也！安汉公但有驱使，臣当不遗余力！"

王莽双手挽起刘歆将他安置在座位上："颖叔，莽欲按周制建礼，重修明堂、辟雍、灵台三大建筑。此建筑皆承周古制，已无据可考，颖叔乃我大汉一流学士，博古通今，莽愿闻其详，此三大建筑做何之用，依何而建。"

刘歆这下可有了用武之地，朗声道："据我考证，上古时代，即使帝王宫室也很简陋，远不如大汉如此恢弘，古时世风崇尚简朴，所谓明堂即一室多用之便。"

王莽点头沉吟："哦，原来如此，可我大汉已有未央宫、长乐宫、建章宫、甘泉宫，恢弘宫宇建筑多处，是否还有必要另建明堂呢？"

刘歆应道："当然必要。此乃存古制，恢复周制，昭示天下人崇古尚俭，明堂必不可少。"

王莽微微颔首："那依你之见，明堂又该如何建，建在何处？"

刘歆想了想道："依老夫浅见，选址应避开宫宇置于郊外，一来避

免与宫中前殿的重复之嫌，二来待建成落定之后，用以倡导天下尚俭崇古之事宜，也可方便四郊臣民参与观看，令众所周知。"顿了一下，又道："我看国都之阳的东南郊乃风水之地，若在此设址再好不过。至于如何建，自然应严格依照古制，老夫曾考证过周朝的明堂，通体乃上圆下方，八窗、四达、九室、十二重、三十六户、七十二牖，上圆法天，下方法地，八窗法八风，四达法四时；九室法九州，十二重法十二月，三十六户法三十六旬，七十二牖法七十二侯，此即严格依据古制。"

王莽听刘歆一股脑儿说了这么多，愈发来了兴致："那么辟雍呢？又有何讲究？"

刘歆一笑："这辟雍倒不必太在意，咱大汉早已有之。"

王莽一愣："早已有之？"

刘歆解释道："辟雍即为太学，辟即璧，周朝为使贵族子弟学有所成，特在雍水河畔修建五座建筑供读书之用，南为成均，北为上庠，东为东序，西为瞽宗，中为辟雍，因位于雍水河畔，又形如环璧，故名璧雍。《礼经·王制》曾曰：大学在郊，天子曰辟雍，诸侯曰泮宫。周朝的辟雍，即大汉的太学。"

王莽一拍桌子，朗声道："亏得向您请教，不然还不捅出娄子来贻笑天下？这下算是彻底清楚明了啦。这灵台我晓得，即天象台。我准备在西北郊择一佳址，也依周文王的灵台而建。想我大汉的亭台楼榭固然不少，然专供观测天象的还是唯一。"

刘歆应道："那倒是，天象此等物事乃灵验之物，上至社稷兴衰盛亡，下至小民疾病生死，全靠天象预警，断然马虎不得。"

王莽点头称是："颖叔所言极是，回去后可否尽快依据考证绘制图示，莽托您亲临监造，另派大匠协助。不知颖叔意下如何？"

刘歆一听心下又惊喜又惶恐，初始本欲督监太学舍，后听王莽说另有重托，料想自己难委大任，另有高人取而代之，便不再坚持，谁料现在王莽又再次请他出面，莫非是试探自己不成？忙推辞道："这可愧煞老夫也！此乃千秋大业，浩繁巨制，儿戏不得，老夫不才，恐难担此重任。"

王莽闻言道："颖叔不必谦让了，待莽奏明太后之后即刻动工，莽也当亲临督导。"

刘歆一听遂放下心来："好！有您亲临，老夫愿披肝沥胆，鞠躬尽瘁！"

就这样，修葺事宜落定。

八月庚子日一早，安汉公宰衡太傅大司马新都侯王莽手捧文书亲临明堂、辟雍、灵台的施工现场，身先士卒动土开工。一时间京城内外家喻户晓，妇孺皆知。群情激昂，民心大振，到处都流传着安汉公亲临现场破土开工的消息。

"安汉公身居高位，以身作则，不仅操持社稷大业，还修建太学舍提携儒生，而且亲自动土开工，真乃高风亮节，千古垂范哪！"

"你没瞅见呢，就那一铲下去立马突起一座小山。据说安汉公乃武人出身，究竟是真是假？"

众说纷纭中，明堂、辟雍、灵台开工之事被传得沸沸扬扬。

在王莽的示范和彰显之下，次日，大群儒生、平民跑来义务参与修葺大业，足足来了十万人之多。

民心所向，历时不久，废弃了上千年的明堂、辟雍、灵台终，于得以重现。明堂落成之后，立马被派上了用场。

元始五年（公元5年）正月，明堂举行袷祭大礼。所谓"袷祭"其实就是合祭，即把刘氏宗亲中远远近近的列祖列宗请来一同来举行大祭，光风尘仆仆赴京参祭的就有二十八位诸侯王，一百二十位列侯和九百多位皇室成员，上千号嘉宾齐聚京城参与刘氏宗亲的"袷祭"大礼，场面气势蔚为壮观！

其实，祭礼本身倒没什么出奇之处，无非是把多块牌位一起供奉起来，杀猪宰羊，顶礼膜拜一番，而真正让前来参祭的刘氏宗亲们兴奋不已的，是祭礼之后的加封行赏。

在刘氏列祖列宗都在飨用之际，王莽请太后宣布策命，对刘氏皇族大行封赏。

此次封赏的范围极广，共封了长沙剌王的儿子昭阳侯刘赏、广阳缪

王的儿子方城侯刘宣、东平炀王的儿子严乡侯刘信、东平炀王的儿子陶乡侯刘恢、楚思王的儿子陵乡侯刘曾等人在内的皇族等列侯共三十六位。

封赏完毕，王莽又请太后宣布："朝廷雨露，人人有份。根据宰衡安汉公提议，朕宣布，凡参加祫祭大礼的，除赐予封地爵位以外，每人皆获不同数目的金银财物。钦此！"

群臣大喜，忙于领赏，可小皇上一脸的不悦，私下和太后发脾气："朕说不来，偏要叫朕来，往年祭祖都在宫里的，这次为何偏偏跑到这里来招摇过市？还美其名曰什么安抚怀柔，其实就是变着法子闹腾以显示他王莽的威风！"

平帝此时年已十四，喉结已略见突出，似有了些成人模样，本来像这种祫祭大礼和封赏仪式都应当由他来唱主角，可是鉴于上次策命王莽他那令人扫兴的表现，太后对他颇不放心，因此惹得小皇上很是不悦，认为本该属于自己的风光全给王莽占尽了。

不仅如此，更让他气不打一处来的是，诸侯王公，列侯宗室们就像事先商量好了似的，在领受了宰衡的惠泽恩宠之后，不但不肯退去反而齐刷刷地跪倒一大片，众口一词向太后启奏："太后，臣等无功受禄，安汉公却大功不赏，这颇不符合大汉的礼制。臣等请求为安汉公加赐九锡。若再不行封赏，臣等将滞留京师，长跪不起！"

这简直形同集体逼宫，太后刚好借机下台阶，遂语重心长地对小皇上道："请皇上亲眼瞧瞧，不是老身对王氏宗亲有所偏袒，大汉以降，可有哪位的威望可与安汉公相匹敌？你也算是成人了，可老身告诉你，光看重权柄是远远不够的，要天下服膺才是正途！"

小皇上又一次哑口无言，只好强忍性子作罢。

王政君转身面对众人道："列位爱卿，不是朝廷埋没功勋，而是安汉公屡屡拒绝受封。不瞒大家说，这些年因为安汉公屡屡拒封之事上书的官吏百姓，有名有姓的已计四十八万七千五百七十二人，光竹简奏章已占满了未央宫十几间库，真可谓汗牛充栋。今天诸君的心意如果安汉公能够领受，那正是老身求之不得的，还望安汉公不要拂了众臣的美意。"

这下又轮到王莽犯难了。他言辞恳切地对众人道:"莽并非不通世故人情,实乃生性愚钝,德行薄浅。莽以外戚身份忝列至尊,空居高位,能力小而责任大,上赖太后荫庇,下蒙列位错爱,才换来天下归心、四夷悦服,莽怎能贪天功为己有?既然列位如此厚爱,为表莽并非不食人间烟火之圣人,莽在此有个不情之请,不知列位可否应允?"

太后见状忙不迭地接应道:"安汉公有何请求,但说无妨。"

没想到王莽一撩朝袍,冲众人跪下道:"莽请求太后和列位给予三个月时间,将封赏一事暂且压下,容莽腾出手来,全力将制定礼法、创作乐教之事完结,公布天下之后,再来论功行赏,以免贻误朝廷大业。"

三个月?这还不容易?太后立马准奏。

一群人这才三呼万岁,爬起来拂尘掸土,退了下去。

第十五章　起内讧王莽杀子　帝懵懂强封宰衡

第十六章

加九锡满朝欢腾　送少主王莽摄政

　　王莽遂紧锣密鼓地制定礼乐制度，王政君这厢则抓紧召集公卿、博士、议郎、列侯等九百多号人加紧议定九锡程序，单等王莽大功告成，就举行颁赐九锡的盛礼。

　　所谓九锡，传说是古代帝王尊重、礼遇大臣所赐的九种器物，周朝曾实行过这种制度，但"九锡"一词正式见于文献却是在西汉武帝元朔元年（公元前128年）的诏书中，并无细则。所以，当王政君召集群臣议定九锡细则时，大家一时不知如何操办。

　　"臣等倒是听说上古有这种说法，可九锡究竟是哪几种东西却不得而知。"

　　太后一听急了："你们一群人叫嚷了半天，闹得沸沸扬扬，好不容易让安汉公应承了，末了反倒连自己都不知道'九锡'为何物？这不成心要朕难堪吗？"

　　群臣忙请罪："万望太后息怒。臣等的确听说'九锡'乃最高礼遇，但还未及搞清端详，臣等知罪，不过可以速派人到黄卷典籍中查考，应该可以澄清。"

　　王政君随即下令群臣速往石渠阁查阅秘府藏书，限三日内务必搞个水落石出。

　　一帮大臣马上火急火燎地奔赴未央宫西北角的石渠阁查阅浩如烟海的典籍。多亏刘向、刘歆父子当年受命校书，有一部图书分类目录《七略》做索引，按图索骥忙活了三天，终于搞清楚了"九锡"的缘由，赶紧回去禀告太后。原来，古籍里关于"九命之锡"说法不一，主要区别在九种器物的名目和排列顺序上，一说为加服、朱户、纳陛、舆马、乐则、虎贲、斧钺、弓矢、香酒，一说为车马、衣服、乐则、朱户、纳陛、虎贲、弓矢、斧钺、香酒。

太后听完点了点头："基本大同小异，只是……这个'乐则'所指何物啊？"

"这个……"大臣们抓耳挠腮，"臣等也不大明白，'则'有条文的意思，'乐则'不会就是乐谱吧？"

"赐安汉公乐谱？这不是滑天下之大稽吗？不如改名'命珪'，可选择上等玉石，制成玉珪，以后安汉公上朝时就捧着这命珪，以彰显他贵为上公的身份。至于其他八锡，就按你们所查得的结果去准备吧。"

太后所言的"九命之锡"乃起于周朝，即上公九命，王之三公八命，侯伯七命，王之卿六命，子男五命，王之大夫、公之孤四命，公、侯、伯之卿三命，公、侯、伯之大夫，子、男之卿二命，公、侯、伯之士，子、男之大人一命。安汉公既为上公，九锡中自然应该有所体现，因此听太后这么一说，众人纷纷赞同。不过，自王莽之后，大臣所受九锡又将"命珪"改为乐则，即乐器。

转眼三个月已到，王莽制定的礼乐制度繁文缛节，条款浩荡，终于按时完成。

五月庚寅日，冠带齐聚未央宫前殿，太后王政君亲自向安汉公王莽颁发九锡并致策辞："安汉公侍从孝成皇帝十六年，献计献策，竭尽忠诚，惩办原定陵侯淳于长，因及时锄处奸邪消除祸乱而升任大司马，开始在朝中辅佐皇帝。孝哀帝即位，妃妾奸臣妄图越位篡权，安汉公出面弹劾高昌侯，后遭朱博贼臣陷害，被遣就国，直到哀帝觉察到失误才将安汉公重召回长安，临终前恢复'特进'荣衔，在哀帝驾崩之夜，再次临危揽重，斥退高安侯董贤，保住了皇族正统。绥和、元寿年间，安汉公两次遭遇并操办国丧，俱事妥帖，无灾无祸。辅朕五年来，制定冠礼、婚礼，设立郊祀、祫祀和宗祀的典礼，划定郡国界域，依古制建起明堂、辟雍、灵台，可谓为国尽忠，不遗余力。《诗经》中的灵台，《书经》中的洛邑，镐京的体制，商邑的规模，如今全都在大汉复兴了！在大汉以'孝''礼'治天下的昭示下，加之安汉公的身体力行，躬身以倡，才促成了天下归心、四夷服膺的大好局面。外族纷纷不召自来，不仅改变装束，进献白雉、犀牛，且亲自前来感受大汉的教化。就连上天都频频垂下祥瑞，麒麟、凤凰、灵龟、蛟龙，五年来竟出现七百多次！以安汉公之文韬武略，安抚朝廷、平定国家的丰功伟绩，官至宰衡，位列上公，应当被授予最高一级的'九命之锡'，钦此！"

这一篇洋洋洒洒、长篇累牍的策辞终于宣读完毕，王莽战战兢兢，叩首再拜："臣王莽领命，不敢再辞！"

王政君终于露出笑容，满朝文武一片欢腾！

随后，便是领受"九锡"之赏，这是一个长长的清单：

一锡：衣服。计有绿色皮革围裙一条，垂有九串玉珠的礼帽一顶，绣有山、龙、华虫等三种图案的礼服衮衣一件，绣有宗彝、藻、火、粉米、黼、黻等六种图案的礼服衮裳一件，礼服专用的饰物，鞘口、鞘末镶有九九钱的佩刀一口，鞋头伸出约三寸，像刀鼻一样分开的朝靴一双。

二锡：车马。计有装有响铃的大车一辆，含配套的骏马四匹，装饰着九束流苏的绣龙大旗一面，乘车时戴的皮帽一顶，白颜色的下衣一件，军车一辆，含配套的战马四匹。

三锡：弓矢。计有红颜色的弓一张，箭若干（彤弓矢），黑颜色的弓一张，箭若干（卢弓矢）。

四锡：斧钺。计有红颜色的状如大斧的兵器一柄，安放在左面，铜制的状如大斧的兵器一柄，安放在右面，配套的铠甲一套，头盔一顶。

五锡：香酒。计有用于祭祀的香酒两铜壶，乃用黑黍和郁金香草酿造而成，其酿造方法今已失传，据考证属清香型。

六锡：命珪。计有青玉朝笏两枚，即九命青玉珪。此乃太后的神来之笔，即在赐予最高荣誉的同时，让王莽时刻不忘自己乃大汉的一个臣僚。

七锡：朱户。所谓赐朱户，即准予宅门用红色油漆表示身份尊贵，古代的等级制度即使在府第的建筑规格上也极其森严，一旦僭越即遭灭门之罪。

八锡：纳陛。与朱户类似，特权之一种。即允许王莽府第将厅堂前的台阶修建在檐口以内。

九锡：虎贲。即勇士，皆宽肩阔背，三百虎贲专门负责安汉公的警卫，进出安汉公的官署私邸一律严加检查。

除此之外，还依照周制，为王莽设置了宗官、祝官、卜官、史官，另外还有家令、家丞，也就是从此以后，一向以体察下情为标榜的安汉公被彻彻底底地"裹"了起来，他迁居到了由楚王驻京官邸改建的新宅里，大院周围的民房被全部拆迁，名曰"通周卫"，即建立警戒圈。

当年请张竦捉笔代刀为王莽写长篇奏章的陈崇，如今摇身而变为风俗使者，专门负责观风俗考得失。这次被安汉公派下去之后，带回了令人振奋的好消息："咱大汉真乃太平盛世，城无盗贼，乡无饥民，夜不闭户，路不拾遗。此次收集上来的三万多字的民歌民谣全是赞颂大汉的，南北东西无有奸商欺市，官府衙门无有一起纠纷，即使夫妻并肩走路，挨得近了都有伤风化，旁人便上去抹他们一裤子红土，此乃象刑，即象征性地惩罚一下。"

王莽一听顿时喜上眉梢，敢情这天下太平若此，真不枉我王莽一片苦心！遂高兴地对陈崇一行道："列位一路鞍马劳顿，随后将民歌民谣分门别类记载留存，列位和督建明堂的颍叔刘歆皆为宣明教化的功臣。莽欲禀奏太后，封你们为列侯。"

一言既出，驷马难追，王莽又加封了十二位列侯，他们分别是治明堂有功者四人：平晏封防乡侯，刘歆封红休侯，孔永封宁乡侯，孔迁封定乡侯；宣明教化有功者八人：王泽封常乡侯，阎迁封望乡侯，陈崇封南乡侯，李翕封邑乡侯，郝党封亭乡侯，谢殷封章乡侯，逯普封蒙乡侯，陈风封户乡侯。

如此一来，全国上下都遵循"报喜不报忧"的"规则"，每天净拣好听的往王莽耳朵里面送。

这年，奉王莽之命往西招引羌人的中郎将平宪得胜而归，奏曰："羌人首领良愿等部人口约一万二千人，愿为我国臣民，并愿献出鲜水海、允谷盐地，把肥田沃草献给大汉，自居艰险阻塞地带，为大汉做屏障。臣恐其中有诈，再三逼问，最后才得知原委，乃是因太后圣明，安汉公仁爱，如今大汉天下太平，五谷丰登，庄稼不耕自长，蚕茧不养自生，天降甘露，地涌醴泉，凤凰朝拜，神雀栖息，四年来羌人没有遭遇任何苦难，故衷心希望归属大汉。属下为他们的诚意所动，特来禀奏，希望安汉公允诺他们的恳请，及时答复并安排他们的生活，设置附属国的机构礼制。"

王莽再次眉开眼笑："啧啧！看到没有？此乃教化之效！当年周公吐哺天下归心，如今大汉还真是不让古人哪！"

平宪忙接应道："没错，真正是有过之而无不及呀！越裳氏辗转进献白雉，黄支国由三万里外进贡活犀牛，东夷王漂洋过海奉送国宝，匈奴单于景慕汉制而改去双名，如今西域的良愿又献出土地甘为臣仆，即使古时横被四表的唐尧也无法匹敌啊！"

王莽微笑颔首："大汉现在已有治所在郯县的东海郡，治所在番禺的南海郡，治所在营陵的北海郡，唯独缺一个西海郡，如此说来，是否可把羌人进献的鲜水海设为西海郡？"

平宪忙道："安汉公英明！想得真是无比周全，真可谓时时刻刻心怀大汉啊！"

就这样，四夷来归，大汉版图又有所扩展，已远远超出了传说中的尧舜二帝和史书中的夏商周的辖区，以至于有的州牧巡视辖区时最远竟要跑出三万多里路。鉴于此，王莽又找来一批地理方面的士人，依《书经》《周礼》《尔雅》等记载，重新勘定各州分野。《书经·尧典》中曾有十二州的说法，却无十二州的州名，后来实际执行的是九州，分别是冀州、兖州、青州、徐州、扬州、荆州、豫州、梁州、雍州，于是，王莽又增设了幽州、并州、营州，并称十二州。

一面是王莽的踌躇满志，沉醉于天下大同的莺歌燕舞中，一面却是小皇上的垂头丧气，心怀不满："幼主，幼主，朕已经成人了还是幼主！尤其是那个什么泉陵侯刘庆，居然还上奏以朕年幼为借口让安汉公居位摄政，效仿周公代行天子职务！简直是岂有此理！周公居政之时成王才多大？十岁出头！那叫孺子呀，怎能和朕相提并论？"说着说着，突然嘴眼歪斜，口吐白沫，面色青紫，小时候在中山国的旧恙又犯了！

吓得小皇后和一群宫人又是捏合谷又是掐人中，忙活了大半天终于缓过气来。

小皇后忙安慰道："皇上放心，妾可以担保，妾父是绝对不会听信刘庆之妄言的。"

可皇上依旧气不打一处来："刘庆的奏章满朝文武都赞成，你还在这里虚言骗朕。"

小皇后忙道："妾不敢，请容妾进言。刘庆那道奏章主要是说您年岁还小，'富于春秋'，今后有的是时间治理朝纲，他身在零陵郡泉陵那么个弹丸之地，远离京师，怎么会知道皇上您已经成年了呢？他不知道无碍，安汉公知道足矣。"

皇上闻言突然脸一红："怎么？莫非你把咱俩的私房之事也禀告安汉公了？"

小皇后不以为然："怕什么啊？妾父又不是外人，告诉他也无妨。让他知道皇上已经成年，便会早日考虑您的摄政之事啊。"

皇上立马点点头，但马上又诚惶诚恐地问道："那……安汉公他有何表示呢？"

小皇后又道："妾父知道您长了本事之后额手欢呼，连声称有子孙瑞了，这不前些日子正张罗着要打通子午道呢。"

皇上一时纳闷："子孙瑞？子午道？这都哪儿跟哪儿呀？"

小皇后遂面带桃花，悄声解释道："子午道是从杜陵县穿过终南山直抵汉中的一条隘道。子，代表北方，属阴；午，代表南方，属阳。从这子午道的命名，就不难看出妾父的一片苦心，他这是盼着咱们阴阳调和，南北贯通，早日……"

平帝这才恍然大悟："原来如此！如此说来，安汉公的意思是他在殿前为朕打理事务，好让朕在后宫普施甘露，早日养育子嗣，再临朝摄政。真是难为他了，居然想出个子午道来。古人说修桥铺路，造福子孙，真是这么回事呀！"

见皇上终于解开了心结，小皇后也不由得高兴起来："所以呀，你得把龙体养好，多'经人事'，让天下人都知道您早已不是'幼主'，一来让刘庆等人的言论不攻自破，省得一天到晚拿居摄之事难为妾父，二来也好早日成全陛下，让妾父告老还乡，颐养天年。"

皇上听得高兴，一把揽过小皇后："既然安汉公忙于修建子午道，那我们就成全一下他的美意！"

小皇后见皇上难得有此雅兴，正中下怀，遂半推半就，行起了鱼水之乐，并美其名曰修"子午道"，这一修，直修得四体通泰，大汗淋漓才告结束。

皇上乃初经人事，乐趣正浓，这边"子午道"修完之后，仍意犹未尽："佛说要福田普种，既然事关大汉国脉，那朕也怠慢不得，不如把那十一女妃也一并叫来，继续修'子午道'如何？"

小皇后见状本来不大乐意，可也不好阻拦，只好顺水推舟："您是皇上，宫闱之事当然是您做主了。"

皇上难得好心情，遂下令传十一女来侍奉枕席，夜以继日地修建"子午道"，直累得昏天黑地，不辨晨昏。

皇上本来打小身子骨就弱，再加上没日没夜地修建"子午道"，不出几个月便病倒在龙榻之上。

王莽一听说，忙放下手头的公事来问安。看着躺在龙榻上病怏怏的小皇上，王莽泪如雨下："皇上您可不能这么着，不是微臣谨小慎微，实在是怕你步哀帝后尘，重蹈覆辙。臣担惊受怕，如履薄冰这么多年，成天宵衣旰食，殚精竭虑，忙于国政，为的是什么？还不是为了有朝一日把一个太平繁盛的大汉好端端地交到皇上您手上？臣也算不辱使命。可皇上您陈疾未愈，又染新瘵，这何如何是好？臣身为太傅，承担教养幼主之责，您万一有个三长两短，臣实难辞其咎啊！"

王莽兀自絮叨了一番，龙榻上的小皇上云里雾里也不知听清楚了没有，倒是旁边的小皇后见父亲伤心落泪，不觉幽肠寸断，边哭边道："爹爹暂且先回府歇息，皇上近来一直是一阵糊涂一阵明白，这阵子大概又赶上糊涂时候了，爹爹莫要惶恐，这里有孩儿照应，御医即刻再来问诊，等皇上醒来，孩儿一定把您的话转告皇上，请他务必善养龙体，以待亲政……"

王莽遂告退出宫，但他并没打道回府，而是直奔泰畤。

泰畤乃孝武帝时期为祭祀天地和传说中的五帝所建，位于如今陕西省淳化西北的甘泉山，王莽此次泰畤之行不为游览甘泉，而是为病入膏肓的皇上求医问药的。因为传说中的五帝有一位尝百草的神农氏。另外还有一个原因，便是周公的故事，当年周成王年少体弱，一病不起，周公"乃自揃其蚤，沉于河"，意为将自己的指甲剪下来投到河里，向过往的神灵祈祷：我主年幼无知，一不小心冒犯诸神，乃因周公教养不良，我今以蚤代身，沉河戴罪，万望过往神灵饶我幼主，他日我当修庙塑金云云。祈祷完毕，周公将此祝文记录在册，藏于内府，后来成王果然病好，临朝摄政，有人诬告周公有不臣之心，周公被迫逃往楚国避难。成王领人一路追杀到周公府邸，查抄出了这篇祝文，遂真相大白。成王痛哭流涕，派人从楚国将周公迎回……

王莽既以周礼为尊，如此重大之事如何能不效仿，于是他在泰畤捶胸顿足，老泪纵横，大意是为了国泰民安，皇上康健，他愿意请求诸神将所有疾病灾难由他担当，唯愿皇上尽快转危为安……

哭罢拜完，王莽把祝文掖起，带回未央宫，藏于前殿金箴里，并嘱咐随行大臣天机不可泄露。

王莽从泰畤回来以后，好不容易挨到了腊日，即冬至后的第三个戌日。这段时间日子可真是不好过，宫里宫外上上下下的眼睛都集中到小皇帝的龙体上，御医们进进出出昼夜忙活，抓耳挠腮，苦思冥想，可皇上的病还是不见好转。王莽更是如芒在背，辗转反侧。

腊日这天，乃是用腊肉祭献百神之日，王莽又是一通忙活，好不容易总算是应付完了，按照礼制，祭完的酒肉应分给上下品尝，好沾点儿神气，顺顺当当度过一冬。

这一天，不知是祭神的喜庆气氛感染了皇上，还是上天护佑，皇上刘衎神情气色明显好转，王莽稍感欣慰，刚刚主持祭神仪式完毕，想起礼制上说的"沾神气"，便是嘱咐御厨和小皇后把祭神用的腊肉做成御膳，也好借此为皇上祛魔祛病。小皇上今天难得精神焕发一回，也想沾点儿喜气，所以高兴地吃下。王莽又乘兴敬了一杯椒酒给他。

许是王莽没有"自揃其蚤"，许是平帝寿数已尽，总之，这次王莽效仿周公的行为不但没有奏效，反而在食腊肉喝椒酒几天之后平帝便不胜病力，驾崩归西！

元始五年（公元 5 年）十二月丙午日，十四岁的小皇上刘衎终于还是未等到执掌权柄便追随他的先祖而去。

王莽闻此消息如同晴天霹雳，这不明摆着有鸩杀的嫌疑吗？搞得他好多天都疑神疑鬼恍惚不定。

关于平帝之死，究竟是病死还是鸩杀，成为后人评价王莽时的一桩疑案。平心而论，这些年来随着成年的平帝，他们之间的矛盾由来已久，先是王莽以防止外戚专权为由让平帝母子分离，再是因"血门事件"株连惩处了平帝外家卫氏，这不能不使平帝怀恨在心。后来，王莽又给他配备了几名儒生为师，希望把他培养成以儒家理想治天下的英明皇帝，这使平帝只能百依百顺，形同软禁。

随着年龄的增长，对母亲卫姬的思念和对隔绝环境的不满，加之与王莽之间积重难返的宿怨，矛盾日深是必然的。那么，王莽会不会对他下毒手呢？从王莽执政的历程来看似乎不排除这种可能性，王莽的长子、次子都死于其父之手，难道他对平帝的怜恤会胜于自己的亲生儿子？

但从另一个角度来看，一则十四岁的平帝无论如何不是王莽的对手，再则平帝之死对王莽并无益处，他很明白刘汉家族会从血缘更远的子孙中选取接班人，这不但对王莽不利，而且会因此而失去太后王政君的信任以及到手的权力和天下人心等，因此，王莽犯不着冒天下之大不韪去承担这个不必要的风险。

无论人们如何猜测，眼下最刻不容缓的是大行皇帝的丧事，这当然责无旁贷地落在了王莽的身上。王莽于是只好强打精神，再次主持大丧，并且得办得庄严隆重，一来为自己心里安妥，二来为交待天下百姓。

所以，王莽向太后启奏："皇上刘衍虽然未曾亲政，但终归是一国之君，大丧之礼马虎不得，他升天时年岁尚小，未及举行成人的加冠之礼，但按照'臣不殇君'的古制，臣建议在行敛礼的时候为皇上加冠，全国六百石以上的官吏一律为平帝服丧三年，大丧期间不得嬉乐，至于后宫十一位媵妾，应当遣散出宫，听由娘家另聘再嫁，皇后就按王家祖上的规矩，忠臣不事二主，烈女不嫁二夫，让她为皇上终身守节吧。"

一番话说得众人心服口服，这是王莽第三次主持大丧，可谓轻车熟路，很快就都料理停当。接下来，又是面临同样的问题：国不可一日无君，可是这时的西汉王朝面临着所谓的"国统三绝"，即成、哀、平三帝相继离世而无子嗣，再往上推，元帝的后裔三子二孙，现也已全部离世，这根香火算是指望不上了。

太后王政君与群臣昼夜紧急磋商，讨论立嗣继位问题，只好从宣帝的曾孙辈中甄选，统计在册的总共有五十三位，五位诸侯，四十八位列侯，人数倒是不少，却难以取舍。王莽一来担心平辈之间权力均衡，难以相互控制，易起纠纷。二来担心万一再遇上哀帝那么一个皇上，还不把他惨淡经营的大汉江山再次葬送掉？想自己如今可比不得几年前的身子骨好使，到时候想再收拾一个烂摊子可没那么容易。想到这里，王莽不由得向太后启奏道："古礼有言：兄弟不得相为后，这五十三人四十八位列侯，全是孝平皇帝的堂兄弟，按照古制不应当作为平帝的继承人！"

众人有的沉默，有的点头诺诺，沉默良久，太后突然说道："安汉公言之有理，兄弟本是平起平坐，若非出自正统，另立尊卑易产生纠葛，依老身之见不如另选。"

既然太后已明确表态，其他人当然不好再说什么，于是便只能从宣帝的玄孙，即第五代中遴选，挑来拣去，最后大家的目光停在了广戚侯刘显的儿子刘婴身上。原因是刘婴是卜相最为吉利的。还有就是玄孙中年纪最小，刚刚两岁，有可能在太傅王莽的培育下成为大汉最有作为的一代英主。

就这样，两岁的刘婴成了最佳的朝廷接班人，为了让孺子刘婴茁壮成长，王莽让女儿担任刘婴的养母，专在后宫内院尽心尽责地抚养大汉的皇位继承人，因平帝归天之故，年仅十八岁的小皇后升格为皇太后。

就在平帝下葬的当月，孺子刘婴被抱到小皇太后那里之际，武功长孟通在挖井时锛坏了两把镘头，挖出了一个上圆下方，状如墓碑一样的东西，上面写着红字，模模糊糊辨认不清。

孟通不敢怠慢，一面赶快下令停工保护现场，一面火速派人去报告前辉光郡的长官谢嚣。谢嚣毕竟是读书人，翻过来掉过去仔细查看一番，脸色大变，突然拍一下孟通的肩膀："如此胡作非为，你难道不知道这是杀头之罪吗？"

孟通一听大惊失色："长官……您……您可千万别……吓唬小人，小人当真什么也不晓得……就……就是怕出事才赶快向大人禀报的……"

谢嚣看看四下里无人，这才稍稍放心，又疑惑地问道："这真是打地下刨出来的？"

孟通战战兢兢道："是的，小的不敢欺瞒大人，小的如有半句假话，天打五雷轰！都说这里有水脉，这不，才在这里打井的嘛。我哪知道这是哪位帝王的陵墓啊？谁知一不小心就刨出个墓碑来，我赶紧让他们停工，别再刨坏了什么文物，那就当真罪大了。谢大人，我瞧瞧，锛坏哪儿没有？"

谢嚣终于放心，捧着这块白石头，拍拍孟通的肩膀："小子，看来你祖坟上冒青烟了，天生不是打井的料，你后半辈子的荣华富贵啊，全在这块石头上了！"

孟通吓得"扑通"一声倒头就拜："我打了半辈子井吃糠咽菜，哪里敢有这么大想头儿啊？如果真是这样，谢大人您真是比我亲爹还亲啊，我亲爹他也管不了我后半辈子的事情不是？谢大人，您倒是给小人说道说道，这块石头……它究竟有什么用啊？"

谢嚣瞪一眼孟通："说出来还不吓死你，知道不？这是符命！"

孟通一听更加懵懂："符命？啥是符命啊？我以为就是压咸菜缸子用的呢。"

谢嚣用袖子把石头擦拭一下，恭恭敬敬地对着太阳举过头顶，对孟通道：“看见没有？上面刻着朱红的文字。”

　　孟通忙凑过来眯起眼睛：“哎，看见了，看见了，可那是啥字儿啊？”

　　谢嚣压低声音一字一顿地读道：“告——安——汉——公——莽——为——皇——帝。”

　　“啊？”孟通惊得一屁股坐在地上，这下终于知道这块石头的分量了：“咱大汉不是刚刚抱进宫一位小皇帝吗？怎么老天爷又要给咱换皇帝啊？这……这要是弄不好，岂不是杀头之罪吗？我……我可不去了，还是留条小命喝稀粥咽咸菜吧。”

　　谢嚣一听来气了，敢情就这么点出息啊？便正色道：“这事关社稷，你以为你想去就去，想不去就不去啊？哪能那么简单？你想的也忒容易了点，谁让你小子偏偏碰上了呢？这叫是福不是祸，是祸躲不过，你呀，只能看运气了。”

　　孟通一听一下没了主意，结结巴巴地忙问：“谢大人……那……那小的该如何是好啊？”

　　谢嚣道：“朝中自有明白人，他们知道该如何处置。你快快随我进京将详情禀奏，此事非同小可，耽搁不得！”

　　孟通忙点头应承，心下直叫苦不迭，早知如此，还不如当初装聋作哑糊弄过去算了，管它什么劳什子墓碑啊？这下可倒好，骑虎难下，弄不好连小命也得搭进去！

　　而谢嚣想的是，如果符命奏效，自己凭空捞了个升官发财的好机会，岂不是天上掉馅饼的好事？如此难得的机遇岂能拱手让人？万一捅了娄子惹来祸端，反正自己也不是当事人，我身为父母官至少还落个检举有功，这旱涝保收的事不干白不干。这样一想，谢嚣便连蒙带诈领着孟通火速赶往长安。

　　由于事关重大，长安城的官员来不及逐级上报，直接将此事报到了太保王舜的官署。王舜二话没说，抱起白石就去禀告堂兄王莽。

　　王莽一听也惊呆了，半晌才缓过气来，小心地问道：“兄弟，此事

究竟有多少人知道？"

王舜忙道："谢嚣、孟通，还有接待他们的那个官员，现在都让我给拘着呢，除了他们再无旁人知道，挖井的那些匠人孟通已经说了，也都押在当地，等您发落呢。"

王莽这才稍稍稳了稳神，擦擦额上的细汗，小声说道："好！不愧为王氏宗亲！现在先帝刚刚过世，为立孺子正闹得不可开交，刚刚确定了皇上继位人选，大家稍稍松了一口气，还没将心放到肚子里的时候，可千万不能再横生枝节！所以此事一定得严守秘密，权当没有发生，你回去把与此事相关的人好好处置一下，从今往后别再提起！"

王舜闻听此言有点吃惊，一时愣在那里没有动弹。

王莽急了，催道："还愣着干吗？夜长梦多，如果弄得满城风雨了，如何是好？"

这一催不要紧，王舜干脆豁出去了，用袍袖擦擦那块石头，捧到王莽面前："请您仔细看看，这上面写的什么。'告安汉公莽为皇帝'，'为'不过就是代理摄政之意，又不是谋朝篡位，您怕什么啊？再者说了，这种事古代也不是没有过，您不是最佩服周公吗？周公不就摄政七年吗？周公是何等仁厚睿智之人，难道他就不怕世人指脊梁骨吗？可是您想啊，当时周武王刚刚驾崩，成王尚幼，诸侯王虎视眈眈，都瞅着王位暗中较劲，当此时，周公摄政实乃大势所趋，迫不得已，他并非冲王位的显赫而去，而是借着王位之重来慑服群王，安定国家。您再看看如今的大势，新皇年少，大道未成，也是诸王势大，众心不定，更相似的是，上天也需要一位周公式的人物，这种时候您还不挺身而出，难道眼看着大汉战乱乍起，百姓颠沛流离吗？您常说您这些年用在治国安民上的心血不能白费，那您就应该想想，一旦大局骤变，山河破碎，那才真叫白费心血呢！"

王舜一口气说了这么多简直是如雷贯耳！自王莽加封"九锡"以来，很久都没人对他这么说话了，所有人都对他毕恭毕敬，净拣好听的往他耳朵里灌，稍有风吹草动，动辄兴师动众，一群侍卫前呼后拥。有时为了将问题简单化，王莽只好放弃亲力亲为，吩咐下面处置似乎更简单高效一点。但同时，他在享受大汉繁盛荣昌，如沐春风如登仙履的熏风之时，不知为何总会有一种隐隐的不安，不是觉得人们的笑容里掺了假，就是疑惑事情的处置也许没有想象得那么好。但同时他又有一种深刻的无力感，一会儿觉得自己是位高权重的至尊之王，一会儿又觉得自己不过是一个浑身被彩缎包裹起来的猴子，憋足了劲翻跟斗扮鬼脸也就是为了博得众人一笑，给几个赏钱……这种矛盾的心情由来已久，但很多时候冗务在身容不得多想，无论如何，这出戏还得继续演下去，除非到了伸腿蹬脚的那一天。

如今，王舜的一席话算是彻底捅破了那张窗户纸，一声声像钟一样敲打着他。王莽思前想后，半天无语。良久，终于问了一句："那照你如此说来，居政也是为了大汉的福祉？不会有人说三道四？"

王舜忙道："当然有人会说，但那不是主要的。您以为您一味地避嫌礼让就没人说了吗？他们不照样说您沽名钓誉，居心不良吗？不如索性做给他们看看，只要您上不愧对祖先，下不愧对黎民，一心为公，等孺子长大，再将江山交给他，有什么不可以呢？到时候您的诚心大德日月可鉴，他们不相信都不行。周公当年不也遭到误解污蔑吗？但为了社稷大业，就必须忍辱负重，到末了还是博得了万众拥护，天下传为美谈。"

王莽起身走到几案前，捧起那块差点被腌了咸菜的白石抚摸着，心情复杂地道："既是天命，那臣只有遵照的份儿了，即使粉身碎骨我也得认了！"回头即令王舜去启禀太后，也好看看太后对此事的态度。

谁知王政君一听，立即心生疑窦："哪儿来符命？准又是那帮拍马溜须的人搞的鬼。这种欺世盗名的把戏，我们若是照办，岂不是要贻笑天下吗？"

而太保王舜早已料到太后的反应并做了周密的部署，从安汉公府第出来之后，他知道此事有望，所以并没有直接启禀太后，而是派人火速通知了京城的所有高级官员，经过一番争执基本意见已达成一致，即同意王莽现时居政，待孺子长大后再还政于他。所以，当太后刚一表示反对，衮衮诸公就开始七嘴八舌轮流上阵痛陈利弊，无非是把同样的说辞大同小异地重复数遍。

如此这般之后，太后毕竟孤掌难鸣，既然天意如此，又乃大势所趋，我一个年逾古稀的妇道人家，又何必冥顽不化呢？何况王莽乃王氏宗亲，功劳都看在眼里，情理上也说不过去，既然大家都如此拥戴王莽，自己何不也做个顺水人情呢？于是，太后对群臣说道："既然你们都认为安汉公眼下最适合以居政的名义来慑服天下，那老身就遂了你们的意吧。其实，这些年朝廷的大小内外事宜都是安汉公在料理，有没有这个名义相差无几。老身五年前称制，为的也是替皇帝代行职权，如今老身年事已高，不便过多参政。安汉公辅佐朝政已有三代之多，屡屡受赏，今又有丹书符命，那就不妨效法周公的成例，把那符命之地武功县改为安汉公的采地，叫汉光邑如何？你们再下去准备一下居摄典礼，从明年正月，也就是下个月起，改年号为居摄元年，举行居摄大礼。钦此！"

居摄元年（公元前6年）正月间，王莽终于走进了最高权力的神圣殿堂。他先到南郊区祭祀上帝，又到东郊区迎接春神，之后在明堂举行大射礼，招待了三老、五更（即被供养的老人），忙得不亦乐乎。朝廷内部的礼仪也做了适当调整，王莽现在可以穿天子的礼服，戴天子的冕旒面南背北接受臣子们的朝见，除了要向太皇太后王政君和孝平皇太后行君臣之礼外，其他场合完全依照天子的礼仪制度，另外还在宫内设置了柱下史五人，俸禄比照御史，每当王莽上朝处理国事时，就让他们站在旁边分条记录自己的言语行为，处处比照圣人的形象和周公的风度。平民和臣下见了他称"摄皇帝"，而王莽自称"予"，因为这时大汉朝廷中还有一位称制的太皇太后，王莽不便同太后分庭抗礼，所以只好屈称"予"。

三月己丑日，抱进宫的那位儿皇刘婴被正式确立为皇太子，以周成王旧例称其为"孺子"。封王舜为太傅左辅，甄丰为太阿右弼，甄邯为太保后承，共同教育辅导太子。另外又设置少师、少傅、少阿、少保四个副职，俸禄都是二千石，协助训导孺子婴。

"予从黄门郎一直到摄皇帝，算来也快三十年了，那时官职卑下，人微言轻，纵有报国之心，也是纸上谈兵。如今居位摄政，一呼百应，正好施展文韬武略，实现当年的雄心壮志！"王莽私下对王舜讲出了肺腑之言，尽管是"摄皇帝"，但权力已经是登峰造极了！无论如何，王莽应当算是心满意足的。

而这居摄之事也并非没人反对，作为皇室外戚的王莽乃是以罢黜外戚专权而被重用的，如今却独揽大权高高在上，这无异于自打嘴巴，另外王莽一再强调效法周礼，却忽略了周礼是最重视正统的根本……凡此种种，不能不为人所诟病。王莽被重权"裹"在金殿之中，朝中大臣有的迫于权势，有的明哲保身，多数唯命是的则是以共同营造天下太平为幌子谋求加官晋爵，而忽略了外界和底层的反应。

第十六章　加九锡满朝欢腾　送少主王莽摄政

第十七章

抗假皇各地起兵　　得封赏劝加皇袍

居摄元年四月间，居住在南阳郡的汉景帝第八代孙安众侯刘崇，跟国相张绍率领一百多人进攻宛城，但还没攻进城就失败了。这时正是王莽颇得人们拥戴的时候，一系列的改革变法措施正在推行当中，因此，就连刘汉皇族也协助他平乱。

兵败之后，张绍的堂弟张竦和刘崇的远方叔伯刘嘉迅速赶往长安向朝廷自首。王莽为了表示宽宏大度，便赦免他们无罪，张竦见状，便替刘嘉写了奏章呈上，大意是歌颂王莽的功德，痛斥刘崇叛乱。王莽看了这份奏章非常高兴，这场宗室叛乱没有带起任何风雨便销声匿迹了，并非这场叛乱来势不够迅猛，而是刘汉皇族不支持刘崇等人，相反他们倒是对王莽表示了忠心，这才是真正令王莽高兴的。这使王莽的信心大为坚定，因为他发现比所谓的血缘、正统更有用的，其实是权势和既得利益，这些年来，刘氏宗亲不会忘记王莽复侯爵，加封地，增俸禄的种种措施，极大地保护了包括刘氏宗亲在内的上流阶层的利益。因此，接下来，王莽再次封赏南阳郡参加平叛有功的官吏和平民一百多人，把刘崇的房屋夷为平地，并通告天下，以后凡是谋反的人都将面临这样的下场。

为了说明人心向背和表彰忠义，王莽又下诏表扬刘嘉父兄懂大义不偏私，并以杜衍县的千户赐封刘嘉为帅礼侯，刘嘉的七个儿子都赏赐关内侯的爵位，又赐封张竦为淑德侯，这在当时连坐之法畅行的时代，可谓是破天荒之举。此举使很多人心生嫉妒，当时的长安城里流传着这样的俗语："欲求封，过张伯松（张竦）；力战斗，不如巧为奏。"这种嫉妒心理又难免孕育着新的隐患……

刘崇叛乱的失败证明了王莽的居摄之政已逐步稳固，大臣们趁机上奏：刘崇等人之所以敢于造反，就是因为王莽的权力还不够。五月甲辰日，太皇太后同意王莽在朝见她时可以自称"假皇帝"，这一称谓的改变无疑反映了王莽权力的再次膨胀。

这年十二月，群臣们再次请求太皇太后增加王莽官署和家中的官吏，设置率更令、庙长、庙丞等和勇士以下一百多人，再增加卫士三百人。把王莽在皇宫中的值宿处称为"摄省"，官署称为"摄殿"，住宅称为"摄宫"。这样一来，"假皇帝"的"居摄"愈发名正言顺了。

尽管这一年西羌庞恬和傅幡等人因怨恨王莽夺取他们的土地作为西海郡，曾起兵进攻西海郡治所，打跑了太守程永，但王莽派遣护羌校尉窦况及时反击，很快就打败了羌人。这样一来，国内安定统一，对外开疆拓土，王莽又开始了下一步紧锣密鼓的筹划事宜。即一面在"假皇帝"到真皇帝之间增设过渡的台阶，一面多多少少为自己留一点"周公还政"的退路，开始了一种审慎的试探，可这一试探还是召来了真正的风暴——翟义起兵。

翟义，汉成帝时期丞相翟方进的小儿子。虽然他的父兄们都是以名儒入仕兼通文法吏事的，但翟义却不学儒术，他少以父任为郎，年二十出为南阳都尉，是典型的吏员，并以刑法严酷威震一方。后来，翟义被启用为弘农太守，调任过河内太守、青州牧、东郡太守，长期担任地方长官。王莽两次辅政都大量提拔任用儒生，翟义得不到重用大为光火。不独如此，翟义父亲翟方进在成帝时与王莽叔父们矛盾极深，又与王莽所揭发的淳于长关系极好，翟方进任相十年"灾害并臻，民被饥饿"，后被成帝当作替罪羊追令自杀。翟义本人也与王莽叔父曲阳侯王根有宿怨。新仇旧恨使翟义早就对王莽怀恨在心，尽管王莽政绩显著，颇得人心，但在翟义看来则是空洞迂腐的儒生作为，没有实际意义。

次年八月，东郡太守翟义对外甥陈丰道："新都侯代理天子，号令天下，故意选刘氏宗亲中最为年幼的作为孺子，此种居心人尽皆知，表面上美其名曰按周公辅政的规矩办，其实不过是在试探观望，看看天下

作何反应。他绝不仅仅是做个'假皇帝'，代汉而立才是他的真实目的。"

翟义从来称王莽为"新都侯"，因为他只承认王莽是"新都侯"，什么安汉公、"摄皇帝"，他从不认为王莽能配得上这样的称呼。

陈丰倒没有那么敏锐的洞察力，也可能正是由于这个原因使他对这个娘舅有些盲目崇拜，于是忙不迭地点头："还是娘舅您的眼光厉害。他王莽瞒得了天下人瞒不了你啊，到底是大汉前任宰相的传人哪！"

翟义长叹一声："你老娘舅翟方进要是活着一定也会一眼看穿王莽的狼子野心！如今宗室力量分散，虽说皇帝的血脉不少，远远近近也有十几万人，其中不少称王封侯的，可真正称得上'强藩'的有几个？怕是一个都找不出来！怪不得王莽视汉室为掌中之物，天下早已没有人能与他相抗衡了，他觊觎皇位已久，探囊取物，指日可待！"

陈丰当时年仅十八岁，血气方刚，很有点初生牛犊不怕虎的劲头，满不在乎地道："没什么大不了的，他王莽再狂妄不就是个代政的'假皇帝'吗？到时候还不是得乖乖把权力交出来？先让他美几年也无妨嘛。"

翟义摇头道："唉，小孩子不知事情的利害，名义上是代理，可等王莽成了气候，你能担保他到时候还会把这大汉江山痛痛快快地交出来吗？权力这东西，没有归没有，一旦有了，呼风唤雨惯了，谁还能听得别人的指手画脚？你没着道不知深浅啊！"

陈丰想想好像是这么个理，口没遮拦地道："那倒也是。想当初娘舅您二十岁的时候，当上了南阳都尉到下面去巡查，宛县令刘立仗着自己小有名气，又是曲阳侯王根的儿女亲家，轻慢了您，您当时没言语，回去后不就找了个碴儿把刘立给逮起来了？后来有人出面讲情，让刘立以送行为名跟着您回南阳，您立马就火了，说与其如此还不如当初不逮他呢，愣是用囚车把刘立拉上绕着宛县大街小巷转了三圈！可算是好好地出了一口恶气！"

翟义又是一声长叹："唉！当初年轻气盛，以为把他抓起来就万事大吉了，谁知那小子朝中有人，圈了几个月就又放了出来。那阵你老娘舅还当着丞相呢，连连训斥我不懂为官之道。为这事我差点丢了头上这顶乌纱帽！想起来就来气！你老娘舅被成帝赐尊酒下迫杀令其实也是王家捣的鬼。说起来这些就窝心！我们和王家几代世仇，眼睁睁的就只能看着他一天天秃鸡变凤凰？等到他哪天醒过神儿腾出手来，就该我们倒霉了！"

陈丰闻言忙道："娘舅，那我们怎么办呢？总不能坐以待毙吧？"

翟义恨得牙根痒痒，狠狠地说："那就只有，先下手为强！"

陈丰吓了一跳："您是说……反？"

翟义不悦地道："怎么能说'反'呢？真正的反贼是他王莽！既然宗亲无力伐贼，我翟义身为前丞相之子，守备大郡，父子世代受汉家厚恩，理当为国讨贼，以安社稷！我欲兴起义军，诛杀王莽这个篡位的逆贼！"

陈丰突然想起一事，忙对翟义道："去年安众侯刘崇也举过兵，可是没成，一家老小被砍了脑袋，连安众侯的府第都被刨成了臭水沟，种上猪狗都不吃的恶草，十里以外都能闻到。这个结果，您可得有所……"

翟义不以为然地笑笑："刘崇那点能耐怎么能和我比？只纠合了一百多号人还想成事？到头来家破人亡、身败名裂那是他自找。我是不鸣则已一鸣惊人，要闹就得闹出个名堂来，这可不是小孩子过家家耍儿戏，至于失败我也是有充分准备的，就算万一功败垂成，死于国难也可以扬名万世了，到了九泉之下也算没有愧对先帝和祖先。小子，你要觉得有理就跟我干！"说完一下把宝剑拔了出来。

陈丰一拍胸脯："娘舅你这是干吗？人家都说打虎亲兄弟上阵父子兵，咱爷儿俩虽不是父子但胜似父子！你说吧，甭管水里火里，我陈丰要是皱一下眉头，就不配做您的外甥！"

翟义说到做到，他首先联络了执掌兵权的东郡都尉刘宇，而后又请来了严乡侯刘信和武平侯刘璜兄弟，为防不测，翟义设计罪名将正在长安的军事人员东郡人王孙庆押送回来做义军的军师。翟义起用的多是皇室宗亲，都是未被承嗣为王而心怀不满，所以双方一拍即合。

　　九月召集考核地方官吏这天，翟义以太守身份突然发动士兵，招募勇士，以迅雷不及掩耳的速度占据了东郡观县，拥立刘信做皇帝。刘信是东平王刘云的儿子，拥立为天子表明翟义起兵是代国讨贼而绝无个人目的。

　　翟义自号大司马、柱天大将军，又拜东平王傅苏隆为丞相，中尉皋丹为御史大夫。重要成员确定之后，遂传递檄文到各地，造舆论说王莽毒死平帝，代理天子是想要灭亡汉朝，现在义军奉天之命讨伐逆贼乃是替天行道，人心所向。各地接到檄文都震动起来，翟义率领义军进攻到山阳时，被胁迫卷入的人已有十多万。

　　东郡、山阳乃西汉人口密集之地，又是全国最大最主要的农业区，交通便利，豪族集中，是长安赖以供应的经济重心，汉初平定吴楚七国之乱以来，对这里一直实行削弱方针，翟义在此地区举事，对王莽来说无异于当头一棒。

　　义军西行，一路过关斩将，声势浩大，朝野为之震动！

　　王莽闻讯坐立不安，他倒并不十分担心翟义会攻进长安实现诛灭他的誓言，长安城乃一国之府，固若金汤，沿途多少雄关险隘，都有重兵把守，翟义凭着区区十几万兵马想要攻进来并非易事。何况王莽曾任大司马，多多少少是有点军事指挥才能的，他早已调度停当，派出了七员大将领兵前去抵挡。这七员大将分别是轻车将军成武侯孙建，为奋武将军；光禄勋成都侯王邑，为虎牙将军；明义侯王骏，为强弩将军；春王门城门校尉王况，为震威将军；宗泊忠孝侯刘宏，为奋冲将军；中少府建威侯王昌，为中坚将军；中郎将震羌侯窦况，为奋威将军。王莽亲自到校场挑选了能征善战的关西大汉充当平叛大军的校尉军吏，调动了训练有素的关东甲卒三十万，披坚执锐去冲锋陷阵。

　　第一拨人马调遣出去，为保险起见，王莽又派出了第二梯队在京师附近严阵以待。这一批也是七员大将，分别是太仆武让，为积弩将军，驻守函谷关；大匠蒙乡侯逯并，为横壁将军，驻守武关；羲和红休侯刘歆，为扬武将军，驻守宛城，太保后承丞阳侯甄邯，为大将军，驻守灞上；常乡侯王浑，为车骑将军，驻守平乐宫；骑都尉王晏，为建威将军，驻守城北；城门校尉赵恢，为城门将军，就地驻守。这是王莽设下的第二道防线。

如此一来，王莽对翟义的军事攻势并不害怕，真正让他害怕的是翟义的政治攻势。他把群臣紧急招来议政，情不自禁地道："列位，当年周公摄政，管叔、蔡叔以纣王的儿子禄父为号召，起兵作乱，如今翟义也学这招，以刘信为幌子，大兵压境，这还不算，竟然说我鸩杀平帝，并将这诬陷之词广告天下，如此狠毒之人，必诛之！"

群臣一看这阵势，全都束手无策，后听王莽已部署停当，连忙安慰道："摄皇帝，您也不必太过忧虑，您的忠心有目共睹。人所共知，他翟义的恶毒诽谤不但无伤大雅而且不攻自破。说不定这一场大变大乱倒更让天下人看清了他的险恶用心和您处变不惊的王者气概。"

王莽一听这些人也就是卖嘴皮子还行，指望不上什么大作为，遂一手抱孺子一手提笔，模仿当年周公的口吻一气呵成一篇《大诰》颁布天下，大意是：一是王莽不敢自比周公等前辈高人，之所以居摄乃是朝廷意愿，宗室之托，上天符命和百官呼吁；二是居摄乃暂时之宜，孺子年幼，当先立为皇太子，学习为人子之道，方可以孝治天下，到时候王莽一定将皇位拱手奉还；三是翟义、刘信违背天意，兴兵作乱，矛头所向不止我王莽，而是大汉社稷，万望全国上下保持冷静，站稳立场，明辨是非，谨防上当，切勿盲目追随，被人利用；四是大汉已出兵剿孽，翟义、刘信这帮叛贼很快就会被剿灭！

颁完《大诰》，王莽马不停蹄地抱着孺子又奔东郊、南郊，痛哭流涕，捶胸顿足，祈求上天和大汉的列祖列宗保佑官军早日剿灭反贼。

翟义大兵压境，王莽一面派兵抵抗一面抱着孺子东求西告，希望上苍保佑大汉剿灭逆贼，平安昌盛。

可谁知偏偏事与愿违，一波未平，一波又起，东南方的火还未浇灭，西北方又烧了起来——三辅之一右扶风槐里县的赵明、霍鸿看见京师的精锐部队全都调往东南方去抵抗翟义，这边有机可乘，索性也起了兵，搜罗了十万人直逼京师长安。从茂陵往西一直到汧县，席卷二十三县，他们自称将军，攻烧官府衙门，一直烧到汉室大门口，夜深人静的

第十七章 抗假皇各地起兵 得封赏劝加皇袍

时候，那火光在未央宫的前殿都依稀可见。

王莽如坐针毡，哪里还有心情睡觉。他怀抱孺子昼夜祈祷，可怜那刚满两岁的孺子也不得安生，刚咿呀学语，瞅见火光冲天觉得很好玩，使劲从王莽怀里往外挣，嘴里嘟囔着："火，火，要，要。"

王莽连哄带哭："皇上，那可要不得，那是要咱爷儿俩的命哪！咱俩现在就是一根绳上的蚂蚱，要生要死，可全捆一块儿啦！"

何止孺子刘婴，就是朝廷内外那些大大小小的官员们此刻也都把自己的命运和王莽捆绑在一起了。实事求是地说，王莽执政这些年推行了不少维护中小地主阶级利益的重大措施，在他们心目中，王莽就是当之无愧的救世主，一旦王莽覆灭，他们就得跟着树倒猢狲散，因此，他们决不能眼睁睁看着翟义、赵明等人将他们的救世主推倒。

在共同利益驱使下，群臣挺身而出，他们要帮助王莽渡过难关。此时的王莽正一筹莫展，太后也是火烧眉毛干着急没办法，这时突然进来一帮盔明甲亮的人，王莽定睛一看，为首的原来是驻守灞上的大将军，太保后承甄邯。

"你们怎么回来了？莫非翟义的叛军已攻破灞上？"王莽吃惊不小，疑虑重重地问，以为这帮人马是临阵脱逃的败将。

"启奏摄皇帝，翟义众贼被围困在淮阳国境内的围县，就是杞人忧天的地方，现在已成强弩之末。翟义谈不上忧国，怕是要忧他自己的脑袋了！"

王莽一听稍微放下心来，又忙说道："那你们也不能擅自撤回啊。"

甄邯忙道："启禀摄皇帝，臣等在第二防线闲了好几个月了，大家伙憋足了劲儿想杀敌立功，可一点动静都没有，幸亏西边出了一伙小草寇。这不跟您请战来了。"

王莽顿时喜出望外："天不灭予，天不灭予！你们真是神勇无敌啊！好！那予就让你们辛苦一趟，拜卫尉王级为虎贲将军，大鸿胪望乡侯阎迁为折冲将军，跟大将军甄邯、建威将军王晏一道，引兵西去，平灭赵明、霍鸿那帮逆贼！你们看人数够吗？"

甄邯忙领命道："够了够了，兵不在多而在精，将不在勇而在谋。

我等同仇敌忾一举把逆贼拿下！"甄邯等人雄赳赳气昂昂地奔赴西北，还没来得及凯旋，东边就先传来捷报。

捷报是随同孙建大军东征的监军使司威陈崇写的，意为在君主的高明部署下，大军还没有来得及施展拳脚，翟义逆贼已经土崩瓦解，现在正被押往长安，十万大军全军覆没。

其实，王莽还有一点不知情，就是翟义的确等着在长安被斩首示众，可被翟义拥立为天子的刘信却神秘失踪。

王莽阅罢大喜，既然七员大将余勇可贾，那就趁热打铁去支援甄邯、王级他们吧。王莽一声令下，众人忙赶去与甄邯、王级会合，赵明、霍鸿等人顿时灰飞烟灭。平叛胜利结束，两路大军还师凯旋。

王莽又下令将留在长安的刘信的儿子刘章、刘鲔，翟义的母亲练氏和其兄翟宣等亲属二十四人全部杀掉，暴尸于长安市衢。当时围观者甚众，天气和清，王莽认为这是破殄反逆大恶的吉兆。

随后，王莽在未央宫白虎殿为大将们设宴庆功，并命令陈崇仔细审核军功，一一封赏。端起酒盅，王莽深有感触地道："承蒙上天垂佑，众将英勇，转瞬之间平定两起叛乱，否则予岂能在此跟列位痛饮琼浆？列位功劳显赫，予准备按照周礼给列位加封，分别授予侯爵、伯爵、子爵、男爵和附城的爵位，前四等相当于列侯，附城相当于早先的关内侯，至于爵号也应突出战功，以往封侯多以封地命名，这次予准备以功绩命名，为的是让后人永远记住你们的功劳，所以决定，凡进击翟义的，一律用'虏'，比如刘泳，就封为'伐虏侯'，凡进击槐里的，一律用'武'，比如窦融，就封为'建武男'，还有去年平定西海郡羌人叛乱的，这次一并赐封，就用'羌'，比如窦况，就封为'震羌侯'，以此类推。"

封赏结束后，王莽又在濮阳、无盐、圉城、槐里、周至五个地方建筑各方六丈土台，上树高一丈六尺的"反虏逆贼鲂鲵"的木牌，以示惩罚警戒，教育众人。翟义家族和赵明、霍鸿党羽被全部诛灭，再无死灰复燃可能。

王莽一下封了好几百人。感恩之余，又有人出主意："摄皇帝，臣在戎马倥偬之中常常想，以您的崇高德行为何还有人胆敢冒天下之大不韪兴兵谋反？臣认为还是您的权力太小，名分不够高，不如干脆把那'假'呀'摄'的去掉算了，名正言顺地做皇帝多好啊！"

一言甫出，举座皆惊！

王莽又是一脑门子冷汗，忙唤道："来人！来人哪！快把这位喝醉了的拉下去。列位，酒醉微醺，我们今天就喝到这儿吧，再喝下去指不定闹出什么乱子呢！"

回到摄宫，王莽仍然余悸未消，擦擦脑门上的汗，战战兢兢地道："酒这东西真是害人哪！居然撺掇予去掉'假''摄'，那不真成谋朝篡位啦？"

接踵而来的王舜、甄邯、刘歆等人看王莽心神不宁，忙上前宽慰。太傅左辅王舜道："摄皇帝，我看你也不必太为此事忧虑，谁不知道您为大汉呕心沥血，忠心耿耿？身正不怕影子斜嘛，当成一句醉话就行了。"

太保后承大将军甄邯乃一员武将，喜好直言不讳："什么叫醉话？酒后才吐真言呢！摄皇帝这么多的功劳，他要不是打心里拥护，哪能说出这样的醉话？"

这时，羲和红休侯刘歆见这两位先争执开了，觉得自己很有必要表明态度，于是郑重其事地说道："按理说我也是刘氏宗亲，但治国单凭血脉不行，得靠德行能耐。大汉现如今是江河日下，不是臣僚们不尽心，为什么呢？气数已尽！你们想想，大汉传到今天都二百多年了，风烛残年，病入膏肓。天下乃众人的天下，而非一家的天下，有德者居之，无德者丧之，这是规律，所以说，居摄也罢，即真也罢，只要是为了江山社稷，姓什么无所谓，没什么不可以的。"

王舜和甄邯听刘歆这么一说便不再争辩，齐声赞道："红休侯精论！不愧是学问大家，我们几位也私下琢磨过了，历朝历代的开国之君为何能顺顺当当荣登至尊？无非两条，一是顺乎民心，二是顺乎天意。如今摄皇帝您下得民心，上应天意，中间有众人保驾，这不万事俱备吗？"

王莽深知，从居摄到即真，尽管只有一步之遥，但功成名就和身败名裂往往就在一线之间。尤其是这几起起兵谋反之事，更让王莽小心谨慎，如履薄冰。因此，眼下，王莽还只是想做好当代周公，尽最大努力把江山社稷治理好，单等孺子长大成人之后拱手交还，百年之后若能在凌烟阁标上大忠臣王莽的姓名，他也就心满意足了。

于是，他摇摇头道："此事说笑已然欠妥，万万当不得真。民心虽说归顺，但有小人作祟，难免会有反复；至于天意，单凭一块丹书白石说明不了什么，何况那道符命上面明明白白写的是'安汉公为皇帝'，'为'即代理；'安汉'更是令予安定汉室，予怎么能违抗天意，代汉自立呢？"

即真之事就此作罢。可紧接着王莽就遇到一个棘手的大麻烦。

这年九月，王莽的母亲功显君去世，一个严肃的事体摆在了众人面前：摄皇帝的丧服怎么穿？

如果按照孝道，王莽当尽人子之仪，为生身母亲穿上五服中最重的丧服"斩衰"，上衣下裳均用最粗的麻布制成，缝制的时候侧面都不包边，故意让毛边露出来，表示孝子已经悲伤到了不修边幅的程度，这叫"斩"；还须用一块六寸长四寸宽的麻布连缀在外襟的当心之处，这叫"衰"，意为一则孝子伤心欲绝，心都快碎了，只好用麻布来包裹那颗破碎的心，二则痛哭的时候可充当手帕之用，以示安慰和节哀。斩衰服丧期最长，以三年为限，并且在三年之中不仅要谢绝应酬事务，还要解除官职，专门在家守丧，居家期间不可剃头刮脸行房事，不可参加任何礼乐活动。如果王莽不照办，那意味着王莽"意不在哀"，反成了沽权贪位的不肖之人。这对身份贵为摄皇帝的王莽和一应大臣，的确是个不小的麻烦。

群臣们一致认为，摄皇帝既然已经登上刘家的皇位，从理论上讲，也算是继承了大汉嫡系长房的香火，就算要服"斩衰"也只能是为孝元皇帝或太皇太后王政君而服，功显君虽是摄皇帝的生母，但显然君臣之纲大于母子之纲，所以王莽是不用为其母服"斩衰"的。

那么该穿什么呢？这可难坏了奉命专门研究这个课题的少阿、羲和刘歆："这不是考我呢嘛！早听我的，即了真不就没这么多麻烦！即了真，功显君就名正言顺地成了皇太后，想怎么穿你就怎么穿！没人敢管！"

牢骚归牢骚，想办法还得想办法，刘歆找了七八十位博士、儒生，都是研究礼仪的专家，把石渠阁的藏书翻了个遍，终于，让他想出一个不伦不类却又说得过去的方案来："缌麻！你穿缌麻合适！"

"缌麻？颍叔，予也学过周礼，知道缌麻是怎么回事！这是五服里最轻的一种，是给高祖父母、曾伯叔祖父母、族伯叔父母、族兄弟、中表兄弟和岳父岳母服丧穿的，细麻布制成，服期三个月，这怎么行？那是予的生身之母，你不知道予最讲孝道？"

"摄皇帝，你这是只知其一不知其二。《礼经》里有这么一句话：'庶子做了父亲的继承人，为他的生母守缌麻服。'这是什么意思呢？是说跟尊贵的父母成为一个整体的庶子，就不敢再为生身的麻母守三年的重孝了。功显君是你的生母不假，可你现在要对汉室尽忠，就不能对生母尽孝，忠孝自古两难全！三年的重孝，多影响你去履行皇帝职责，别忘了，大汉宗庙的祭礼要你去主持，尊贵的太皇太后要你去孝敬，还有大大小小多少礼仪活动，都等着你的光临！三年，太耽误事了！刘秀倒有个主意，当然这也是有据可查的，《周礼》里说：'国王为诸侯守缌麻服'，'礼帽上面加上环绕而成的孝带'，你是摄皇帝，功显君相当于诸侯，你可以仿照天子吊唁诸侯的礼节，穿上这么一身，这就符合圣人的制度了！至于三年的孝期，可以让你的孙子，继承了新都侯位的王宗去守，连整个一吊、再会的丧礼全过程，也由他主持！你瞧这主意怎么样？"

这也是在这种尴尬的形势下最好的解决办法了，王莽只得批准。

最后刘歆又写出了著名的《功显君丧服议》给王莽作为理论依据。在这篇大手笔中，刘歆发挥其引经据典、善于考订的特长，对儒家宗法礼制做了独创性的阐述，将王莽纳入秦汉大室的宗法体系之内，使王莽"丧母夺情"合乎忠孝伦理，并让王莽不为其生母服丧三年有了充足理由。他的理由是，国家需要新君，太后需要侄子，国不可一日无主，王莽的作用不可替代，否则汉室将像大厦失去擎天柱，并特别指出了王莽独承汉家母统，以姑为母的宗法孝道。

因此，王莽可以"缌麻"代之，这事终于圆满解决。

事实上，这篇《功显君丧服议》不仅为王莽解了燃眉之急，更成了他日后代汉自立的理论依据。

另外，地主阶级中的某些阶层，比如说中小地主和他们中的知识分子，渴望着一个新王朝的建立能够为他们带来权力再分配的大好机会；被几代浑浑噩噩的君主统治得喘不过气来的农民阶级期待着一个新王朝能够稍许卸下他们不堪的重负；而那些豪强地主集团和他们的代表刘氏皇族，也认为新王朝或许并不那么可怕，特别是这位未来王朝的当然统治者王莽颇为开明，几年来不是一直在维护他们的利益吗？

在这种形势下，所谓民心，也就是新王朝建立所必需的社会基础，已经颇具规模，所欠缺的，大概就是使新王朝在一夜之间破土而出的那个什么天意了。

于是，从居摄三年（公元8年）十一月开始，各种符命陆续出现。

先是广饶侯，宗室刘京报告，齐郡临淄县昌兴亭长辛当一夜之间连做数梦，梦见上天通知他摄皇帝王莽应当即真，如若不信，昌兴亭将平地长出一口井来。辛当起床一看，果然有一口井凸现院中，数百尺深，非人力所为。

几天之后，巴郡的石牛也千里迢迢抵达未央宫前殿。这头石牛浑然天成，无一丝刀刻斧凿的痕迹，巴郡太守弄不清是何原因，赶紧报呈摄皇帝明断。

王莽和太保安阳侯王舜来到石牛跟前刚准备细看端详，突然天色大变，骤然狂风四起，飞沙走石，尘土飞扬。等风停了再看，牛角上出现一个小包袱。王舜取下打开一看，里面有一方铜符，还有一幅帛图，上写："天告帝符，献者封侯。承天命，用神令。"

既然王莽已亲眼所见，那就应该遵循天意，但他依然小心翼翼，想了半天，向太皇太后请求了两件事，一是允许在朝见太皇太后和小皇太后时不再称臣，而称"假皇帝"，群臣向他奏事时去掉"摄"，改称"皇帝"；二是改国号为初始元年，尊王政君为"新室文母皇太后"，并表示尽管那么多符命令他即真，即使他真的即了真，将来也还是要将汉朝的皇室交还孺子。

既然将来汉室还姓刘，王太后很快批准了奏章。可没想到，三天以后事情就起了根本性的变化。

就在王莽参观石牛的那天黄昏，汉高祖刘邦的祠庙里出了一桩怪事。

负责看守祠庙的仆射一边独自斟酒一边观察着外面的动静。正喝得晕晕乎乎，突然听见外面有人声发问："有人在不?"

仆射一听大为吃惊，这地方一般晚上是没人来的，急忙应道："在，在。"遂走出门去，却见一生人，身穿黄袍，怀抱一小铜匣子。那黄衣人显然是久等了，冲着仆射道："天使来了都不出来迎接，真是要不得!"

仆射战战兢兢，吓得舌头发硬腿发软："啊? 天使? 哪里来的天使啊?"

天使道："当然是打天宫里来的。这是上天的符命，赶紧交给你们皇上!"说完把小铜匣子朝他面前一扔，转身不见了。

仆射酒醒了一大半，哪里还敢怠慢? 拿起小铜匣子就往皇宫里跑。可怜他一个看守祠庙的小小仆射哪里进得了深宫大院? 愣是好说歹说费了九牛二虎之力才见到摄皇帝，忙不迭地将小铜匣子呈上，赏钱也没领着一个就被轰了出来。仆射心说，真是倒了八辈子大霉了，愣是让我碰上个"天使"，不但好处没捞着，还被侍卫们搜刮去了仅有的碎银子。

王莽将仆射支走，刚要打开，转念一想，不妥，万一真是什么符命，没个见证怎么行? 他赶紧将王舜、平晏、甄邯、刘歆等人招来，当众亲手打开封条。

"啊!"大家全部目瞪口呆!

匣子里是一张图画，画上一人穿龙袍戴皇冠，踩一片云朵，旁边两位大臣，一位提着黄石公的草鞋，一位夹着秦始皇的书简;提鞋的是张良张子房，夹书的是萧何萧相国，中间这位皇帝当然就是高阳酒徒汉高祖刘邦了，他手持一方玉玺。地上跪着的一人也是龙袍皇冠，怀抱一孺子，不用问，这就是摄皇帝王莽了。画的上方有题款："天帝行玺金匮图"。除了图画，还有一道策书，名曰《赤帝行玺某传予皇帝金策书》，为了避汉高祖讳，"邦"用了一个"某"字替代。策书上写着："王莽为真天子，太皇太后应当遵照天意行事。"下面开列的是一串名单，共十一位开国大臣，官职爵位全都封好了，依次是：

王舜为太师安新公；平晏为太傅就新公；刘秀（刘歆）为国师嘉新公；哀章为国将美新公；甄邯为大司马承新公；王寻为大司徒章新公；王邑为大司空隆新公；甄丰为更始将军广新公；王昌为卫将军奉新公；孙建为立国将军成新公；王盛为前将军崇新公……

众人看后面面相觑，连摄皇帝王莽也闭口无言。

沉默半晌，还是武人出身的甄邯直性子，终于憋不住了，冒出一句："看来是天命所归，代汉自立的时候到了！"

这一句算是捅破了窗户纸，其实大家都心知肚明，匣子里的图画上说得再清楚不过了，暗示王莽即改朝换代的真命天子。这个符命是以汉代开国君主刘邦的身份颁发的，更说明了它不容置疑的权威性。因此，甄邯此言一出，众人纷纷附和："既然屡屡有天命昭示，那摄皇帝就顺从天意吧。"

可王莽依然心存疑虑："予刚向太皇太后上了奏章说将来一定要归政于孺子，这不是出尔反尔，言而无信吗？不行，予不能这么做。"

"摄皇帝，您这不是'篡位'，而是'受禅'，您不能只做周公，也得做圣主。周公当然是伟大的，但虞舜也很伟大呀，您想想，如果他不是受了唐尧的禅让而成为一代英主，那又怎么成就他的伟大呢？"

还是刘歆学问大，一番话说得众人频频颔首，啧啧称是。

王莽终于下定决心："既然天意民心把予推到这个位置上，那予也只好以身许国了。"

他拿出了往日的做事风度，充分调动了手下的八大干将。给每一个人分配好责任。新王朝建立需要有一个翻天覆地的改变："国号就叫作'新'，以十二月朔日癸酉为始建国元年正月之朔，服色根据土德以黄色为上，祭礼的牺牲改用符合月建的白色，派遣使者持着配有纯黄旄幡

的‘新使五威节’去昭告全国！王舜，负责向太皇太后去请传国玉玺；刘歆，负责起草开国诏书；剩下几位，负责根据符命去把哀章、王兴、王盛这仁人找到。所有事情，务必在三天内办妥，三日之后，戊辰日，予亲自去谒见太皇太后，商定禅让事宜。”新王朝，三天后正式开始运转！

第十八章

受符命立新代汉　出新政步履蹒跚

　　为了完成使命，八大干将做好积极地准备，使出所用能用得上的力量，毕竟三天的时间是有限的，关键性的问题，还需要用特殊的方法去解决。当然比较起来，最轻松的应该是负责起草受禅诏书的刘歆。

　　王莽选择大学士刘歆来负责起草受禅诏书是有一定深意的。一是因为刘歆确系饱学之士，素有天下第一才子的美称，舞文弄墨是他的长项。二是刘歆乃刘氏宗亲，让这个具有特殊身份的刘氏后代来执笔，能更有把握使开国文告得到方方面面的认同，也使新王朝得到方方面面的拥护。

　　刘歆显然明白王莽的用意，三天以后，终于拿出一篇洋洋洒洒的开国文告。无非是说王莽血统高贵，德行高尚，功绩显赫，又符合民心天意，须得领受天命，为国效忠云云。

　　刘歆拿着草拟的诏书兴冲冲地到了王舜的府第，想先和他分享一下，万一不妥还可以修改。结果一看，王舜正在向孙建诉苦："都说太皇太后喜欢我，推举我去索要玉玺，此事事关重大。喜欢顶什么用啊？还不是一顿臭骂把我给轰出来了？"

　　孙建和刘歆一听吃惊不小："啊？太皇太后不是一直很赏识摄皇帝的吗？一再要求给摄皇帝加封的，怎么这次倒……"

　　王舜："这还不明白啊？加封和即真那是两码事，加封再多，不也是个重臣吗？现在这事，可是天下姓刘还是姓王的事！"

　　刘歆想想，道理是这么个道理，可转念又一想，早知今日，那太皇太后就不应该加封重赏嘛，难道她不知道功高震主吗？何苦到了这个节

骨眼上又皱眉头呢？转而问王舜道："那太皇太后都说什么了？"

王舜哭丧着脸道："太皇太后勃然大怒，说什么'父子宗族，蒙汉家力，富贵累世，既无从报，受人孤寄，乘便利时，夺取其国，不复顾恩义'等等，还说我们兄弟'如此恶贱，猪狗不食'，我……我简直无地自容了。"

刘歆、孙建听罢感觉此事的确有些非同寻常，不由追问道："那后来呢？"

王舜颓然道："太皇太后痛哭流涕，说你们既然已经奉天命立新朝，连正朔服色都改了，干吗不另刻一块玉玺，好千秋万代往下传？干吗非要我们这块亡国的不祥之物呢？我一个汉家的老寡妇，死了还指着这块玉玺陪葬呢！"

刘歆、孙建忍不住又问："那后来呢？玉玺拿到没有？"

王舜从怀里掏出一个包裹："拿到了，不过，被太皇太后摔坏了，少了一个角。"

刘歆、孙建急忙围上来把包裹解开，惊叹不已："啧啧！这就是传国玉玺啊！真是名不虚传！太傅左辅，还是你行啊！屡建奇功！"刘歆忍不住赞道。

王舜闻言眉头一皱："何来奇功？王太后说让我们哥俩等着满门抄斩呢。"

刘歆不服气地道："新王朝马上就要举行大典了，我们都是开国元勋，什么满门抄斩？纯属无稽之谈！"

可王舜还是有点不放心："这玉玺缺了一块儿角，摄皇帝，不，新天子会不会生气啊？"

刘歆安慰道："不碍事，不就缺了一块角吗？拿黄金一包，这叫金镶玉，更美观！"

王舜叹一声："红休侯文思泉涌，诏书早拟好了，可我们这差事到现在还没个眉目。说是按符命加封，那八个倒是全认识，可这哀章、王昌、王盛怎么找啊？"

刘歆道："看来你们并没有看仔细，符命开列的辅臣名单不光有姓名官爵，还有小字写的籍贯。哀章是广汉郡梓潼县人，王昌、王盛都是京兆尹人。"

王舜一听高兴极了："还是您老有学问，高人哪，这下可解了燃眉之急。那我们赶紧去四川吧。"

刘歆又道："去什么四川啊？据我所知，这个哀章就在太学读书。至于王昌、王盛那老夫就不得而知了，反正是京师人，应该好找。"

一行人到了太学，很容易就把哀章找出来了，可这"王昌""王盛"同名的太多了，忙活了大半天，光在京师居然找出十三个"王昌"，十六个"王盛"。这下众人又犯了难，到底谁是符命里说的呢？

倒是哀章给想了个办法："你们都是辅国的重臣，那是含糊不得的，至于王昌、王盛，根本不是什么要职，其实就是图个吉利，祈求王家朝政昌盛的意思，我看就不用费这么大劲了，既然是天命嘛，就交给卜相吧，看看谁的面相好就是了。"

哀章这么一说，众人也觉得不错，于是问题很快解决，最后筛选出一个王昌、一个王盛：王昌是看守城门的一个小吏，王盛是个卖炊饼的。

众人把这些呈报给王莽，王莽倒是没太计较，既然是符命里说的，那照办就是，还能有错？

其实，他们有所不知，这所谓的符命制造者便是太学生哀章，此人平时虽说品行不合儒家规范，却是个深谙今文谶纬的儒生，眼看入仕参政困难重重，只好另辟蹊径。他看到王莽笃信符命，且屡屡有天象出现，就制作了一只铜匣子和两道封书题签，除了八个重臣以外，哀章把自己的名字也夹杂其中，为了不被人看出破绽，随便又加上了"王昌""王盛"两个名字——他就是那天黄昏出现在高祖祠庙中的"黄衣天使"。

戊辰日这天，王莽亲临未央宫前殿，向太皇太后王政君宣布了开国第一号文告，王政君纵然不乐意，可毕竟再无回天之力，只得勉强答应。

始建国元年（公元 9 年）正月朔日，王莽在未央宫前殿正式举行开国大典。国号"新"。大新天子王莽在五鼓时分穿戴整齐，乘着御辇驾临前殿。

望着金碧辉煌的大殿，王莽感慨万千。这个地方他最熟悉不过了。为汉成帝做伴读的时候他就在这里，那时只觉得这里无比雄伟壮观；做黄门郎的时候他也在这里，那时只顾上值勤守更；成为大司马的时候他还是在这里慷慨陈词，帮皇帝出谋献策；居摄三年以来，他更是在这里发号施令，大殿的柱子下站着五位"柱下史"，记录着摄皇帝的每一句指示……

可现在不同了，这攀龙附凤的大殿已经不属于汉家王朝，从今往后，整座江山都是大新王朝的了，而他王莽，则是这个新王朝的最高统治者！

今后，将要坐在这座宏伟的大殿里，王莽究竟能给人们带来些什么呢？代汉自立，到底能否将千疮百孔、病入膏肓的政权转危为安，起死回生？其实王莽自己也不知道，但有一件事是非常明确的，那就是他从此以后将和这个江山同生死共患难，他已经没有任何退路了，这是他自己的选择。

此时，文武百官早已恭立在殿下，大殿中央，那闪着诱人光辉的盘龙金座上正坐着五岁的孺子刘婴。这刘婴被早早唤醒，小脸蛋上洋溢着笑容。王莽想，这小家伙昨晚究竟做了什么美梦这么高兴？难道他不知道这是自己最后一次坐在这把宝座上了吗？

看见王莽进殿，孺子冲他一笑，伸出小手："摄祖公，抱抱！坐！"

王莽突然涌上一阵心酸，忙伸出手迎上去。这时，忽听赞礼官高声宣道："禅位！中傅扶大汉天子退位！"

中傅忙迎上去把孺子刘婴从龙椅上抱了下来。

刘婴两脚刚着地，就扑向他的摄祖公王莽，张着小手还等着让抱呢！

不知是没有睡醒，还是礼服的袍摆太长，刘婴一下趴到了地上，西汉皇位的最后一位继承人就以这样的姿态向新朝天子实施了禅让。

赞礼官继续宣布："恭请新朝天子就位！"

王莽却没直接走上王位，而是低头扶起了孺子。

孺子许是摔疼了，咧咧小嘴，想哭。

王莽蹲下来抱起孺子："别哭，让摄祖公看看，摔着没有？"

孺子斜着身子，拉着王莽要往龙椅那里去："摄祖公，抱抱，一起坐，坐龙椅。"

一瞬间，王莽百感交集，感情几乎不能自已，他抱起孺子，步履沉重地一步步走向龙椅。

满朝文武一齐低声沉喝道："皇上，请放下孺子！"

赞礼官再次高声宣道："新皇就龙位！"

王莽如大梦初醒，宝座上的九条盘龙正面目狰狞地看着他，似乎在向他暗示：龙位之争是容不得半点柔情和犹疑的！

王莽这才缓缓放下孺子，拉着他的小手，语重心长地说道："孺子啊，摄祖公对不住你了！从前承蒙上天保佑你的始祖推倒暴秦，创建大汉，到今天已传了十二代，共二百一十年，算是气数已尽，如今上天把挽救黎民百姓的重任交给了你的摄祖公，我只得领受天命，赴汤蹈火。天命轮回，这是没有办法的事。当初秦灭时，秦孺子也叫婴，已经降服，可项羽还是要将他杀死。摄祖公不会的，不会那么绝情，咱爷儿俩这也算是有缘，我要封你为定安公，你永远是新朝的国宾，平原、安德、漯阴、鬲、重丘五县。纵横百里的土地，我全给你，你可以在那里修建汉朝列祖列宗的祠庙，逢年过节，你替我上香祭拜，就说摄祖公天命难违，只好不忠不义了。你还可以在封国里保持汉朝的历法、舆服制度，世世代代服侍你的祖宗，让他们永远享受后代子孙无穷无尽的祭祀。你现在还小，先在宫里养几年，我会封你的婶娘，前汉的孝平皇后为定安太后，好好抚养你，聊慰我心！"

王莽涕泪交流，哽咽着说完这番话，索性放声大哭。

孺子不明就里，看见摄祖公哭得如此伤心，心想一定是自己又惹他生气了，忙伸出小手去替王莽擦眼泪，边擦边小心翼翼地说道："摄祖公不哭，不生气，孺子听话，听话……"

王莽不能自已，抱起孺子冲向龙椅："孺子，你坐，你坐……摄祖公这辈子保着你！"

武士们立马横戟阻拦："皇上请就龙位，废汉孺子，退！"

中傅急忙上前抢过孺子，跌跌撞撞下了殿堂，把孺子放在地上，教他道："快说，臣定安公婴谢主隆恩！"

刘婴懵里懵懂地跪下咿呀学语。这声音与未央宫里的文武百官随之而起的哭声交织成一片……

大新朝，这就算正式开国了，随后，王莽去拜谒王政君，顺便提到了新朝建立后太皇太后的名号问题。这个其实是王莽的一个名叫王谏的远亲出的主意，一看天下变成了王家的，想自己好歹也是王家宗族，也想捞个一官半职，可又没什么门路，想来想去打起了王政君的主意，反正是落井下石，于是上奏王莽说皇天废汉，命立新室，太皇太后不宜再称尊号，应当废除。王莽本来也觉得不妥，只是试探。王政君一听，悲从中来："你如今贵为天子，我们孤儿寡母，是废是立都是你一声令下。废得好，废得好啊！"

王莽一听太后这番话，连忙说："王谏乃悖德之臣，罪不容赦，您别生气。昨天冠军张永献上一道符命，是一块铜璧，上面有字，书法待考，不是刻的，也不是画的，而是天生的。上写'新室文母太皇太后'八个大字，可见是上天对您的安排了。"

王政君听罢，心想江山都保不住了，一个名号又能怎么样呢？索性点点头，不再言语。

于是，王莽在未央宫前殿高声传旨："予将率公、侯、卿、士奉'新室文母太皇太后'御玺，进献太皇太后，愿太皇太后体察天星，协助新室，永为国母。"

遂立王夫人为皇后，立四子王临为皇太子。王莽的长子、次子已死，三子王安属智障，因此皇太子非四子王临莫属。

三子王安被封为新嘉辟，"辟"相当于"王"或者"君"。

其余各人也都按照符命加封，刘姓名、皇族担任郡太守的，一律调回京师任谏大夫，为的是削弱实权，赋予闲职，安全踏实。

一切稳妥之后，王莽疲惫地从龙椅上起身一看，孺子还在殿角下玩要呢！

王莽走过去对孺子道："定安公，你该回家了，定安公府就是原先大鸿胪的官署，就在未央宫西北角，挨着石渠阁……"

孺子不理会他说什么，眼泪汪汪地伸出手："摄祖公，抱抱，抱抱……"扯着王莽又要向龙椅上去。

王莽抱起孺子，边走边喃喃道："抱抱可以，可咱不能坐龙椅，不能坐龙椅……"绕着前殿走了三圈，这才交给中傅，吩咐带孺子回府。

王莽心情沉重地踱回后宫，依旧闷闷不乐。回头想想代汉自立的一系列悲喜剧，似乎觉得远没有想象的那么美好。

这时，十一公全都进来请安："皇上，臣等恭贺吾皇登基！"

王莽摆摆手："爱卿同喜。赐坐！"随后又呆若木鸡，一言不发。

众人一看这阵势有点尴尬，还是前将军崇新公王盛心眼灵活，不愧为商贾出身，忙进言道："皇上近来忙于立国大业，操劳过度，现大功告成，是否也该将息龙体，好重振旗鼓，继续理政啊？"

王莽一听立即来气了，正色道："大新立国伊始，百废待兴，我身为一国之君，岂能偷安避政？"随后，王莽向众人宣布了自己的施政纲领："予在前朝从黄门郎一直做到摄皇帝，兢兢业业，鞠躬尽瘁，可是眼看着大汉一天不如一天，予私下一直寻思着大汉究竟症结何在，后来算是找到了。土地兼并，奴婢日众，已成积重难返之势，这是前朝的两大弊端，新朝若不能遏制，只能徒有其名。等于换汤不换药。因此，予打算效法周朝，实现井田制，彻底杜绝土地兼并，禁止买卖奴婢，让百姓免遭骨肉分离之苦，另外，予还准备整顿官吏，规定百官职责，重新设计管制，改动官职的名称，包括未央宫的公寓楼阁，总让人感觉前朝的影子在晃动，还有货币贸易制度也需改革。刘氏宗族现在有的还当着诸侯王，也得想办法废掉，以防后患。事无巨细，都在眼前，怎么能刚登极就拈轻怕重图清闲呢？若是这样还不如让位。"

王莽一番话驳得众人再无话可说，连忙诺诺点头，纷纷表示要替新朝分忧解难。

登极伊始，王莽陆续颁布了一系列新政，先是百官任职的策书：

"木星要求庄敬，是东方的长官，这就是太师，太师负责实现雨水适时适度，使青色的光辉生育均平，考究日影和日轮。

"火星要求明智，是南方的长官，这就是太傅，太傅负责实现炎热适时适度，使红色的光辉发展均平，考究声音和曲调。

"金星要求安定，是西方的长官，这就是国师，国师负责实现干燥适时适度，使白色的光辉成长均平，考究度量和权衡。

"水星要求精明，是北方的长官，这就是国将，国将负责实现寒冷适时适度，使黑色的光辉休养均平，考究星辰和漏刻。

"月亮象征威刑，好像皇帝的左腿，这就是大司马，大司马负责实现武功，要注意方正，效法矩尺，主管天文，恭敬地顺从伟大的上天，谨慎地传授人们生产的季节，鼓励发展农业生产，使粮食获得丰收。

"太阳象征德政，好像皇帝的右臂，这就是大司徒，大司徒负责实现文治，要考虑融合，合乎国规，主管人类社会的道德规范，辅导父义、母慈、兄友、弟恭、子孝，率领人们服从君主，倡导改良社会风尚，使仁、义、礼、智、信这五德深入人心。

"斗北象征最高标准，好像皇帝的内心，这就是大司空，大司空负责实现祥瑞纷呈，一派升平，要注意事物的规范比、标准化，以准绳作楷模，主管地理，开垦土地，兴修水利，管理大山大河，使鸟兽繁衍，使草木茂盛。"

王莽这套东西，是根据《书经》的一些主要篇章如《尧典》《大禹谟》《汤诰》《伊训》等经典著作的精神搞出来的，托古改制是王莽遵循的一个基本原则。

规定好四辅、三公的岗位职责之后，王莽又设置了大司马、大司徒司直、大司空司若等属官，职位都是孤卿。大司农改为羲和，后又改为纳言，大理改为作士，大常改为秩宗，大鸿胪改为典乐，少府改为共工，水衡都尉改为予虞，与前面三位孤卿合为九卿，每卿下设大夫三人，每个大夫下设元士三人，共二十七大夫，八十一元士，分别主管首都各官署的所有职务。

把光禄勋改名为司中，太仆改名为太御，卫尉改名为太卫，执金吾改名为奋武，中尉改名为军正，又新设了大赘官，主管皇帝的车辆、衣服和用具，后来还掌管军需供应，这是六监，职务都是上卿。

把郡太守改名为大尹，都尉改名为太尉，县令、县长改名为宰，御史改名为执法。后来一看，还有不少中下级官职，名称都是前朝遗留下来的，一个一个改起来，工作量太大，王莽想了个妙招儿，按工资级别切上几刀，搞几个统称多省事？于是把俸禄百石一级的官吏，改名为庶士，三百石级改名为下士，四百石级改名为中士，五百石级改名为命士，六百石级改名为元士，千石级改名为下大夫，比二千石级改名为中大夫，二千石级改名为上大夫，中二千石级改名为卿。所使用的车马、礼服、礼帽也各有不同的等级，那些日子裁缝的生意特火，全是来定作统一制服的，让他们狠赚了一笔。

王莽又专门设置了司恭大夫、司徒大夫、司明大夫、司聪大夫、司中大夫等新官职，负责对官员进行考核监督，主要内容有五个方面，即貌要恭，言要从，视要明，听要聪，思要睿。王莽认为，高官要想彰显自己的德行就必须谨慎修行，以身作则。鉴于汉朝官吏的腐败涣散，王莽对五司大夫寄予了厚望，要求他们秉公执法，大公无私，真心希望能通过他们的努力使新王朝面貌一新。

为了表现从善如流，王莽在皇宫周围特设了进谏的旗帜"进善旌"，批评的木牌"诽谤木"，申诉的大鼓"敢谏鼓"，并派了四位谏大夫分设在王路四门。

不光如此，为了凸显新朝之新，连宫门的名称也一并做了修改，长乐宫改为"常乐宫"，未央宫改为"寿成宫"，前殿改为"王路堂"，连长安也改为"常安"。

另外，为了给自己登基以更有力的佐证，必须彰显新皇帝的高贵出身。功夫不负有心人，王莽终于为自己找到了一脉崇高无上的世系，他的先祖就是黄帝。黄帝是轩辕氏，和王家有何瓜葛呢？王莽是这样解释的：黄帝有二十五个儿子，分别赐予了十二个姓氏，其中虞舜也即王氏宗亲，他先代接受了姚姓，而姚姓在陶唐时姓妫，在周代姓陈，在齐国姓田，在济南姓王，所以，姚、妫、陈、田、王这五姓都是黄帝虞舜的子孙。

既然王姓属正宗，王莽就要把列祖列宗请进祠庙接受祭祀了。于是，王莽建了五座祖庙、四座亲庙来纪念祖先，并规定元城王姓不准和姚、妫、陈、田四姓近亲通婚。

新政包括了政治、经济、军事、文化等诸方面。值得一提的有这么几项，首先是王田制和奴婢政策。

西汉中期以后，土地高度集中，奴婢买卖猖獗，成为引发阶级矛盾的重要根源。一些头脑比较清醒的僚吏屡屡上书，提出"限田""限奴"的改革方案，试图挽救社会危机。如武帝时的董仲舒，元帝时的贡禹，都曾向皇帝提出过，但没能实现。哀帝在位时，当时的大司马大将军师丹再次提出此项建议，哀帝曾为此下过诏书，说到"诸侯王、列侯、公主、吏二千石及豪富民多蓄奴婢，田宅无数，与民争利，百姓重困不足"的局面，丞相孔光和大司空何武一起曾奉命拟出如下规定：

诸侯王、列侯、关内侯、吏民可以在封国、驻长安的列侯及公主可以在县道购买田地，但不得超过三十顷，诸侯王可蓄奴二百人，列侯、公主为一百人，关内侯、吏民为三十人。但奴婢六十岁以上，十岁以下不计人数量。商人不得买田和做官，违者必究刑事责任。所有超过限量的田产、奴婢一律没收充公。

谁料这个方案一公布，汉朝宗室贵族和哀帝外家傅、丁两家新暴发户首先发难，官僚地主和富商大贾也群起而攻之，不得已只好暂缓实行，没几天，哀帝就赐给佞臣董贤土地两千顷，等于自打嘴巴，限田限奴成了泡影。

王莽登基的第一年就颁布了王田奴婢法令，大有挽救天下苍生舍我其谁的坚定。

古代八家同作一井田，耕作时同住一棚，一夫一妇分田一百亩，按十分之一缴纳租税，就能够使国家丰裕，人民富足：这是唐、虞时代的政策，后被夏商周沿用。到了秦朝，统治者穷奢极欲，不断增加赋税，废除井田，竭尽民力，毁坏制度。从那以后，强者占田以千万计数，弱者竟无立锥之地，同时设置买卖奴婢的市场，跟牛马同栏，奸诈残暴之徒借机牟取暴利，买卖人口成风。到了汉朝，土地税有所减免，按三十分之一征收，但经常有额外的赋税，如因病残而丧失劳动能力的，恶霸豪强掠夺财物的，有时赋税之重竟达十分之五！富人家的牲口都有吃不完的粮食，而穷人家连酒渣糠皮都吃不饱，社会动荡不安，罪人层出不穷。

王莽下令把全国的田地改叫"王田"，奴婢改称私属，全部禁止买卖。"王田制"的核心是变地主的土地私有制为封建的土地国有制，主要有三点：一是凡家中人口男丁不满八人而占有田亩超过一井即九百亩的，要把多余的田亩分给亲属和乡邻，二是无田的农民按一夫一妇百亩授田。若有无视法律惑乱民众的，违者严惩不贷，流放到四方极远的穷荒僻壤去。

平心而论，王莽对当时的社会现实和土地、奴隶制度的认识在一定程度上是符合实际的，提出的政策也是具有实际意义的，但不容置疑的是，到了汉朝，奴隶制社会的土地私有制早就让位于地主阶级土地私有制，西汉土地私有制的一个根本特征就是土地买卖和土地兼并，土地所有权是通过土地买卖而实现的，这是一种经济规律，是任何人为的力量都无法从根本上遏制的，这也就是王田制何以很快遭遇失败的原因。

其一，王田制规定"扣不盈八而田过一井者"退出多余的土地，那就意味着一个人和八个人拥有的可以同样多，很多豪强通过分家析产的办法使每个男丁保住九百亩土地是很容易办到的。人丁兴旺的家族男丁盈八的更是高枕无忧。

其二，一夫一妇授田百亩的规定流于一纸空文。根据史书统计，新朝初年时，全国的土地若按户平均分配的话，则每户可摊到六十八亩，这是不把豪强们分家析产的侵吞部分算在内的，而且也没有考虑地域差异；再者，政策中没有规定奴婢是否参加分田。如果奴婢参加，无形中又增加了豪强的份额，如果奴婢不参加，身价卑微，无形中又刺激了奴婢买卖市场。而且重新授田困难重重，地主土地所有制已经延续了将近五百年，土地的实际所有权错综复杂，不同所有者的土地犬牙交错，根本无法分成方方正正的"井"田。

其三，土地买卖是地主土地私有制与生俱来的土地兼并的主要手段，单凭一纸空文很难取消。一是贵族官僚豪强地主和富商大贾等阶层必然要利用特权对土地进行巧取豪夺，大批购进肥田沃土，在王田政策公布后，他们又迅速大量地转变手中的土地以获得金钱；二是广大的小自耕农每遇荒年恶岁就必须出卖土地以缴纳租税和抵偿债务，而风调雨顺时他们又要买进土地作为扩大再生产的资本。因此，禁止土地买卖遭到了各个阶层的强烈反对，更增加了社会的不安定因素。

至于奴婢问题，王莽向来是认真的，连亲生儿子杀奴都要令其自杀偿命，足见他对奴婢问题的高度重视。王莽下令将奴婢改成"私属"，从一定程度上提高了他们的社会地位。特别是不准买卖奴婢，保证了他们的生命安全，堵塞了农民沦为奴婢的渠道。王莽实行这一政策究竟是源于儒家"天地之性人为贵"的信条呢？还是他本人深深同情着奴婢呢？或许二者兼而有之。

王莽实施奴婢政策的目的是为阻止劳动者主要是农民的进一步奴婢化，以解决农村劳动力不足的问题，从而有效保证赋役。但这并不是彻底解放奴婢，而是承认剥削奴婢的合法性。既然土地兼并问题得不到根本解决，那么就无法阻止失去土地的破产农民沦为奴婢。奴婢制度公布以后，贵族官僚豪强地主富商大贾必须按照法令来调整奴婢拥有的数量，多余的卖出，不够的买进，客观上更加刺激了奴婢市场的买卖。导致的结果是，奴婢拥有者因为这一政策损害了他们的利益而对王莽怀恨在心，而奴婢们因为这一政策并没有改变他们的境遇对王莽也心生怨恨。

再说说五均六管政策。

始建国二年（公元 10 年），王莽根据国师刘歆"管理财政，纠正偏差，禁止商人获得不正当利益"的建议发布了"五均""赊贷"的诏令，为的是"调剂多寡，控制囤积居奇"。即政府对工商业经营进行管理，控制物价，在原长安、洛阳、邯郸、临淄、宛、成都等五个主要城市执行，称为"五均市"，设置"五均官"。

"六管"，是指对盐、铁、酒、铜冶钱布、名山大泽、五均赊贷等在内的六个方面的管制。这些都是人民生活必不可少的，又是容易被豪强富商们垄断用作盘剥工具的，所以，统一由国家管理，目的是抑制豪强们过分地盘剥，从理论上讲是可行的，但在实际执行中却出现了问题。

首先，被王莽任用的五均六管的官员多是大工商主，如临淄的姓伟（此人姓姓名伟），洛阳的张长叔、薛子仲等人，家资都在千万以上，这些人跻身朝堂，摇身一变成了掌管六管的"羲和命士"，不仅打破了汉初工商业者不许做官的禁令，而且这些人的发家史大多离不开囤积居奇、哄抬物价、贱买贵卖和放高利贷，如今成了朝廷命官，更可以名正言顺地巧取豪夺，中饱私囊。在他们手里，五均六管成了相互勾结鱼肉百姓的上方宝剑，人民生活更加雪上加霜。

其次，就是六管制度本身的不完善。如规定几乎所有的生产活动都要求主动申报收入，不报或报而不实企图偷税漏税的，没收劳动所得，本人为官府服劳役一年。因为制度的琐碎、不合理和可操作性差，弊端日渐暴露，到后来，触犯的人越来越多，惩处也越来越严，几乎遭到了全社会的反对。老百姓举手投足都要触犯法令，无法种田织布，正常生活被打乱，终致"富者不得自保，贫者无以自存，起为盗贼"。再次，币制改革。这可以说是最混乱最荒唐的一种。从居摄二年（公元7年）到地皇四年（公元23年）的十多年时间里，王莽曾四次下诏改革币制，五次下诏禁止民间私铸货币。

但是，西汉后期以来国家信用丧失，物价财政危机，民间盗铸成风，富豪大贾破坏，以及新币本身存在的一系列弊端，如换算困难，重值不符，兑旧易新，信誉不定等，都使老百姓产生抵制心理，阻碍了新币的正常流通。而王莽却一味依靠严酷的法令强制推行，求成心切，一会儿看百姓不依从，就只通用小钱和大钱两种，一会儿见无法禁止私自铸钱，便加重刑罚，实行连坐，一家铸钱，五家邻居连坐，全都罚为官奴婢，一会儿为了要提高新币信用，又让吏民们出门必须要携带布钱作为通行证，否则饭店旅馆不得入住，关卡渡口要盘问留难，就连公卿大臣也要携带布钱才能出入宫殿，没钱寸步难行……

如此反复造成巨大浪费，每当陷入困境，便只好颁布新的改革措施。天凤元年（公元 14 年），王莽又开始实行第四次币制变革。尽管王莽认识到欠缺并试图进行整顿，但无奈朝令夕改已使信用丧失殆尽，往往新币还没有真正发挥作用，就被改革者半途遗弃，再加上内乱，"奉古改制"的目标成了镜花水月……据史料记载，王莽个人非常崇尚简朴，想以此矫正当时挥霍浪费的社会风气，他家里的仆役穿着布衣，马不吃谷物，平时吃喝费用不超过平民，而他本人则是克制食欲，约束餐宴，每天零星购买刚够用的粮食，家中样样东西依靠市场供应，总是当天用完，没有积蓄。但这杯水车薪的自律，并不能遏制奢靡之风愈演愈烈。

第十九章

夺江山刘氏起义　抖威风边塞狼烟

　　尽管王莽的新政给他的子民带来了诸多不便，但刚开始的时候，人们总还是基本上接受了，社会政治、经济制度的变化，总需要一个过程，逆来顺受的大汉子民——不，现在应该叫大新子民了，他们只能接受这个新皇帝顺应这个时代的政治、经济、文化的各种新制度。因为，除此之外，似乎也没有什么更好的法子了，不管怎么说，新皇帝总还惦记着老百姓，总还干点儿实事，让老百姓尝着了点儿甜头，比前朝那几个只知道吃喝玩乐睡女人玩相公的皇上要强得多了。但是这并不代表王莽在接下来的统治中就能一帆风顺。

　　公元9年，也就是始建国元年。这年四月正是长安微风细雨，桃红柳绿时节，而在千里之外的山东黄县却是雨横风狂，落红狼藉。汉景帝的七代孙徐乡侯刘快，集结党羽几千人，在他的封国起兵，他准备趁着新朝立国之初的混乱，联合全国各地的刘姓子孙，夺回大汉江山，于是率兵直奔即墨城，即墨城是汉朝胶东国的国都，刘快的长兄刘殷是原汉朝的胶东王，这时已被王莽改封为扶崇公。

　　刘快一路兼程风餐露宿，跑得人困马乏，盼着到了即墨，在长兄的王府里歇歇脚，犒劳犒劳马步三军，联合长兄一起动手。

　　不料，到了城下一看，即墨城城门紧闭，早进入了战备状态。刘快一口热水没喝上，倒差点挨了从城头射下的一支冷箭。刘快吓出一身冷汗，对着城上的守卒大骂道："你他妈的眼睛瞎啦？也不看看老爷是谁！快去禀报你们胶东王，就说他兄弟徐乡侯刘老爷驾到！"

　　谁知守卒朗声大笑道："原来是大名鼎鼎的刘老爷啊，早知道是你

我们就不使冷箭了，直接使热油浇你个狗血淋头！伙计们，上！这回可要瞄准了啊！"

刘快差点没叫滚油给淋个满身，亏了胯下骏马矫健才躲过一劫，身边的传令兵却已被浇得吱哇乱叫。

刘快火冒三丈，指着守卒大骂道："混账东西！我看你是吃了豹子胆！叫你们胶东王出来！"

"刘大老爷，即墨城里没有什么胶东王，只有一位坐在牢里的大新扶崇公刘殷！"

刘快一听惊得差点没从马上栽下来。他稳定一下情绪，极力摆出大汉皇裔的架势来厉声道："反了！竟敢擅自关押大汉皇裔，堂堂的胶东王？"

城门上的那几位不屑地摇晃着手中的刀枪道："谁反了？你才是反贼呢！连你的亲哥哥扶崇公都这么说，你以为是我们关押了他？错！是他自己卷铺盖入狱的！他老人家交代过了，反贼一来就给我抓起来交给朝廷治罪！"

刘快听罢，心想这个胶东王也太不给刘家争面子了，看来这下没指望了，可既然已到了城门跟前，也只有豁出去了。于是，他对城门上的守卒道："你们身为大汉军卒，身受我刘家世代厚恩，怎么能助纣为虐，还不赶快放下武器，开门迎接刘老爷进城！"

"少来！大汉给我们什么好处了？几年了不发军饷，哪像大新天子，一登基就给我们加饷，你要真想帮我们，那就赶快下马投降，你兄长也不用在大牢里待罪了！"

刘快大怒，拔出宝剑一挥："弟兄们，给我攻城！架云梯！拿不下一个小小的即墨城我还怎么去代莽兴汉？"

一群人即刻蜂拥而上。尽管刘快许下了攻进城去每人四两大烟土的好处，可无奈即墨军民万众一心，刘快几天也没攻进去，倒是让城门上的滚油礌石伤了一多半兄弟，眼看着没戏了，刘快只好下令撤军。

可谈何容易？即墨守军一看胜利在望，连忙乘胜追击，刘快的几千人马差不多全都送了命。刘快落荒而逃，跑到长广县荒山野岭实在跑不动了，只好找了棵歪脖子树，为大汉尽了忠。

喜讯传到京师，王莽大喜："老天有眼啊！大新朝出了这样的忠臣良将，军民同心戮力，歼灭了反贼刘快，真是大快人心！凡阵亡的军民，予要好好吊唁他们，一律发给丧葬费，每人五万钱！"

"皇上，刘殷还在大牢里等您发落呢！"不知是谁提醒了一句。王莽忙说："赶紧放人！那是大功臣啊，他知道天命无违，断然拒绝了刘快的拉拢。理应重赏！把他的封国扩大到一万户，土地纵横各一百里。除了刘快的妻女外，其他应当连坐受罚的亲属都免于追究！"

王莽一高兴，大赦刘氏族亲。他认为自己是上天辅佑，连刘氏宗亲都帮助自己平定反叛，可见天下归心。可转念又一想，既然是上天安排，为何还会有刘快之类的跳梁小丑时不时出来捣乱？

此时，国将哀章适时地献上一计："皇上，依臣之见，乃是对符命的解说不力所致，一定还有很多人不知道符命，不理解您是如何做上大新天子的，所以应该将诸多符命整理好，派遣大臣到各地反复宣讲，告谕百姓。"

王莽马上命人执行，但一直拖到秋季才初见眉目，并非人们响应不够积极，实在是因为各种符命太多了，分门别类地归纳整理，很是费了一番工夫。最后终于理清楚了，总共汇集了四十二篇符命，分为三类，德祥类五篇，符命类二十五篇，福应类十二篇，还附上了一篇总结性文字，大意是说帝王承受天命必定会有祥瑞征兆，这种征兆不是偶尔一次出现，而是按照"肇命、受瑞、开王、定命、成命"的过程反复不断出现的，接下来分别列举了邻国进献雄鸡、犀牛，武功县挖出丹书白石，巴郡石牛，天赐策书等加以佐证，搞得神乎其神。

这件浩大的工程完成之后，王莽选派了十二位五威将奔赴四面八方去宣讲，他们的车叫乾文车，画上日月星辰天文图像，象征天，驾车的母马叫坤马，六匹一组，象征地。五威将背插雄鸡翎，身穿威武的行头，每一将下设五帅，分别是前帅、后帅、左帅、右帅、中帅，五帅的衣帽、车饰、马匹各按照方位安排，颜色数量各有不同。分别是东青、南赤、西白、北黑、中央黄，西四、东三、南二、北一、中央五。可谓五彩缤纷，众寡不均。五威将举着称为天帝大一的使节，五帅举着称为五帝使者的旗帜，这五帝按方位分别是东方苍帝灵威仰，南方赤帝赤熛怒，西方白帝招拒，北方黑帝汁光纪，中央黄帝含枢纽。

王莽亲自为他们送行，他看着浩浩荡荡的十二位五威将和六十位五威帅，心想，这才是大新的威仪啊！

见是天子亲饯，这七十二位受宠若惊，连连叩拜。王莽急忙上前拦住："免了免了，跪脏了行头，影响大新的国威。诸位爱卿，普天之下，四表极远，此去任重道远，还望不辞劳苦！"

"臣等领命，宣讲天命，义不容辞！"

王莽于是把刻好的印信交到一行人手上，嘱咐道："你们顺便把这个带上，分别授予王侯以下的各级官吏和匈奴、西域各国的其他外族，顺便把原先汉朝的印信收回来，再就是赏赐官吏每人两级爵位，赏赐民家户主每人一级爵位，赏赐民家主妇美酒羔羊，均以百户为一个单位进行分配。万望照章执行。吉时已到，你们出发吧！回来定有重赏！"

十二路车队于是浩浩荡荡出发了，遵照"迄于四表，靡所不至"的重托，又有封赏的诱惑，所有人全都尽心尽责，往东的到了辽宁东部和朝鲜咸镜道一带的玄菟郡，朝鲜平壤南边的乐浪郡，辽宁新宾以东一带的高句骊国，吉林松花江中游的夫徐国；往南的出了边境经过益州，一直到了云南广南一带的句町国；往西的出阳关，过天山，直奔了乌孙、疏勒、大月氏等西域三十六国，连只有四十户人家三百三十三位国民的车师都尉国也没落下；往北的则过长城，度阴山，直抵朔方大漠，去了匈奴。

五威将派出去了，王莽的八大心腹之一甄丰却一肚子的不满，眼看着所有人都靠符命升官发财了，就他没动静，心想，我本来还想奔太阿、大司空去的，敢情现在没我什么事儿了，就连那个卖炊饼的王盛现在都和我平起平坐了！想着心里很是憋屈，干脆闭门谢客，连朝也不上了。

甄丰的儿子侍中京兆尹大尹茂德侯甄寻知道其中的原委，也很气愤新皇的安排不公，赶来安慰道："爹，我看您也别太发愁了，大不了我们再想个法子找补回来。"

甄丰摇头叹息道："唉！这符命的事都是上天安排的，你当是闹着玩呀？符命就是皇命，谁敢违抗必遭天谴！"

甄寻一听咧嘴一笑："爹，你这些日子在家闷着连朝也不上，恐怕不知道外面的情况，这阵子符命都臭街了。您还真以为符命是老天爷显灵呢？告诉您吧，那都是人造的！"

"怎么会呢？"甄丰吃惊不小。

甄寻凑过来压低声音道："前些日子，我到前朝高祖皇帝的祠庙里去找那个仆射喝酒，那仆射就问我说十一公中是不是有个四川口音的。我想想，说有啊。国将哀章就是四川梓潼人嘛。那仆射就不说话了，只顾低头喝闷酒。经过我再三追问，那仆射才云遮雾罩地说了一句，怪不得瞅着那么眼熟呢。我回来一琢磨，那天送什么铜匣子金策书的，不就是四川口音吗？"

甄丰还是有些不解，疑惑道："四川口音怎么了？那天使可是腾云驾雾来的，当时仆射不是看得真真切切的吗？那哀章就是一介书生，他怎么能……"

甄寻不屑地道："你以为哀章就只是一介书生啊？这长安城里卧虎藏龙，什么人没有？我早打听过了，那小子在老家时就跟峨眉山的老道学过武功，有时候喝多了还跟人吹牛，说他飞檐走壁、八步赶蝉都是小菜一碟呢！你想想，高祖祠庙那院墙才多高？"

甄丰突然有点恍然大悟了，怪不得辅政大臣里出了这么个人物，原来如此呀！看来真是年岁不饶人，差点让人给蒙骗过去了，转念一想，那还有王昌、王盛呢？难道哀章编造符命的时候就认识他俩？难道他们是早就串通好的？随即问道："那，你的意思是……莫非你也想效仿一下？"甄寻又一笑："儿子我不用效仿，我呀，天生就带着符命！"甄丰脸色一沉："休得胡言！这事就此打住，不许再提！"甄寻把手伸到他面前道："您看看您儿子的手相怎么样？"甄丰没好气地道："去去！开这种玩笑是要掉脑袋的！"甄寻继续道："您先看看，这么一道，又这么一道，一撇又一捺，这不就是个'天'字吗？您再看这个，一折，

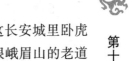

又一折，还有一横，这不就是个'子'字吗？"

"天子？"甄丰从嘴巴里蹦出来的这两个字把自己给吓了一跳，赶紧去关上门，回来攥着儿子的手翻来覆去地看了半天，擦擦脑门上的汗，对儿子道："这种话千万说不得，让皇帝知道了是要满门抄斩的！"

甄寻笑道："爹您放心。我就是想让您明白，这符命啊，也就那么回事，大家彼此心照不宣。"

甄丰彻底茅塞顿开了。很快，父子俩就设计好了一套关于符命的说辞交到了王莽手上。

王莽接到符命，有点骑虎难下。他明知道这所谓的符命也许根本名不副实，但又不好说明。为什么你的就是真的，别人的就是假的呢？你甄丰不就是想加官晋爵跟四辅平起平坐吗？干脆，封他个右伯召公，把陕以西归他管算了。同时又将太傅平晏封为左伯，治陕县以东，明显有钳制甄丰的意图。

甄寻一计得手，于是又生一计，他又制造了一道符命，这道符命是要求把那位曾经是平帝皇后的皇室公主嫁给他。

王莽一看，这也太得寸进尺了，再这样下去还不蹬鼻子上脸了？是不是过几天还想禅让啊？便下令羽林军查封甄府。

甄丰刚领到印信，还没来得及走马上任就被如狼似虎的羽林军堵在府内。甄丰一想没什么指望了，索性悬梁自尽以谢罪。

甄丰一死，王莽更加气不打一处来，这充分说明是假造符命。畏罪自杀，于是继续追查他的儿子甄寻，一年以后，终于在华山将甄寻捉拿归案，甄寻供出了一起制造符命的同伙，不仅有国师刘歆的两个儿子侍中东通灵将五司大夫隆威侯刘棻，右营长水校尉伐虏侯刘泳，刘歆的学生侍中骑都尉丁隆，连王莽的堂弟左关将军掌威侯王奇也牵扯在内。甄寻以为扯出这些人可以保命，因为这些人皆为皇亲国戚且打击面比较大，但王莽还是下令将他们在京师就地正法，严惩不贷，并将他们分别抛尸荒野。

甄丰之事发生后，王莽觉得很有必要将符命之事澄清一下，否则日后造假之风难禁，正这样盘算着，陈崇便来上奏："皇上，您看这符命本是上天的昭示，结果成了奸臣贼人们谋取功名利禄的手段，甄丰父子之事发生后，假造符命不但没有收敛，反而有嚣张的趋势，现在符命泛滥成灾，甚至被一些别有用心的人用来反对您。得想个法子解决才对！"

王莽道："我也正在琢磨此事呢。不如让尚书大夫赵并去处理，只要不是五威将的符命一律不予认可。谁敢再造，严格法办！"说完突然想起，"这五威将到四方宣讲符命已经有些日子了，现在都回来没有啊？"

陈崇迟疑道："回……是回来了，就是因为那甄丰之事，所以……"

王莽打断他急忙道："他们颁布的都是正宗的符命。快去召他们进宫。"

陈崇点点头，但还是略微停顿了一下："皇上，现在五威将可只有七十一位了。其中一位，就是您的堂弟掌威侯王奇，牵扯进甄丰之事中，已经被奉诏……"

王莽摆摆手，有些懊恼地道："知道了，去吧。叫他们来。"

片刻工夫，七十一位五威将出现在殿前，依次向皇帝报告行踪和符命的宣讲情况。

"刘氏原来封的那些诸侯王全都拥护天命，乖乖上交了汉朝下发的王印，领受了大新的侯印，没有抗命不遵者。"

王莽听罢很是喜悦，连忙问道："四方外族的情况如何呢？都还听话吗？"

"听话着呢，南方的句町王改成了侯，西域三十六国也都改王为侯，就连最霸道的匈奴单于也不得不摄于天命……"

王莽闻言将信将疑道："匈奴单于一向恃强自傲，他能那么容易俯首称臣？汉朝发的旧印呢？予看了以后才能确信你们不是冒奏邀功。"

一看皇上要较真，五威将慌了，连忙奏道："这个……匈奴那路是王骏负责掌管的。"

王骏一听，急忙撩起袍子汇报了全部经过。

一行人到了匈奴王庭，让随行的翻译把王莽的诏书一念，又手忙脚

乱地比画了半天，单于终于听懂了，操着鼻音很浓的汉话："我，明白了，你们的皇帝，换了。是原来的打死马（大司马），暗含红（安汉公）。没有关系，我们匈奴单于也是这样，经常换，哈哈哈……"说完朗声大笑，高高兴兴地接过大新国特制的印章和那几车金银珠宝，禁不住赞道："嗯，这个好！新的，漂亮！"

王骏没想到会如此顺利，心想看来金银外交就是管用啊，想起那颗汉朝发的旧印还在单于身上挂着，还得带回去复命，于是让翻译上前索要。

翻译又是一番比画，单于明白了。翻译刚要伸手，就被单于旁边一位大臣拦住："等等，大王，新印刻的是什么？大王还没验过，旧印不能给！"

单于一听，也回过神来，连连点头。

那位大臣又说道："王将军，先不忙，你们这么大老远来了，先尝尝我们的手抓羊肉和奶茶，再喝他个一醉方休！味道很好的。不必客气。"

王骏等人被请进了蒙古包似的"穹庐"，依次坐定，心里却老大的不踏实。王骏心里想着得趁还没喝糊涂的时候把旧印索要回来，便挡住了单于举杯祝酒的手说道："单于，我们实在担当不起您的祝福，您要是真想让我们多福多寿，那就请交回那颗旧印，好让我们回去复命。"

"好，好，你拿去就是。"单于又一抬胳膊，让王骏自己拿。

王骏刚一伸手，谁知又是被那位大臣一拦："大王，还是先看看新印刻得如何，再交旧印不迟吧。"

单于不耐烦了："新旧不都是一样的吗？交了算啦。"便自己解下绶带，捧到王骏面前："拿好了，来！我们是朋友，喝酒。"

主宾尽欢，直喝到半夜方休。

王骏一行跌跌撞撞回到宿营地，乘着酒兴，聊起了白天的事："哎，我说，不知几位今天留神了没有，那位老来阻拦我们的大臣到底是谁啊，几次三番地拦着单于，一点不合作。"

"他啊，称姑夕侯，叫什么苏来着。好像不是匈奴人，小鼻子小眼，倒像是咱中原人。"

右帅陈饶一听，赶紧提醒大家："几位可别马虎，这个什么苏好几次让单于看新印，单于没在意，这要是醒过神儿来，一看印文，准得反悔！"

其他几位不解，纳闷道："那能怎么样啊？不都一样吗？"

陈饶一脸的鄙夷道："你们是真喝糊涂了还是没有一点常识啊？新印刻的什么你们不知道吗？'新匈奴单于章'！你们看看旧印是怎么刻的，'匈奴单于玺'。'玺'和'章'是什么区别，你们不懂吗？再说了，旧印没刻'汉'字，那是默认匈奴相对独立的地位，新印可不同，那上面明明白白有大新的国号！单于是个粗人，不理会这些文字，可那个什么苏不同，他不是好糊弄的，他肯定要让单于看，这下麻烦就大了，单于肯定来要这颗旧印。我们怎么办？没要回来还好，要回来又送给人家，这叫有辱使命！回去还想立功？做梦吧！"

众人一听即刻慌了神："这下可如何是好啊？回去怎么向大新皇帝交代呢？"

王骏和其他人等正在犹豫间，还是陈饶发话了："依我的愚见，不如干脆把旧印砸掉算了，留着也是个祸害！"

"啊？"众人一听全都愣住了，"这样……不妥吧？"

陈饶是河北燕人，果敢彪悍，武人性格，一看这阵势，索性不再征求大家意见，抢起斧子就砸，边砸边道："皇帝若是怪罪下来，就说是我的主意，没你们什么事！"

此时，王骏胆战心惊地把事情的经过说完，跪在王莽面前，等待发落。

王莽突然眯着眼睛问陈饶："王骏将军所说是否属实？"

陈饶一副满不在乎的样子，点点头："全部属实，皇上，要杀要剐，您就看着办吧。"

王莽摆摆手："先不忙，予倒是想知道，那单于后来怎样，难道就这样善罢甘休不成？"

陈饶道："哪能呢？您想匈奴单于是什么人啊？那是威震大漠的一

条汉子！第二天就派右骨都侯上门来讨要，非要取回那颗'匈奴单于玺'不可。"

王莽更加来了兴致，往前欠欠身，饶有兴味地道："旧印不是已经被你砸了吗？你拿什么还他？"

陈饶头一扬道："还他是不可能了，早成了一堆齑粉，臣当时是这么说的，'大新朝奉天承运，四夷归服！大新天子代汉自立，乃是真命天子，汝尔小邦，不思膺服天命，反泥于蜗角蝇头之小利，耿耿于索取废汉故印，岂不谬哉？废汉已是昨日黄花，它颁的故印也已被我代天毁之，如今是要印没有，要命有一条。你回去转告你们单于，让他好好保管新匈奴单于章为是。'"

王莽听罢，高兴地从龙椅上站起来道："说得好！说得好！你们听听，这才是扬我大新国威的功臣！对四方外族，不能光讲温良恭让，有时也得来点刚硬的。陈饶如此忠勇，他为大新以威立德，任命为大将军，封子爵，那就叫威德子吧。王骏，这一段你为何不从实招来？"

王骏吓得哆哆嗦嗦，心里直犯嘀咕，原以为皇上会治罪，没想到还成了功臣，早知道不如我先一锤子下去……

陈饶这次算破格晋升，因为王莽钦定的符命功臣基本是按职位排的，五威将封为子爵，五威帅封为男爵。陈饶是五威右帅，按理应当封男爵，直接就封子爵了！这让王骏很不是滋味。他战战兢兢道："皇上，匈奴王不服气，就派他的兄弟右贤王带着马牛到了长安，表面是入朝谢恩，实际上是奔那块旧印来的，您看……"

王莽一听怒道："为一块破印居然追到长安来了！还是威德子的那句话：要印没有，要命有一条！我倒要看看他究竟有何能耐把这印要回去！"

王莽此次的抉择犯了一个致命的错误，他的偏执引起了一场长达数年的边境战争。

中国自古以来就是一个多民族国家，自夏、商、周、春秋战国以来，以华夏为主体的各民族之间就不断交流、同化、融合。到汉朝建立后，春秋战国时代曾活跃于中原地区的许多少数民族都融进了华夏族。

尽管在秦和西汉前期，虎踞中原的中央政权都与周边少数民族，特别是与匈奴发生过极其激烈的战争，驰骋在辽阔北方的匈奴人，常常以粗犷彪悍的铁流冲击着中原地带。据《汉书》记载，公元前 73 至前 70 年，西欧遭遇了罕见的大雪，人饿畜死陷于混乱，又受到乌孙、乌垣、丁零的夹击，迫使匈奴呼韩邪单于在公元前 51 年归降汉朝，受到汉朝的册封、援助并迁到汉朝诸郡。寒冷恶劣的气候给匈奴人造成了灾难，他们只能以臣服内附的方式向南迁徙，追逐畜牧水草对游牧民族来说是生死攸关的。但强悍的匈奴人并不因为南迁而变得萎靡、柔顺，一旦他们适应了新的自然地理环境，就其有了更强烈的独立称雄的意识，因此与中原兵刃相见的军事冲突也就不可避免，局势时好时坏。

自从竞宁元年（公元前 33 年），汉元帝以王昭君嫁给呼韩邪单于为"和亲"开始，汉匈之间出现了"城关不闭、牛马蔽野、边境晏然"的和平景象。三十年没有战争。但汉朝的一些有识之士还是一再发出居安思危的警告，甚至有人建议实行恐吓匈奴的政策。

成帝绥和二年（公元前 8 年），汉朝派使要求收回张掖郡周围地区，遭到匈奴拒绝。哀帝建平二年（公元前 5 年），匈奴进攻西汉的保护国乌孙，受到汉朝的干涉。平帝元始二年（公元 1 年），匈奴收容西域车师后主，汉朝派使干涉受到匈奴拒斥，为此双方重新修订四条约定。这些争执的根源是双方的地域问题，匈奴认为长城以北全归匈奴所有，汉朝则认力西塞上应归汉地，并包括云中、五原郡以北地区，所有汉、匈之主都在暗地里进行着战略部署，汉与乌孙和亲就是为击败匈奴而部署的一环。

而随着张骞的两次出使西域，著名的丝绸之路更是不仅加强着汉族与西域各少数民族的友好往来，东北、西南诸少数民族与华夏的关系也得到了很好的发展……所有这些都为汉、匈搭建良好关系开创了新的局面。但是这一切都在王莽民族自大狂心理的驱使下被破坏得荡然无存了。

王莽已今非昔比，无论真假，他有着高贵的血统，崇高的德行，显赫的权力，再加上明确的天命昭示，臣僚们的逢迎和万民的拥戴，集万

千荣耀于一身，把阿谀奉承当成了家常便饭，歌功颂德已司空见惯。常年在这种氛围中生活，再有定力的人也怕难以抵御人性的弱点，何况，王莽这三十年一路走来，的确也做出了不少惊天动地的伟业，随着权力的加强，地位的提升，脾气秉性也随着变化。

这边匈奴单于囊知牙斯派右贤王去要单于玺不成，便命令左右部都尉、诸边王在边境的几个县郡上挑衅，抢劫杀人，掳掠畜产。

王莽一时怒从心头起，认为匈奴的背信弃义是可忍孰不可忍，仗着大新朝的强大无比，他决定先行打击首恶，分化贵族。其次便是防御和施加军事压力。

因此，当边关快马挟紧急军情来报时，大新天子龙颜震怒，扯着嗓子大喊："立国将军何在？"

立国将军孙建忙出列跪拜，恭聆圣命。

王莽把龙书案上的虎符拿起来道："立国将军！匈奴单于，不，予决定给他改名叫降奴服于。降奴服于囊知牙斯侮辱大新国尊严，背弃了当初匈奴不得接近中原、西域、乌孙、乌垣降民四条协议的约定，侵犯西域邻国，攻略大新边地，给人民造成危害，应当杀身灭族！予命汝等十二位将军，率领十路大军，维护皇天的威严，惩罚囊知牙斯！"

孙建等人急忙拱手领受。

停顿一下，王莽又道："念在他的长辈呼韩邪单于为保卫边界安全几代忠孝的份儿上，予也不忍心因为一个不肖子孙而让他断子绝孙。予决定把匈奴分成十五个小国，立呼韩邪单于的十五个子孙为各小国的单于，所有跟叛虏囊知牙斯一块犯法理应连坐的匈奴人一律赦免，只重罚囊知牙斯一人！"

"是！皇上！"孙建等人诺诺应答，遂领兵出征。

说是十路大军，其实只有六路，这六路人马分别是：五威将军苗欣、虎贲将军王况，为第一路，从五原郡出击；厌难将军陈钦、震狄将军三巡，为第二路，从云中郡出击；振武将军王嘉、平狄将军王萌，为第三路，从代郡出击；相威将军李棽、镇远将军李翁，为第四路，从西河郡出击；诛貉将军阳俊、讨秽将军严尤，为第五路，从渔阳郡出击；

奋武将军王骏、定胡将军王晏，为第六路，从张掖郡出击。六路人马各配备偏将、中将三十员，军卒五万，共一百八十员猛将，三十万大军。因兵员不足，除了原来在编的将士之外，又从民间抓了不少壮丁，连监狱里的犯人都算上了，勉强凑够了三十万。

可能王莽的确被自大冲昏了头脑，下令要这三十万大军同时出击以显示大新的实力，可想而知，尾大不掉，全国乱成了一锅粥，各郡县一齐紧急动员，往前线输送御寒的军服、兵器、粮草，后勤保障一时间成了大问题，王莽急忙又派不少使者乘坐快车沿途督促，一旦贻误军机便处于重刑。

如此长的战线，东西绵延三千多里，三十万大军根本不可能同时抵达前线，于是先期抵达的军队只好在边境上屯留，等着后续部队到齐，再等王莽一声令下开始闪电式出击。

胡笳哀鸣的荒凉边塞，最重要的是军需粮草。长期在歌舞升平中度日的将领们，在驻扎边境等待各路大军齐集时哪里闲得住？他们已经开始胡作非为，在边境上骚扰百姓，勒索财物，害得边民叫苦不迭。各郡人民由于贪官奸吏对他们的随意盘剥也被逼抛家别子流亡去做盗贼，并州与平州尤甚。而被派遣下去的监察人员非但不能以身作则，反而乘机作乱，收受贿赂，掠夺财物……

匈奴单于闻听此言乐坏了，他指着常安冷笑道："他们的那个大司马，不行！三十万？再来三十万也没用！"

这场战争持续了四年，还是没见分晓。随着时间的推移，王莽的军师威慑无以为继，军需供给捉襟见肘，士兵久屯而不出击，也逐渐疲劳不堪。当时最有眼光和战略才能的将军严尤，曾向王莽分析过攻击匈奴的"五难"：一是战线太长，一年尚未集合完毕；二是运输困难，边疆粮食无法自给；三是自耗过重，人、牛共备二十斛只够百日用度；四是胡地寒冷，疾疫传染而饮水艰难；五是辎重自随，不能机动追赶。严尤建议改三百日为一百日，迅速出击，既可减少民力又可速战速决，但王莽一意孤行，在连年灾荒的情况下转兵运谷依旧，终于引起"天下骚乱"。

这时，襄知牙斯去世了，他的弟弟咸继位单于，咸提出停战，主动要求恢复和亲。

新朝谏大夫如普从前线回来报告战况，忧心忡忡地道："皇上，这仗是不能再打了！如此众多人马连年交战，早已困顿不堪，多数厌战，再加上饥荒，军粮供给不上，土地荒废，都有人吃人的了！"

王莽想想这些年的战况不见好转，可是人困马乏，民不聊生。他刚想点头，校尉韩威站了出来。

韩威这些年没有出战，但是听说很多人都在边境上发透了战争财，早就想请战了，可还没轮到自己，就听如普说要停战，心里很不是滋味。韩威马上说道："还没分出高下怎么能停战呢？皇上，以我大新的威势吞灭胡虏易如反掌。臣韩威不才，愿请长缨，五千勇士足矣，不信灭不了匈奴！"

王莽一听道："壮志可嘉！予封你为将军！不过，下次再去吧。这仗是该停了，来人，即刻传予的命令，三十万大军班师回朝！陈钦等十八人指挥不力，削去官职。陈良背主降敌，严惩不贷！匈奴新单于的儿子登，前几年已被杀，尔等千万不可走漏消息！"

三十万大军终于接令撤离前线，可刚撤到一半，不知是谁走漏了风声，新单于一听儿子被杀，马上卷土重来，边境再次狼烟四起。王莽只得命三十万大军重返前线，再动刀兵。这次，那个韩威总算可以出征了，王莽把刚招募的死囚、私奴拨给他，叫"诸突稀勇"。可这一仗一打又是数年，还是不见分晓。

王莽心想这样下去何时是个头啊？于是又想出一个异想天开的办法：招募有"奇能异术"的人去攻打匈奴。这是迷信谶纬的王莽又一次糊涂决策。

但诏命一下，"高士"比比皆是，没几天工夫就有一万多人来毛遂自荐，个个都说自己有彻地通天的特异功能。王莽心想原来这大新朝还真的是卧虎藏龙，那就挨个说来听听吧。

这些人纷纷进言。这个说："皇上，大军出征，一路上免不了会遇见大江大河挡道，虽说可以搭桥造船，可那到底还得费人工花银子浪费时间啊，有时候军情紧急来不及搭桥造船怎么办？草民倒有个法子，是绝无仅有的，臣可以训练战马，让它们一个叼着一个的尾巴连成一片渡河，可以说不费吹灰之力！”

这人还没说完，另外一个急不可耐地接着又说：“皇上，他这个其实不算什么绝技，就算人马都过去了，那粮草呢？让水一泡，还不都糟蹋了？况且这大灾荒年的，草民有一绝招，大军出动，可以先不带粮草，草民小时候遇见一位高人，传授草民一个秘方，叫辟谷丹，就这么一小点，一颗就能顶仨月粮食，要不草民先弄两颗皇上尝尝？”各路神仙一个接一个在王路堂里不甘人后，王莽听来听去感觉都是些大而无当的虚话，这打仗可不能光说不练，问道：“你们既然说得那么神乎其神，能不能展示让予眼见为实呀？”

“皇上皇上，你可真有眼力，草民就是这样的人啊。草民有一特异功能，会飞，一天能飞一千多里，这要是去匈奴侦查军情啊，该多快？保准利索！”

王莽一听：“有这本事？了不得！了不得！那你飞给予瞧瞧？”

“行！皇上您稍待片刻，让草民打扮打扮，马上飞给您看！”

王莽于是下令将场地设到上林苑，那空中飞人已经打扮停当，浑身上下粘着鸟毛，还装了两只大翅膀，展开了有一丈多宽。他上到土山上，冲皇上一拜：“皇上，您瞧好了，草民这就要飞了！”

王莽还没愣过神来，只见两翅一扇，那人从土山蹿了出去，还真“飞”了好几百步，只是下来时一个劲呼哧呼哧直喘：“皇……皇上，您看草……草民飞得怎……怎样？这次有些失常……可……可能是见了您太……太紧张……不然会飞得更……更好……”

王莽心想，这就叫飞啊？这样去刺探军情恐怕不行吧？不过也真不容易了，难得众人如此积极响应我的英明决策，诚心可鉴！于是下令将这一万多人全都封为“理军”，驯马的驯马，炼丹的炼丹，会飞的那位更是委以重任，让他组建一支“飞虎队”。那些日子猎户们忙得不可开交，全都奉命去打鸟，好给“飞虎队”装备翅膀。到后来鸟毛不够了，只好拔鸡毛凑数，吓得大新朝的鸡看见飞虎军就扇着翅膀乱飞，蛋也不敢下了，结果弄得鸡也没了，只好把鸡毛掸子也拆了，直弄得五均市里鸡毛掸子都供不应求。

这场闹剧愈演愈烈，有一位名叫韩博的夙夜郡连帅听说了大乐，心想这皇上敢情都糊涂到这份上了！您既然喜好这个，何不投其所好？于是去和王莽说："皇上，臣韩博发现了一位奇人。此人长相出众，身高丈余，体格健壮，威武神勇，睡觉枕一面大鼓，吃饭用二尺长的铁筷子。他来到臣的连帅衙门，自称他是蓬莱东南五城西北昭如海边人氏，叫巨毋霸，要为皇上效力，现已到了常安附近的新丰县。您最好能预备一辆大甲高车去迎接他，对了，京城那城门也不够宽，不够高，估计得重建，不然他是进不来的。只要把这位神勇之士迎进来，让他去打仗啊，光往那一站，就足以扬我国威，四方外族即刻臣服，咱大新江山不就是万年久长了吗？"

王莽一听觉得很新鲜，正想着要去看看这位巨毋霸，再一咂摸，觉得有点不对味儿了，这长相出众，身高丈余究竟是实有其人还是影射谁呢？莫不是暗示我王莽喜欢穿厚底鞋，戴高帽子包装自己吗？还有那"巨毋霸"的名字听着似乎也是有所指的，予表字"巨君"，"巨毋霸"不就是说我王莽不要称霸吗？还说什么让我自拆城门，这不是自毁国门吗？原来此人是变着法子指桑骂槐，含沙射影啊！简直岂有此理！索性将这位"巨毋霸"改名为"巨母霸"，意思是文母太后王政君降生的这个奇人乃是让大新天子称霸的符命。这种逻辑也很耐人寻味，文母太后守寡多年，跟这位巨人毫无缘由，但经王莽这么一附会，也只好弄假成真了，至于那位进言的连帅韩博，讽喻天子，罪在不赦，只能拉出去砍了；而那位"巨毋霸"，让他在新丰县侯旨。

第二十章

平忧患借助旁门　建大军只是空想

仗越打越大，不光匈奴，连东北的高句骊、夫余、秽貉，西南的句町，西域三十六中的许多国家也都被列为王莽的征讨计划之内。连年征战给中原百姓带来了无法承受的苦难，终于有一天，大新王朝后院起火了。

王莽的几路大军正在边境与匈奴、句町、西域诸国对峙，各省各郡陆续传来火急文书，全都是报告本州本郡老百姓造反闹事，阴谋推翻大新皇帝的。

王莽看了以后一百个不相信，他认为自己对天下人那么宽厚，为推行王田制、五均六管等绞尽脑汁，如此关心百姓疾苦，爱民如子的好皇帝怎么会有那么多人反对呢？要说刘氏子孙起兵造反企图夺回他们的宝座倒还有点像，可他们大势已去，根本无力反抗。头几年有临淮郡的地方官报告，说有个叫瓜田仪的起兵，盘踞了会稽郡城州苑，还杀人放火，说得神乎其神，可予一调查，不就是打家劫舍的一伙小毛贼吗？后来予派了中郎储夏去，都没费一兵一卒，三言两语就把他降服了，瓜田仪都没来得及纳降就死了，予还是厚礼安葬了他，修坟盖庙，并赐谥号"瓜宁殇男"。还有，那个琅琊郡的吕母，当初也是闹得沸沸扬扬，可一个妇道人家，为何放着好好的日子不过非要去纠集一万多人当强盗？不就是因为海曲县那个县官作威作福，整死了吕母做县吏的儿子，才逼得人家铤而走险的吗？别以为予身在深宫不理民情，予心若明镜，你们拿着予的俸禄，不理政务，成天价给予捅娄子—正经本事没有，就知道搜刮百姓，盘剥黎民，一点都不让予省心！予都六十多岁的人了，成天没日没夜地处理政事，殚精竭虑，须发花白，牙齿松动，你们还嫌予活得清闲是不是？最可气的是，上回派去赦免吕母的那个使者，回禀说盗贼倒是散了，可没两天又重聚闹事，还说这是因为予的各项禁令烦琐苛细，限制了老百姓的行动，还说他们努力耕作的收入不够用来缴纳赋税，又说他们如果关着门安分守己，又会因为街坊邻居私自铸钱、私藏原铜而被株连，没有活路，所以只好沦为盗贼……这是什么话？这不是明目张胆攻击予的新政又是什么？予算是看透了这帮龟孙，让他们打匈奴，他们怕死，让他们推新政，他们怕累，所以只好弄出所谓的"盗贼蜂起"，想让予改变新政！瞧瞧这回各地的告急文书，十有八九是说这些的，予还没老糊涂到那个份上，门儿也没有！

王莽越想越气，急赤白脸地发了一通牢骚，大臣们吓得连大气也不敢出。愣了半天，还是有勇敢一点儿的站了出来："皇上，这回恐怕不是闹着玩的。臣老家在山东琅琊郡，前些天家里来人，说山东那边新近起了一股反贼，领头的叫樊崇，有万夫不当之勇，纠集了一万多饥民，都把眉毛染成红色，以示与官兵区别，号称'赤眉军'。这股子人打起仗来不要命……"

这话匣子一打开，其他人也纷纷进言："是啊，皇上，这次闹得邪乎，不光山东那边有樊崇的'赤眉军'，去年湖北王匡、王凤的绿林兵也是越来越凶，到现在还没平定下去！"

"是啊是啊，皇上，还有……"

王莽听得不耐烦了，一拍桌子："行了！照你们这么说，予是不得民心啊？你们想想，自打予登基坐殿，就没享过一天清福，哪天不是三更灯火五更鸡？全国各地上报朝廷的机要文件排山倒海，汗牛充栋，头一个看的是谁？饥民闹事是不假，可跟讨伐匈奴，推行新政比起来，孰轻孰重？"一番话说得众人哑口无言。

事实上，王莽心里清楚得很，赤眉军、绿林军这两股反叛势力气焰嚣张得很，这些天他坐卧不宁，但是千万不能让这些人看出来，本来他们就想推卸责任拿反贼来搪塞，如若应承下来，更给了他们解脱的口实。王莽突然愤愤起来，这帮混蛋要求加封晋爵的时候当仁不让，眼珠子都绿了，什么损招都能想出来，这阵子一出点儿麻烦，就相互扯皮搪塞，到最后反倒通通把话茬子指向了自己！连几个毛贼都收拾不了，当初要求晋升的劲头都哪里去了？眼见着这帮人是指望不上的，可在这个节骨眼上，还得把他们稳住，我不靠他们靠谁啊？难道就白养着他们不成？不行，得想个法子稳定军心，再这么下去保管人心涣散，还谈什么征讨匈奴？"攘外必先安内"嘛。

另外，王莽还有点侥幸心理，他认为，赤眉军、绿林军这些反贼不过是饿极了的农民，目的无非就是吃饱饭，没什么过分要求，各地呈报上来的封事他都仔细研究过，发现这伙人时聚时散，大都是在青黄不接的时候起兵，蜂拥而起去吃大户，农忙时又都顾着地里的庄稼，解散了回家收麦子。再看他们的军事战力，也挺让王莽不放在心上的，成千上万的队伍，什么文告、官号、旗帜、徽章一律没有，说白了就是一群乌合之众。据说最高首领想了半天才给自己封了个"巨人"的号，其他就更惨，什么"三老""从事""祭酒"，一听就是典型的小农，就这么点野心，谅他们也成不了什么大事！眼下只要把这帮官吏稳住就行！

王莽听到众人都在上奏各地反贼之事，琢磨了半天，想到一个安抚的办法，便对众人说道："予有一样你们没见过的宝贝，有了它，保管各省各郡的草莽自动偃旗息鼓！"说完一摆手，让司命将大新王朝的镇国之宝拿了出来。

宝贝一现身，王路堂（即未央宫前殿）里顿时一片欢腾："嘿！这东西好啊！挺大个的，总有二尺五六，这要是盛起粥来，可够咱们喝一阵的！"

"这么贵重的东西您就让它盛粥啊？您可真舍得！告诉您吧，这宝贝五光十色，里头指不定掺和着什么珍珠翡翠玛瑙猫眼儿祖母绿呢，您可真是三天不读书，赶不上卖炊饼的！"

王盛一听便接上茬了："你们瞎叨叨什么呢？不知道我王盛是卖炊饼出身吗？变着法挤对我是不是？告诉你们，我这可是名正言顺的符命来的！"

"别……别生气啊崇新公，下官这不是夸赞您吗？有道是英雄不问

出身贱，赶上时运上青天。我们刚打外地调来，朝廷的事还都一知半解，您呢，就大人不记小人过了。皇上这宝贝到底叫什么，干什么用的，还请您不吝赐教，不吝赐教……"

王盛听罢来了兴致，摇头晃脑地道："提起这件宝贝啊，那可是大有来头的，别看它形状像个大马勺，那可是皇上亲自从古书里考证出来的，取的是北斗七星之形，用五色药石和上等的原钢一块铸的，叫'威斗'，去年八月刚成形，铸'威斗'那天，皇上亲临南郊，百官随行，天寒地冻，把我那匹宝马也给冻死了……"

"哎，哎，崇新公，铸'威斗'可是在汗流浃背的时节，怎么会把马冻死了呢？"

王盛正在兴头上，一下被打断，心里很是不悦："你们想想，这么稀罕的宝贝出世肯定要有天象昭示的。你们知道'威斗'是干什么的吗？那是'厌胜众兵'的好东西。皇上为什么对四处饥民起兵那么不在乎，不就是因为有了这件宝贝吗？"

"哎哟，敢情这大马勺有这么大本事呢。崇新公，那'威斗'究竟怎么使啊？"

"简单得很……哎，快看快看！"

龙椅之上，王莽正在煞有介事地介绍："'威斗'之功，妙在施法人足不出户，按天时转动斗柄，即可在千里之外不战而胜，予现在就让你们看看'威斗'的厌胜奇功！"

王莽站起身，看了看王路堂外的阳光，说道："这会儿大概是辰时，正好东南方向有乱兵。你们看，把这斗柄转过来，冲着东南方，当然，还得有咒语，咒语是什么呢？天机不可泄露，予先心中默念一下，你们看好了，看见没有？就是这样，如法炮制，四处乱兵全灭了！简单吧？好了，退朝！大家回去就寝吧！"

噢！原来如此！一场轰轰烈烈的农民暴动就这样轻而易举地给平定了，还真神啊！难怪大新天子如此气定神闲，有了"威斗"还怕什么呢？

王莽又一次犯了轻敌的错误，他以为这些由饥民演变成的盗贼根本用不着大兵征剿，由各省各郡的捕快就完全可以解决，可是万万没有想到，闹事的队伍竟像滚雪球似的越滚越大，盗贼也越来越多，什么南郡的秦丰、平原的迟昭平、巨鹿的马适求，还有黄河以北的铜马、大彤、高湖、重连、铁胫、大枪、尤来、上江、青犊、五校、五幡、五楼、富平……简直是遍地烽火！

更让王莽心虚的是，汉室的不少宗亲居然也掺和到农民军当中去了！这些人都当过大大小小的文官武将，既有官场的历练，又有治军的经验；他们可不是什么"三老""祭酒"，直接就是将军，和农民军不能同日而语，一旦加入，简直如虎添翼。而刘氏子孙早对新朝存有不满，无论如何，大新是从刘家手里来的。王莽突然觉得刘邦那家伙还真是有本事，二百年来，刘氏宗亲居然培养了十几万子孙，这不是个小数目，再加上那些叛军，看来光讲怀柔是不行的，还得武力镇压！

王莽火速派出几路大军，分头去各地围剿盗贼，可不知为什么，这些装备精良的精兵强将硬是打不过被王莽视为乌合之众的一群草寇。失利的战报一份接一份送到常安。

不光如此，天意也出现各种警示，先是有黄龙摔死在黄山宫中，惹来好几万老百姓前去围观，后来是邯郸城发大水，地下水冲走淹死好几百人，再往后就是长平馆西岸坍塌，把河道给堵了，河水自动改道，紧接着又是霸城门失火，戊子日日食，连北军营垒的南门也给烧了，更让人不可理解的是，前汉杜陵寝庙偏殿里废置不用的虎文衣在箱子里锁得好好的，不知怎么就突然跑到了外堂上，像长了腿似的，还竖在那里老半天！还有前两天王莽做了个梦，梦见长乐宫五个铜人起立，晃晃悠悠冲着他就来了，胸口上刻的是"皇帝初兼天下"六个大字，明晃晃地刺眼……想当年我王莽开创大新盛世，那也是占尽了天时地利人和的，所以才顺顺当当代汉而立，怎么才十来年工夫就全变味儿了呢？地里没有收成就算了，连一向的顺民也都揭竿而起！

王莽这次是真的慌了手脚，赶紧召集十一公议政："列位，你们可是大新的栋梁之才啊，当初要不是你们一个劲地抬举，予才不会接大汉这个烂摊子呢。这眼瞅着一天不如一天，你们也别光顾着加封晋爵，再

不赶紧出谋划策，怕是就砸在咱们手里了。"

十一公面面相觑，半天没敢说话。其实他们心里明白得很，大新王朝到了今天这一步在很大程度上和他们的起哄、虚荣、自私有直接的关系。俗话说，"一朝天子一朝臣"嘛，换了新天地，新皇肯定要加封晋爵这是没说的，所以他们巴不得改朝换代大捞一把，现在，大新遭殃了，新政失败，盗贼蜂起，这十一公也哑巴了。

王莽一看急了："你们倒是说话啊！当初劝予登基的时候可是个顶个的活络啊，怎么现在都不吭声了？敢情你们就是白拿俸禄的啊？再这么下去全都给予告老还乡，解甲归田！"

话说到这个份儿上，十一公一听再不言语怕是连头上这顶乌纱帽都保不住了，这才不得不赶鸭子上架。

哀章率先发言，这人这几年长进不小，四川口音换成了纯正的京腔："皇上，不是我们没主意，我们是没敢往外掏。不就是，几路毛贼吗？不值得皇上您这么坐卧不安，臣身为国将，理应亲率大军前往征讨，您放心，不费吹灰之力，臣定将毛贼平定！"

哀章捶胸顿足，一副前赴后继大义凛然的慷慨激昂状，可王莽心里明白，哀章此人一向言过其实，不大靠谱。前些日子王莽特地为他设置了一名副官"和叔"，表面上是属吏，暗中就是起个监视作用，以防万一有什么闪失不好收拾。不光在公府里监视哀章本人，连他在四川老家的亲戚朋友七大姑八大姨也都一齐照料着，怕的就是此人浑水摸鱼捅娄子。

王莽自诩为圣主明君，在御下治属方面应该说还是有点敏感性的，所以，任凭哀章如何请缨，王莽就是不发虎符，让一腔热血的哀章很是扫兴，只好退下了。

太师王匡看出了王莽的犹豫，上前奏事："叔皇，侄臣王匡愿领兵剿贼！"

"你愿为叔皇分忧？"王莽不由得大喜。王匡是王舜的儿子，前几年安新公王舜犯病去世，留下两个儿子，一个是老大王延，一个是老二王匡。老大王延比较平庸，王莽没敢重用，让他袭了父爵，当个安新公享享清福也就罢了。老二王匡文武双全，很受王莽赏识，就任命他接替父亲王舜的职位，做了太师。

"打虎亲兄弟，上阵父子兵"啊，王莽心想，大新王朝还是得靠王家的骨血！王莽对王匡一百个放心："侄侄，有你出马那是再好不过了，你是太师，按照古礼，太师的职责是在东方，予正好命你去讨伐东边的反贼，只是……叔皇担心你缺少实战经验，会不会……"

"叔皇放心，好歹侄臣在您身边多年，如何处理军机大事早已心中有数，臣就不信，一群小小的毛贼究竟能有多大能耐。据说绿林反贼里也有个叫王匡的，还是个头，臣早就想见识一下了，看究竟谁雄谁雌。臣请求发三万精兵，扫平东方易如反掌！"

王莽沉吟一下道："侄臣英勇豪气，令叔皇动容，不过，领军打仗非同儿戏，为稳妥起见，叔皇再给你配个附属，遇事也好一同决策。"

王匡一下明白了王莽的用心，说道："也好，叔皇只管派，只是臣有个小小请求，要派就派个管用的，别派那些偷鸡不成蚀把米的主，帮倒忙还得分散精力。"

王莽早已成竹在胸："这个自然不在话下，叔皇就派更始将军廉丹与你同行，另将精兵加至十万，你看如何？"

王匡立马诺诺应承。

廉丹现在也在十一公之列，原来的更始将军甄丰谋反被诛后，先后由姚恂、孔永、侯辅、戴参接任，廉丹已是第六任了。此人行伍出身，领兵打仗颇有能耐，前几年跟庸部牧史熊一道出征句町，斩了不少首级。王莽一来是想早日平定东方，二来是想让侄子王匡有个立功的机会，便决定让廉丹协助太师王匡领兵东征。

这个决定一出，剩下的那十一公就有点眼热，纷纷进谏："皇上，派兵征剿固然重要，可咱们大新现在不光是反贼作乱，还有什么天示异象，这恐怕不是武力能解决的吧？"

王莽想了想，说："这倒也是，那该如何是好呢？予总不能发十万大兵跟老天爷开仗吧？你们出个主意吧。"

新近接替去世的平晏职位的太傅唐尊终于开了尊口："皇上，老臣以为，大新朝虽然出了些毛病，但大局还是好的，当然，乱状也不能小觑，但要找到病因才能对症下药。刚才您决定出兵征讨反贼，这算是一剂良药，只是……这是一外药，要治内里的病，怕还不够，还需要一服内药才管用呢。"

王莽听得饶有兴味："好！太傅说得很好！你说说，咱这药方怎么开？"

太傅唐尊躬身行礼："皇上，老臣也是信口开河，要说咱大新这病啊，老臣以为是八个字：国库虚空，黎民困苦。当然这只是症状，要刨起病根儿来，就只有四个字：奢侈过度！当然老臣不是说您，是说下面那些属僚，现在这风气真的没法说，腐败成风，农民为何闹事？还不就是官逼民反吗？官僚豪族花钱如流水，钱从哪里来？还不是羊毛出在羊身上？什么赤眉、绿林，都是给逼的，饭都吃不饱，不反等什么？"

王莽点点头，可依旧心存困惑："予真是不明白，予任命的这些大小官吏为何如此贪得无厌。"因为他清楚地记得，大新开国之后，他曾先后两次向诸侯授予了象征封国的茅土，头一次是在始建国四年（公元12年），他明确规定把大新爵位分为公、侯、伯、子、男五等，每一等都有不同的封邑。公爵的封地叫一同，有居民一万户，土地纵横各一百里；侯爵、伯爵的封地叫一国，有居民五千户，纵横各七十里；子爵、男爵的封地叫一则，有居民二千五百户，纵横各五十里。除了一千八百个诸侯外还设了附城虚位以待，等待有功劳的人来接受附城的爵位。附成也有五个等级，最高一等的封地叫九成，有居民九百户，土地纵横各三十里。从九成以下，每降低一等减少两成，最后减到一成为止。那次共接受茅土的人有公爵十四人，侯爵九十三人，伯爵二十一人，子爵一百七十一人，男爵四百九十七人，共计七百九十六人，各级附城的总数一共是一千五百一十一人。

唐尊是典型的儒生风格，一听皇上还蒙在鼓里，忙掰着指头和他叙说起来："封是封过，可是那回不是说，因为地图和户籍没有规划好，暂不实授吗？每人除了那包用茅草包着的青、赤、白、黑、黄的五色土之外，就只有由首都官署按月救济的几千钱，弄得他们生活困难，有的堂堂爵爷，居然给人帮工度日！"

王莽顿时一惊，原来如此！这话可是第一次听说，看来大有隐情，连忙追问道："那次是有名无实，可不是还有第二次吗？"

对这次加封，王莽也是记忆犹新，那是在五年之后，天凤四年，还是在明堂上，重新颁授茅土，那次非常隆重，王莽记得他站在花石台阶上，一份一份地发放，虽说一小包土没多沉，可架不住人多呀，从早上发到下午才算完，累得他胳膊都提不起来了。那回可不是光发象征性的一包土，户籍也核清了，地图也画全了，诸侯领完了土，按照指定的封国都回去享受封赏了，当然也有没走的，无非两种情况，一种是奉召在京师里担任要职的，另一种就是封国在边境和江南的，当时正在打仗，无法回去统领封地。可是即使是这两种人我也是充分考虑过的呀，让他们在纳言掌货大夫那里领年俸，公爵八十万钱，侯爵、伯爵四十万钱，子爵、男爵二十万钱。我对他们也算是仁至义尽了吧？怎么还是贪心不足，非要从老百姓嘴里抠食，闹到天下不太平呢？王莽一百个不理解。

唐尊这天不知怎么了，非要和皇上理论清楚不可："皇上，咱且不说封了爵是否能就此满足，咱就先计算一下人头，您封了多少爵位？公侯伯子男加上五等附城，也不会超过两千人吧？就算所有虚位以待的都用上，也才三千八百人不是吗？可大新朝上上下下的官吏有多少？十多万人！十多万哪！这些人吃什么？花什么？还不都指着扒老百姓的皮吗？"

王莽越听越不是滋味，咦？不对呀！我明明记得，天凤三年（公元16年）五月间，我不是亲自颁布了官吏俸禄制度吗？建国伊始，国家财政是有点困难，入不敷出，从公卿往下，一个月的俸禄只有丈八绸绢，官吏们当时的确很有怨言。为了稳定大新的官僚队伍，防止贪污受贿事件的发生，我不是从国库里挤出相当一部分资金，用于给他们发放的俸禄，总共分为十五等，最低的是幕僚，年薪六十六斛，最高的是四辅，年薪一万斛。至于我，根本就不拿俸禄，全靠吃贡。《周礼》不是有规定吗？进贡给皇帝的山珍海味总共有一百二十种，不同的等级职务进贡的数量品种也有所不同。我考虑到大家的承受能力，也没要求全部按标准进贡，年成好的话就尽量按礼制备足，遇到灾荒年就有所减少。所以我当初规定的是以年终决算的数目为依据，按一定的百分比决定进献的贡品数量。由我带头，大小官吏也都照此办理，依据各自所在地区的年成情况按百分比支取薪俸，条条款款都很详细啊，怎么到如今……

想到此，王莽不免一声长叹，难道苦心经营的新政就这样日渐衰败了吗？想当初面对大汉几代皇帝的萎靡我是如何的心急如焚，殚精竭虑？正因为我当机立断，力挽狂澜，以天下为公才一步步走到了今天，可为何一坐到这把龙椅上就开始走下坡路了呢？我不是也还是像以前一样的兢兢业业，克勤克俭吗？怎么就是两重天了呢？王莽百思不得其解，很是郁闷。

按照当时王莽的规定，东岳大事和立国将军跟东方三州五部二十五郡挂钩；南岳太傅和前将军跟南方二州五部二十五郡挂钩；西岳国师和更始将军，当时叫宁始将军，跟西方二州五部二十五郡挂钩，北岳国将和卫将军跟北方二州五部二十五郡挂钩；大司马和纳卿、言卿、士卿、作卿跟京尉、扶尉、兆队、右队——中部和右部共五郡挂钩；大司空和予卿、虞卿、共卿、工卿跟师尉、列尉、祈队、后队——中部到后部共十郡挂钩；六司、六卿都随他们所附属的大臣跟有关地区的年成挂钩，全按百分比来领取俸禄。至于那些从首都仓库的储积粮食里面支取俸禄的郎官、侍从官和首都官吏，则根据太官进献贡品的齐备或减少尺度领取。诸侯、辟爵、任爵、附城和各自的办事人员也都按他们所属封地的丰裕富庶程度领取俸禄。

唐尊还在不依不饶继续掉阖："皇上，臣明白，您这样做的本意是希望君臣上下同心同德，安抚天下百姓，鼓励和促进农业生产。"

王莽抬起头："对呀！你终于还算理解予的苦心！大小官吏谁也不敢玩忽职守，朝廷上下都来关心农业，你说这有什么不好？"

唐尊摇摇头："皇上，您想啊，各州各郡的官吏们一听自己的俸禄和收成挂钩，那就得想方设法将收成提高，这样才能保住或增加俸禄，这不是逼着他们兑水吗？而虚报出来的那一大块，赋税可是不虚啊，得照报的数收，这还不是让老百姓勒紧裤腰带过活？年成好点还能瞎对付，这要是年成不好，那不就沦为反贼了吗？再者说了，这套制度过于烦琐，说实话，自从颁布就没怎么执行过，倒是听说了好多地方郡县长官借机大肆贪污，家里攒下了几千斤黄金呢！"

见王莽一脸的不悦，唐尊自觉说得有点过分，赶忙找台阶下："当然了，皇上，您的初衷是好的。可惜好好一本经让这些歪嘴和尚给念歪了。所以老臣认为，就眼下这情形，不搞些惩治贪污的举措怕是不行，得让那些贪官污吏们明白咱这大新国来之不易，得上下齐心，向您看齐，这才能维持新政。"

王莽终于有了点笑容："嗯，难得你多年来如此忠心，说得有理。予这就下一道诏书，从始建国二年匈奴扰乱中原开始，所有军官，边境官吏大夫以上靠牟取非法利益发家的，全部彻底清查，没收家里所有财产的百分之八十，用来充当边防开支。这件事由你负责，要力惩这帮投机取巧的家伙，可以动员军官告发他们的将领，奴婢告发他们的主人，声势要大，处理要果断，要震慑他们的威风，让他们知道大新法令的厉害！"

"臣谨遵圣命！"唐尊算是进谏有功，高高兴兴地领旨去了。

可剩下那几位就真没什么好主意可出了，先是呆若木鸡，后来憋了一脑门子汗，想来想去，好主意没想出来，倒是想了些馊主意。

"皇上，臣看您这阵子操劳国事太辛苦，有点……形容憔悴，看起来……没什么精神，臣斗胆进谏，要不您赶明儿临朝时用云母屏面挡住……"

王莽一听很是不悦，转脸问道："你的意思是予长相丑陋羞于示人？"

"皇上，您误会了，臣不是这个意思。"左右顾盼一下，凑近了继续说道："趁现在没外人，臣就如实说吧。有个在黄门等候任用的小子，据说懂点医术，捎带着识面相。此人见过您几回，也就是那么远远的仰慕过罢了，可他就出去吹牛，说他如何如何受您赏识，还被您亲自接见云云。听的人不信，就问他，你说你被皇上亲自接见过，那他长什么样子你可知晓？此人就说，皇上，臣这可是斗胆了，他说的话是杀头之罪，要不臣……还是不说为好。"

王莽大怒："你成天跟予逗开心是不是？哪有你这样进谏的？"

大臣一听忙道："皇上息怒，我说我说，我是怕您……听了不高兴，不过皇上您一向是宽宏大量的，再说，臣要是知情不报不就是对皇上您的不忠吗？"

王莽摆摆手，不耐烦地道："少啰唆，尽管道来。"

大臣这才战战兢兢地道："那小子说，您……眼珠有点往外努，像只猫头鹰，嘴巴太大，这叫虎吻，这阵子您不是因为操劳过度嗓子发哑吗，他说您这叫豺狼之声，他还说……您这是虎狼之相，能够吃人，将来也会……被别人吃掉……"

没等他说完，王莽就火了："放肆！那小子是个什么东西？你居然也由着他信口开河，你这十一公难道连维护天子的威信都不懂吗？"

"皇上息怒！息怒！臣一听说这事，一点没敢耽搁，当时就把那小子抓了起来……"

"处死！立即处死！"

"是是，臣这就去办！"大臣忙鸡啄米似的点头应承。刚要退下，又被王莽叫住："等等，你刚才说的那个云母屏风，我想想可能还是有必要，倒不是羞于示人，是觉得这当皇上的，还真的得有点神秘感，才能让下面的人敬畏不是？"

"皇上圣明！其实……云母屏风，臣早就为您准备好了，有点像扇子，是用俗称千层底的云母做的。用上它，您看得见别人，别人看不见您。要不臣这就给您取去？"

"嗯，好，忠心可嘉。你这就出宫，先将那小子斩首，后取云母屏风。"

"好好好，从明天起，您就可以用它遮挡龙颜，这就叫不怒自威！"

这位大臣终于算是蒙混过关了。轮到下一位，这位的建议更是寒酸："皇上，您不是梦见长乐宫铜人起立吗？其实铜人起立不要紧，要紧的是它们胸口那几个字，什么'皇帝初兼天下'。这铜人是废汉遗物，皇帝，这说的是刘邦啊！臣有个主意，您不如派几个铜匠，带上锤子凿子，上长乐宫，一来把那几个字给凿去，省得您看着堵心，二来捎带着把铜人的脚丫子都给它砸扁。没脚你看它们还怎么走动？”

“好好好，忠心可嘉。”

就这样，这位也算勉强过关了。受这位的启发，其他人的高招一下子层出不穷："皇上，废汉杜陵不是闹邪吗？那是刘邦阴魂不散啊！您可以派一虎贲勇士，到刘邦的高庙里去，二话甭说，拔剑就砍，让他的阴魂没处安身，给门窗全部砍坏，冻也冻死他，再用桃木熬成汤水，不管三七二十一，就往墙上泼。桃木是用来驱鬼辟邪的，很灵验。完了您再派轻车校尉住在高帝庙里，派北军中垒校尉住在高帝寝庙里，震慑他们一下，刘邦再厉害，也是个糟老头子了，哪里斗得过年轻力壮的两员生猛大将？就让这两人在庙里住三个月，保准成。还有，废汉不是火德吗？火德服色崇尚红色，您下道诏命，让卑贱的下级官吏一律穿红色制服，从今往后让火德，也就是废汉，给咱新朝当差。您看这招行吧？”

“好好好，忠心可嘉。”

这几位一一献策，尽管有的实在是不靠谱，但他们无一例外地都得到了王莽“忠心可嘉”的褒扬，唯独嘉新公刘歆一言不发。

王莽深知，这是大新的智囊，不能和那些酒囊饭袋相提并论，他怎么会没有高招呢？可看他那样子，根本没用脑子，冲着墙壁呆若木鸡。

王莽突然明白似的："颖叔，予也别为难你了，不管怎么说，你总是汉高皇帝的血脉，血浓于水嘛，算了，你就不用出什么主意了，免得心里不痛快，对不起祖宗……"

刘歆这才回过神来："皇上，您误会了，臣并不是在为祖宗难过，虽说废汉高庙遭此劫难，做后代的总不能无动于衷，但是跟大新的江山比起来，臣还是掂得出轻重的。臣之所以半天没出声，其实是在琢磨一件关系大新江山千秋万代的头等大事。"

王莽顿时喜出望外："予早就料到了，颖叔肯定有妙计！快说说。"

刘歆不慌不忙："皇上，老臣以为，咱大新要想长治久安，顺应天命，就得重新制定历法！"

另外那十一公一听，堂堂国师，原来就出了这么个主意啊？比我们的也高明不到哪里去，其中一个率先质疑："历法？开国之初咱们不是就定好了吗？后来又多次修订，以十二月为岁首，以鸡鸣时分为一日之初，以戊子日代替甲子日为六十天的开始，都改全了，怎么还要改啊？"

刘歆微微一笑道："那种改法目光短浅。我说的是制定一部管它三万六千年的大历法，有了这部大历法，盗贼自然平灭，国政自然长久。这难道不是头等大事吗？"

那几位还是有点不大明白："历法有那么重要？这怎么能是头等大事呢？"

刘歆只好耐心解释："天运有常。常者，时也；时者，历也。故古圣帝明君，可无高阁琼宇，可无美姬妖娃，不可一日无历法，以顺天运也。跟你们说不明白，不信你们问皇上去。"

王莽频频颔首道："国师说得有理！一部好的历法可以根据天象预测出人间的吉凶祸福，哪天不宜动土，哪天不宜出行，哪天不宜嫁娶，都是有根有据的。想当初，首造历法，命南正'重'司天，火正'黎'司地。三苗作乱，废了这个管历法的职务，弄得闰年也找不对了，正月也算不准了，老百姓过日子都没个依据了。到了尧帝，重新把'重''黎'的后人找来，让他们根据日月星辰的运行找出天时的规律来，教给老百姓。当时定的是一年三百六十六天，用闰月来决定季和年的划分，据说当时朝政因此而蓬勃兴旺起来。百业繁盛。尧帝禅位给了舜帝，不只传了天下的统辖权，也传了这部宝贝历法。舜帝后来又传给大禹，一代代一直传到周武王。到了春秋年间，史官把历法弄丢了，于是有了天下的刀兵纷乱。秦始皇兼并天下之后，无暇去仔细推敲历法，就定了十月为正月，因为他是水德，结果怎么样？二世而亡！可见历法这事马虎不得！予决定，让太史推算三万六千年的大历，把哪年哪月，最好是哪天的祸福吉凶都一并写清，咱们按照天意办事，甭说盗贼不在话下，就是匈奴什么的，也得乖乖交出牛羊土地臣服大新！这事就这么定了，一定要抓紧，前线的军情可不等人。"

就这样，十一公也算是黔驴技穷了。既然军情不等人，那就赶紧分头行动吧。其实，王莽还有一个想法没向大家公布，身为天子，如果不能琢磨出点非同寻常的妙招，岂不是让臣子们笑话？于是，王莽咳嗽一声道："予有个想法，想征求列位的高见。"

十一公赶忙作洗耳恭听状。

王莽说道："想当初，太初祖考皇帝平定天下，全靠了一支强大的军队！当时他亲自担任上将军，竖起了华丽的车盖，立起了北斗形的礼器，威风得很；军队的规模更是空前。据予考证，有一个大本营，里面聚集了许多高级将领，为黄帝出谋划策，还有一支庞大的野战军队，分为前、后、左、右、中，共设大司马五人，下面共有'大将军'二十五人，'偏将军'一百二十五人，'种将军'一千二百五十五人，'校尉'一万二千五百人，'司马'三万七千五百人，'侯'十一万二千五百人，'当百'二十二万五千人，'士吏'四十五万人，'士'一千三百五十万人，符合《易经》所说的'弓箭锐利，用来威慑天下'的说法。这支军队在后来的战事中发挥了巨大的作用，什么蚩尤、炎帝，都叫这支黄帝统帅的军队给打得落花流水。列位，咱这大新是受禅而立的，没动过一刀一枪，容易让大家误解，认为军队无足轻重，这十分危险！所以，予决定效法古人，按照古制建立一支强大的军队！"

王莽被这个庞大的计划激励着，以为有了军队大新王朝便可以攻无不克战无不胜。但他却忘了核算一下，大新王朝总共才六百万人，这么一支庞大的军队，连兵带将要一千五百万人，去哪里招募这么多人呢？军饷、粮草又从何而来？

可王莽居于万人之上，说出去的话就是圣旨，稍有不慎就会砍头，有谁敢冒着掉脑袋的危险去捅这个马蜂窝？加之当时的情形已是一团糟，谁也没办法来收拾局面，只能破罐子破摔，所以只是一片诺诺之声。于是，王莽的扩军计划获得一致赞成，组建军队开始了。

这支庞大的军队，除了前、后、左、右、中五路大司马是由原来的军队将领担任以外，其余将领基本上全部是由地方行政长官兼任，各州的州牧当上了大将军，各郡的卒正、连帅、大尹当上了偏将军，属令、属长是稗将军，县官是校尉……再往下可就困难了，一千三百五十万的"士"因为人手短缺只好先空着。

　　所以，王莽这次筹建大军的任务始终没能完成，又一次流于空想，反倒给老百姓平添了许多麻烦，光是乘车去给各郡国的行政长官们授衔的使者每天就有十几批，连驾车的马都不够用了，干脆就在路上截老百姓的马匹，弄得老百姓又是怨声载道……

第二十一章

叛亲父太子窃香　恐赤眉大军逃亡

面对江河日下，王莽突发扩军奇想，大臣们明知是无法实现的镜花水月，可不但不加阻止，反倒争相拍手叫好。

就在大家欢呼雀跃的时候，王路堂的殿门突然被撞开，一个白胡子老头连滚带爬地蹿了进来，大喊道："皇上，他们是一群奸党！别听他们的！"

王莽定睛一看，来人原来是当年的后将军公孙禄，就是跟何武相互推举，想跟王莽争大司马位置的那位。

公孙禄擅自闯宫并把其他人污蔑为奸党，顿时遭来十一公的齐声呵斥："你擅闯御前会议，到底居心何在？小心惹恼了大新天子，让你死无全尸！"

公孙禄瞅他们一眼，并无回应，只是匍匐着到了王莽脚下："皇上，臣当年有眼无珠，冒犯了您，您要是还记着仇呢，就把臣杀死，好发泄一下您的怨气……"

王莽早已看出，这种时候公孙禄不顾一切闯宫肯定是有非同寻常的原因。他走下龙椅，双手挽起公孙禄："公孙老将军，何必如此？予一向坦荡，岂有记恨之理？何况此一时彼一时，老将军休再提及往事了！"王莽往旁边一瞄，对哀章道："国将，给老将军让座。"

哀章心里老大的不乐意，堂堂大新国将给个糟老头子让座？可也不敢违抗，只好乖乖站起，还做出一个请的姿势。

公孙禄大大咧咧地坐在哀章的宝座上，继续对王莽道："皇上，这帮人里头连十一公和你的亲信都算上，你想想他们除了溜须拍马假公济

私还能干什么？说句实话，不是我嘴巴不留情，的确没几个忠臣！平定天下，依老臣之见，哪里用得着如此兴师动众？只需要七样东西。"

王莽眼睛一亮："老将军所需何物？只管言来，大新就是倾其所有也一定办到，天下为重，黎民为重嘛！"

公孙禄扳着指头道："只需要七颗人头！"

"七颗……人头？"王莽很是吃惊。

"皇上少安毋躁，听老夫一颗一颗给您细算。太史令宗宣，掌管天文历法，推测气运的转移变化，却一味逢迎，把凶险的征象当作吉利的兆头，淆乱天文，贻误朝廷，这是第一颗；太傅平化侯唐尊，用虚言伪行装饰自己来窃取名誉地位，误人子弟，这是第二颗；国师嘉新公刘歆，颠倒《五经》，毁坏老师的家法，造成学界的混乱，这是第三颗；明学男张邯、地理侯孙阳，搞井田制，使百姓丧失土地，这是第四、第五颗；羲和鲁匡，设立六管制度，弄得工商业者走投无路，这是第六颗；悦符侯崔发，吹牛拍马讨好皇上，使下情不能上达，这是第七颗。皇上，只要用这七颗人头告慰天下百姓，不愁大新不安定！"

王莽开始还帮着他数人头，后来听出了公孙禄的弦外之音，马上火了："公孙禄！你是在这里倚老卖老！你要予杀这几个人是假，反对予的新政是真！敢情你把予的新政全盘推翻！来人！把他架出去，让他告老还乡。别再说三道四指手画脚了！"

虎贲武士架着公孙禄往外走，公孙禄双脚踢蹬着："皇上，臣是一片忠心啊！大新建国不易，可不能毁在这帮人手里……"

虎贲武士将公孙禄架了出去，王路堂一片寂静，十一公吓得连大气也不敢出。良久，哀章大着胆子过来劝慰："皇上，您可别生气，这老东西竟敢攻击新政，简直是活腻歪了！您也犯不着跟他怄气，这路奸党，宰了得了！"

王莽瞪他一眼："宰了？要宰就先宰你！你们别看公孙禄冒犯龙颜，予知道他是一片忠心，大新朝里里外外，像他这样的忠臣不多！哼！"长叹一声，王莽丢下十一公，回后宫歇息去了。

这些天，朝里的事情实在是太令人头疼了，简直成了一团乱麻，王

· 316 ·

莽想在原碧的身上发泄一下。原碧，是皇后的侍者，如花似玉的水灵，刚十八九岁。

其实，王莽在男女之事上还算挺能克己的，可当了皇上以后不自觉地张狂了不少，有心想去安慰安慰皇后，可皇后近来身体不佳，两眼全瞎了。从前，王莽相继逼死了长子王获和次子王宇，尽管事出有因，可毕竟是骨肉相连，皇后思子心切，王莽又忙于朝政，撇下皇后一个人在椒房郁闷，最终将眼睛哭瞎了。

王莽只好找原碧去了。

这原碧自打跟了王莽体验到男欢女爱的滋味，就一发而不可收，总在梦想着自己侍奉的这位皇后能早点腾位子，也好让她坐上大新皇后的宝座。可惜皇后虽说眼睛瞎了，身子骨倒挺硬朗的。王莽又每天忙于政事，久旱不见雨露，原碧心里很是不悦。

这天，原碧正好撞上太子王临。王临也是身体欠佳，像只病猫似的怕冷，朝见一个时辰得在西厢房里歇息四个时辰，六月天朝见时还盖着毯子。王莽心疼他，又赶上皇后患眼疾，就把他接进宫来住，好让母子两人有个照应。

别看王临身体不好，对男女之事却一点不马虎。原碧本不认识他，时间长了一打听，原来是太子！不由得心花怒放，可也有点含混，既然是皇上的人再去侍奉太子是不是有点说不过去啊？心里正懵懂着，可王临却不在乎，两人很快勾搭成奸，只是王莽还蒙在鼓里。

这次，王莽丢下十一公直奔后宫，想去私会原碧，只见原碧衣衫不整，老半天才抖抖索索打开房门，王莽一看就明白了，破口大骂："好你个逆子，你老父的御用之物你也竟然染指！"

原碧还想遮掩："皇上，您骂谁呢？妾婢专心侍奉您，这里再无旁人啊！"

王莽一猫腰从炕下把王临拽出来。王临吓得魂不附体，哆哆嗦嗦一个劲地求饶。

王莽怒道："这宫里你是不能待了，赶紧回去，太子也别干了，从今日起贬为统义阳王！"

王临灰头土脸地回到宫外东永巷自己的府第，国师刘歆的女儿，夫人刘情一看王临垂头丧气的样子很是纳闷："谁招惹你了？进门就这副脸色，按说我们刘家也不是小户人家，你们大新的王朝还是从我们刘家手里得来的呢，到现在还得指着国师给你们出谋划策，谁敢欺负咱呢？"

王临一听赶忙搪塞："是刚才在宫里遇到点不痛快的事，你可千万别不高兴。"

刘情道："算了，不跟你计较了，你留着那副哭丧脸吧，兴许用得上。我昨夜看过星象，宫里这个月准定有'白衣会'。'白衣会'你懂吗？就是大办丧事。"

"噢？"王临一听拔脚就往外跑，到了宫门前，侍卫不让进去，说皇上有令，以后统义阳王进宫须皇上亲笔批示。王临只好打道回府。经不住刘情追问，前前后后全招了。

刘情听了忍不住讥诮道："怪不得一听'白衣会'就乐得往外跑，原来是想趁早和你那个侍婢合计将来之事好早点……"

王临吓得赶紧捂住刘情的嘴巴，连连说道："胡说什么？我不过就是那么一想，不是没有付诸行动吗？"

"你大概是有贼心没贼胆无法得手吧？心里巴不得皇上驾崩你好即位再将那个贱人扶正了呢。"刘情讥讽道。

王临一听都快吓哭了："夫人，你可不能冤枉我啊！皇上从来都是铁面无私的，从前我大哥二哥都是三十左右就让皇上给逼死了，今年我也三十岁了，只怕皇上也要朝我下手了！夫人，虽说我在这事上有点对不起你，可是我们好歹是一家人啊，有我在你也有了依靠，即使我即位，哦，我是说假如啊，你是我的皇后了，可万一我死了，你除了守寡还有别的什么吗？人家都说'夫妻本是同林鸟，大难临头各自飞'，你可不能丢下我不管啊！"

看着王临可怜巴巴的样子，刘情似动了恻隐之心："按说皇上对我们刘家也太狠了点，为了登基，刘氏家族有多少人葬送在他手里？如今上上下下又有多少刘氏宗室的成员都在为大新国效力？可他领情吗？亲生儿子都不认，刘氏宗亲又是他的眼中钉，如今你又授人以柄，我看我们的处境真的危如累卵啊！"

王临没辙了，痛哭流涕地告饶，求夫人给他想办法保命。

刘情思忖良久，狠狠地说道："无毒不丈夫，先下手为强！既然事出有因，那就解铃还须系铃人，不如这样。原碧不是想蹬鼻子上脸吗？那你就让她去好好服侍皇上，趁皇上如醉如痴，欲仙欲死的时候，一杯酒就……"

王临听罢战战兢兢："这……这到底行不行啊？别到时候把咱俩给捅出来了。再说……我现在根本就见不着原碧的面，怎么下手啊？"

刘情不屑地道："见不着？那你不会写封信向你母亲问安吗？"

"啊？使不得，使不得！千万不能让母亲知道！"

"你傻呀？你母亲早已哭瞎了眼，你的信只能让原碧读给她听，你在信里交代清楚不就行了吗？"

王临这下高兴了！看来还是夫人聪明，娶个有学问人家的女儿就不一样，连忙照办。

王莽这天也不知怎么了，心血来潮想去看望皇后。皇后双目失明，挣扎着要给皇上请安，被王莽拦住了："皇妻凤体沉重，不必拘礼。唉，这阵子国事冗繁，也没能经常来看你，才一个多月，你怎么会病到如此地步？难道老天爷真的狠心要拆散我们这对患难夫妻吗？"王莽突然动了感情，几十年的恩爱一下子涌上心头。

皇后受宠若惊，连忙说道："妾这些年对皇上照顾不周，最为惭愧的是教子无方，给您添了不少麻烦，老大老二都犯了错，老三王安又是……就是老四王临还像个王家的后代，稍微争点气，可身体又不好，您要多担待他……"

不提便罢，一提王莽就来气，争气？都和我争上了，能不争气吗？可一看皇后那个病病歪歪的样子不忍心再打击她，就忍了，便打岔道："王临有些日子没进宫拜望你了吧？不知道每天净忙什么呢，连孝道都忘了。"

"噢，没忘没忘，临儿孝顺着呢！这不今天早上刚差人送来一封信，说是给母后请安，我还没来得及让原碧给念呢。刚好皇上来了，妾就请

皇上念念吧。"边说边摸索着从枕头下面找出那册简书呈给皇上。

王临的暗杀阴谋暴露！皇后虽说眼睛瞎了，可耳朵没坏，她听得出王莽牙齿都在打战，忙安慰道："皇上，这孩子孝顺吧？您瞧您都被感动了，其实天天在宫里待着，见一面很容易，自家人不用这么客套的，唉，难得这孩子一片苦心啊……"

王莽暴怒："是啊！苦心策划弑父弑君！这都是你这个瞎了眼的教出来的好儿子！你说说，予每天要解决应酬多少事？外忧内乱的你们哪个能帮上忙？予也没指望你们。安生在宫里待着还不行？连亲生儿子都想着谋害予！你们都滚！滚！留下予去对付所有反对予的人！"

这通火足足发了两个时辰，宫女太监们全都吓傻了，后来才有个胆子大点的过来禀告："皇上，您息怒，皇后已经没法听您的圣训了，她已经……"

王莽这才回过神来，连忙吩咐给皇后治丧。他还亲自找出了"孝睦"的美谥为皇后加封。坟地选在了渭陵长寿园西边，紧挨着王政君。

孝子王临没被准予出席葬礼，王莽在忙活完孝睦皇后的丧事之后，依然无法忘怀那个可恶的谋杀计划，让人将原碧抓起来，严刑拷打，终于交代了在通奸时王临曾多次有过谋害王莽的念头等事实……几个奉命办案人员本来梦想着借机升官发财，可是没想到王莽怕家丑张扬出去有损皇上形象，便派人杀害了办案的司命、从事，用的依然是当年处置董贤时的办法，尸首就地掩埋在监狱里，害得家人四处张贴寻人启事。

王临的结果可想而知，一杯毒酒没有等到他先送给父皇，倒是父皇派人送了来。王临依旧不服气，拔出宝剑自刎而死。王临本来以为"白衣会"会应在父亲王莽身上，没想到自己却成了主角。

刘情一看阴谋全部败露，走投无路，只好跟着王临去了。不去也没办法，王莽已经和国师公刘歆说得很明白了："王临哪里懂什么星象？星象是你们刘家的绝活，要不是刘情的撺掇，予的儿子怎么会走到这一步？"

就在同一个月，王莽那个有智障的三儿子新仙王王安和孙子功明公王寿也病死了，真正应验了星相学上说的"白衣会"。

短短一个月里，王莽家中死了四个人，家破人亡，孤独自危的感受从此在他心中魂牵梦萦，他骤然变得衰老了，头发胡子也全白了。

晚年的王莽，四个嫡生的儿子全死了，他担心自己没有子女无法生活下去，于是把二十四年前贬到封国时与宠爱侍女所生的二儿二女全都从新都国招来，并专门找人以王安的名义写了一道奏章呈上，说明庶生的王兴等人的母亲虽然出身卑贱，但身份依然是皇子，不可以抛弃不认。

王莽把"奏章"交给大臣传阅，群臣自然都同意给这些庶生子女加封爵位。于是，趁春夏之际派遣使者用王车去新都国迎接王兴等人，赐封王兴为功修公，王匡为功建公，王哗为睦修任，王捷为睦逯任，不仅使庶生子女重新得到了父爱，也终于安慰了自己的良心。

刘情因为卖弄自己的星相学造诣，招来杀身之祸，可是居然还有人乐此不疲。魏成郡有个叫李焉的大尹，找了个算命的江湖骗子，叫王况，俩人鼓捣出一套谶书，说当年跟翟义一起起事的刘信，其实没死，就在江中，他要报仇，要恢复祖宗的基业，要卷土重来。江湖上有个大盗自称樊王，其实也是刘姓子孙，千万人成群结队，不受招安和赦免，要动摇西都长安、东都洛阳，十一年肯定发起总攻，到那时候，主宰刑杀和战争的太白金星会大放异彩，当值的岁星木星也会贯入二十八宿之一的井宿……

王况弄完谶书，还不满足，又借题发挥道："这万一篇幅太短，没法显示通天彻地的能耐，李大人，你看咱们是不是把王莽所有的大臣们吉凶祸福应验的日子都推算出来？汇编成册，这样是不是更有震慑力？"

李焉表示同意，马上找来十几个下属分头抄写。哪知其中一个抄抄着害怕了，心想这分明是要谋反啊！我一介小民，挣不了几个小钱，回头再把命搭上，那可不合算。我可不能和李大人相提并论，那算卦的说了，姓李的属火德，天生是辅佐汉朝的，我又不是，跟着瞎掺和也没什么好处，干脆告发去吧，也好早脱干系，免得陷得太深到时候拔不出脚来。

这一告发，王莽为王临之事的郁闷还没过去呢，李焉如此不识时务只好自认倒霉，不但人赃俱获还顺带搜出一大摞谶书。王莽一看大吃一

惊，这种胡言乱语居然用来跟予对抗天命，杀无赦！当时就派使者将李焉、王况就地正法。

李焉、王况被法办了，王莽自己却心里犯起了嘀咕，说不定他们说的还有点道理呢，谶纬这东西很深奥也很灵验，宁可信其有不可信其无，有备无患嘛。王况不是说姓李的要在荆楚一带兴起吗？这样一想，当时就任命侍中掌牧大夫李棽为大将军，扬州牧，赐名叫"李圣"，主管荆楚一带的行政事务和军事行动。幸好李焉已死，如果活着，看着自己辛苦半天的功劳却被别人摘去岂不懊恼？

李圣刚一走马上任，王莽想起来了，前些日子王匡跟廉丹要往东去讨伐，让接踵而来的丧事给耽搁了。如今听说赤眉军越闹越厉害，居然把太师的属官羲仲景尚都给杀了，看来不派些精兵强将去镇压是不行了。于是，下令挑个黄道吉日为太师王匡和更始将军廉丹在东门外送行。

吉日倒是挑好了，可惜大军出征那天正赶上下大雨，把将士们一个个淋成了落汤鸡。王莽端起酒杯一个劲地为将士们壮行，其他官员也不得不依葫芦画瓢，"旗开得胜""马到成功"的祝福声不绝于耳。边上有个看热闹的老头嘀咕道："还壮行呢！出征赶上下雨，这古书上有讲究的，叫'泣军'，是老天爷为这帮送死鬼伤心呢！"

王匡、廉丹一听，再也没心思喝酒，心里直犯晕。

王莽自然也听见了，有心想把这不识时务的老头给法办了，可当着这么多人的面，这种场合有些不合时宜，他忍了忍没发作，想了半天，终于心生一计，于是说道："这位老先生恐怕只知其一不知其二吧，不错，古书上是有'泣军'一说，可您记错了，出征遇见小雨，衣服不湿，那才叫'泣军'，是凶兆，可今天的雨多大？这在古书上叫'润兵'，又叫'洒兵'，是大吉大利的祥兆！不懂的事就随便胡说八道，你这不是扰乱军心吗？"

也亏得王莽今天心情好，那老头才算捡了一条命，赶紧回去查书，一看没错，古书上明明白白写着大雨为"润兵"，心说这皇上还很有学问的，大人不计小人过，我以后得好好研究了，绝对不会再一知半解地乱说了。

太师王匡本来听了那老头的话心里挺别扭的，后来王莽的一番话算是给了他些许安慰，心想皇上的话准定没错，就算老头说得有理，借皇上的威力也能给它破解，何况君命在身不可轻易违背，就算送死也得照办，于是，领着十余万精锐部队直奔兖州。

王莽一面大肆出兵，一面又深恐引起不必要的误解，便专门在发兵文告里做了解释，大意是如今大旱、蝗灾、霜灾不断发生，饥荒接踵而来，百姓生活困苦，许多人四处流浪，今年春天尤甚。予悲伤至极。现特派东岳太师待进褒新侯开放东方各处粮仓，太师公去不了的地方则由大夫、谒者代行开仓放粮之职责，以求保全百姓性命。放粮完毕，顺便与大使五威司命、右大司马、更始将军、平均侯廉丹前往兖州，镇抚新属官吏和人民，并平定青州、徐州的残余盗贼，以求安定万民……这也是王莽用心之良苦，明明是东征，还得打着赈济灾民的幌子。

太师王匡深深理解皇上的苦心，什么开仓放粮？杀一个盗贼不就可以为国家节省很多粮食了吗？再加上年轻气盛，率领十几万虎狼之师，大军所之处可谓无往而不胜，一路上大开杀戒，也不管什么盗贼不盗贼了，只要瞅见不顺眼的就开刀！更始将军廉丹也不甘落后，拼了命和王匡较劲，直杀得尸骨成山，血流成河。

兖州一带的老百姓深受其害，恨得牙根痒痒，当时的民谣是这么唱的："宁可遇着赤眉军，也别撞上太师兵。太师兵马倒还小可，更始将军快刀杀我！"

到了冬天，东征军已经杀到了山东东平的无盐县，一场恶战把占据县城起兵造反的索卢恢等人打垮了，光首级就砍了一万多颗。王莽闻讯大喜，特派中郎将前去劳军，把皇上晋升两人为公爵的嘉奖令带到了王匡、廉丹的大营。

王匡在大营中大摆筵席，一行人忙着敬酒庆贺，王匡一时间被庆功酒弄得头重脚轻。正在这时，小校来报："太师公，赤眉军别部校尉董宪，率兵数万在梁郡活动，意图不明！"

王匡此时正喝到兴头上，董宪来扫他的兴，他当然不乐意，当时便下令杀奔梁郡。

廉丹一听连忙劝阻："太师公，大军刚攻下无盐县，人困马乏，您看是不是先休整几天再说？"

"休整什么？本太师一听杀贼就来劲，要休整你休整吧，本太师没那个闲心！出发！把酒席备好，回来继续喝我们的庆功酒！"

廉丹一看没办法，只好带着本部军马随后跟上，心里却不是个滋味，心想这太师公年轻气盛又屡建奇功，怕是有些飘飘然了，这回去撞撞南墙也好，让他以后长点见识。廉丹一路琢磨着让王匡撞董宪的南墙，行军速度自然慢了下来。一路晃晃悠悠到了前方，仗早打完了，老远就看见王匡丢盔弃甲，战旗凌乱，浑身带血，没命地往这边跑。

廉丹忙迎上去，佯装不知战情，明知故问道："太师公一战成功，可喜可贺，遵照您的吩咐，酒菜都已备齐，您是在这儿吃还是回大营去吃？"

王匡哭丧着脸："还吃个鬼！就没见过像他们这样玩命的！咱们再等下去是要送死的！"

廉丹不好再拿他开心了，毕竟是在危急关头，况且王匡还惦记着拉他一块逃命，廉丹有些感动，可是马上又想起临出发前皇上单独召见他时的吩咐："将军受国重任，不捐身于中野，无以报恩塞责！"心想这不是明摆着要他战死吗？一时间有点举棋不定。

王匡等不及了："廉将军，还等什么啊？再不走赤眉大军就来了，被他们活捉了去还有好结果吗？"

廉丹犹豫片刻，还是从腰里解下印信，再从车上拔下符节，交给急不可耐的王匡，挥泪嘱咐道："太师公，麻烦您把这些东西呈送给皇上，就说我廉丹为大新尽忠了！"

王匡急了："你说什么呢？咱们是暂避风头，不是临阵脱逃！廉将军，你就别耗着了，赤眉军的暴土狼烟就快来了！"

廉丹一把推开王匡，跳上战马："太师公快走！廉丹决不能逃跑！"说完挥动大刀直向赤眉追兵杀去。

赤眉义军董宪也是个骁勇善战的猛将，一杆枪使得出神入化。廉丹跟他苦斗了几十个回合，手下的兵越来越少，赶来的义军却越来越多，廉丹慌了手脚，一个没留神，被董宪挑下马来，众义军不由分说，乱刀齐下，直把堂堂的大新更始将军给杀得体无完肤。

消息传到常安，王莽痛哭流涕："予的廉将军！你带了那么多百里挑一的精兵锐卒，还可以随意征调各郡的战马钱粮，本来应该鞭敲金镫响，高唱凯歌还的，可是一味恃勇斗狠，离开了大将威武的符节，终于死在乱刀之下！呜呼哀哉，可悲可叹！"王莽只好赐廉丹谥号"果公"，下诏厚葬。

东征大军的失利让王莽很是懊恼，正琢磨着让谁去支援，一眼瞅见站着人群中的哀章，于是问道："国将，廉将军忠心不二，已经为国捐躯，你看谁适合继任？"

哀章心里叫苦不迭，知道皇上没忘记前些天自己主动请战的事，可自己无非是想讨好一下皇上，有个机会带带兵，发点战争财罢了，玩命的事可不能干！这阵子一看，连身经百战的廉丹都烟消云散了，谁还敢逞那个能啊？于是挤出一脸苦相："皇上，臣乃一介儒生，领兵打仗可谓外行。这东征事关社稷安危，臣怕不能胜任，您看能不能另请高明？当然了，臣也不能闲着，最好能量才使用，比如眼下兵荒马乱，听说光进入函谷关求食的饥民就有十几万，有不少人还窜进了长安城，连带得首府都闹起了饥荒。臣不如就去开仓放粮，赈济这些饥民，也好维护首府的繁荣和大新的安定！"

王莽听出了哀章葫芦里卖的什么药，讥诮道："这种小事还用得着堂堂国将亲自去干？予早就派人去做了！"

哀章叹道："唉！您派的那些养赡官根本就没干正事，早就把您拨去的救灾粮给盗卖了，卖的都是大价钱，您这两天闷在深宫里不知道行情，小米的价格已经涨到一斤黄金一斛了！那帮人发了大财，可把饥民们给坑苦了，十个里头有八九个愣是活活给饿死了！"

王莽虽说对哀章的卖嘴皮子和喜好夸耀很是反感，但听到这种情况还是非常吃惊，忙扭头去问中黄门王业："予不是命你调查进京流民的生活情况吗？怎么没听你说过此事？"

王业因为参与了盗卖救灾粮之事，心中有鬼，一下子慌了手脚不置可否，愣了半天冲哀章嚷嚷道："国将公，你说饥民没得吃，有什么凭证？"

"凭证？还用得着凭证吗？你听听，皇上你也听听，宫墙虽高，挡不住饥民的哀号！"

王莽侧耳聆听，果然听得呼啸的寒风中若隐若现地夹杂着饥民哀号的声音，顿起疑窦。

王业生怕露馅，连忙狡辩："皇上，这哪里是什么哀号？分明是饥民吃饱了没事干寻开心逗乐呢，要是真的饿了，他们哪里还有劲叫唤呢？皇上，您要是不信，我这就去给您拿凭证！"说完兀自跑出来找了一家饭馆，买了一大碗白米饭外带一大碗肉羹，端回宫中："皇上、国将，您二位瞅瞅，流民吃的就是这个，这还要怎么样？连奴才也吃不上这么好的啊！"

王莽不知是不予深究还是感觉无力回天，居然点点头道："流民嘛，就算是暂时有些困难那也是在所难免的，不是还有替代品吗？让大夫、谒者分头到各州郡灾区去，教给饥民把草木熬成糊糊来吃。这个办法，神农氏也是这么琢磨出来的。国将，别不是你一听说赤眉猖獗，吓得不敢上前线了才拿饥民说事吧？"

原来王莽醉翁之意不在酒，今天非要拿哀章开刀呢，哀章被皇上这一激将，彻底给揭了底，又怕上战场送死，没了退路，只好不再言语。

王莽又开始旁征博引："想当初，黄帝和蚩尤作战，你知不知道派谁做的大将？中黄直！中黄直跟大新什么官职相仿？国将身为儒生，不会不知道吧？"

哀章只好硬着头皮道："皇上您就不用考臣了，臣去就是了。中黄直就是国将，国将就是中黄直！皇上，您发虎符吧，臣愿意去平定山东！"

王莽这才脸色稍微缓和："这就对了！何况你这符命里明确指定的是国将，不能不顺从天意啊！"

哀章闻言肠子都悔青了，心想你就别提那符命了，我倒霉就倒霉在这符命上了！军命难违，赶鸭子上架也得去，哀章磨磨蹭蹭去和王匡会合。

东边的事情就算交给他俩了，王莽稍微松了一口气，可河南的形势也不好，也得派人去弹压才行，派谁去呢？王莽又开始犯愁了。琢磨了半天，终于有了主意，马上下令："大将军阳浚，领兵往河南荥阳敖仓防守。那里是天下第一粮仓，不能让新市、平林、下江那几路反贼得手！真要丢了敖仓，咱们都得去喝西北风！大司徒王寻率十五万雄兵，坐镇东都洛阳，防备那几路反贼顺势西来，这是捍卫首府的重要防线，千万不能大意！大司马董忠在北军中垒营地待命，抓紧训练兵卒，随时准备开战！大司空王邑留守京师，兼有三公的所有事务，各自奉命执行！"

阳浚、董忠、王邑都没什么问题，就是奉命镇守洛阳的大司徒王寻出了点麻烦，刚出常安没几步，在霸昌厩过夜，居然把皇上赐的黄金斧钺给弄丢了，不知道是哪个不识相的家伙偷去换酒喝了，王寻心急火燎，遍寻不见，属下房扬哭了："呜呜呜……出师不利，出师不利呀！易经里有这么一卦，叫'丧其齐斧'，大凶啊！大司徒，您慢慢找吧，房扬不奉陪了，我这就奔常安，接了子嗣家眷回老家避难去！呜呜呜……丧其齐斧，丧其齐斧！"

房扬前脚到了常安，后脚王莽就接到了王寻的启奏，王寻为了推卸责任，把丢失御赐斧钺的事一股脑儿赖到了房扬身上，还添油加醋说了不少坏话，好像大新的灾难全是由这么个狂士招来的。

王莽一听大怒，弄丢了御赐斧钺不说，还临阵逃脱，岂有此理！当时就派了几个虎贲勇士，一顿乱棍将房扬打了个皮肉开花，真就把房扬送回老家去了。

杀一个房扬容易，收拾这么个烂摊子可就有点难了。各地的义军越闹越红火，起初还只是想吃饱肚子，现在完全不同了。居然占州夺县，好几万人一拥而上，弄得各地官军打又打不过，逃又逃不脱，也只得举手投降，二千万石以下的官员让他们给宰了不少，剩下的只好盼着朝廷派兵围剿，可王师连吃败仗。无力讨贼，可祸害起地方百姓来却比贼还强十倍！就连那个统了十几万虎狼之师的太师公王匡，虽说有了会飞檐走壁的国将哀章相助，也还是回天无力，别说剿贼，不被贼剿就算万幸了。

第二十二章

乱投医大选佳丽　战昆阳刘秀扬威

如果说王莽生活在一个充满动荡的时代，那么，作为中国历史上开国创业的皇帝，他可能是最倒霉的了。除了既想实现改制蓝图，又怕触犯豪强贵族的矛盾心理缠绕着他，西汉末年积累起来的各种危机都给他造成了沉重的压力，尽管他"旦暮不息"，日理万机，可是大新国体却是病入膏肓，沉疴难除，各种天灾人祸接踵而至。王莽处处遇梗，回天乏术，不知是天意要让他身败名裂，还是历史成心要和他玩恶作剧，大新朝刚刚起步已是风雨飘摇、乱象环生了。

王莽思前想后，算是想明白了。看来事情是让我给弄糟了，归根结底恐怕毛病还是出在新政上，其实我推行新政无非也是为了国家的繁荣，可效果却好像没有我想的那么美妙，不但国家没有强盛，反倒把民心给弄丢了！王莽一百二十个不明白也不甘心，可是眼看着景象颓败，所有的招式都用到了，依然回天乏力。想想，罢了罢了，到了这步田地，也只有顺时而变了，于是宣布暂停新政，有关井田制、不准买卖奴婢和征收山林湖沼税赋等六管制度的禁令一概取消，自从即位以来凡是给老百姓带来不便的诏令也都全部收回，让风俗大夫分途巡视天下，向老百姓宣布大新的最新意旨，全部各归其位，安居乐业！

可王莽这次又错了，事情到了这个份上，哪里是取消了新政就可挽回的？农民军里现在有不少刘氏子孙，他们明显是冲着大新的王位来的。其中平林、新市、下江三路人马居然拥立刘圣公为皇帝，改年号为"更始"元年，还像模像样地任命了各级官吏，气得王莽吹胡子瞪眼睛地在王路堂里大发雷霆："这不是谋朝篡位吗？简直岂有此理！你们快想想办法，怎样才能保住大新，现在大家可都是一根绳上的蚂蚱，一荣俱荣一损俱损！明白不明白你们？想不出来就别吃饭！白拿着予的俸禄什么事都指靠不上！予要你们干吗？”

王莽现在是有病乱投医，明知这帮人也想不出什么好招，可也只能死马当成活马医了。

看来饿肚子这个办法不错，饿了半天办法就有了："皇上，天下如今已经大乱，他们把矛头直接指向您，臣等以为，原因可能是这帮人以为您年事已高，不便理政，才敢这么猖狂。您看皇后也已去世，您应该向天下人重新展示一下您的雄风才是！您看历朝历代哪个皇帝不是三宫六院的，您也太节俭了点，可是天下人不理解皇上您的苦心啊！其实这事也不难，您只要续立一位皇后，不，您不是以黄帝为榜样吗？那您就应该立一百二十一个嫔妃！这么一来他们就会知道您的威力有多大，谁还敢再打大新的主意呢？只要皇后续立，天下人就会明白您的用意所在，什么赤眉、新市、这军那军全都自动解散，天下自然就是您的了。”

这番话算是提醒了王莽，这段时间他简直累得够呛，哪有心思琢磨续立皇后事宜？想想也真是这么个道理，这个建议一来可以安定民心，巩固皇权，二来也可以安慰一下我这个内外交困的孤家寡人的寂寥之心，两全其美，何乐而不为呢？况且也真费不了什么大事，当初孝睦皇后去世后，好像就有人提过类似建议，说黄帝就是因为御了一百二十一女而成仙得道的，大新天子也应如此。当时王莽还真派了四十五位中散大夫一级的官员分头去选秀女，这项工作虽然是在战火不息的恶劣条件下开展的，却也比较顺利。一百二十一位全都挑选停当，候旨待命。

王莽一听万事齐备，于是马上传旨让一百二十一位佳丽梳洗打扮停当，接受皇上审阅。

果然都是绝色佳人，个个花枝招展，有万夫不当之美。王莽挑来选去，独施慧眼，从一百二十一名佳丽中选中了一位杜陵县史家的姑娘定位皇后。按照古制，一百二十一女中除设皇后一人之外，还有和嫔、美御、和人各一位，爵位比照三公，嫔人九位，相当于九卿，美人二十七位，相当于大夫，御人八十一位，相当于元士。

地皇四年（公元23年）三月，处在风雨飘摇关头的王莽连胡子都愁白了，各地起兵反叛的消息纷至沓来，使他陷入绝境。王莽想伪装自己的安定心情，染黑了头发和胡子。为新立的皇后送上了聘礼黄金三万斤，车马、奴婢、各种丝帛和珍宝物品以巨万计，这与王莽一贯的俭朴作风大相径庭。

大婚这天，婚礼设在豪华的上西堂。一百二十一女不按新娘子装束，全都仿照将士的扮相，一个个身着戎装，佩戴印信，挎着弓箭，手拿象征生男育女的手袋，举行了隆重的庆典。

依照王莽的说法，这叫借母威以宣圣德，振坤纲以厌群寇。似乎皇上的后妃这么一出动，大新的国威马上大振，天下的草寇顷刻平定。王莽为挽救这个破烂不堪的江山可谓费尽心机。

群臣们眼看着面前的阵势，精神也大为振奋，免不了唧唧喳喳或窃窃私语："您瞧咱们皇上，今天怎么显得那么年轻？昂首挺胸，气度不凡，一点都不像年逾古稀之人！"

"算你看对了！你看咱们皇上那头发胡子黝黑发亮的，青春焕发啊！"

"是是是！皇上一年轻，那是既振奋了军心民心，又让反贼们胆战心惊！"

正聊得热闹，婚宴开始了，前所未有的气派。新任后妃那一百二十一位秀女倒还讲点闺训庭诫，抿着樱桃小口，酒也不敢多喝，生怕有失大新的母仪。应邀陪宴的上千号大小官员可就不那么规矩了，文臣忘了斯文，武将要显豪气，一个个全都甩开了腮帮子，不论生冷荤膻，全都开了胃口胡吃海塞。也难怪，这些日子国库亏空，财政吃紧，禁止大肆吃喝，把这帮官吏素得够呛，好不容易逮着了这么个可以名正言顺大吃大喝的机会，能不抓紧吗？况且，大新皇上在国难当头的窘境下搞这么大规模的婚礼酒宴，不就是为了向天下宣告大新国力的无比强盛，大新天子无比强健吗？那么大新的文武大臣当然也是无比强悍的，身为大新重臣的衮衮诸公，要是连这点鸡鸭鱼肉都收拾不了，还怎么去扫平天下？

王莽被这一百二十一位美姬簇拥着到了后宫，不觉有点心虚，这么多美姬娇娃，这叫予如何应付得了呢？虽说染了头发胡子，看上去挺年轻，可毕竟这把老骨头……今天晚上还好对付，只留皇后一人侍寝，可明天呢？后天呢？还有一百二十人呢！这不是要予的命吗？

一边想着日后得琢磨出个长久之计，一边忙把这帮美姬遣散了，让她们各自回房安歇，听候调用。只留下新皇后史家姑娘，老夫少妻对着椒房殿的龙凤红烛，准备一尽鱼水之欢。正在这个时候，突然响雷乍起，狂风大作，卷起一丈高的浪尘，那么结实的椒房殿都给刮得微微摇晃，殿外种的合抱大树发出不堪的呻吟，没过片刻居然被狂风拔起！瞬间瓢泼大雨跟着下了起来。

王莽不由得心花怒放："皇后啊，古书上说，阴阳交合有三大忌，天忌、地忌、人忌。大寒大热，大风大雨，日食月食，地动雷电，这都是天忌，这个时候咱们不能交合，否则就是违背天意。反正啊，来日方长嘛。"

这场狂风大雨算是老天有眼，不仅解了王莽的椒房之困，对大新的国势也是大大有利。第二天，当王莽问起昨夜风雨的损失时，群臣一起额手相庆："皇上，这场风雨绝对是好兆头，虽说有摧屋拔树之虞，可那算不了什么。昨天是什么日子？是辛丑日！正是巽卦主宰的日子，巽卦象征风，它的含义是卑顺，这不正说明老天爷用这场风雨来明确皇后的女则，昭示国母的德行吗？这也正是《易经》和《礼记》里说的意思。不光如此，现在南阳的刘圣公不是僭号称帝，托汉自立吗？这场风雨是老天爷对他们惩办，汉朝是什么？火德！火当然怕水啊，所以说，昨天那是场及时雨，他们还想仗着火德死灰复燃，结果老天爷一场雨，把这把火全浇灭了……"

王莽一听也乐晕了："予就说老天爷不能撒手不管嘛，予还真是得了天命！"

王莽这样想着，倒不是很担心战况了，更加担心起那一百二十一位后宫佳丽来。王莽四处访高人，觅仙方，想获取"以少胜多，以寡敌众"的妙术。

后宫里"以少胜多，以寡敌众"的妙术尚未找到，河南那边的汉军却早已出了战果，上演了一出"以少胜多，以寡敌众"的武戏。

被王莽誉为"新室威宝之臣"的大司空王邑，这阵子正领着大军在河南前线剿灭叛军，本来大军是要奔赴宛城的，可是路过昆阳时，王邑心血来潮，想把这座城池也顺带拿下。

曾当过一阵子大司马的纳言将军严尤不大赞成："大司空，僭号称帝的刘圣公不在这儿，在宛城，咱们还是应当绕过昆阳直取宛城，抓住了那个所谓的'更始皇帝'，别的城邑自然平定。"

可王邑哪里肯听："跟汉军作战多年，老兄的胆量怎么越来越小？咱们这是百万大军！俗话说，兵上一万，无边无沿，兵上十万，彻地连天，百万雄师所过之处，那还不跟洪水飓风一样？小小一座昆阳，不过几千守军，哪儿够咱们一打？咱这就攻城，把里面的反贼杀光，让宛城那帮反贼也看看咱的威风，别是还没到就给吓趴下了。"

于是乎，一声令下，百万大军把昆阳围了个水泄不通，城里的守军守不住了，挑着白旗请降，王邑不答应，非要灭掉城池，严尤急了，连忙劝阻："兵法上说：'归师勿遏，围城为之阙。你不给城里的守军留活路，那不是等于逼他们跟你玩命吗？有道是杀人一千，自损八百，你有百万大军是不假，可也不能这么糟蹋啊，这可是咱大新全部的家底啦！"

王邑不甘示弱："严将军，当年我被皇上任命为虎牙将军，往东平过反虏，往西灭过逆贼，大大小小的仗我也打了不少，那是无往不胜，所向披靡，要不皇上也不会如此重用我，你说是吗？我看这事就这么定了！"

话说到这个份儿上，那还能怎么样？打呗，反正仗着有百万雄师，打几千人还不是和练手一样？

可万万没有想到，一座小小的昆阳城，不过八九千守军，居然易守难攻，守军士兵一看赦免无望，横竖是一死，早豁出去了。就是死，也得溅你一身血！何况守军里头还有一位高人，这人是刘氏宗亲，春陵侯的后代，姓刘名秀字文叔，跟新朝国师同名，就是后来的东汉光武帝。

刘秀是怎样成为反莽大军一员？为什么会在昆阳？这要从他跟随哥哥刘縯春陵起兵说起了。

王莽篡夺汉室政权，不得人心，然而，他恣意妄为，独断专权，宫廷斗争极为剧烈，他推行的改革造成社会动荡不安，社会矛盾异常尖锐，加上天灾连连，民不聊生，反莽的烈炎到处熊熊燃烧，饥民纷纷揭竿而起。社会到了分崩离析，改朝换代的时候。

公元18年（天凤五年），在山东莒县以樊崇为首的赤眉军，迅速发展壮大。樊崇所领的农民军作战时非常勇猛，他们为了区别敌我，把眉毛涂成红色，人们称他们为赤眉军。赤眉军发展很快，到公元21年（地皇二年）已达十余万人。

公元22年（地皇三年），湖北当阳一带的绿林军开始出山作战。一支由王常、成丹率领的军队西入南郡，称下江兵。另一支由王匡、王凤、马武统率，北上南阳，称新市兵。新市兵进攻南阳，打到了南阳南部，后又转攻随县（今湖北随州）。这些打仗的地方离春陵均不足百里，对南阳以刘氏宗族为主的地方势力产生了很大影响。

这之前，刘氏宗族因王莽篡政，被剥夺世爵，为官的均被罢了官，这是旧恨。宗亲中，又多受地方官府欺侮。刘縯的门生犯了法，被官府查办，连坐追查到刘縯、刘秀，弄得二人有家不能归。刘秀在路上遇到官府人员，因没下车回避，险些被送监牢，这些是新恨。

由于王莽对刘氏宗室的打击和排斥，刘縯很早就在暗暗准备组织反抗王莽的活动。新市兵的到来为刘縯反莽起到催化剂的作用。刘縯召集当地豪强一起商议说："王莽暴虐，百姓分崩，今大旱连年，四处起义的越来越多，这是天要灭亡王莽，恢复高祖大业，定汉代万世之秋的时候。"

刘秀的叔父刘良听说刘縯要造反，怕他们引来杀头之祸，想去严尤那里告发，后来看到刘秀也要造反，且跟随的家族子弟越来越多，不无担心地说："现在家就要亡了，造反是要杀头的，但也只能反了。"于是刘縯自己发动春陵弟子，拉起七八千人的队伍。与此同时，他让邓晨在新野起兵，让刘秀与李通、李轶在宛城起兵，三地遥相呼应。

公元 22 年十月，刘縯在春陵谋划造反时，刘秀与李通、李轶在宛城紧锣密鼓地商议起兵之事。他们计划仿效当年翟义利用都试起兵的做法，约定在立秋都试骑士那天，劫持南阳太守，以号令众人，发动反莽的武装起义。

根据这一计划，刘秀与李通、李轶立即动身回春陵。同时，派人到长安向父亲李守汇报，叫他赶快逃离王莽。

刘秀和李通带兵回到春陵，看到刘縯刚刚扯起起义大旗，兵士正在春陵聚集。当时春陵一些富人家子弟还有惧怕起义的心理，不敢加入到起义队伍中来，有些人甚至看到刘縯就跑，并大叫：刘縯要杀我呀！

就在这些富家子弟还举棋不定的时候，刘秀披着红色的战袍出现在春陵，当他们看到刘秀后，逐渐消除了恐惧心理，纷纷传说：我们以为只刘縯一个人起兵，哪知忠厚老实的刘秀也参战，这还有什么可怕的呢？因而，很多人加入到起义队伍中来，起义队伍迅速扩大。

本来刘秀和李通是回来跟哥哥刘縯商议：待立秋那天，宛城和春陵同时起兵举旗反莽，两下遥相呼应的。然而不幸的是，刘秀和李通刚离开宛城，宛城方面就出了大事。

原来，李通派去长安给父亲李守报信的人在路上被官府逮住，造反的消息提前走漏。这样势必牵扯到李守的性命。幸亏李守消息灵通，经常打听家里的事，提前知道了这件事，与朋友商议，赶紧向王莽递辞呈好回家。

就在王莽要批准的当口，南阳郡送来了李通密谋造反的折子，王莽大怒，把李守杀了，李守在长安的家人也一同被杀。

在宛城方面，李通虽跑了，李通的兄弟、门宗六十四人被王莽所杀。这样一来，计划立秋共同起事的计划就破产了，刘秀与刘縯这样一支反莽的起义队伍不得不提前仓促拉了起来，这时，刘縯的人马加上李通、邓晨的人马才一万多人。

这一年刘秀年方二十八岁。

由于宛城的变故，春陵刘氏起义兵成为无援的孤军，这支队伍的主将刘縯、邓晨、李通都是当地地主或大户，士兵多是刘氏富人子弟组成。史上多称他们为代表地主阶级利益的豪强起义军，把绿林、赤眉军称作农民军。

由于舂陵起义军多是刘氏豪强，其影响非同小可，引起了王莽的警觉，他派出大军屯兵南阳，舂陵的南边有荆州郡的官军。这样舂陵刘氏军受到莽军的南北夹击，他们要想在南阳打开局面，扩大势力，有所作为，只靠他们自己是很困难的。

刘縯、刘秀就商议联合在南阳的新市、平林军的办法。刘縯便派宗室刘嘉前往联系王匡、陈牧等。这年七月，新市军队攻打随县，没有取胜，新市兵退到舂陵东北一带活动，也正欲求扩大势力，寻找战机。由于在反抗王莽的统治上，各路起义的农民军有着共同的目标，所以，这年十月当刘嘉来为联合走说时，王凤、陈牧同意了刘縯的要求，两军很快实现了联合。

舂陵军和农民军联合，势力大增，并且形成了很大的声势，他们向宛城附近的长聚和唐子乡（湖北枣阳北）发起进攻，取得胜利后又攻战湖阳县（河南唐河南），杀了湖阳尉。起义军在南阳攻占了一块地盘，想站稳脚跟后进攻南阳宛城。

但是，这支刚联合起来的舂陵军和农民队伍，在武器方面还很落后，纪律上也很差。就连刘秀这样一个起义军的将领，连一匹战马也没有，只得骑牛作战。直到攻战新野后，杀了新野尉方才得到一匹马。

起义军打了胜仗，士兵抢劫财物的风气很盛。在攻克唐子乡后，士兵们对抢劫的财物分配不均，产生怨气，农民军和舂陵刘氏军互相打了起来。由于刘秀及时把刘氏士兵抢得的财物，分给其他士兵，才使军心稳了下来。刘秀能从长远计议，放弃已得到的财物，能说服部属，从这两层可看出，刘秀具有高度的政治智慧和处理复杂局势的超凡能力。

不过眼下刘秀只是更始帝刘圣公手下的太常偏将军，远不如他的兄长、大司徒刘伯升。别看他这时官位不高，年龄不大，可能耐不小。刘秀让王凤、王常留守昆阳，自己领了一十三骑，突出重围，到国县、定陵县一带搬来几千救兵。王邑根本没把他放在眼里，心想来了救兵又怎样？两下里总共也就一万多人，无非是给餐桌上多加一道菜，本大司空照单全收，通吃就是！

　　谁知这道小菜不是那么容易吃的，王邑不但没能吃下刘秀，反而让刘秀给噎着了，差点没噎死。昆阳这场血战杀得昏天黑地，王莽的百万雄师在昆阳城下遭到了毁灭性的打击，大新元气大伤。百万雄师本就是从各郡县征集来的，一旦战事失利便作鸟兽散，连牛气吞天的王邑也跑回了洛阳，身边只剩下从常安带来的几千虎贲。

第二十三章

信误传刘歆叛莽　悲大新王莽丧命

战报传回京师，朝野震动，关中地区的老百姓早就憋着一肚子火要和大新天子较劲，趁机也就举了义旗，在天子脚下闹起事来。全国各地流传着一首民谣："刘秀发兵捕不道，四夷云集龙斗野，四七之际火为主。"

四野已乱成了一锅粥，朝中有人居然还看不懂，误以为刘秀即刘歆，这不是大新国师公刘歆后改的名讳吗？

王莽叔伯兄弟王涉时任卫将军，也在十一公之列，看到民谣后急忙去找大司马董忠商量对策："大新这条船眼瞅着要沉底，咱们可不能这么干坐着等死，得想个办法啊！大司马您不是降符伯吗？您对符命这种高深学问有造诣，您说说'刘秀发兵捕不道'这首民谣算不算符命？"

董忠早就明白王涉的意思了，敢情卫将军身为皇上嫡亲，到节骨眼上也是条白眼狼啊！既然你都这样了，我这八竿子打不着的还怕什么呢？两人当下一拍即合，去说服国师公刘歆（现在已改名"刘秀"），请他去遵照上天的旨意，"发兵捕不道"。

刘歆哪里敢答应？这两位说客，一位是皇上的堂弟，一位是现在为皇上摇旗呐喊最起劲的新贵，空口无凭就想让我造反，这不明摆着是试探我刘歆的忠心吗？我可不能上套！

王涉眼泪都下来了："国师公，您是不是顾虑我跟皇上的亲缘关系啊？我跟您说个秘密，我二大爷，就是当今皇上的老父，从小就闹病，我二大娘又一向喜好杯中之物，一个病猫一个醉鬼，怎么生儿育女啊？所以我就怀疑那皇上十有八九是抱来的，这血缘关系到底有没有还难说呢，所以您就别再顾虑了。我们都合计好了，大司马董忠主管中军精兵，我以卫将军身份统率羽林军，您的大公子伊休侯刘叠现在是侍中五官中郎将，负责皇上的贴身警卫，咱现在是万事俱备，不如将王莽劫持了献给南阳郡的更始天子，不就保全了刘、王两个家族了吗？至于到时候是由更始坐天下，还是由您国师公登龙位，你们再商议，我只求到时候您赏口饭吃足矣！"

刘歆这下为难了："我跟当今皇上几十年的朋友君臣，如今看他不行了，我给他落井下石？不行，传出去叫天下人戳脊梁骨，我不成了反复无常的小人了吗？"

"国师公，什么叫小人？大新都这样了，您难道等着给它做陪葬吗？机不可失时不再来，真要等到汉军打到常安，怕是再想归顺也没机会了！"王涉不失时机地继续说服。

"我一把老骨头了现在也不去想什么晚不晚的，不过从星象上看，大新的气数的确已尽了，东边也就这一两年成事……"

"对啊！那您还犹豫什么呢？您别忘了，您的两个儿子一个闺女可都是让皇上给害死的，这是灭门断根的深仇大恨哪！您不摇头就算答应了，这事赶早不赶晚，我去布置人手，说干就干！"

"哎，别别！"刘歆这下慌了神，"这事非同小可，要么不干，要干就不能失手。依据星象，要等主杀伐的太白星出现方可动手！"

这才算是将王涉稳住。王涉回去和董忠一说，两人一到晚上就往外跑，眼巴巴地瞅着星星念叨："哪是太白星啊？怎么还不出来？"

等了足有半个月，太白星没出来，夺命星倒是先来了。

也不知是谁走漏了风声，让王莽得到了消息，派使者分头召见王涉、董忠、刘歆等人，说有要事相商。三人到齐了以后，才发现王莽根本就没露面，只见一帮武士横眉竖目，提着钢刀在宫里候着。他们这才明白，王莽先下手为强了。董忠乃武将出身，还想挣扎，无奈寡不敌众，死于乱刀之下，一家老小全部被活埋。王涉眼见阴谋败露，自杀而亡。留下刘歆一人被投进大狱。

王莽亲自带了酒去看望这位阴谋反叛的老朋友兼老臣下，沉痛地道："颖叔，你太让予寒心了！你我几十年的交情，别人谁都可以背叛予，连予的亲生儿子谋反，予都没有这么伤心过，可你跟他们不一样，还记得吗？当年在黄门郎舍，在十里长亭，你对予怎么说的？那叫肝胆相照！颖叔啊颖叔！你也别怪予无情：予也只有用这浊酒三杯为你在赶赴黄泉的路上御御风寒了！"

刘歆双目紧闭，坐在地上一语不发。

王莽斟上两杯酒："颖叔，我们朋友君臣一场，我又何尝不想救你一命？可是眼下大新处在多事之秋，外有盗贼四起，难以平定，内有故旧背叛，此伏彼起，今天我若放过你，明天就会有更多的人来背叛我，背叛大新！来吧，咱哥俩干了这杯苦酒！"

刘歆老泪纵横，抖抖索索接过酒杯："巨君，是我对不住您！您的朋友之情，君臣之义，我都明了。按说刘歆在这个节骨眼上应当帮您一把，我也明白，我伤透了您的心！可是，都说人之将死，其言也善，巨君啊，老臣今天也最后一次冒昧进言，您也要平心静气地想一下，大新这十几年来到底为百姓谋了哪些福利，和当初的设想有多大差异？不错，事情到了这个地步也不能全怪您，毕竟朝政得由大家来做，我们这些大臣有不可推卸的责任。可您别忘了，您是一国之君啊！我今天才算明白，依您的才干，要想拯救这个国家，根本是不可能的！您下面全是一帮媚上欺下的蛀虫！这不是个人之力可以改变的，所以，不管怎么劳心费神，大新还是像朽木一样地烂掉了！"

刘歆说完仰面长叹道："百姓何事？苍生何辜？"叹罢将杯中苦酒一饮而尽，含泪说道："巨君，臣先走一步。黄泉不远，臣在阴间等你！"说罢一头撞在南墙，脑浆迸裂。

王莽扔掉酒杯，扑倒在刘歆的尸首上失声痛哭："颖叔！我尽力了，我尽力了！这不是我的错，不是我的错！苍天！你既然把天下苍生交到我手上，为何不指一条明路……"

在内忧外患的夹缝中，这位风烛残年的老人境况十分凄楚，除了更加极度地迷信谶纬，他大概再也想不出什么能够让大新起死回生的好办法了。

自从出了刘歆之事以后，王莽的精神彻底垮掉了。他茶饭不思，每天只靠鲍鱼泡酒维持，更无法安然入睡，发疯似的看兵书，想着如何剿灭反贼，看困了就靠着几案打个盹，什么皇后，一百二十一名佳丽，全是摆设。这位一生迷信谶纬的大新天子在黔驴技穷之际，也只好奢望谶纬这些歪门邪道能显灵救他的命了。

投其所好者总是大有人在，有人当即提议："既然民心思汉，就应当把汉室的渭陵、延陵墓门的屏网拆掉，破破汉室的风水。"

王莽立即下令："拆！拆！"

于是又有人提议："汉室是火德，水克火，应当用黑色把这两座陵墓给抹黑。"

王莽顿时点头："抹！马上抹！"

又有人提议："《周礼》跟《春秋左氏传》里都说，国家如果面临大灾大祸，可以用哭来禳解。应当号啕大哭，来呼告上苍，天帝一感动，大新就可转危为安了。"

王莽即刻批准："好！哭！马上哭！"

哭天啼告是大事，天子得亲自示范，满朝文武到了南郊，王莽先念了一篇策文，陈述了他承受符命的始末缘由，然后开始哭告："苍天啊！您既然降命把社稷大业交付王莽，为何不消灭那些盗贼？如果是我王莽辜负了您的期望，请您天打雷劈，我王莽绝无抱怨！"

开始还只是抽噎，后来声泪俱下，伤心欲绝，再后来，泪也干了，嗓子也哑了，趴在地上哭不动了，一个劲磕头。就这样，皇上哭完大臣哭，大臣哭完儒生哭，儒生哭完老百姓哭，为了让更多的老百姓参与哭天，还专门准备了免费稀粥，哭得特别伤心的和能背诵皇上哭天策文的还有奖赏，当即任命为郎官。

老百姓一看有饭吃有官当，积极性马上被调动起来。

"张大哥，今天有空没？咱们哭会子去？还有稀粥喝呢！"

"哭它干吗？亡就亡呗，反正朝廷又不是咱小民的朝廷，我哭不出来！"

"别这么倔嘛，你想啊，哭两声又不费什么事，管吃喝还有官做呢！

前两年修九庙的时候让募捐，出了钱粮就可以给官，那会儿一个郎官可是要价六百斛呢，哪有现在这等好事？你不捞白不捞，说不定多少人等着哭呢，哭不出来不怕，你就想想伤心事，我记得上回你那二房亡故，你哭得就挺伤心的嘛。这次你就当再哭她一回不就行了吗？"

就这样，光哭天被封为郎官的就有五千人。可是哭了半天，还是不济事，怎么办呢？这时又有人提议："绿林军为何在昆阳取胜，据说是因为他们有七员猛将，外号都叫什么'狼'，咱大新要想胜过他们，就得派兽中之王'虎'去镇压才行！"

"有道理有道理！予这就派九位将军，领十万精兵开往前线，他们的名号都以'虎'为名，你们替予琢磨九个名号，予要亲自授予九虎将军！"

九虎将军刚要出发，王莽又想起来了，上次派去的七十二公士到各地去宣布诏命，结果一出京城就各自散去，这回得想个办法控制，于是下令将九虎将军的家眷全接到宫里来，说是朝廷代管，其实就是人质，这样才把九虎将军打发出去。

九虎将军虽说心里不乐意，可表面上也不敢不从，心想家眷给做了人质倒还罢了，这出征打仗总不能白白去送死吧？这个王莽倒是想到了，当即说道："予这大内还存着六十箱黄金呢，一箱一万斤，可现在不能发放，行军打仗带着不方便，等打了胜仗回来犒劳你们。"

敢情是虚晃一枪吊胃口呀！九虎将军一听心顿时凉了半截，磨磨蹭蹭到了华阴前线，果然没费什么事就败下阵来，成了一帮地地道道的纸老虎。而王况和史熊还不死心，惦记着皇上许诺的黄金，固执地想回去领赏，被王莽声色俱厉地一顿臭骂："领赏你们倒是积极，一上阵怎么全比兔子跑得还快？你们把予的十万精兵弄哪里去了？予不拿你们问罪便罢，你们还想着领赏？"

两人一听，恐怕不但领不到赏还得治罪呢，不如在前线自我了断以谢天下，省得跑这趟冤枉路还羞愧难当，无以面人，遂自杀谢罪。

精锐官军让九虎将军弄丢了，不用说赤眉、绿林，光京师附近的零散义军细数起来也有好几千人，而且帮派林立，有弘农郡的王宪、新丰

县的韩臣、栎阳县的申砀、下邽县的王大、郘县的严春、茂陵县的董喜、蓝田县的王孟、槐里县的汝臣、周至县的王扶、阳陵县的严本、杜陵县的屠门少，现在都在长安（王莽叫它"常安"）城门外跃跃欲试，可谓遍地狼烟，八面烽燧，这可如何是好？

王莽不得已，只好下令把城里各个大牢里的囚犯放出来，发了刀枪弓箭，歃血立誓：谁敢不为新朝效力，天诛地灭！让王莽随后派新皇后的父亲宁始将军史谌领着这帮乌合之众出城迎敌，结果部队一过渭桥就各奔东西了，只剩了史谌一个人灰溜溜地逃回了常安城。

汉军将长安城团团围住，士兵们在城外把王莽的祖父、父亲、妻子、儿子的陵墓全给刨开了，烧了棺木，扬了骨殖。

第三天天刚亮，北阙失守，汉兵杀进了未央宫，大批臣僚搀扶着王莽，从前殿向南走下宫中大道，西面白虎门外，和新公王揖已安排好车辇在那里等候。可王莽端坐不动，嘴里还是不停地念叨着那句话。大臣们急得火烧眉毛："皇上，这阵您得先避汉兵，再找老天爷帮忙，汉兵可是杀红了眼，他们不信什么天命！"

王莽如梦方醒："怎么？他们不信这个？那予还是先避避吧！渐台，渐台不错！四周有沧池，把桥一拆，他们一时半会儿进不来，老天爷一定会降下天兵天将，帮助予杀退汉兵！不信你们就等着瞧吧！"

"那就赶紧吧皇上，御驾就在王路堂等着呢！"

"走！移驾渐台！别忘了把予的威斗抱上！"

高耸的渐台既可防止火攻，又可作为居高防御阵地。王莽怀里紧抱着符命和威斗，公卿大夫、侍中、黄门郎等一千多人跟着王莽一齐登上渐台。结果，王莽一行前脚刚上渐台，汉兵后脚就追杀了过来，桥是来不及拆了，好在渐台楼宇高大，汉兵一时攻不进去，可是里面的人也出不来了，四下里已被围得水泄不通。

王邑不分昼夜地指挥着最后无效的抵抗，眼看着士兵都快死伤完了，疲惫不堪的他才飞马进入宫中，经过辗转周折终于到了渐台，他看见自己的儿子侍中王睦脱下衣帽正准备逃走，大喝一声："王睦！你我身为大新重臣，应该身先士卒，岂有逃跑之理？"

王睦扭头一看，老父浑身血迹，形容憔悴，一阵悲愤涌来："父亲，大新……完了！孩儿已尽力了！"

　　王邑不容分说抓过王睦："一仆不事二主，我们父子生是大新人，死是大新鬼！留条活路到反贼手里也是俘虏，不如为大新尽忠到最后！"父子两人遂把王莽夹在中间继续边退边抗击。

　　反叛的豪族大军冲进了未央宫大喊："反贼王莽在什么地方？"宫女们吓得屁滚尿流，抖抖索索地说不出话来，终于有个胆子大点的宫妃手指着渐台的方向说了声："他……他在渐台！"大军遂朝渐台方向而去，宫女们算是保住了一条命，嘤嘤嘤嘤哭成一片。

　　王莽抱着威斗，神情恍惚地被他的死党包围着一步步后退，他永远都不明白，为何当初盈耳的颂歌不过短短十五年就变成了铺天盖地声讨的浪潮，究竟是老天爷的有意作弄还是他当真违背了天意？

　　汉兵越围越多，越逼越近，渐台上的人全都命悬一线，拼命把箭射向台下，想阻止汉兵的步伐，可是谈何容易？

　　箭很快就被射光了，王莽后悔不迭，早知如此，不如将那一百二十一女也带上渐台，她们的礼服上不是还佩着弓箭吗？好歹也能多抵抗一会儿。事实上只是痴心妄想，多抵抗一会儿难道就能挽回局势吗？可王莽已经管不了那么多了，生死攸关之际，只剩下了盲目的本能反应。

　　汉兵终于冲上了渐台，刀剑声铿然响成一片，鲜血向空中喷射，很多人哀叫着倒下，有的为垂死的大新做了陪葬，有的为待兴的大汉做了垫脚石。而处于这场殊死纷争中心的王莽，此时已经被贴身侍卫架着藏进了渐台内室："皇上，王邑父子和许多重臣已经战死，形势万分危急，您先在这里暂且躲避一时！"

　　王莽还在继续他的谶纬之梦："放开予！予有威斗，有虞帝传下的匕首，有上天赐下的符命！予要和他们决一死战！予不怕这些毛贼！他们违反天道，定遭天谴！放开予！放开……"

　　侍卫也没法和这位倒霉的大新天子较真了，算了，随他去吧，遂关上门出来迎战。

　　王莽攥着虞帝赐的匕首要出去拼命，许是气晕了，摸了半天也没摸见门在哪儿，正在内室急得团团转，一条汉子闯了进来，用滴血的钢刀直指王莽："老头！你看见王莽没有？"

"你……你是谁？找予……找大新天子干吗？"

那汉子冷笑："我杜吴，一直在长安做生意，没想到那老东西搞什么新政，弄出个五均六管，害得我没法儿做买卖，我现在也投了绿林！我跟你说这个干什么，瞎耽误工夫！老头儿，你到是瞧没瞧见王莽那老贼？"

王莽摇摇头，他的本意是哀叹自己怎么混到这个份儿上，连市井小民也敢指着鼻子称名道姓地骂他！想当初，上至达官贵人，下至平头百姓，谁敢抬头正眼看自己！现在全都成为泡影了，好端端的大新断送在自己的手里了，他不停地摇头，老泪纵横：完了，真完了！予这几十年的心血，算是全泡了汤，好端端一个大新，就这么断送了？

杜吴倒误会了："没瞧见？没瞧见你哭的哪门子丧？噢，我明白了，你是心疼更始皇帝的赏金！没关系，抓不着王莽，咱们可以趁乱收拾点儿金银财宝，看样子，你是王莽那贼的内侍了，走，带我去找王莽的珍宝，这牛鼻子皇宫忒大，没个人儿带路还真摸不着门儿……"

王莽不动窝儿，攥着虞帝匕首的双手直哆嗦。

"你倒是走啊！找着珍宝，分给你这老人一份儿……噢，我说你怎么不去呢，可能你都捞够了，你弄的这小刀子就不赖，镶金嵌玉的，准值不少钱！还有这小盒子，这么精制，里头装的什么宝贝？让我瞧瞧！"

杜吴欺负他老迈，伸手就去抢王莽那颗御玺，王莽怒了不干了：

"住手！这是大新的传国御玺，是大新的镇国之宝！"

"镇国之宝？那更不能放过！拿过来吧老头儿！"

那哪儿成啊？王莽几十年辛辛苦苦，奔的不就是为这块传国御玺嘛！虽说大新眼瞅着就要玩完了。这块金镶玉的宝贝疙瘩也不能撒手，这可是王莽的命根子！

几天水米没打牙的王莽不知哪儿来的那么股劲儿，杜吴夺了半天，硬是没能夺下来！

杜吴也急了，嗨！我跟你这糟老头子费什么劲哪！钢刀在大爷手里攥着，宰了你还怕御玺飞？

想到这儿，他也不稀罕留着老头儿活口带路去找别的珍宝了，有这一块"镇国之宝"那不比什么都强？你不是不撒手吗？大爷我撒手！

杜吴猛然一松手，王莽冷不丁往后退了好几步，一个跟跄，摔了个大仰巴饺子，恰好跟十五年前汉宫受禅时孺子刘婴的姿势相反，孺子是趴着，王莽是仰着，这才叫前仰后合呢！

杜吴可不像当年的新天子，还假模假式搀扶刘婴一下。只一瞬间手起刀落，王莽的脑袋被砍了下来，杜吴取下他的玺印绶带挥舞着，兴奋地向着外面的汉兵大喊："王莽找到了！王莽找到了！"

此时外面早已乱成一片，更多的人冲进来，他们争着把王莽的身躯切割成许多肉块。

第六日，汉军主力进入长安城中，强抢女人，掠夺财物，一片混乱中把王莽的脑袋传送到了更始帝那里，悬挂在宛城街道上，老百姓拿着土块去掷击他，还有人把他的舌头切下来吃了，说是为了惩罚他用假符命花言巧语欺骗人民。

王莽就这样走完了他传奇的一生，给后人留下了无尽的探究和争论。有人说他是窃国夺位的奸臣贼子，也有人认为他也曾为改善百姓境遇做出过努力，一生勤于政事，比起历朝历代司空见惯的帝王的荒淫无道比起来，王莽并不能以简单的"坏人"二字来概括。不过，往事越千年，我们所能做的或许只是借鉴与凭吊，而不能以盲人摸象的方式来论断是非对错。

关于王莽，后来还有一个传说：是刘邦斩蛇的一段。当初刘邦行军，路遇一条拦路的大蛇，刘邦抽剑要斩杀它时，蛇说起人话来，它说刘邦有帝王之相，但它就是专门和他作对的，如果刘邦斩把它的头斩掉，它就在他朝代的初期捣乱，如果斩断它的尾，它就在朝代的末期捣乱。结果刘邦避其所说，将蛇拦腰斩断。最后，汉朝（西汉和东汉两朝）就在中间被王莽的"新朝"乱了十五年。因此王莽就被说成是这条蛇后来变成的，而"莽"正好和蟒蛇的"蟒"同音。其实这都是后来人根据历史事实编造的民间故事。